U0853063

"十三五"普通高等教育应用型规划教材·会计与财务系列

基础会计

（第2版）

张　捷　刘英明　编著

FOUNDATION ACCOUNTING

中国人民大学出版社

·北京·

序　言

编写应用型会计学教材是高校转型时期对会计教学的新要求，也是培养应用型、技能型人才的迫切需要。近年来，编写应用型教材的呼声愈高。根据多年会计学教材编写的探索和多年在东北财经大学从事“基础会计”课程教学的实践，根据我国现行《企业会计准则》(2017)、《增值税会计处理规定》(2016) 及增值税税改最新政策，对这本应用性比较强的《基础会计》教材进行了修订。该教材具有如下特点：

一、内容体系的再造性

应用型会计教材的编写不是既有教材的篇幅压缩和文字删减，而应根据应用型会计教材的编写要求，在保证原有教材主干内容的基础上进行内容体系的再造。与以往的教材内容体系不同，本教材的内容体系由九章组成，可分为以下两大部分：第一部分为财务会计基本原理，即第一、二章，主要内容为会计定义、会计目标、会计对象、会计信息质量要求、会计要素和会计等式等；第二部分为会计方法，即第三章至第九章，介绍账户设置、复式记账和账簿登记等七种会计方法及其应用。这样的内容体系安排，可以使课程的内容更为精练，结构更加合理，重点更为突出，也可以减少教材的篇幅。我们知道，“基础会计”是一门集会计理论、会计方法和会计技能（简称“三基”）于一体的课程，这样进行教材内容体系安排，完全可以达到涵盖该课程的主干内容，将会计学基础知识系统地传授给学习者的基本目的。如果可以达成这样共识的话，对原来同类教材中独立成章的“一般企业主要经济业务（交易或事项）的核算（账务处理）”“会计核算（处理）组织程序”“账户的分类”“会计法规与会计职业道德”等内容，就应重新思考并妥善处理，或予以摒弃，或以其他方式体现在教材之中，但都不应以独立一章的形式出现在教材的内容体系之中。

二、教材内容的整合性

对于既有教材的内容不应是简单的“删除”，对其中有助于课程教学的部分，应当合理地加以吸收。例如，在以往的《基础会计》教材中，“一般企业主要经济业务（交易或事项）的核算（账务处理）”一章占较大篇幅，相当于“中级财务会计”课程内容的微缩，原来设置这一章的目的是让学习者加大对所学会计方法等的应用力度，有其有利的一面，但也带来了一定的问题。主要问题是独立为一章，与教材中的会计理论和会计方法等内容脱节，非但达不到将会计理论、方法和实务综合运用的目的，还会因为内容较多而冲淡本课程的主要内容。为此，对这部分内容有必要进行重新整合。本教材按照资金筹集、资金使用和经营成果的形成与分配三个部分，将企业的主要交易或事项的内容有机地融入“复式记账方法及其应用”“会计凭证方法及其应用”和“账簿登记方法及其应用”各章之中。这样的整合可收到以下效果：一是有利于学习者在学习会计方法知识的同时，较为全面地了解企业的主要交易或事项内容，即使不再单独设立“一般企业主要经济业务（交易或事项）的核算（账务处理）”一章，学习者仍然可以从整体上把握企业经营活动的全貌，了解企业主要交易或事项的全过程；二是可以使各种会计方法与会计实务的处理结合得更为紧密，有利于提高学习者应用会计方法处理交易或事项的实际能力。此外，将以往的教材中“会计核算（处理）组织程序”一章的内容有机地融入“账簿登记方法及其应用”一章，也可以使这部分内容与会计方法的内容结合得更为紧密，更容易为学习者所把握，也更利于课堂讲授。

三、体现应用的全面性

会计学基础知识的应用性不应仅仅体现在会计方法、技能的应用上，对会计基本理论的应用也应是题中应有之意。这应当成为会计教学工作者的共识。为了体现财务会计理论的应用性，本教材在会计理论部分就紧密联系实际，结合会计假设、会计信息质量要求等理论内容，融入了学习者可以理解的企业采购材料、采购设备和固定资产折旧等交易或事项的实例，作为对财务会计理论应用的佐证，体现了会计理论对企业交易或事项处理的指导作用，会计理论与会计方法之间建立密切的关系，凸显了理论之于实践的重要作用。各种会计方法的应用性写作是本教材的另一特色。不仅是在每一章的标题上带有“应用”的字样，在写作上也更多地包含应用的内容。例如，在教材中对会计上使用的主要载体，如会计凭证、账簿和报表等，大多采用会计实务中的实物形式，这样可以使学习者直观形象地认识和掌握相应内容，又可以形成比较深刻的印象，扎实地理解相关知识内容，为会计方法的应用奠定良好的基础。又如，在以往的教材中，会计分录的编制一般是以文字描述的形式体现的，而在实务中，会计分录是直接填写在记账凭证上的。本教材利用真实的会计记账凭证填写会计分录内容，这与会计工作的实际更为贴近。此外，在课后练习题部分，还设计了会计理论与会计方法综合应用的题型，有助于学习者综合理解和应用所学会计学基础知识。

四、教学安排的灵活性

教材内容体系的完整性与教材使用上的灵活性相结合，也是在教材编写过程中应当考虑的问题。保证应用型《基础会计》教材内容体系的科学性和完整性，是教材编写的基本要求。但在此基础上，还应充分考虑各类学校、各个学科专业对“基础会计”课程教学课时安排的具体情况，便于教师灵活进行教学安排，根据规定的教学时数调整课堂教学内容。在教学时数安排较多时（如 48 或更多学时），可对教材的全部内容进行讲授；而教学时数安排较少时（如 32 或更少学时），可选择教材的部分内容进行讲授，不过这种选择不能是随意的。根据教学经验，可选择第一章至第六章和第九章作为课堂讲授内容。这几章的内容为会计基本原理和五种会计方法（账户设置、复式记账、会计凭证、账簿登记和财务报告，不含成本计算和财产清查方法）。这几种方法的应用也可构成一个小规模的会计循环，对于一般掌握会计学基础知识的同学已足够用，还可保证教学内容体系上的完整性。

本教材适用于转型期高等院校的会计学基础课程的教学，也适用于其他普通高等院校会计学基础课程教学的需要，更适合会计学基础知识的自学者。

会计学科本来就是一门应用性、技术性比较强的学科，编写应用型会计教材也是一种新的探索。本教材从项目立项、写作提纲拟定到初稿的完成与修订，得到了中国人民大学出版社李文重同志的热情鼓励和大力支持。在此，表示诚挚的谢意！由于编写时间和学识水平所限，教材中肯定还存在这样或那样的问题，恳请各位同行不吝指教！

目 录

第一章 现代企业财务会计基本原理（上） …… 1
第一节 现代企业财务会计的定义与诠释 …… 2
第二节 会计目标及其应用 …… 7
第三节 会计假设及其应用 …… 10
第四节 会计信息质量要求及其应用 …… 13
第五节 会计对象及其应用 …… 22
第二章 现代企业财务会计基本原理（下） …… 31
第一节 会计要素及其应用 …… 31
第二节 会计基础及其应用 …… 47
第三节 会计等式及其应用 …… 50
第三章 账户设置方法及其应用 …… 68
第一节 账户的设置 …… 68
第二节 账户设置方法的应用 …… 77
第四章 复式记账方法及其应用 …… 86
第一节 复式记账与借贷记账法 …… 86
第二节 平行登记方法及其应用 …… 105
第五章 会计凭证方法及其应用 …… 114
第一节 会计凭证的定义及其作用 …… 115
第二节 原始凭证及其应用 …… 117
第三节 记账凭证及其应用 …… 123
第四节 记账凭证的填制与审核 …… 149
第五节 会计凭证的传递与保管 …… 151
第六章 账簿登记方法及其应用 …… 159
第一节 账簿的设置 …… 160

第二节　账簿的登记 …… 166
第三节　账簿的登记规则与错账更正 …… 173
第四节　账项调整与期末结账 …… 182
第五节　账簿的应用与保管 …… 193
第六节　账簿与会计处理组织程序 …… 201
第七章　成本计算方法及其应用 …… 215
第一节　成本计算原理及程序 …… 215
第二节　成本计算方法的应用 …… 220
第八章　财产清查方法及其应用 …… 243
第一节　财产清查的定义与方法 …… 243
第二节　财产清查结果的账务处理方法及其应用 …… 255
第九章　财务报告方法及其应用 …… 272
第一节　财务报告概述 …… 272
第二节　资产负债表的列示方法与应用 …… 278
第三节　利润表的列示方法与应用 …… 291
附　录 …… 307

C 第一章

Chapter 1

现代企业财务会计基本原理（上）

本章内容导读

“基础会计”是融财务会计基本理论、方法和技能于一体的课程。会计基本理论来自会计实践，反过来又用于指导会计实践，用于指导会计方法建立和会计实务处理。因此，学习该课程应以财务会计基本理论为起点。本章内容结构：

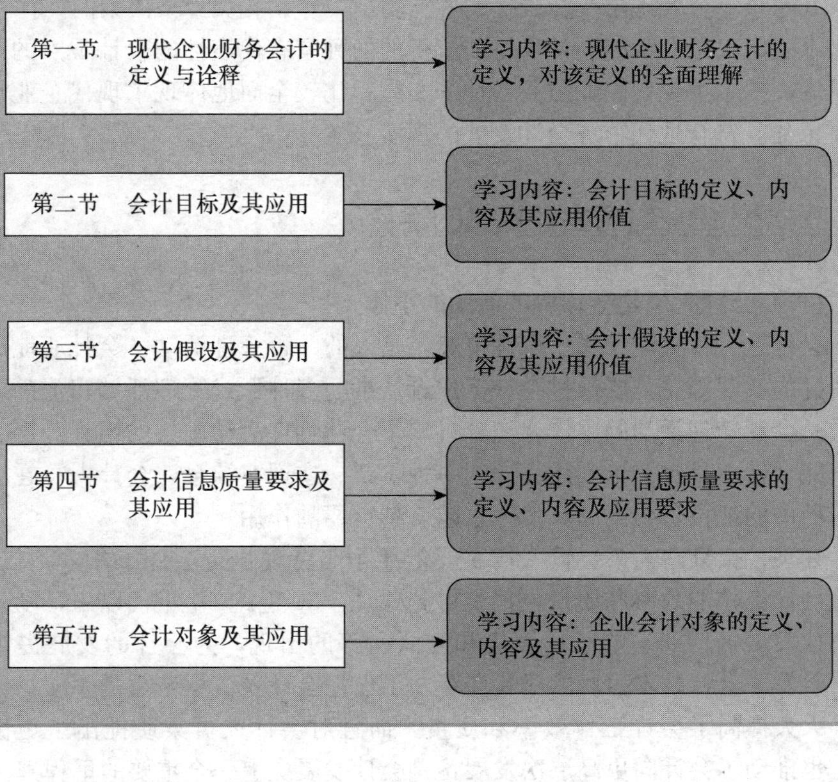

第一节　现代企业财务会计的定义与诠释

一、现代企业财务会计的定义

会计的发展经历了一个漫长的历史时期。在古代会计、近代会计和现代会计的不同发展阶段，人们对会计的认识也经历了一个由肤浅到深刻的过程。即使是在现代会计阶段，人们对会计的定义也各有其不同的视角，存在不同的观点。例如，在我国就有“管理活动论”和“信息系统论”等具有代表性的观点。

一般认为，现代企业财务会计是自20世纪30年代起伴随着现代企业组织形式的出现而产生的。现代企业是市场经济社会中代表企业组织的最先进形式，也是代表主流发展趋势的企业组织形式。现代企业财务会计诞生以来，不仅在企业和其他经济组织中得到了广泛的应用，在其改革和发展上更是走在了前列。在现阶段，学习会计知识应从现代企业会计，特别是现代企业的财务会计入手。尽管在现代企业还有管理会计，但不是本课程研究的重点。

对现代企业财务会计可定义为：现代企业财务会计是企业会计人员以会计准则为基本依据，以货币为主要计量单位，采用一系列专门方法，对企业的会计对象进行连续、系统、全面的核算和监督，向财务会计报告使用者提供企业相关信息，有助于其考核企业管理层受托责任的履行情况，作出相关经济决策的一种管理活动。

上述定义是对我国会计界目前流行的两种具有代表性的会计观点的继承、融合与发展，揭示了现代企业财务会计的本质，比较全面地体现了现代企业财务会计的重要特征，符合现代财务会计发展的现实。

二、对现代企业财务会计定义的诠释

（一）会计人员是会计管理活动的主体

会计这一社会现象属于管理范畴，是人的一种管理活动。会计职能的履行、会计目标的实现等总是要通过会计工作者从事的多种形式管理活动完成的。强调会计人员是会计管理活动的主体，充分肯定了会计管理活动中人的因素，即会计人员的主观能动性，是对会计本质认识的一种飞跃。在现实社会，会计人员在企业经营管理活动中的地位日益提高，发挥着越来越重要的作用。

在现代会计之前，会计人员主要依靠手工劳动进行会计工作，不仅工作量大，而且会计工作的效率和质量也很难得到保证。20世纪50年代以来，随着科学技术的飞速发展，特别是电子计算机和互联网等的出现，为会计的发展提供了新的动能，引发了会计技术手段的巨大变革。不仅把会计人员从繁重的手工劳动中解脱出来，大大提高了会计工作效率和质量，而且对会计人员素质提出了更高要求。同时，也推动了会计向更高层次发展，是会计发展史上一个重要的里程碑。

（二）会计准则是会计管理活动的基本依据

会计准则是会计上处理交易或事项的规范要求，是指导会计实务处理的基本依据。自20世纪后半叶开始，特别是进入21世纪以来，世界经济一体化进程加快，会计准则的建立不再仅限于一个国家或地区，建立全球高质量的会计准则体系，用以规范财务会计实务的处理，成为越来越多国家和地区的共识。我国学习其他国家的先进经验，经过近30年的不懈努力，在会计准则的建设方面取得了令世人瞩目的丰硕成果，为加强企业的财务会计管理，推动我国会计的发展提供了强有力支持。

会计准则的建立离不开现代财务会计理论的指导。现代会计阶段是财务会计理论发展的繁荣时期，经过会计理论和实务工作者的共同努力，逐步形成了以会计目标为核心，包括会计定义、会计假设、会计对象、会计要素、会计基础、会计确认、会计计量、会计报告和会计信息质量要求等在内的现代财务会计理论体系（见图1-1）。在我国，现代财务会计理论的内容集中体现在《企业会计准则——基本准则》中，其重要作用是指导建立规范会计实务的具体会计准则，并引领我国的企业会计准则与国际会计准则走向全面趋同。

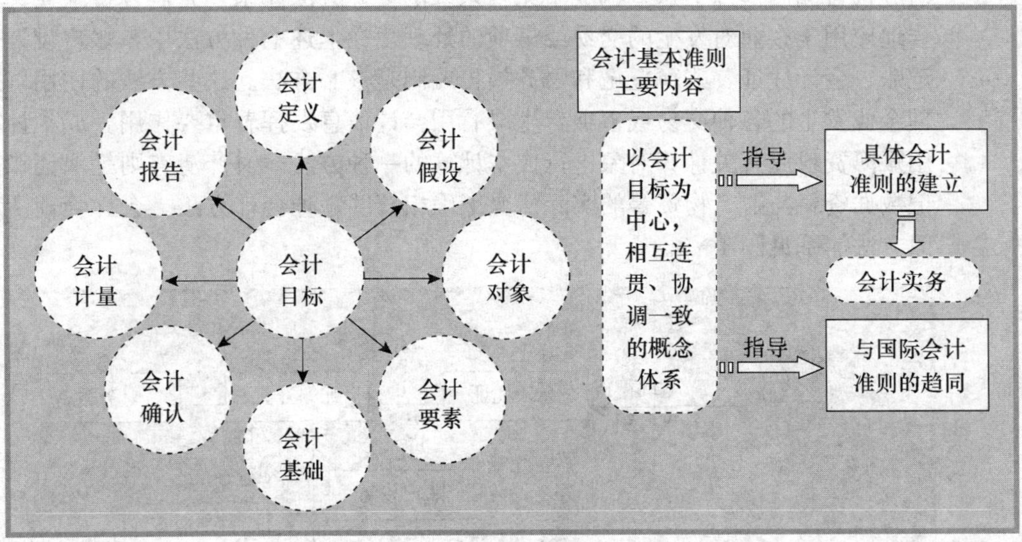

图1-1　现代财务会计理论体系

上述财务会计基本理论的内容将在后续章节中陆续展开探讨。

（三）货币计量是会计管理活动的主要形式

会计上处理企业发生的交易或事项时，总要采用一定的计量形式对其进行记录。例如，企业建造一栋房屋、购入一台设备、采购一批材料等，要用到平方米、台和千克等实物量计量单位，也要采用货币计量单位，如人民币“元”等。但是，在计量这些资产时，首先要做到的是以货币为主要计量单位，即会计上更关注的是建造房屋、购入设备和采购材料价值量的多少。而实物量计量单位、劳动工时等只是作为一种辅助计量单位使用。因此，货币计量是会计管理活动的主要形式，或者说，会计是以价值形式为主的管理活动。如图 1－2 所示。

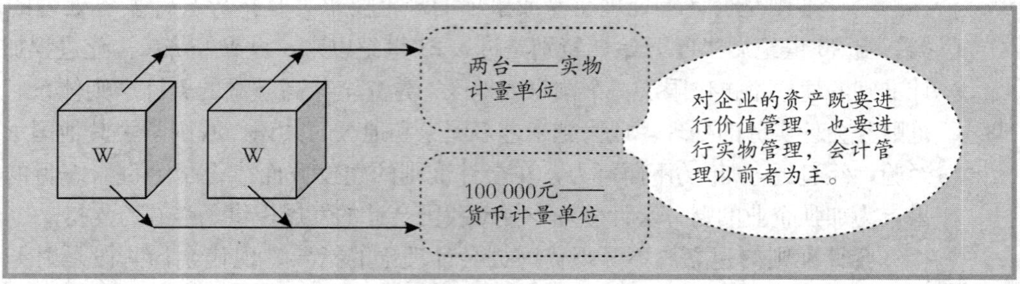

图 1－2　货币计量是会计管理活动的主要形式

（四）会计管理活动具有一系列专门方法

在交易或事项的处理上，会计具有一系列专门方法。这些方法也称会计核算方法，主要有：账户设置、复式记账、会计凭证、账簿登记、成本计算、财产清查和财务报告编制。以上这些构成了完整系统的会计方法体系，它们各自独立又相互结合地应用于企业对发生的交易或事项的处理。在上述七种方法中，账户设置、复式记账、会计凭证、账簿登记和财务报告编制是核心方法。这些方法的使用，对于处理企业发生的各种交易或事项，生成有用会计信息发挥着重要作用。成本计算是利用账簿资料对有关计算对象进行成本计算的一种方法，财产清查则是保证账簿的登记数据资料与财产物资等的实际情况准确相符的一种会计方法。会计管理活动的专门方法体系见图 1－3。

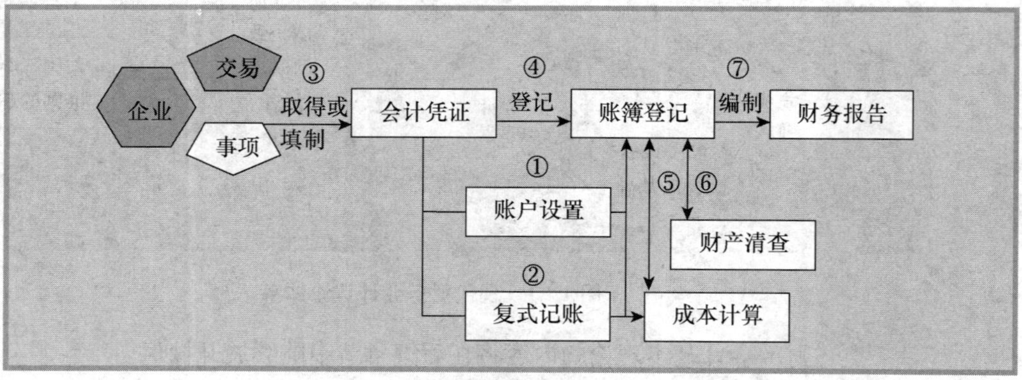

图 1－3　会计管理活动的专门方法体系

会计方法也是本课程重点学习的内容，将在后续章节中陆续展开探讨。

（五）会计对象是会计管理活动的基本内容

会计对象一般是指企业经营资金在经营活动中的变动过程，简称资金运动。资金运动是由企业发生的交易或事项所引发的。交易或事项也称会计事项，或简称业务。交易是交易双方的一种价值交换，包括外部交易和内部交易两种。外部交易是指发生在两个企业之间的价值交换。例如，企业之间进行产品销售和购买，进行货款结算；企业从银行借入款项、归还借款等。内部交易是指发生在企业内部各部门之间的价值交换。例如，企业产品生产部门从材料保管部门领取材料，企业向员工支付薪酬等。事项一般是指受市场价格的变动或自然环境的影响等而发生的事件。例如，由于市价变动引起企业资产发生的减值损失，由于自然灾害的发生而造成企业资产的毁损等。对会计上处理的交易或事项可结合图 1-4 加以理解。

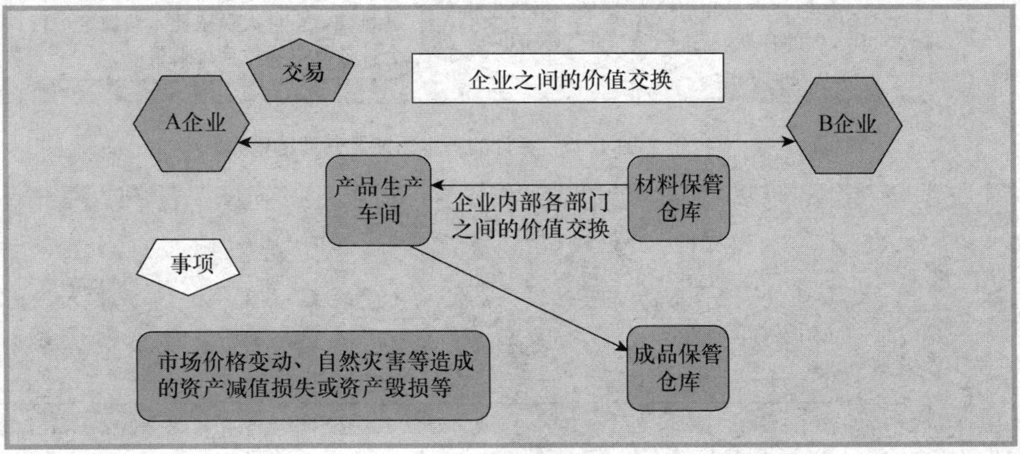

图 1-4 对会计上处理的交易或事项的理解

交易或事项的发生使企业经营资金产生的运动实质上是企业会计要素的增减变动，体现了会计要素的经济实质，即资产、负债、所有者权益、收入、费用和利润，这些被认为是会计对象的具体内容。在本教材中，将对会计要素、会计对象进行专题探讨。

（六）核算与监督是会计管理活动的基本职能

会计的职能即会计在经济活动管理中所具有的功能。核算是指会计对企业发生的交易或事项进行记录和报告的职能，即通常所说的记账、算账和报账。监督是指会计对交易或事项的合理性、合法性等进行审核的职能。在以上两种基本职能中，核算职能是会计的最基本职能，监督职能是使会计核算能够符合一定要求的重要保证。会计的基本职能及其理论依据见图 1-5。

（七）连续性、系统性和全面性是会计管理活动的基本要求

连续性是指会计要按照企业交易或事项发生的时间顺序连续收集和积累相关信息，并对这些信息进行有序的存储记录。系统性是指会计对于交易或事项所产生的信息应分门别类地进行收集、整理和记录，以方便会计信息的加工整理。全面性是指会计对交易或事项产生的信息应全面完整、毫无遗漏地收集，以便使企业提供的会计信息内容完整、真实可靠。对会计管理活动的连续性、系统性和全面性可结合图 1-6 加以理解。

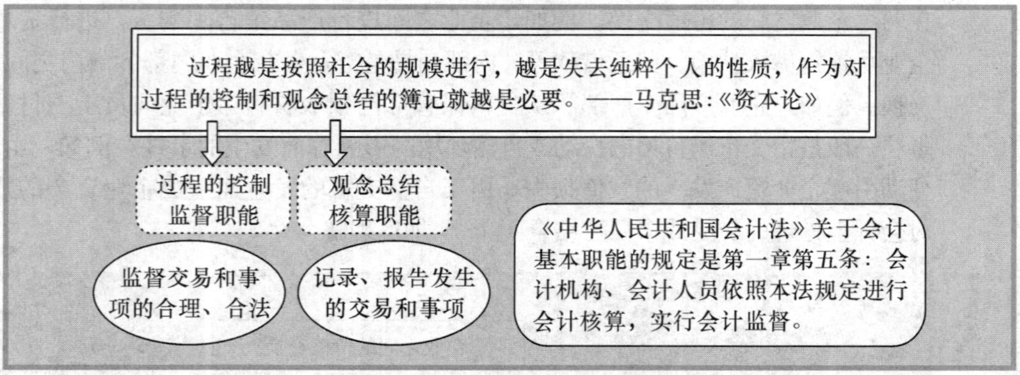

图1-5 会计的基本职能及其理论依据

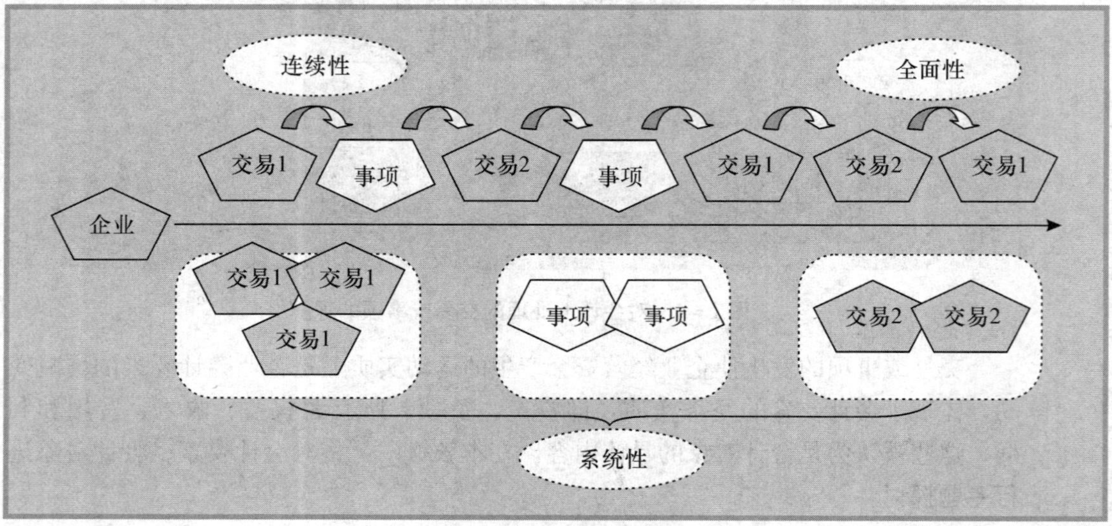

图1-6 会计管理的连续性、系统性与全面性

（八）为财务报告使用者服务是会计管理活动的目标

现代企业财务会计是在近代会计的基础上发展起来的。在近代会计阶段，企业会计主要服务于私人企业、合伙企业的经营者对企业经营活动的管理。在现代会计阶段，会计目标发生了重大变化。自20世纪30年代起，现代经济的发展加速了企业组织形式的变革，股份公司这种新型组织形式雨后春笋般地在世界各地涌现。现代企业财务会计的目标转变为主要服务于企业外部的投资者等财务报告的使用者。这是由于股份公司的经营资金主要来源于为数众多的股东，公司的发展与他们的切身利益密切相关，关注企业发展的相关信息成为一种必然。这就要求公司管理层既应承担有效使用资金并保证其保值增值的责任，又应承担向投资者等报告相关信息的义务。为财务报告使用者服务成为会计管理活动的主要目标。

会计管理活动的目标转变与企业管理会计的诞生也有着密切关系。从20世纪

50年代起，为适应加强企业管理的需要，在传统的会计中逐步分离出一门新的学科——管理会计，在企业中形成了财务会计与管理会计并驾齐驱的格局。其中，管理会计主要承担向企业管理层提供有助于他们进行经营预测和决策相关信息的职责；而财务会计则转而主要承担向企业外部财务报告使用者提供企业相关会计信息的职责。管理会计与财务会计在现代企业的分立，为现代企业财务会计目标的转变提供了契机。

对现代企业财务会计管理活动的目标可结合图1－7加以理解。

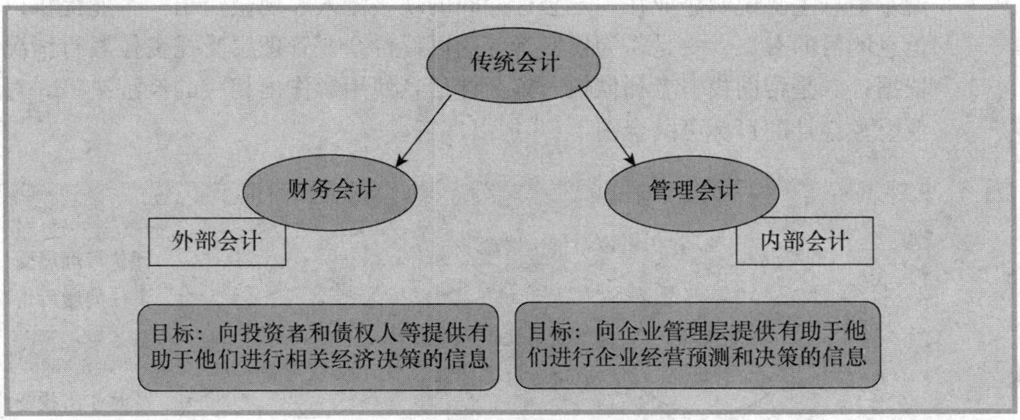

图1－7 现代企业会计管理活动的目标

通过学习可见，现代企业财务会计内容极其丰富，知识体系全面完整，在社会经济的发展中具有极其重要的作用。在后续的学习过程中，对会计问题的探讨将界定在现代企业财务会计范围内，所提到的会计除非有特指外，一般是指现代企业财务会计。

第二节 会计目标及其应用

会计目标是指在一定的历史条件下，人们通过财务会计所意欲实现的目的。在企业财务会计的不同发展时期，会计目标有所不同。如同我们无论做什么事情都有一定的目的性一样，会计管理活动也是。会计目标即会计管理活动的目的，现代企业财务会计也有其明确而清晰的目标。

一、会计目标的内容

我国现行《企业会计准则》规定："企业应当编制财务会计报告。财务会计报告的目标是向财务会计报告使用者提供与企业财务状况、经营成果和现金流量等有关的会计信息，反映企业管理层受托责任履行情况，有助于财务会计报告使用者作出经济决策”，并指出“财务会计报告使用者包括投资者、债权人、政府及其有关部门和社会公众等”。

在现代企业中，编制财务会计报告文件是企业对外报告财务信息的主要方式。企业有关财务状况、经营成果和现金流量等信息的报告，具体通过编制财务报告文件完成。其中，财务状况信息主要说明企业的经营资金来源（如由投资者向企业投入和负债借入等），以及这些资金在企业的存在形态；经营成果信息主要说明企业在一定会计期间实现的收入、发生的费用，以及实现的利润或发生的亏损等；现金流量信息主要说明企业在一定会计期间的现金流入和现金流出。企业提供以上会计信息的目的有二：一是作为投资者等用以评价企业管理层受托责任履行情况的重要依据；二是帮助投资者和债权人等会计信息使用者作出相应的经济决策。对现代企业财务会计的目标可结合图1-8加以理解。

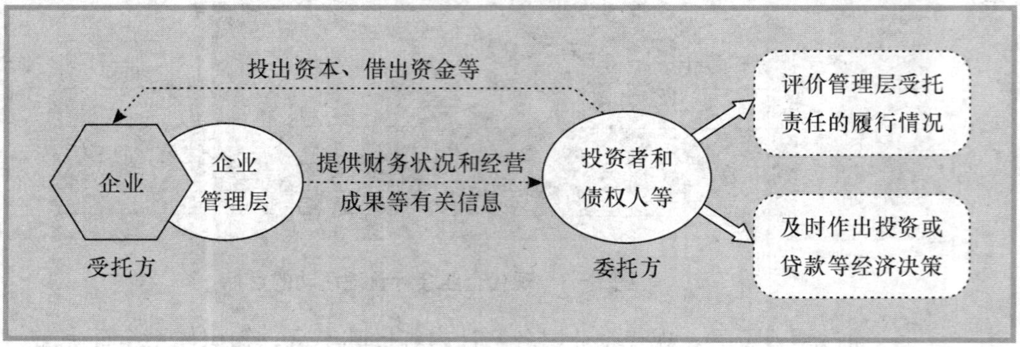

图1-8　现代企业财务会计的目标

二、会计目标的应用

在现代会计阶段，企业财务会计的目标就是要求会计应当尽力满足财务报告使用者进行相关经济决策的需要。在我国，会计信息的使用者主要有投资者、债权人、政府有关部门和社会公众等，他们利用企业提供的会计信息进行经济决策的内容各不相同，会计信息对其经济决策的有用价值也有所不同。

（一）企业财务会计报告对于投资者的应用价值

在现代企业制度下，企业的经营资金主要来自投资者。投资者作为委托方将其资金投入企业，企业管理层作为受托方负责管理和使用这些资金。这种委托-代理关系要求企业管理层既要承担保证投资者投入企业的资本金保值增值的责任，又要履行将资金的使用情况及其结果向投资者报告的义务，以便于投资者利用企业提供的财务会计报告，了解掌握他们所投资企业的财务状况和经营成果等方面的信息，据以考核企业管理层履行受托责任情况，也有助于投资者作出是否向企业投资和是否撤回投资等方面的决策。

（二）企业财务会计报告对于债权人的应用价值

债权人是指将其款项借给企业的银行等金融机构、企业发行债券的购买者等。债权人是企业经营资金的又一主要提供者。他们将资金借给企业的目的是获取借款利息方面的收益。债权人通过阅读企业提供的财务报告，可以了解企业（债务人）能否按时还本付息的偿债能力和偿债保证程度等方面的信息，有助于债权人作出是否向企业贷款、贷款多少或者是否收回以前贷款等方面的经济决策。

（三）企业财务会计报告对于政府经济管理部门的应用价值

财务报告能够为政府宏观经济管理部门，如国家发改委和政府税务部门等提供经济发展规划和税费征缴基数等方面的重要信息，有助于政府经济管理部门进行宏观经济调控，加强对整个国民经济发展的管理。例如，经过综合汇总而形成的各区域、各行业或全国范围的企业会计信息报告，可以为政府加强对整个国民经济的宏观经济调控提供重要参考依据。利用企业财务会计方法确定的会计利润，可以作为政府税务部门确定企业应缴所得税额的基础数据。

（四）企业财务会计报告对于社会公众的应用价值

社会公众主要包括供应商和客户等群体，这些财务报告使用者的经济利益和相关经济决策与企业提供的会计信息也有着密切关系。例如，供应商为企业提供材料和设备等生产资料商品，需要考虑企业的信誉以及支付货款的经济实力（财务状况、经营成果）等，进而作出是否向企业供货、采取怎样的货款结算方式等方面的经济决策。客户是企业产品的消费者，他们在购买企业的产品时，一方面特别注重产品的生产质量，另一方面也要考虑企业的发展前景和售后服务体系是否健全等，进而作出是否购买企业产品等的决策。

对现代企业财务会计报告的应用价值可结合图 1－9 加以理解。

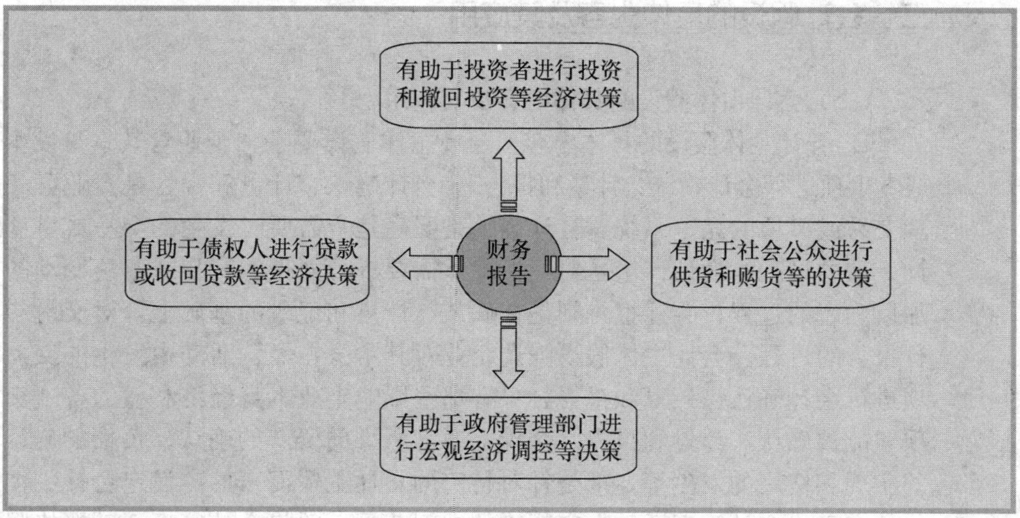

图 1－9　现代企业财务会计目标的应用价值

第三节　会计假设及其应用

会计目标的实现需要一定的前提条件做保证，会计假设即会计管理活动的基本前提条件。会计假设是人们在长期的会计实践中，通过不断摸索和验证形成的合理假设，也是在会计实践中长期奉行，普遍为人们所接受的前提条件。

一、会计假设的概念与基本内容

（一）会计假设的概念

会计假设也称会计基本前提，或会计前提，是现代企业财务会计对交易或事项进行会计确认、计量和报告的必备前提条件，具体是指对会计管理活动所处的空间范围、时间范围、基本程序和计量单位等做出的合理设定。只有这些基本前提条件完全具备，才能保证会计管理活动的顺利开展，进而保证会计目标的实现。

（二）会计假设的基本内容

根据我国现行《企业会计准则》的规定，会计假设包括：（1）会计主体，即会计管理活动所处的空间范围，是对会计管理活动做出的基本设定；（2）持续经营，即会计管理活动所处的时间范围，是对会计主体经营活动的连续性做出的基本设定；（3）会计分期，即会计管理活动的基本程序，是对会计主体经营活动的连续性进行期间划分做出的基本设定；（4）货币计量，即会计管理活动的计量单位，是对会计主体发生的交易或事项进行处理时采用的计量单位做出的基本设定。

二、会计假设的具体内容及其应用

（一）会计主体假设的具体内容及其应用

1. 会计主体假设的具体内容。会计主体假设要求“企业对其本身发生的交易或者事项进行会计确认、计量和报告”。会计确认、计量和报告是企业财务会计处理交易或事项的完整系统。会计确认是明确是否需要对发生的交易或事项进行会计处理的过程；会计计量是对经过确认需要进行处理的交易或事项变动的价值量加以确定的过程；会计报告则是在确认、计量和记录的基础上，对交易或事项进行报告的过程。会计主体假设强调企业对其本身在经营活动中发生的交易或者事项进行会计确认、计量和报告，只有那些影响企业本身经济利益的各项交易或事项才能被确认、计量和报告。会计上通常所讲的资产的确认、负债的确认、收入的实现和费用的发生等，都是针对特定的会计主体而言的。设定会计主体假设的目的在于为会计管理活动划定明确的空间范围，并将会计管理活动严格限定在这一范围内，以便于集中反映特定企业所发生的交易或事项，并按照特定的企业进行会计信息的加工整理和报告。对会计主体假设内容及其应用可结合图 1－10 加以理解。

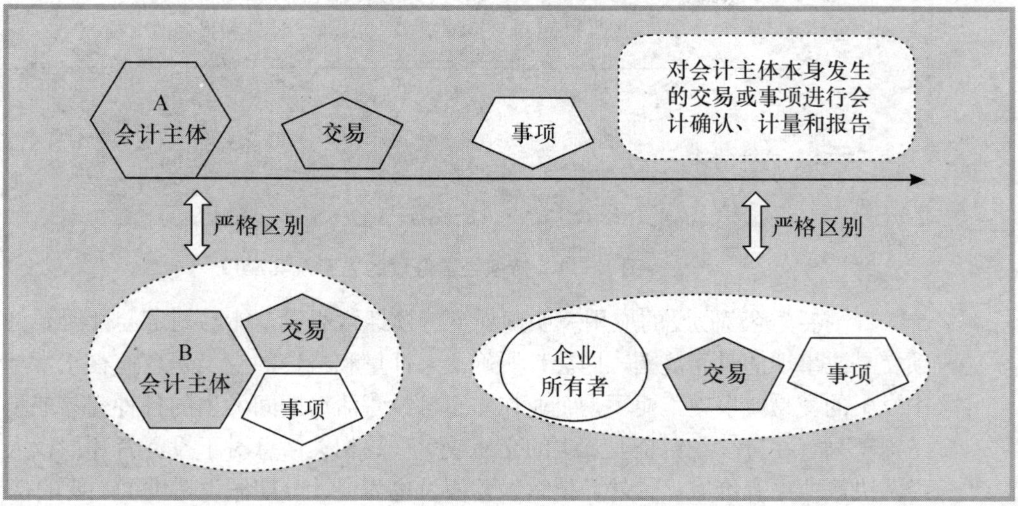

图 1－10 会计主体假设的内容及其应用

2. 会计主体假设的应用。明确界定会计主体假设是进行会计管理活动的首要前提条件。这一假设明确了会计确认、计量和报告是在哪一个企业进行的，所处理的是哪一个企业的交易或事项这一重要问题。对会计主体假设的应用应注意两点：一是应将企业本身经营活动所发生的交易或事项与其他企业发生的交易或事项区别开来，即不能对与本企业无关的其他企业所发生的交易或事项进行确认、计量和报告；二是应将企业本身经营活动所发生的交易或事项与企业所有者个人的交易或事项区别开来，即不能将企业所有者个人的交易或事项作为企业的交易或事项进行确认、计量和报告。例如，企业所有者个人生活消费支出发生的交易或事项就不能作为企业的交易或事项支出进行会计处理。只有明确划清以上交易或事项之间的界限，才能切实反映企业本身的财务状况和经营成果，向会计信息使用者提供与其经济决策有用的会计信息。

（二）持续经营假设的具体内容及其应用

1. 持续经营假设的具体内容。持续经营假设要求“企业会计确认、计量和报告应当以持续经营为前提”。持续经营是指在可以预见的未来，企业将会按当前的规模和状态继续经营下去，不会停业，也不会大规模削减业务。持续经营假设之所以强调企业的会计确认、计量和报告等会计处理应当以企业持续经营为前提，就在于企业的经营活动往往还存在着停业清理和破产清算等经营风险，但会计确认、计量和报告不应以这种异常的经营趋势为前提。我国的企业会计准则规范体系就是以企业持续经营为前提建立的，适用于持续经营企业的会计确认、计量和报告，不能持续经营企业的会计确认、计量和报告则不适合采用该准则体系的规范。对持续经营假设内容及其应用可结合图 1－11 加以理解。

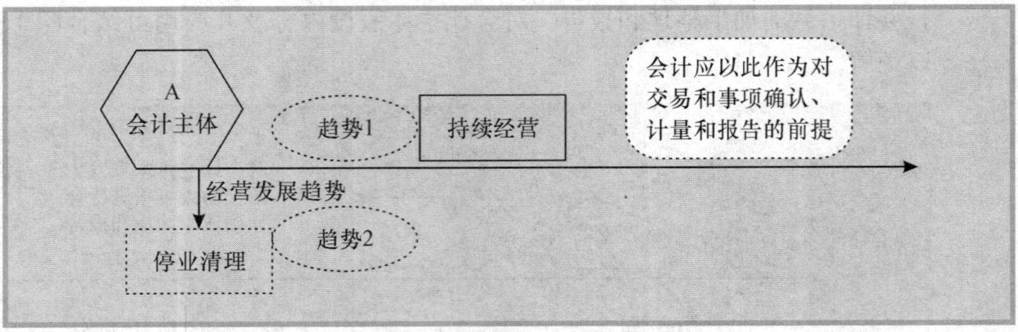

图1-11　持续经营假设的内容及其应用

2. 持续经营假设的应用。明确界定持续经营假设，能够划定会计所要处理的各项交易或事项的时间范围，即会计所确认、计量和报告的应当是企业在正常经营活动中发生的交易或事项，而不是企业在非正常经营活动期间发生的各种交易或事项。这是由于只有在持续经营企业发生的交易或事项的相关信息对于投资者和债权人等进行经济决策才更有价值。另外，持续经营假设也为会计分期假设提供了必要的基础。

（三）会计分期假设的具体内容及其应用

1. 会计分期假设的具体内容。会计分期假设要求“企业应当划分会计期间，分期结算账目，并编制财务会计报告”。会计分期是指将一个企业持续经营的生产经营活动划分为一个个相互连续的期间，即会计期间。持续经营的企业其生产经营活动是持续不断进行的，并要按要求提供财务状况、经营成果等会计信息给信息使用者。只有进行会计期间的划分，才能在会计上对企业的财务状况和经营成果等信息及时进行加工和报告。因而，企业应根据及时报告会计信息的要求，将持续经营的生产经营活动划分为一定的会计期间，以便按照会计期间分期结算账目，并在此基础上编制财务会计报告，及时地向会计信息使用者提供与其进行经济决策相关的有用会计信息。会计期间可按公历起讫日期划分为年度、半年度、季度和月度。对会计分期假设的内容及其应用可结合图1-12加以理解。

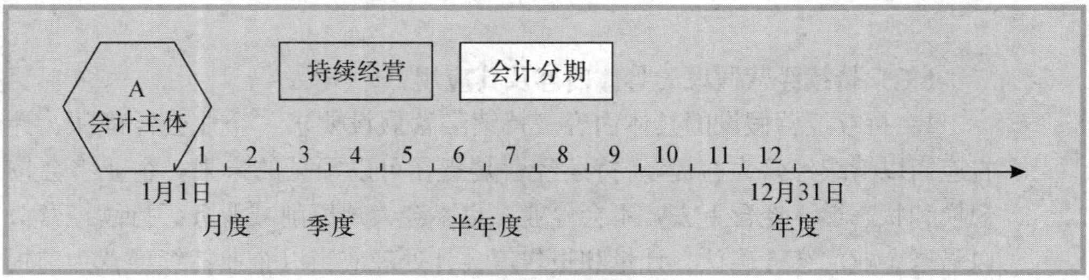

图1-12　会计分期假设的内容及其应用

2. 会计分期假设的应用。会计分期是建立在持续经营基础上的又一个重要假设。明确这一假设，有利于建立有条不紊的会计工作基本程序，便于及时处理规定期间内的交易或事项，在会计期末进行固定资产折旧的提取、完工产品的计算等，及时结算账目，并以此为依据编制财务会计报告，向会计信息使用者及时提供相关会计信息；能够合理处理那些可能跨越若干会计期间的交易或事项，如固定资产的消耗价值在其使用期间进行合理摊销等；能够区分本期会计期间、以前会计期间和以后会计期间，使会计主体拥有记账的基准。

（四）货币计量假设的具体内容及其应用

1. 货币计量假设的具体内容。货币计量假设要求“企业会计应当以货币计量”。即持续经营的会计主体在进行会计确认、计量和报告时，应以货币作为主要计量单位，借以反映企业的生产经营活动中发生的各种交易或事项。在会计管理活动中，可能用到的计量单位有货币计量单位、实物计量单位、物理计量单位和劳动计量单位等，但货币计量单位以外的计量单位都属于辅助性计量单位，凡会计上所处理的交易或事项，首先必须能够以货币单位进行计量，只有这样才能确定这些交易或事项的变动金额，也才能对其进行会计记录和报告。对货币计量假设的内容及其应用可结合图 1-13 加以理解。

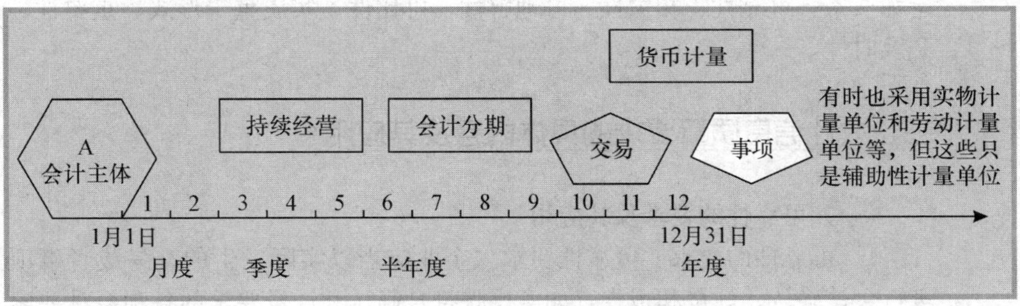

图 1-13　货币计量假设的内容及其应用

2. 货币计量假设的应用。明确界定货币计量假设能够统一会计计量的基本单位，适用于对企业所发生的各种交易或事项进行计量，综合反映这些交易或事项共有的价值方面的属性，便于企业进行财务状况、经营成果等会计信息的加工整理和报告；能够进行各种会计要素的分别汇总和部分会计要素的加计汇总，便于进行相关会计要素之间、企业各个会计期间前后各期的财务状况、经营成果等信息的对比分析；也便于会计信息使用者将某一企业与其他企业的财务状况、经营成果等进行对比分析，获取进行相关经济决策的有用信息。

第四节　会计信息质量要求及其应用

一、会计信息及其质量要求的含义

（一）会计信息的含义

会计信息有狭义与广义之分。从现代企业财务会计的角度看，狭义的会计信息是指由某一会计主体（企业）所提供的财务状况、经营成果和现金流量方面的财务会计信息，是企业在会计报告环节对外报告的会计信息。这类会计信息是由企业会计人员通过编制财务报告文件，如资产负债表、利润表和现金流量表等对外部使用者提供的会计信息。广义的会计信息是指除上述信息外，还包括在交易或事项的确认、计量和记录环节中的信息，如在企业的交易或事项发生以后，会计人员通过取得和填制会计凭证所获取的信息；利用账簿登记所获取的交易或事项信息等。但这些信息是对外报告的基础，只有按照要求经过加工整理才会形成对外报告的会计信息。因而，本书重点探讨的是企业对外提供的财务会计信息。

（二）会计信息质量要求的含义与基本内容

企业会计信息质量要求是指对企业对外提供的会计信息质量的基本要求，是使会计信息对投资者等各类使用者的经济决策有用而应具备的基本特征。因而，也称会计信息质量特征。会计信息质量要求是财务会计理论的构成内容之一，也是企业会计准则应予规范的重点内容。我国现行《企业会计准则》将会计信息质量要求规定为八条：可靠性、相关性、可理解性、可比性、实质重于形式、重要性、谨慎性和及时性。

二、会计信息质量要求的具体内容及其应用

（一）可靠性的要求及其应用

1. 可靠性的要求。可靠性要求“企业应当以实际发生的交易或者事项为依据进行会计确认、计量和报告，如实反映符合确认和计量要求的各项会计要素及其他相关信息，保证会计信息真实可靠、内容完整”。

可靠性强调：第一，实际发生的交易或事项产生的信息才是客观可靠的信息，虚构的交易或事项的信息是虚假的不可靠的信息；第二，只有如实反映的会计信息才是可靠的信息。如各项会计要素信息只有在其符合确认和计量要求时才是可靠的信息，如果不符合会计要素的确认和计量要求，同样不能认为是可靠的信息。会计要素是财务会计理论体系中的一个重要概念，具体包括资产、负债、所有者权益、收入、费用和利润六种要素。其中，资产、负债和所有者权益主要用来反映企业的财务状况信息，收入、费用和利润主要用来反映企业的经营成果信息，这些信息是企业财务会计报告的主要内容。各项会计要素有其独具的经济特征、确认条件和计量方法，只有符合要素的经济特征和确认条件，并采用合理的计量方法，才会产生真实可靠的信息。对会计信息质量的可靠性要求及其应用可结合图1-14加以理解。

2. 可靠性要求的应用。会计信息的可靠性是会计管理活动的生命线。只有可靠的信息才有利于财务会计报告使用者据以作出合理的经济决策。虚假的会计信息只能对财务报告使用者产生误导，致使其作出错误的决策，不仅会给信息使用者造成重大经济损失，而且会影响正常的社会经济发展秩序，甚至会危及社会的稳定。

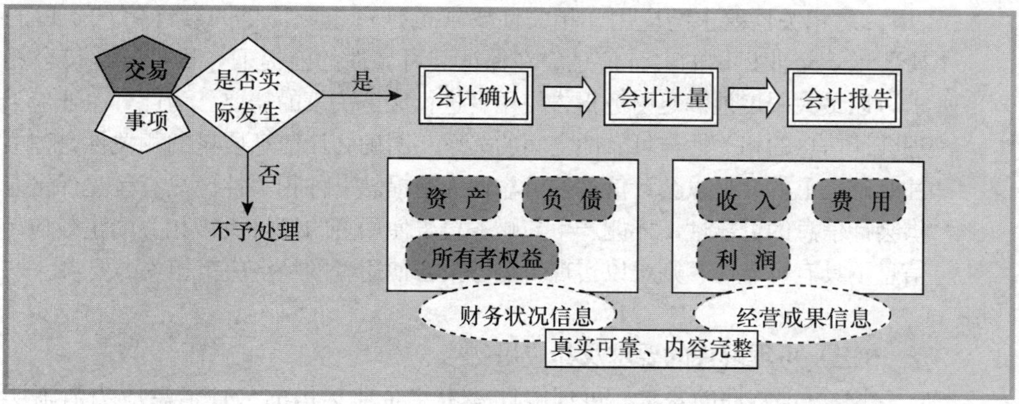

图 1-14　会计信息质量的可靠性要求及其应用

近些年来国内外频繁发生的会计信息失真的案例表明，保证会计信息的可靠性，具有极其重要的现实意义。为使企业财务会计报告中所提供的会计信息具有可靠性，要求企业应以实际发生的交易或事项为依据进行确认、计量和报告，不得根据虚构的或尚未发生的交易或事项进行确认、计量和报告；应如实反映符合确认和计量要求的各项会计要素及其他相关信息。

（二）相关性的要求及其应用

1. 相关性的要求。相关性要求“企业提供的会计信息应当与财务会计报告使用者的经济决策需要相关，有助于财务会计报告使用者对企业过去、现在和未来的情况作出评价或者预测”。

相关性的规定体现了企业财务会计目标的基本要求，即向财务报告使用者提供与其决策相关的会计信息。同时，又提出了具体要求：应当如实地报告企业现在的财务状况、经营成果和现金流量信息，也要报告企业过去的财务状况、经营成果和现金流量信息，以利于财务报告使用者对企业过去和现在的经营状况进行评价，预测企业未来的发展趋势，进而作出合理的经济决策。对会计信息质量的相关性要求及其应用可结合图 1-15 加以理解。

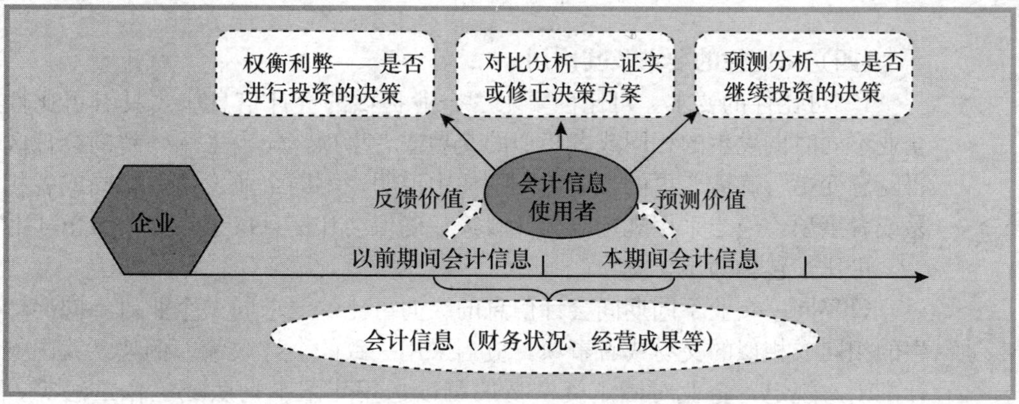

图 1-15　会计信息质量的相关性要求及其应用

2. 相关性要求的应用。相关性要求也是对企业提供的会计信息质量的一个重要要求，企业提供的会计信息应在保证其可靠性的前提下，尽可能地符合相关性要求，以最大限度地满足财务报告使用者进行经济决策的需要。为此，企业应当正确处理会计信息的相关性与可靠性之间的关系。明确会计信息质量的相关性是建立在可靠性基础之上的，是以会计信息的可靠性为前提的一种相关性。只有首先保证企业所提供会计信息的可靠性，才能产生与财务报告使用者的经济决策相关的正效应。若会计信息不具有可靠性，则难以实现与财务报告使用者的经济决策相关的要求。

（三）可理解性的要求及其应用

1. 可理解性的要求。可理解性要求“企业提供的会计信息应当清晰明了，便于财务会计报告使用者理解和使用”。

2. 可理解性要求的应用。企业提供会计信息的目的在于帮助信息的使用者作出合理的经济决策。这就要求企业所提供的会计信息应当清晰明了，便于信息的使用者充分理解会计信息的内容。只有这样，才能增强会计信息的有用性，满足财务报告的使用者进行经济决策的需要。对可理解性的要求及其应用可结合图1－16加以理解。

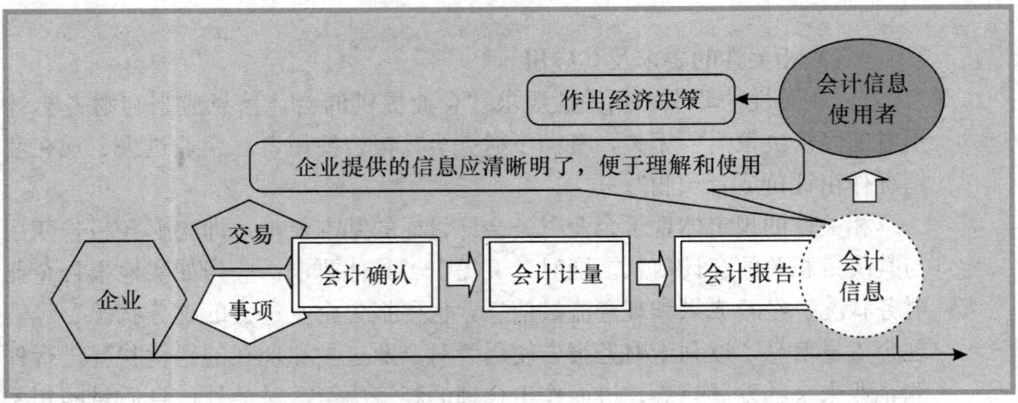

图1－16 会计信息质量的可理解性要求及其应用

（四）可比性的要求及其应用

1. 可比性的要求。可比性要求“企业提供的会计信息应当具有可比性。同一企业不同时期发生的相同或者相似的交易或者事项，应当采用一致的会计政策，不得随意变更。确需变更的，应当在附注中说明。不同企业发生的相同或者相似的交易或者事项，应当采用规定的会计政策，确保会计信息口径一致、相互可比”。

可比性包括两层含义：

（1）同一企业不同期间会计信息的纵向可比。要求同一企业对不同会计期间发生的相同或相似的交易或者事项，应当采用一致的会计政策。例如，我国《企业会计准则》规定，企业对固定资产折旧可以选用年限平均法或工作量法等。在实务中，企业每月都要计算其固定资产折旧额，即计算固定资产的价值损耗，并将其计入当期成本或费用。年限平均法是根据固定资产的预计使用寿命计算各月折旧额的，而不考虑固定资产的实际使用情况。采用这种方法，各个月份计算出来的折旧额一般是相等的，计入各月成本或费用的数额也是相同的、均衡的，对各月份的财务状况、经营成果的确定影响不大。工作量法则需要具体考虑固定资产在各个月份的实际使用情况，在固定资产使用较多的月份应多计算折旧额，反之，则少计算折旧额。采用这种方法时，各月份的折旧额是不相等的，计入各月成本或费用的数额也是不相同、不均衡的，对各个月份财务状况和经营成果的确定影响较大。为此，可比性要求企业一旦选用了某种折旧方法，就应在相互接续的各个会计期间连续使用，一般不得随意变更，目的是使同一企业前后各期的固定资产折旧额信息具有可比性。对同一企业不同期间会计信息质量的可比性要求及其应用可结合图 1－17 加以理解。

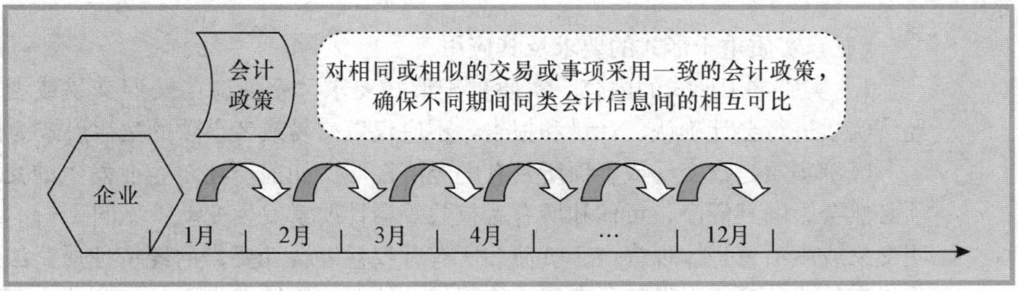

图 1－17　同一企业不同期间会计信息质量的可比性要求及其应用

（2）不同企业相同会计期间会计信息的横向可比。要求不同企业对于同一期间发生的相同或相似的交易或者事项，应当采用统一规定的会计政策，确保会计信息口径一致、相互可比。各个企业所发生的某些交易或事项存在诸多相同或相似之处，可比性要求，不同企业在处理这些交易或事项时，所采用的会计政策也应相同。例如，同是生产某种产品的企业，它们使用的生产设备大体相同，对这类固定资产的折旧就适宜采用准则中统一规定的工作量法，使企业各月固定资产折旧额信息，以及受此影响进而产生的财务状况和经营成果等会计信息能够与其他同类企业具有可比性。对不同企业同一会计期间会计信息质量的可比性要求及其应用可结合图 1－18 加以理解。

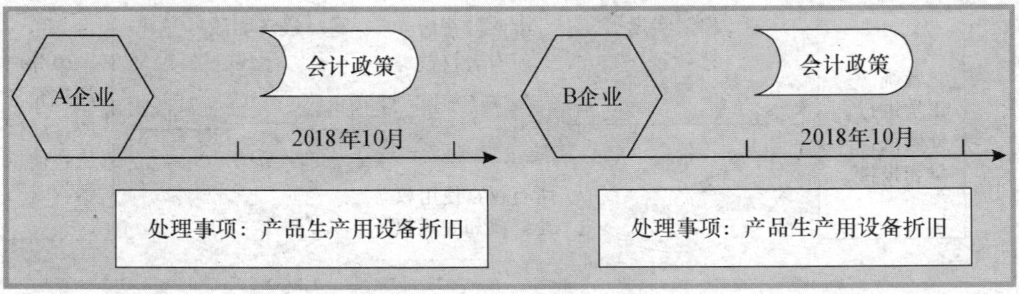

图 1－18　不同企业相同会计期间会计信息质量的可比性要求及其应用

2. 可比性要求的应用。可比性要求规定，同一企业不同期间发生的相同或者相似的交易或者事项应当采用一致的会计政策，同时要求不同企业同一期间发生的相同或者相似的交易或者事项应当采用规定的会计政策。目的有二：一方面确保财务报告使用者能够对同一企业的财务状况、经营成果等会计信息进行前后会计期间的比较，了解企业的发展趋势，获取对于其经济决策更为有用的信息；另一方面，也有利于财务报告使用者对各个企业的财务状况、经营成果等会计信息进行相互比较，从中选择其认为满意的对象，进而作出最终的经济决策。为此，企业应全面理解和贯彻可比性要求。一方面做到对于其不同期间的相同或相似的交易或者事项应当采用一致的会计政策，例如，企业对固定资产折旧计算方法的选用、存货发出计价方法的选用等，在不同会计期间都应采用一致的做法；另一方面，对于与其他企业同一期间发生的相同或者相似的交易或者事项应当采用规定的会计政策。

（五）实质重于形式的要求及其应用

1. 实质重于形式的内容。实质重于形式要求“企业应当按照交易或者事项的经济实质进行会计确认、计量和报告，不应仅以交易或者事项的法律形式为依据”。

经济实质是指交易或事项所具有的经济性质。如前所述，企业发生的交易或事项必然会影响其资产、负债和所有者权益等会计要素发生变动（见图1-14）。这说明交易或事项总是体现资产、负债和所有者权益等会计要素的经济性质。法律形式是指交易或事项所引发的所有权、使用权和处置权等法律方面的权利或义务。如资产是企业所拥有或控制的经济资源，表明企业对其资产具有所有权、使用权和处置权等方面的权利；负债表明企业对于其债务应当承担的义务，须以企业的资产或劳务进行清偿；所有者权益表明投资者对企业资产及其经营成果的要求权等。一般而言，交易或事项的经济实质与法律形式是统一的，经济实质与其法律形式构成了交易或事项相辅相成的两个方面。如企业用自有资金购入材料和设备等，其经济性质属于企业所拥有的资产；从法律形式来看，企业对其拥有所有权、使用权、经营权和处置权。但在有些情况下，交易或事项的经济性质和法律形式会产生一定程度的分离，在这种情况下，对交易或事项如何进行处理，就需要遵守实质重于形式的要求。对实质重于形式的要求及其应用可结合图1-19加以理解。

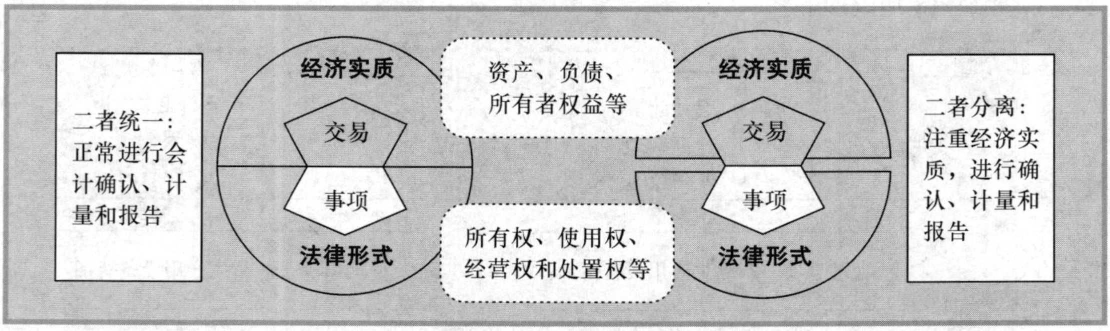

图1-19 会计信息质量的实质重于形式要求及其应用

2. 实质重于形式要求的应用。企业的某些交易或事项其经济实质和法律形式不一致的情况时有发生。例如，A 企业与 B 企业签订了一项产品销售合同，货款为 100 000 元，但 A 企业暂时并没有向 B 企业提供产品。此时，虽然有合同这种法律形式存在，但企业并没有履行向对方提供产品的义务，即从经济实质的角度看，交易还没有实际发生，即还没有发生产品所有权、使用权等方面的转移，A 企业当然就没有理由收取客户的货款，也不能确认为企业的收入。又如，企业在采用融资租赁方式租入设备时，根据双方的协议，租用企业（承租方）应分期向设备的出租企业（出租方）以租金形式支付设备款。在设备款未付清之前的会计期间，从法律形式看，设备的所有权并没有完全转移给承租方，会存在承租方对该设备是否具有所有权的争议；从经济实质看，也会存在该设备是否属于承租方资产的争议。对于这种情况，租用设备企业就应当按照实质重于形式的要求，注重该项资产的经济实质，而不必拘泥于其法律形式，可以将其确认为承租方的资产。这是由于融资租入设备在未付清设备款之前，承租方已经实际使用该设备，并给企业带来了相应的经济利益，符合资产要素所具备的预期会给企业带来经济利益的本质特征。这种处理方法体现了会计上对交易或事项经济实质的尊重。

（六）重要性的要求及其应用

1. 重要性的要求。重要性要求“企业提供的会计信息应当反映与企业财务状况、经营成果和现金流量等有关的所有重要交易或者事项”。

企业发生的所有交易或事项都会对企业的财务状况、经营成果和现金流量的某个方面产生影响，凡涉及企业的财务状况、经营成果和现金流量发生变动的交易或事项，企业都应如实报告。但在提供相关信息时，应判断项目的重要性，分别情况进行处理。对会计信息质量的重要性要求及其应用可结合图 1－20 加以理解。

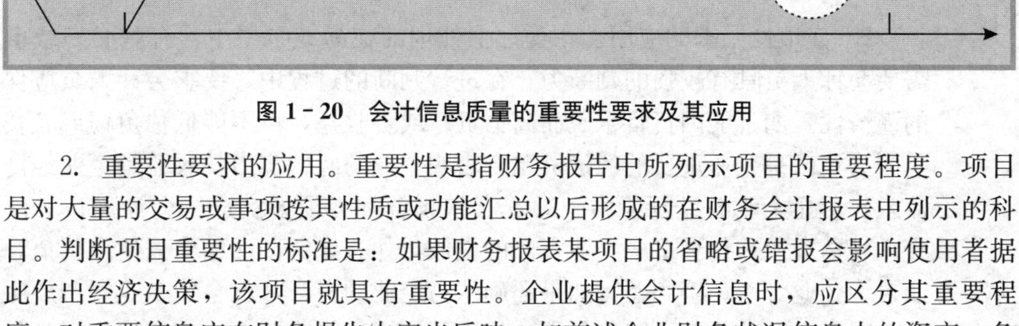

图 1－20　会计信息质量的重要性要求及其应用

2. 重要性要求的应用。重要性是指财务报告中所列示项目的重要程度。项目是对大量的交易或事项按其性质或功能汇总以后形成的在财务会计报表中列示的科目。判断项目重要性的标准是：如果财务报表某项目的省略或错报会影响使用者据此作出经济决策，该项目就具有重要性。企业提供会计信息时，应区分其重要程度，对重要信息应在财务报告中突出反映。如前述企业财务状况信息中的资产、负债和所有者权益信息，经营成果信息中的收入、费用和利润信息等，都是与财务报告使用者进行经济决策密切相关的信息，企业应当作为重要信息，按照这些信息的项目组成内容进行全面完整的报告，不得省略，更不能错报。而对于与财务报告使用者的经济决策关系不大的次要信息，则在报告文件中综合反映即可。如企业库存材料、在产品和产成品信息，一般不为财务报告的使用者所关心，属于次要信息，不必逐项作出报告，可将这些信息进行综合，在财务报告中以“存货”一个项目反映。

（七）谨慎性的要求及其应用

1. 谨慎性的要求。谨慎性要求“企业对交易或者事项进行会计确认、计量和报告应当保持应有的谨慎，不应高估资产或者收益、低估负债或者费用”。

处于市场经济环境中的企业，其生产经营活动面临诸多风险，其交易或事项也具有极大的不确定性。对于具有不确定性的交易或事项，如应收账款中可能收不回来的部分所占的比重、各类固定资产的使用寿命、售出产品可能发生的退货数或返修数等，都需要根据企业在以往经营过程中实际发生的情况等进行合理的判断或估计，并需要保持应有的谨慎。对会计信息质量的谨慎性要求及其应用可结合图1－21加以理解。

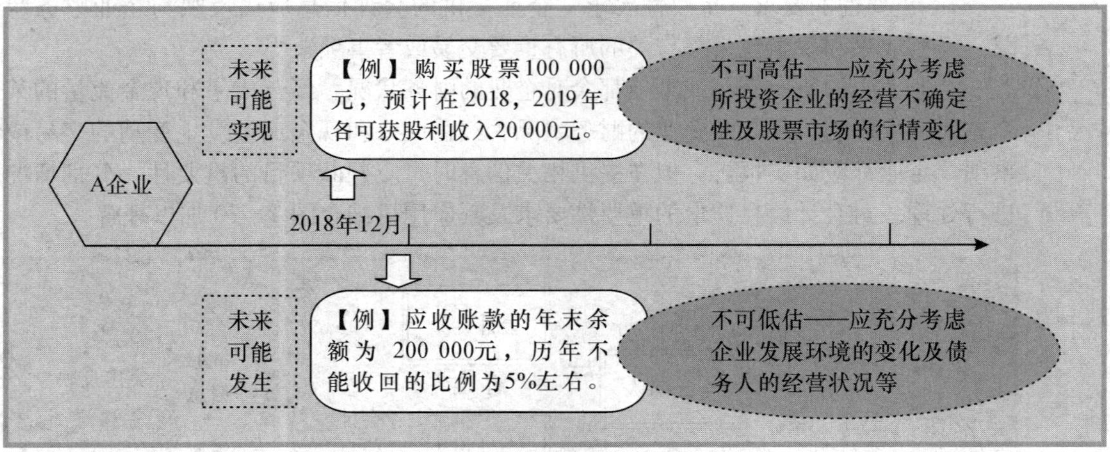

图1－21 会计信息质量的谨慎性要求及其应用

2. 谨慎性要求的应用。在会计上处理的交易或事项中，有些交易或事项往往需要会计人员具有较强的判断力，在进行判断的过程中，要求会计人员应保持应有的谨慎性。如不能因盲目乐观而高估资产或者收益，也不能低估负债或者费用。这是因为资产是企业重要的经济资源，表明企业的经营实力，收益是企业经济利益的流入，彰显企业的经营能力。对资产和收益都必须如实进行会计确认、计量和报告。高估资产往往会造成企业资产的虚假，如有些资产已经失去使用价值，预期不能再为企业带来经济利益，如果还确认为企业的资产，就会使企业资产产生虚增的假象；对企业的收益，特别是那些将来可能实现的收益更不应高估，因为高估的结果往往会使企业产生盲目乐观情绪，当收益不能达到预期结果时，可能会对企业经营造成不利的影响。同理，企业也不应低估负债或者费用。因为负债总是要偿还的，负债的偿还往往会使经济利益流出企业，需要企业准备足够的偿还资金；而费用的发生往往是以企业资产的消耗为代价的，特别是对那些由于不确定因素而给企业造成损失所形成的费用，如不可收回的应收账款形成的损失费用，企业更应宁可高估而不可低估。只有这样，才能对有可能在未来发生的损失保持清醒的认识，并采取严密的措施应对可能产生的经营风险。

（八）及时性的要求及其应用

1. 及时性的要求。及时性要求“企业对于已经发生的交易或者事项，应当及时进行会计确认、计量和报告，不得提前或者延后”。

企业提供会计信息的价值在于其能够有助于财务报告使用者做出相关的经济决策，因而具有很强的时效性。即使是具有可靠性、相关性、可理解性和可比性的会计信息，如果不能及时提供给会计信息的使用者，也会因信息的延误传递而失去其有效性。对会计信息质量的及时性要求及其应用可结合图 1－22 加以理解。

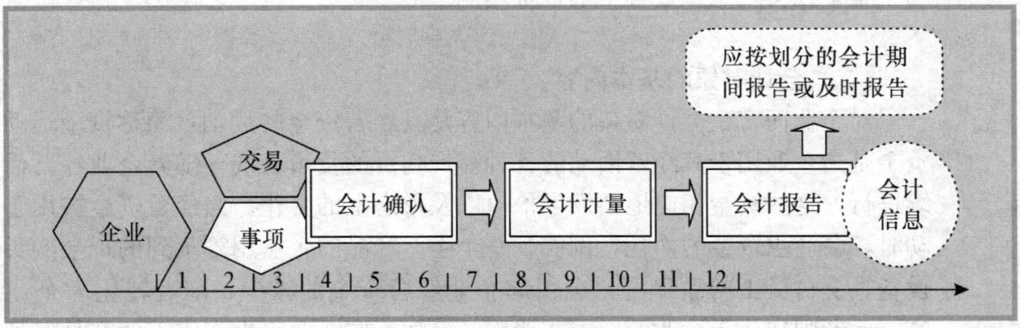

图 1－22　会计信息质量的及时性要求及其应用

2. 及时性要求的应用。只有按照要求及时提供会计信息，才会对会计信息使用者进行相关经济决策有所裨益。为确保会计信息提供的及时性，企业应按其发生的交易或事项及时收集会计信息；组织得力的会计人员及时处理会计信息；按照规定的时间和质量要求及时报告会计信息。如果企业提前提供会计信息，会使报告期间的信息不完整，成为一种人为的“虚假信息”，进而降低其使用价值；如果企业延后提供会计信息，会使报告期间的信息成为“明日黄花”，进而失去其使用价值。

上述会计信息质量要求是企业在报告会计信息过程中必须遵循的要求。其中，可靠性、相关性、可理解性和可比性是对会计信息质量的首要要求，是企业在编制的财务会计报告中所提供的会计信息应当具备的基本质量要求；实质重于形式、重要性、谨慎性和及时性是会计信息的次级质量要求，是对可靠性、相关性、可理解性和可比性等质量要求的补充。在对某些特殊交易或事项进行处理时，需要根据这些质量要求来把握实质重于形式、重要性、谨慎性和及时性等的应用，这些质量要求的贯彻需要会计人员具有较强的职业判断能力。

第五节 会计对象及其应用

一、会计对象的定义与基本内容

（一）会计对象的定义

会计对象是指企业财务会计所应核算和监督的基本内容。一般认为，会计对象的基本内容是社会再生产过程中的资金运动，在企业中则具体是指企业经营资金的运动。

由现代企业财务会计的定义可知，会计上反映的是企业在经营活动中发生的各种交易或事项所引起的价值方面的变动。这说明企业的经营活动不是孤立进行的，企业交易或事项的发生与整个社会再生产过程有着密切联系。例如。一个生产产品的企业需要采用一定的方式从社会上筹集生产经营资金，从其他企业购买产品生产用的材料和设备等劳动对象和生产资料，生产出来的产品要通过市场销售给购买者（消费者）等。这体现了企业与社会上的其他方面的联系，企业经营资金的运动参与了整个社会再生产过程中的资金运动。

（二）会计对象的基本内容

对企业而言，会计对象的基本内容是其经营资金的运动，简称资金运动。经营资金是指企业用于其经营活动的各种财产物资的货币表现。随着企业经营活动的持续进行，这些资金相应地会发生价值以及形态上的变化。当经营资金被用于经营活动时，会产生资金的消耗，例如，一个生产产品的企业用筹集到的资金购买材料或设备，支付员工的薪酬等，会引起企业经营资金的减少，前者转化为企业新的资产，后者则转化为企业的成本或费用。又如，在企业将生产完工的产品对外销售收回货款时，一方面会减少企业的产品这种资产，另一方面又会由于收回货款而增加企业的货币资金资产。事实上，对于持续经营的企业来说，资金总是处在不断的运动和变化之中。在会计上，一般把交易或事项所引起的企业经营资金的增减变动称为资金运动。对会计对象的基本内容可结合图 1－23 加以理解。

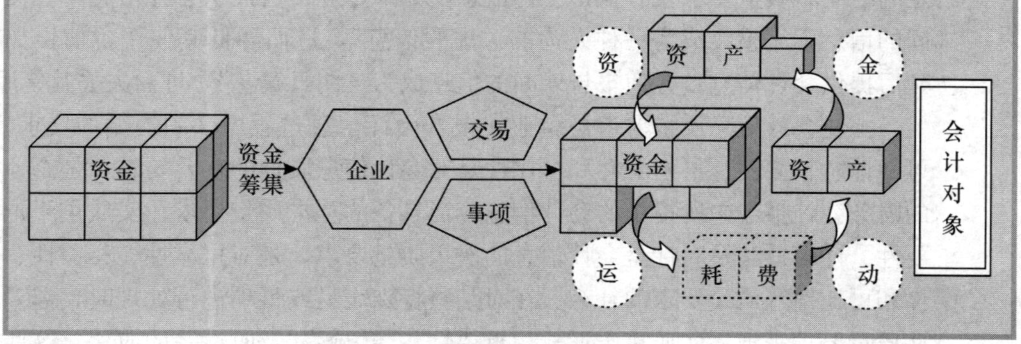

图 1－23 会计对象的基本内容

二、对产品生产企业资金运动的探讨

产品生产企业也称一般企业，或制造业企业，是进行一定产品的生产和销售的企业。这类企业组织生产经营活动的基本目的是尽可能多地赚取利润，创造更多的经济效益，因而也被称为营利性组织。

（一）产品生产企业资金运动的基本状况

产品生产企业资金运动的基本状况可结合图 1－24 加以理解。

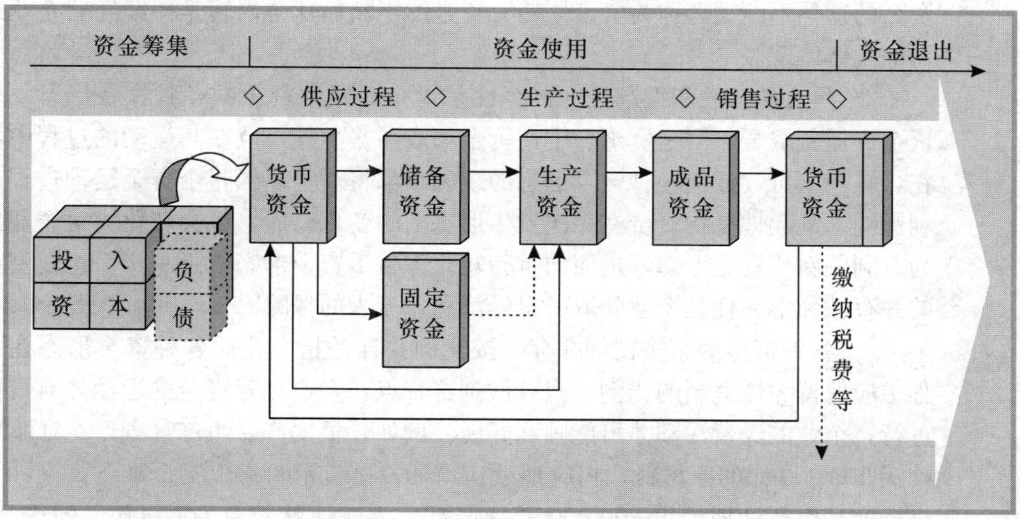

图 1－24　产品生产企业资金运动基本状况

产品生产企业的资金运动全过程可具体划分为资金筹集、资金使用和资金退出三个阶段。在资金筹集阶段，企业的主要交易或事项是通过吸引投资者向企业投资、发行企业债券或向银行等金融机构借款等方式获取经营所需资金。一般而言，企业筹集的资金最初是以货币资金形态进入企业的，货币资金具体表现为库存现金或银行存款；对资金使用阶段可分为供应、生产和销售三个具体过程。其中供应过程也称生产准备过程，企业发生的主要交易或事项是运用所筹集的资金进行产品生产的各项准备，包括购买产品生产所需材料和设备等，在这一过程中，货币资金会转化为储备资金（购买材料部分）和固定资金（购买设备部分）等形态。在生产过程中，企业发生的主要交易或事项是用储备的材料和购入的设备等进行产品生产，用货币资金支付生产经营的有关费用，货币资金、储备资金和固定资金等会相应地转化为生产资金形态，即处在生产过程中的在产品所占用的资金。产品完成全部的生产工序以后，生产资金会转化为成品资金形态，即完工产品所占用的资金。在销售过程中，企业发生的主要交易或事项是销售其完工产品并收回货币资金，之后成品资金又重新转化为货币资金形态；在资金的退出阶段，企业发生的主要交易或事项是依法缴纳税费、按约定偿还债务和向投资者分配利润等，从而导致一部分资金退出企业的资金运动过程。分析可见，企业资金运动的过程也是各种交易或事项发生的过程。

（二）产品生产企业资金运动的特点

1. 体现为循环与周转的方式。随着产品生产企业经营活动的展开，资金从货币资金形态开始，依次转化为储备资金、固定资金、生产资金和成品资金等形态，当一个运动周期结束以后，资金又回到其初始的货币资金形态。企业经营资金的这种经过一系列形态变化，最终又回到货币资金状态的过程称为资金循环。在持续经营的企业，其经营活动是连续不断进行的，因而其经营资金也是不断循环的，经营资金的这种不断循环称为资金周转。资金的不断循环与周转是持续经营企业经营活力的具体体现。

2. 具有并存性和继起性。并存性是指企业经营资金的各种存在形态，如货币资金、储备资金、固定资金、生产资金和成品资金等，应在其运动的过程中同时存在，缺一不可。任何一种资金形态的缺失，都将对企业的整个资金运动过程产生不利影响。继起性是指资金在每次发生形态上的变化以后，都会转化为对企业经营更为有利的新的资金形态，进而向重新转化为货币资金形态接近一步。企业资金运动的并存性和继起性是企业获取一定经济利益流入的保障。

3. 各种资金形态按比例并存。按比例并存是指企业的各种资金形态在运动过程中应保持大体适当的比例。只有做到这一点，企业经营资金的运动才有可能正常进行，企业的经营活动才可能顺利开展。例如，根据产品生产计划，企业本期需要购买100 000元的原材料，相应地就应有100 000元的货币资金准备。又如，本期进行产品生产计划销售200 000元的产品，相应地就应有200 000元的产品储备。如果相互接续的两种资金形态比例失调，就会影响资金形态的顺利转化，影响企业经营活动的正常开展。

4. 具有增值性和补偿性。增值性是指资金在结束一个资金循环以后，收回的货币资金应大于开始循环时投入的货币资金数额，增值部分即企业实现的利润。利润是资金运动的最终成果，也是判断企业获利能力强弱和经营管理水平高低的标志之一。补偿性是指企业为使经营活动持续不断地进行下去，必须在完成每一次资金循环以后，将收回的一部分资金拿出来重新投入到下一个资金循环（也是下一个产品生产过程）中去。只有这样，才能保证企业的经营活动始终能够获得足够的资金支持。在收回货币资金较多的情况下，企业还可以根据发展需要拿出更多的资金投入下一个资金循环，扩大生产规模，增强企业的经营实力。

三、产品生产企业会计对象的具体内容及其应用

（一）产品生产企业会计对象的具体内容

会计对象的具体内容是指在将资金运动做基本划分后所形成的内容。虽然各类企业在其经营活动中发生的交易或事项的内容不尽相同，但都可以从资金在运动过

程中发生的交易或事项的经济性质角度对其进行分类。

以产品生产企业为例，产品企业要组织产品生产和销售活动，首先必须拥有和控制一定的经济资源，可概括为资产，资产这一概念就体现了经济资源的经济性质。企业资产的取得主要有吸收投资者投资和负债两种方式。当投资者向企业投资以后，他们对企业的资产就具有了法定的要求权利（权益），如参与企业的经营管理，分享企业实现的利润等。因而，这部分资金来源在会计上称为所有者权益。所有者权益这一概念体现了投资者投资的经济实质；负债是指企业向银行或其他金融机构借入款项等应当承担的义务，负债这一概念体现了企业应当承担的现时义务的经济实质。企业利用获取的经济资源开展经营活动，进行产品的生产和销售，会发生一定的费用支出，费用这一概念体现了企业经济资源的消耗而引起的经济利益流出的经济实质。企业产品的生产和销售也会给企业带来一定的收入，收入这一概念体现了企业经济资源的增加而引起的经济利益流入的经济实质。一般而言，企业取得的收入与发生的费用之差为经营成果，在收入大于费用时即为企业实现的利润，是收入和费用共同作用的结果。综上所述，产品生产企业会计对象的具体内容可概括为以下六类：资产、负债、所有者权益、收入、费用和利润，这六个方面即为企业资金运动按其经济性质划分所形成的具体内容。产品生产企业会计对象的具体内容与资金运动的关系如图 1－25 所示。

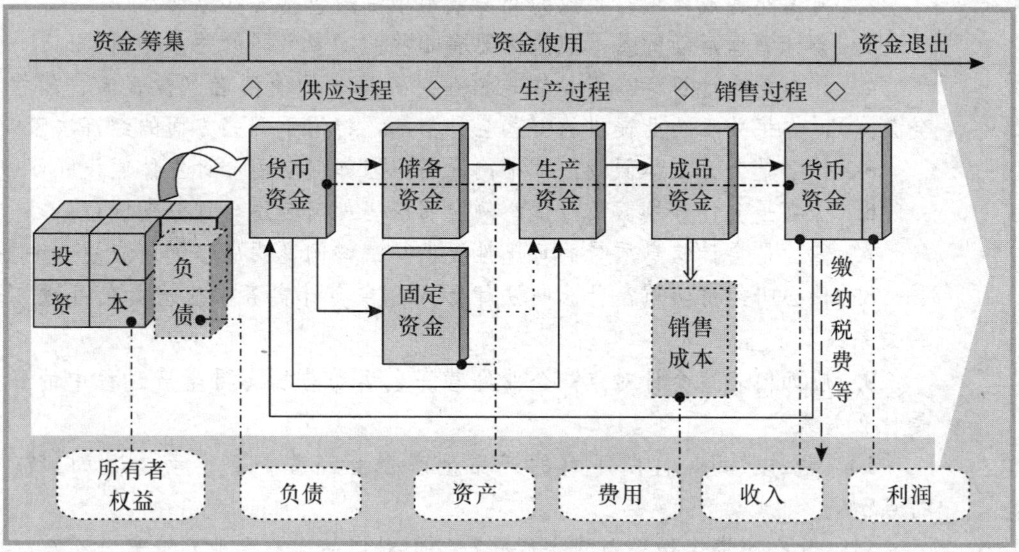

图 1－25　企业会计对象具体内容与资金运动的关系

（二）企业会计对象具体内容的应用

1. 应用于会计方法的建立。例如，在会计上要设置账户，首先要根据会计对象的具体内容划分会计科目，只有确立了会计科目，设立账户才具有一定的依据。又如，对交易或事项的记录应采用借贷记账法，这种记账方法是根据会计对象的具体内容确定其在账户中的记录方法的，不了解会计对象的具体内容，就难以驾驭借贷记账法。

2. 应用于交易或事项的性质分析。企业发生的交易或事项都与会计对象的具体内容有着密切关系，体现着会计对象具体内容的经济性质。当交易或事项发生以后，只有真正弄清楚其影响会计对象具体内容的具体情况，才能确定交易或事项的性质及其正确的处理方法。

3. 应用于财务报告文件的编制。会计要素之间的平衡相等关系是进行会计报表格式设计的依据，会计报表的项目也是根据会计对象具体内容划分的科目而列示的。相关的会计对象具体内容在不同的会计报表上可综合反映企业的财务状况和经营成果等信息。

需提醒学习者注意的是，图 1－25 中的会计对象具体内容也称会计要素，对其具体内容及应用将在第二章中展开深入讨论。

□ 复习思考题

1. 企业会计准则的主要作用是什么？财务会计基本理论对于企业会计准则的建设有何意义？

2. 何谓交易或事项？企业的交易或事项一般包括哪些方面？

3. 会计管理活动的基本职能主要有哪些？二者之间的关系如何？

4. 什么是会计目标？假如你是企业财务报告的使用者（投资者、债权人或社会公众），你将关心企业提供的哪些会计信息，将用于哪些方面的经济决策？

5. 什么是会计主体假设？试举例说明应当如何应用会计主体假设。

6. 什么是会计分期假设？试举例说明应当如何应用会计分期假设。

7. 什么是会计信息质量的可比性要求？试举例说明应当如何应用这一要求。

8. 什么叫经济实质？什么叫法律形式？在会计实务中应当如何处理二者之间的关系？

9. 应如何表述会计对象？企业经营资金运动与社会再生产过程中的资金运动是什么关系？

10. 通过学习，你所了解的产品生产企业经营资金运动情况如何？有哪些特点？

11. 什么叫资金循环与资金周转？它们对产品生产企业意味着什么？

12. 企业会计对象包括哪些具体内容？主要应用于哪些方面？

□ 应用练习题

一、判断题

答题要求：根据各题给出的说法判断正误，你认为正确的，在题后的括号中打

“√”，你认为错误的打“×”。

1. 会计目标是近代财务会计理论体系的核心概念。（　）

2. 会计对交易和事项的管理主要是价值形式的管理。（　）

3. 在会计的两项基本职能中，监督职能是其最基本的职能。（　）

4. 会计假设也称会计基本前提。（　）

5. 一般认为，会计对象是社会再生产过程中的资金运动。（　）

6. 企业筹集的资金最初一般是以货币资金形态进入企业的。（　）

7. 与非营利组织的资金运动情况相比，产品生产企业的资金运动不体现为循环与周转方式。（　）

8. 企业会计信息质量要求是指使财务报告所提供的会计信息与包括投资者在内的各类使用者的经济决策相关应具备的基本特征。（　）

9. 同一企业不同期间会计信息的可比也称横向可比。（　）

10. 会计信息质量要求的实质重于形式要求中的“实质”指的是交易或事项的经济性质。（　）

二、单项选择题

答题要求：在下面各题的备选答案中只有一个是正确答案，选择你认为正确的答案，在题尾的括号中写出该备选答案的英文字母编号。

1. 现代企业财务报告的主要使用者是（　）。

A. 政府部门　B. 投资者　C. 债权人　D. 社会公众

2. 在会计假设中，对会计活动所服务的对象做出的基本设定是（　）。

A. 会计主体　B. 持续经营　C. 会计分期　D. 货币计量

3. 在会计假设中，对会计主体经营活动的持续性进行合理期间划分做出的基本设定是（　）。

A. 会计主体　B. 持续经营　C. 会计分期　D. 货币计量

4. 企业用货币资金购买材料以后，货币资金即转化为（　）。

A. 储备资金　B. 生产资金　C. 成品资金　D. 固定资金

5. 当企业的产品生产完工以后，生产资金即转化为（　）。

A. 货币资金　B. 储备资金　C. 成品资金　D. 固定资金

6. 企业应当以实际发生的交易或者事项为依据进行会计确认、计量和报告，体现的是会计信息质量的（　）。

A. 可靠性要求　B. 相关性要求

C. 可理解性要求　D. 实质重于形式要求

7. 企业提供的会计信息应当反映与企业财务状况、经营成果等有关的所有重要交易或者事项，体现的是会计信息质量的（　）。

A. 可比性要求　B. 重要性要求　C. 谨慎性要求　D. 及时性要求

8. 企业对交易或者事项进行会计确认、计量和报告不应高估资产或者收益、低估负债或者费用，体现的是会计信息质量的（　）。

A. 可比性要求 B. 重要性要求 C. 谨慎性要求 D. 及时性要求

9. 下列各项中，属于储备资金的是（ ）。

A. 库存现金 B. 原材料 C. 银行存款 D. 产成品

10. 下列各项中，属于固定资金的是（ ）。

A. 应收账款 B. 原材料 C. 银行存款 D. 固定资产

三、多项选择题

答题要求：在下面各题的备选答案中至少有两个是正确答案，选择你认为正确的答案，在题尾的括号中顺序写出这些备选答案的英文字母编号。

1. 企业财务报告提供的财务状况信息主要说明企业的（ ）。

A. 经营资金来源渠道 B. 经营产生的收入

C. 经营发生的费用 D. 经营实现的利润

E. 经营资金存在形态

2. 根据我国《企业会计准则》的规定，财务会计报告的主要目标有（ ）。

A. 向财务会计报告使用者提供与企业财务状况有关的会计信息

B. 向财务会计报告使用者提供与企业经营成果有关的会计信息

C. 向财务会计报告使用者提供与企业现金流量有关的会计信息

D. 反映企业管理层受托责任履行情况

E. 有助于财务会计报告使用者作出经济决策

3. 根据我国《企业会计准则》的规定，下列各项中属于企业会计假设内容的有（ ）。

A. 会计主体 B. 持续经营 C. 会计分期 D. 历史成本

E. 货币计量

4. 与其他管理活动不同，会计管理活动具有（ ）。

A. 合理性 B. 连续性 C. 系统性 D. 合法性

E. 全面性

5. 理解会计主体假设时应注意的问题有（ ）。

A. 将本企业发生的交易或事项与其他企业发生的交易或事项区别开来

B. 将本企业与消费者之间发生的各种交易或事项区别开来

C. 将企业发生的交易或事项与企业所有者个人的交易或事项区别开来

D. 将本企业与债权人之间发生的各种交易或事项区别开来

E. 将本企业与供应商之间发生的各种交易或事项区别开来

6. 下列各项中，属于企业会计对象具体内容的有（ ）。

A. 资产 B. 负债 C. 所有者权益 D. 收入

E. 费用

7. 企业的经营资金在其运动过程中可能表现出来的具体形态有（ ）。

A. 货币资金形态 B. 储备资金形态

C. 固定资金形态 D. 成品资金形态

E. 生产资金形态

8. 下列各项中，属于产品生产企业资金运动特点的有（　　）。

A. 体现为循环与周转方式　　B. 具有并存性和继起性

C. 各种资金形态按数量并存　　D. 各种资金形态按比例并存

E. 具有增值性和补偿性

9. 会计信息质量的可比性要求包括的含义有（　　）。

A. 同一企业不同期间会计信息的可比

B. 同一企业相同期间会计信息的可比

C. 不同企业相同会计期间会计信息的可比

D. 不同企业不同会计期间会计信息的可比

E. 同一企业与不同企业会计信息不可对比

10. 下列各项中，资金退出企业的内容有（　　）。

A. 企业向国家缴纳税费　　B. 企业按约定偿还债务

C. 企业收到投资者投资　　D. 企业用购入材料生产产品

E. 企业支付投资者利润

四、模拟实训题

模拟实训题（一）

1. 实训资料：A，B，C 三个企业近两年的财务状况和经营成果情况如下表所示。

单位：元

企业名称	财务状况		经营成果	
	2017 年	2018 年	2017 年	2018 年
A	3 000 000	3 600 000	200 000	600 000
B	4 000 000	4 500 000	300 000	500 000
C	5 000 000	5 200 000	500 000	200 000

2. 实训目的：检验学习者对财务会计目标等基本理论的掌握和应用能力。

3. 实训要求：根据所给资料，利用你所学的现代企业财务会计基本理论知识进行分析，对下列问题提出你的见解：

（1）假如你是一名投资者，你将把你的资金投向哪个企业？

（2）假如你是一个银行信贷员，三个企业同时提出 50 万元的借款计划，你将把借款借给哪个企业？

（3）假如你是一位材料供应商，三个企业同时向你提出赊购 20 万元材料的计划要求，你将选择哪个企业做你的客户？

模拟实训题（二）

1. 实训资料：某产品生产企业上一年对生产设备类固定资产计提折旧采用年限平均法，各月计入产品生产成本的折旧额为 50 000 元。从本年开始改用工作量法，并已在财务报告附注中说明。本年1～6月各月计提折旧额如下表所示。

企业名称：A企业　　　　单位：元

提取折旧月份	1月	2月	3月	4月	5月	6月
各月提取折旧额	40 000	42 000	50 000	51 000	48 000	46 000

2. 实训目的：检验学习者对会计信息质量要求的可比性要求等基本理论的掌握和应用能力。

3. 实训要求：试利用你所学的现代企业财务会计基本理论知识分析A企业本年改用工作量法提取设备折旧以后，各月折旧额的变动情况，对如下问题给予回答：

(1) 试说明A企业各月份计提折旧额不同的原因是什么？与采用年限平均法相比，各月计提的折旧额发生了什么变化？

(2) 假如A企业各月提取的设备折旧额全数计入了提取当月的费用，在各个月份的收入（假定为250 000元）和折旧费用以外影响利润计算的其他费用一定（假定为81 000元）的情况下，固定资产折旧费用会对企业各月的利润（经营成果）产生什么影响？

(3) 不论采用哪一种固定资产折旧方法，提取折旧都意味着企业固定资产原始价值的减少。固定资产原始价值与其累计折旧之间的差额为固定资产净值。假定该企业固定资产的原始价值为5 000 000元。那么，采用两种不同的折旧方法，对A企业固定资产净值的影响如何？

第二章

Chapter 2 现代企业财务会计基本原理（下）

本章内容导读

本章内容接续第一章中会计对象的具体内容，学习会计要素、会计基础和会计等式等现代企业财务会计基本理论知识。本章内容结构：

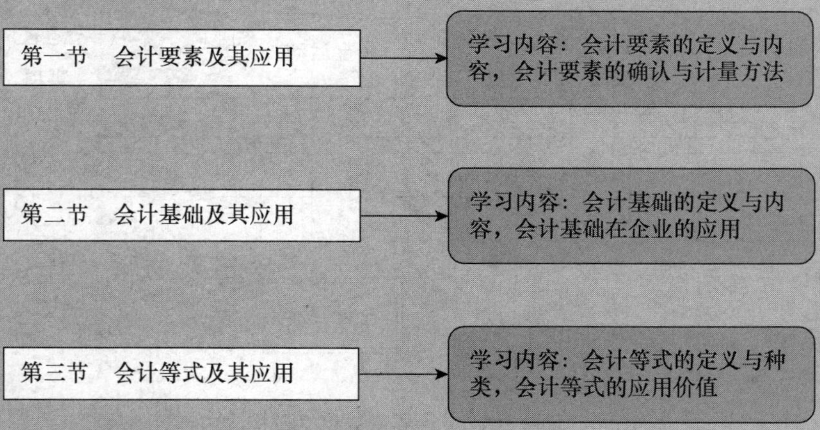

第一节　会计要素及其应用

一、会计要素的定义及其特征

（一）会计要素的定义

会计要素是根据交易或事项的经济特征确定的财务会计对象的基本分类，是对会计对象基本内容（资金运动）进行分解归类，使之形成独立的范畴，并用会计的术语加以描述的具体内容。

（二）会计要素的构成内容

我国现行《企业会计准则》规定："企业应当按照交易或者事项的经济特征确定会计要素。会计要素包括资产、负债、所有者权益、收入、费用和利润。"

通过上一章的学习可知，会计要素的构成与企业经营资金的运动有着密切关系。各种交易或事项又是引起企业资金运动的源头，在实务中，可以从交易或事项的经济特征角度对资金运动进行分类，使资金运动这一抽象的概念具体化，进而形成了资产、负债、所有者权益、收入、费用和利润等会计要素。其中，资产、负债和所有者权益是资金运动相对静止状态下的形态，因而也叫静态会计要素；而收入、费用和利润则是资金在运动过程中产生的形态，因而也叫动态会计要素。按照以上六个方面，就可以在会计上从资金运动的动态和静态两个方面全方位地对交易或事项进行确认、计量、记录和报告。对会计要素的定义及构成内容可结合图2-1加以理解。

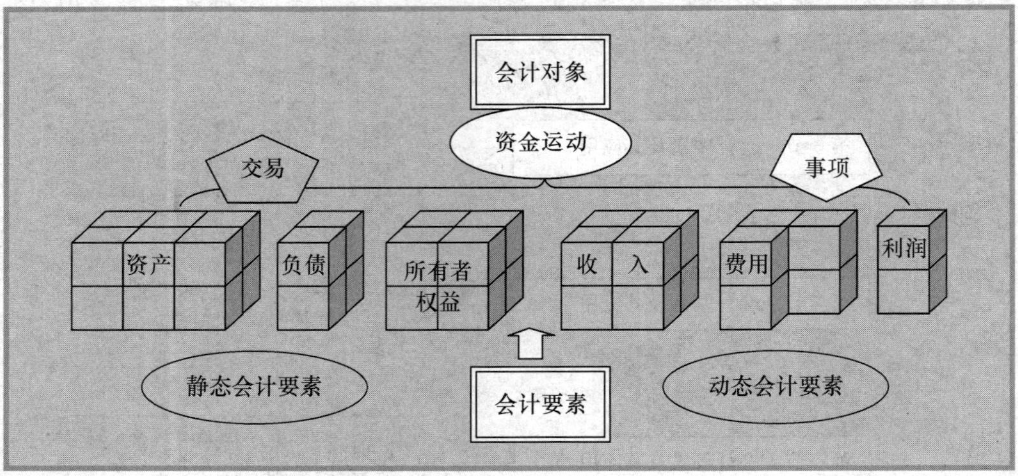

图2-1 会计要素的定义及构成内容

（三）各会计要素的定义与特征

1. 资产要素的定义与特征。资产是指企业过去的交易或者事项形成的、由企业拥有或者控制的、预期会给企业带来经济利益的资源。资产要素具有如下特征：

（1）资产是由企业过去的交易或事项形成的资源。过去的交易或事项是指企业已完成的交易或事项，具体包括购买、生产和建造等行为以及其他交易或事项。如果是预期在未来发生的交易或事项将会形成的资源，则不能作为企业现实的资产予以确认。例如，企业制定了一项计划，准备购买一批生产经营所需的设备，但实际购买行为尚未发生。这种预期可能增加的设备不符合资产的这一特征，也就不能确认为企业的现实资产。

(2) 资产应为企业拥有或控制的资源。拥有是指企业享有某项资源的所有权。例如，企业对用自有资金购入的设备等具有所有权。控制是指企业对某些资源虽然不具有所有权，但该资源能为企业所控制。例如，企业借入的资金，其所有权属于债权人而不属于企业，但企业可以控制使用这部分资源。

(3) 资产是预期会给企业带来经济利益的资源。即资产具有可以在未来直接或间接导致现金和现金等价物流入企业的潜力，这是资产的本质特征。例如，企业购入的材料和设备可用于产品生产，产品出售以后可收回货款等。如果某些项目预期不能给企业带来经济利益，就不能确认为企业的资产。例如，企业在自然灾害中已经毁损的设备或材料，不再具有使用价值，预期不能再给企业带来经济利益，就不再符合资产的这一特征，应从企业现有的资产中予以剔除。

2. 负债要素的定义与特征。负债是指企业过去的交易或者事项形成的、预期会导致经济利益流出企业的现时义务。负债反映的是企业债权人对企业资产的索取权，因此也称债权人权益。负债要素具有如下特征：

(1) 负债是由企业过去的交易或事项形成的现时义务。如果不是由企业过去的交易或事项形成的义务，就不能确认为其现时的负债。例如，企业计划从银行借入一笔款项，计划从供应商处赊购一批产品，由于交易或事项尚未实际发生，属于未来可能发生的交易或事项，都不能确认为企业的负债。

(2) 负债是企业应当承担的现时义务。现时义务是指企业在现行条件下已承担的义务。例如，企业通过与银行签订合同已经借入款项，通过与供应商签订合同赊购产品对方已经提供产品产生的应付账款，都属于企业在某种约定条件下应予承担的现时义务。

(3) 负债是预期会导致经济利益流出企业的现时义务。预期会导致经济利益流出企业是负债的本质特征。例如，企业在偿还借款和应付账款时，可以用其现金偿还，也可以用其实物资产偿还。不管采用哪一种偿还方式，最终都会导致经济利益流出企业。

3. 所有者权益要素的定义与特征。所有者权益是指企业资产扣除负债后，由所有者享有的剩余权益。在股份制企业中，所有者权益称为股东权益。所有者权益要素具有如下特征：

(1) 所有者权益可根据资产与负债对比确定。所有者权益是投资者在向企业投资后形成的对企业资产的要求权，但所有者并非对企业的全部资产都具有要求权。这是因为，企业的资产一般是由所有者的投资和借入的负债两部分形成。所有者只对其投资所形成的那部分资产具有要求权，对于负债所形成的那部分资产则不具有要求权。企业的全部资产扣除负债后的部分，在会计上也称净资产，所有者只对企业的这部分资产具有要求权。

(2) 所有者权益是由所有者享有的剩余权益。负债也称债权人权益，或第一权益。根据相关法律的规定，在企业同时面临偿债和退还投资者投资的情况时，其剩余资产应首先用于偿还负债，之后才能用于退还投资者投资。因而所有者权益也称剩余权益。在企业的全部资产中，明确界定所有者权益部分的内容，既有利于清晰地反映所有者投入资本的保值增值情况，又体现了保护债权人权益的理念。所有者享有的权益体现为剩余权益，是所有者权益的基本特征。对所有者权益要素的特征可结合图2-2加以理解。

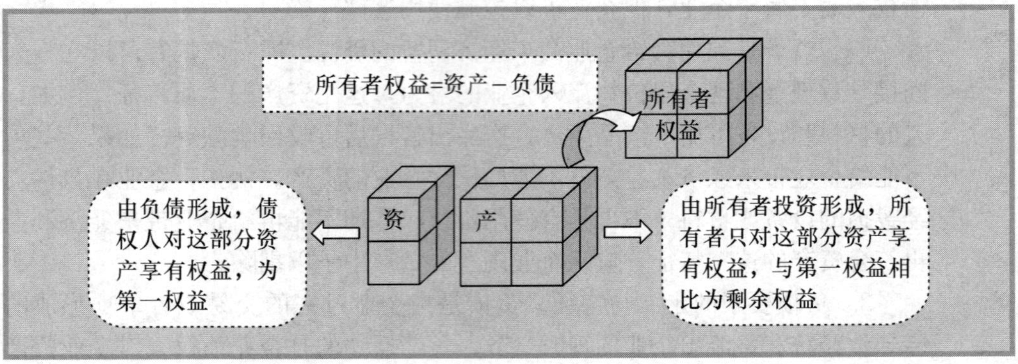

图2-2　所有者权益要素的特征

4. 收入要素的定义与特征。收入是指企业在日常活动中形成的、会导致所有者权益增加的、与所有者投入资本无关的经济利益的总流入。收入要素具有如下特征：

（1）收入是企业的日常活动中形成的经济利益流入。日常活动是指企业为完成经营目标所从事的经常性活动以及与之相关的活动。例如，产品生产企业从事产品的生产和销售就属于其日常活动，所产生的经济利益的流入是收入的内涵。明确界定企业的日常活动，目的是将企业日常活动产生的收入与企业在非日常活动中产生的利得区分开来。企业偶发的一些事项，例如，企业固定资产丧失使用功能正常报废并不是企业经常发生的活动，该项所产生的经济利益流入（净收益）被称为利得，或营业外收入，是企业经济利益流入的外延。

（2）收入是会导致所有者权益增加的经济利益流入。收入之所以会导致所有者权益增加，是由收入与利润及所有者权益三者之间的关系所决定的。一般而言，企业日常活动实现的收入与其发生的相关费用之差为利润，而利润的所有权归属于所有者。因而，当企业实现利润时，会导致企业所有者权益的增加。也就是说，只有能够导致所有者权益增加的经济利益流入才可称为收入；对于不会导致所有者权益增加的经济利益流入，则不应确认为收入。例如，企业从银行借款存入企业的开户银行，尽管也导致了经济利益的流入，但该经济利益流入不会导致所有者权益增加，而是使企业承担了一项现时义务，这种经济利益的流入就不应确认为收入，而应确认为负债。

（3）收入是与所有者投入资本无关的经济利益流入。尽管所有者向企业投入资本也会导致经济利益流入企业，但该经济利益流入并不是在企业的日常活动中产生的，而是由投资者直接投入企业的，直接增加企业的所有者权益。因而，对投资者投入企业的资本不能确认为企业的收入。

5. 费用要素的定义与特征。费用是指企业在日常活动中发生的、会导致所有者权益减少的、与向所有者分配利润无关的经济利益的总流出。费用要素具有如下特征：

（1）费用是企业在日常活动中形成的经济利益流出。企业因日常活动而产生的费用通常包括主营业务成本、其他业务成本和投资损失等。例如，企业销售商品本身的成本（主营业务成本）就是企业在日常活动中形成的，是产品生产企业的一项主要费用。将费用明确界定为企业的日常活动形成的，目的是将费用与企业在非日常活动中形成的损失加以区分，企业日常活动产生的经济利益的流出是费用的内涵。而偶发的一些事项，如企业报废固定资产所产生的经济利益流出（净损失）称为损失，或营业外支出，是企业经济利益流出的外延。

（2）费用是会导致所有者权益减少的经济利益流出。费用的本质特征是会导致所有者权益减少，这是由费用与利润及所有者权益三者之间的关系决定的。在企业实现的收入一定的情况下，发生的费用越多，则实现的利润就越少，进而导致所有者权益的减少。对于不会导致所有者权益减少的经济利益流出，则不应确认为费用。例如，企业偿还银行的借款，尽管也导致企业经济利益的流出，但该经济利益流出会使企业的负债和资产减少，而不会导致所有者权益的减少，因而就不应确认为企业的费用。

（3）费用是与向所有者分配利润无关的经济利益流出。企业向所有者分配利润，是将其经营成果分配给投资者的一种分配活动，并不是企业的日常活动。虽然在分配利润的某些情形下（如分配现金股利时，需要以现金的形式支付给投资者），会导致经济利益流出企业，但该经济利益的流出导致的是企业资产的减少，而不是费用的增加，因而也不应将这种经济利益的流出确认为企业的费用。

6. 利润要素的定义与特征。利润是指企业在一定会计期间的经营成果，包括收入减去费用后的净额、直接计入当期利润的利得和损失。利润要素具有如下特征：

（1）利润的多少主要取决于企业日常活动实现的收入和发生的相关费用。企业在一定会计期间的日常活动中实现的收入与产生的费用二者之差为经营成果，当实现的收入大于费用时，即为企业的营业利润，体现了利润的本质特征。

（2）企业在同期产生的利得和损失对当期利润有着直接影响。根据我国现行《企业会计准则》的规定，企业在同期产生的利得和损失，应直接计入当期利润，其中利得是在营业利润的基础上增加企业的利润总额；损失则是在营业利润的基础上减少企业的利润总额。

二、各会计要素的组成内容

将会计对象的基本内容资金运动初步划分为资产、负债、所有者权益、收入、费用和利润六类，为会计确认、计量和报告提供了最基本的依据，但这种划分仍然显得不够细致，不能满足会计上处理交易或事项的要求。因而，有必要对会计要素做更为详细的分类，以便透彻了解会计要素的组成内容。

1. 资产的组成内容。企业的资产按其流动性可分为流动资产和非流动资产两类，具体组成内容如图 2-3 所示。

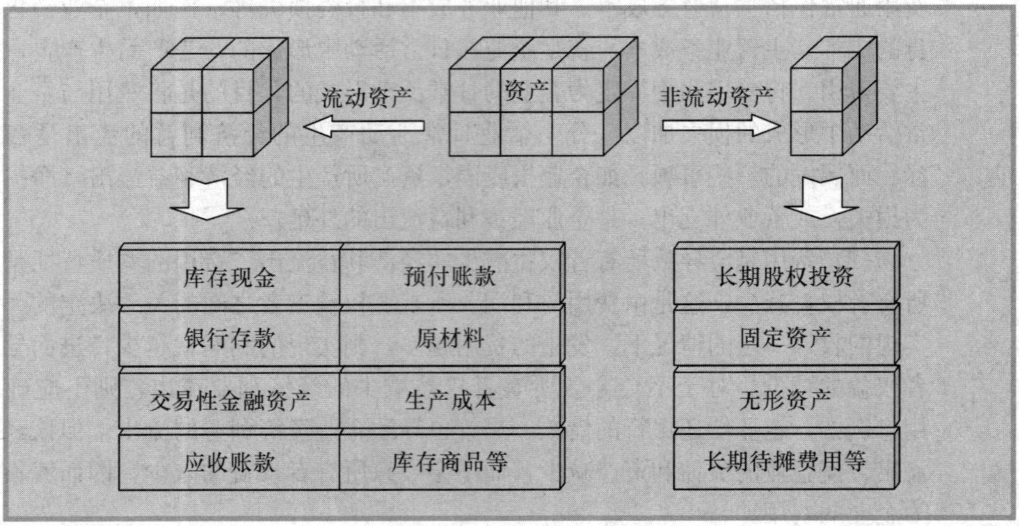

图 2-3 资产的分类及组成内容

（1）流动资产。流动资产是指企业可以在一年或者超过一年的一个营业周期内变现或耗用的资产。

营业周期通常是指企业从购买用于加工的资产，如材料和设备等，到实现现金或现金等价物的流入（即变现）所经历的期间。正常营业周期通常短于一年，即一年内有若干营业周期。正常营业周期不能确定的，应当以一年（12 个月）作为正常营业周期。这类企业单件产品的生产周期一般不会超过一年，在同一营业周期内可以多批次地组织同一种产品的生产。在实务中，也存在营业周期超过一年的情况，如房地产开发企业为出售而兴建的房屋，航空企业制造的飞机等，其单件产品的生产周期往往超过一年，因而这类企业也可以将单件产品的生产周期作为一个营业周期。流动资产的主要构成内容：

1）库存现金，是指存放在企业准备随时支用的现款，主要用于企业日常经营活动中发生的小额零星支出，如支付因公出差职工的借款、支付小额的办公费用支出等。

2）银行存款，是指企业存放在其开户银行的款项，这些款项主要来自投资者投入企业的资本、通过负债借入的款项和销售产品收入的货款等。银行存款可用于企业在其日常经营活动中发生的大额支出，如购买材料、购买设备和支付职工薪酬等。

3）交易性金融资产，是指企业以公允价值计量且其变动计入当期损益的金融资产。例如，企业购入为交易目的而持有的债券投资、股票投资和基金投资。

4）应收票据，是指企业由于销售产品或提供劳务而收到的商业汇票，包括银行承兑汇票和商业承兑汇票。

5）应收账款，是指企业由于赊销产品、提供劳务等经营活动应向购买方或劳务接受方收取而暂未收到的款项。

6）其他应收款，是指企业在日常生产经营过程中产生的应收票据和应收款项以外的其他应收款项。

7）预付账款，是指企业由于购买销售方的产品、接受服务方提供的劳务等，按照合同规定预先支付给对方的款项。

特别提示

应收账款和预付账款属于企业的资产，是由这些款项的所有权决定的。在产生应收账款时，企业虽然暂未收到款项，但已经具有向购买方收款的权利，因而应确认为销售企业的资产。预付账款之所以是企业的资产，是因为在收款企业尚未提供产品或劳务之前，该款项的所有权仍属于付款企业，因而仍应确认为预付款企业的资产。

8）原材料，是指企业库存的各种材料，包括原料及主要材料和辅助材料等。

9）生产成本，是指企业进行工业性生产所发生的各项成本，包括生产各种产品、自制材料、自制工具和自制设备等发生的成本。

10）库存商品，是指企业库存的各种商品，包括产成品、外购商品、存放在门市部准备出售的商品、发出展览的商品以及寄存在外的商品等。

（2）非流动资产。非流动资产是指企业不能在一年或者超过一年的一个营业周期内变现或耗用的资产。非流动资产的主要构成内容：

1）长期股权投资，是指企业持有的对联营企业、合营企业以及子公司的权益性投资。企业持有长期股权投资的时间往往超过一个会计年度，是企业的一种长期投资行为。

2）固定资产，是指企业拥有的同时具有下列特征的有形资产：第一，为生产商品、提供劳务、出租或经营管理而持有；第二，使用寿命超过一个会计年度，如企业在生产经营过程中使用的房屋及建筑物、机器设备和运输设备等。

3）无形资产，是指企业在生产经营过程中拥有或控制的没有实物形态的可辨认非货币性资产，包括专利权、非专利技术、商标权和土地使用权等。

4）长期待摊费用，是指企业已经发生（一般是指已经实际支付了货币资金）但应由本期和以后各期负担的分摊期限在一年以上的各项支出。如新建企业在筹建期间发生的各种管理性质的支出，以经营租赁方式租入的固定资产发生的改良支出等。

特别提示

长期待摊费用虽然属于企业已经先行支付了货币资金的支出，但该支出仍可在企业的经营活动中继续发挥效益，并为企业带来经济利益，符合资产的本质特征，因而应确认为企业的资产。另外，长期待摊费用虽带有“费用”字样，但其本身并不属于费用性质，只有在将此类支出于企业在受益期间摊销后才会转化为费用。

2. 负债的组成内容。企业的负债按其流动性可分为流动负债和非流动负债两类。其基本组成内容如图 2－4 所示。

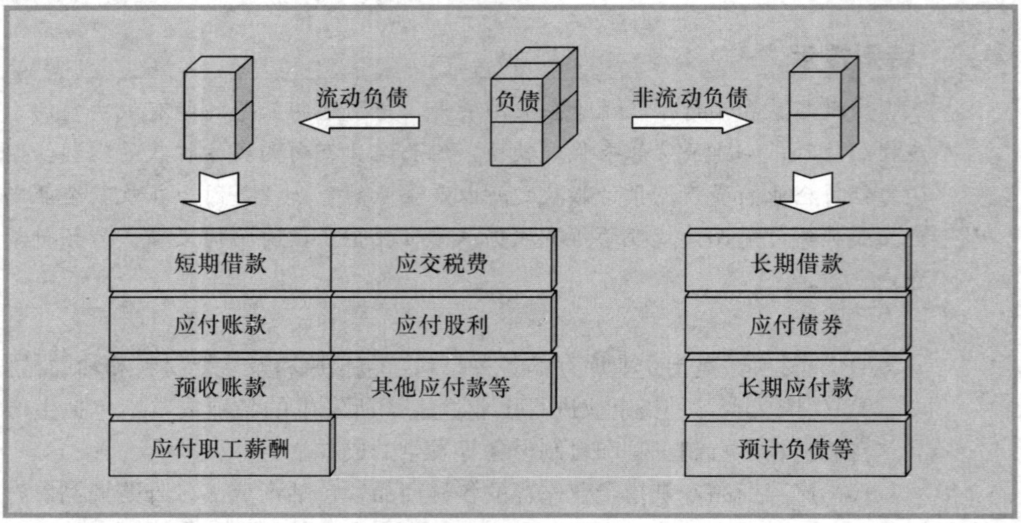

图 2－4　负债的分类及基本组成内容

（1）流动负债。流动负债是指企业将在一年或者超过一年的一个营业周期内偿还的债务。流动负债的主要构成内容：

1）短期借款，是指企业从银行或其他金融机构借入的偿还期在一年以内（含一年）的各种借款。企业借入短期借款的目的主要是满足临时性支出的需要。

2）应付票据，是指企业因购买商品或接受劳务等开出并承兑的交由销售方持有的商业汇票。

3）应付账款，是指企业由于赊购商品而产生的应向销售方支付但暂未支付的款项。

4）预收账款，是指企业由于向购买方销售商品或提供劳务等，根据有关协议预先向对方收取的款项。

特别提示

预收账款之所以是企业的负债，是因为在预收款企业向对方预收款后应承担向预付款方提供产品或劳务的义务。在没有履行该义务之前，该款项的所有权仍属于预付款企业。预收企业虽然已经实际收到款项，但只能将其确认为企业的一项债务。

5）应付职工薪酬，是指企业确认为获得职工提供的服务或终止劳动合同关系而给予职工各种形式的薪酬时，形成的对职工的一项负债。如，应付工资、应付福利费等。

6）应交税费，是指企业按照税法规定应缴纳的各种税费。如应交增值税、应交所得税等。

7）应付股利，是指股份企业应支付给股东的现金股利（在非股份制企业，应支付给投资者的利润称为应付利润）。

8）其他应付款，是指企业除上述各种应付款项以外的其他各种应付和暂收款项。

（2）非流动负债。非流动负债是指企业将在一年或者超过一年的一个营业周期以上偿还的债务。非流动负债的主要构成内容：

1）长期借款，是指企业从银行或其他金融机构借入的期限在一年以上（不含一年）的各种借款。企业借入长期借款的目的主要是进行工程施工期比较长的项目建设。

2）应付债券，是指企业采用发行企业债券方式筹集长期资金时发生的应付债券购买者的本金和利息。债券的发行往往有一定的期限，为此，企业应在既定的债券发行期满后将债券本金归还给债券的持有者；此外，在债券发行期间，还应按规定的债券利率向债券持有者支付利息。以上两项均构成企业对债券购买者的负债。

3）长期应付款，是指企业除长期借款和应付债券以外的其他各种长期应付款项，如企业融资租入固定资产时产生的长期应付款等。

4）预计负债，是指企业确认的对外提供担保、未决诉讼、产品质量保证等产生的预计负债。

3. 所有者权益的组成内容。所有者权益的基本组成内容如图 2-5 所示。

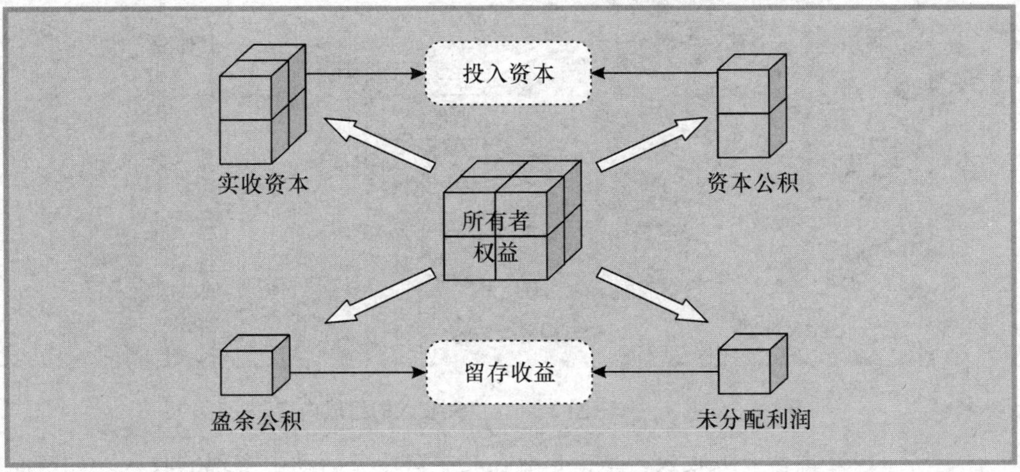

图 2-5　所有者权益的组成内容

（1）实收资本，在股份制企业为股本，是指所有者投入企业的资本中构成企业注册资本（或股本）部分的金额。

（2）资本公积，是指所有者投入资本超过注册资本（或股本）部分的金额，即资本（或股本）溢价。这部分投入资本可按规定的程序转增资本金。

特别提示

（1），（2）两项统称为投入资本。

（3）盈余公积，是指企业从实现的利润中提取的留存于企业的部分。包括法定盈余公积和任意盈余公积。盈余公积可按规定的程序转增资本金，或用于弥补亏损。

（4）未分配利润，是指企业已经实现但尚未分配而留待以后年度分配的利润。

特别提示

（3），（4）两项统称为留存收益。

此外，所有者权益中还包括按规定可直接计入的利得和损失，是指直接影响所有者权益变动的利得和损失。

4. 收入的组成内容。收入有狭义和广义之分。狭义的收入主要包括企业的主营业务收入、其他业务收入和投资收益等。广义的收入除以上内容外，还包括企业非日常活动产生的计入当期损益的利得，即营业外收入。广义收入的基本组成内容如图2-6所示。

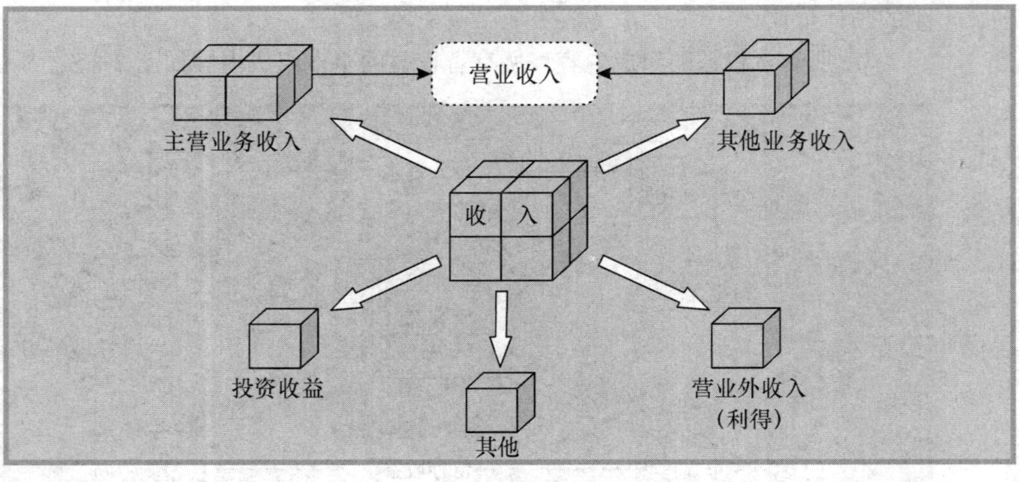

图2-6 广义收入的组成内容

（1）主营业务收入，是指企业在其主营业务活动中实现的收入。如产品生产企业销售产品所获取的收入，即属于主营业务收入。主营业务收入在企业的收入中所占比重较大，是企业主要的经济利益的流入。

（2）其他业务收入，是指企业主营业务以外的其他日常活动所获取的收入，如企业销售积压材料、出租产品包装物等所获得的收入。其他业务收入一般金额较少，在企业的收入中所占比重较小。

特别提示

（1），（2）两项统称为营业收入。

（3）投资收益，是指企业用其资金对外投资等带来的收益，属于让渡资产使用权而给企业带来的经济利益流入，如从被投资企业分得的利润等。

（4）营业外收入，通常是企业从偶发的交易或事项中获得的经济利益流入，如企业在财产清查中发现的未能查明原因的现金盘盈，处置报废固定资产产生的净收益和获得的罚款收入等。

5. 费用的组成内容。费用也有狭义和广义之分。狭义的费用主要包括企业的主营业务成本、其他业务成本、税金及附加、投资损失、销售费用、管理费用、财务费用和所得税费用等。广义的费用除以上内容外，还包括企业在其非日常活动中产生的营业外支出，也称损失。广义费用的组成内容如图 2－7 所示。

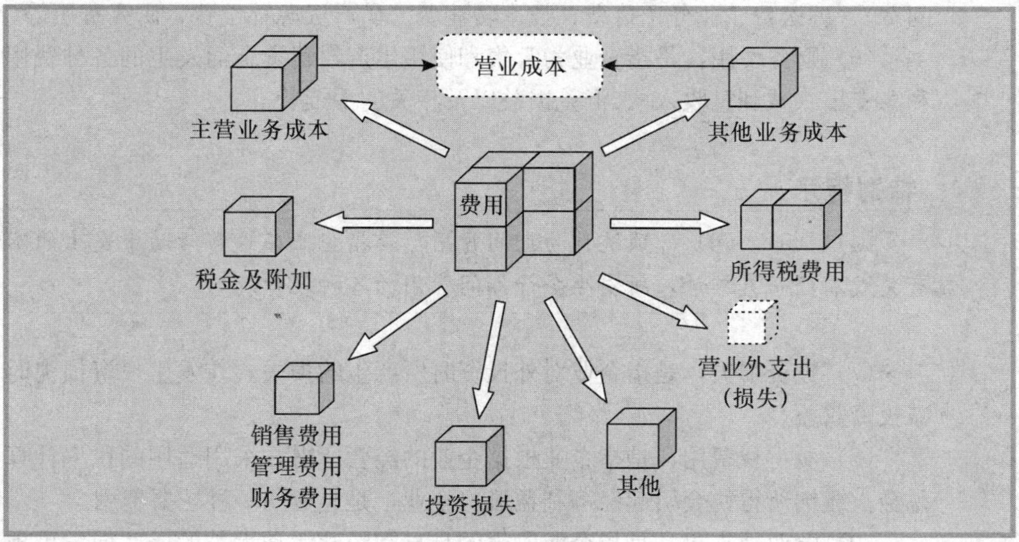

图 2－7　广义费用的组成内容

（1）主营业务成本，是指企业在其主营业务活动中产生的成本，属于与主营业务收入相匹配的费用。例如，企业在销售产品后确认的已销售产品的成本，即属于主营业务成本。在产品生产企业，主营业务成本是根据产品在生产过程中发生的各种费用计算确定的，是生产成本的一种转化形式。主营业务成本在企业的全部费用中所占比重较大。

（2）其他业务成本，是指企业在开展其他业务活动中产生的成本，属于与其他业务收入相匹配的费用。例如，企业在销售积压材料、出租包装物后确定的材料或包装物本身的成本，即为其他业务成本。其他业务成本实质上是已销售材料、已出租包装物的买价或制作成本。其他业务成本在企业的费用中所占比重一般较小。

特别提示

(1)，(2) 两项统称为营业成本。

(3) 税金及附加，是指企业开展经营活动依法应当缴纳的各种税费，包括消费税、城市维护建设税、资源税、教育费附加及房产税、土地使用税、车船税、印花税等相关税费。

(4) 销售费用，是指企业在销售产品过程中发生的各种费用。包括专设销售机构人员的工资及福利费，为推销产品而发生的广告费和展销费等。

(5) 管理费用，是指企业为组织和管理整个企业的生产经营活动而发生的各种费用。包括企业在筹建期间发生的开办费、公司经费（包括行政管理部门职工工资及福利费等职工薪酬、物料消耗、低值易耗品摊销、办公费和差旅费等）、董事会费（包括董事会成员津贴、会议费和差旅费等）、聘请中介机构费、咨询费（含顾问费）、诉讼费、业务招待费、技术转让费、矿产资源补偿费、研究费用等。

(6) 财务费用，是指企业为筹集和使用生产经营资金而发生的各种费用。包括利息支出（减利息收入）、汇兑损益以及相关的手续费等。

特别提示

(4)，(5)，(6) 三项统称为期间费用，是指企业在日常活动中发生的不能计入有关成本，而直接计入所发生会计期间费用的各种耗费。

(7) 投资损失，是指企业对外投资时所产生的损失。在发生投资损失时，应冲减投资收益。

(8) 所得税费用，是指企业根据企业的经营所得，采用适用的税率计算确定的税金。缴纳所得税会引起经济利益流出企业，是企业的一种主要费用。

(9) 营业外支出，是指企业发生的与日常经营活动无关的一些偶发事项所产生的支出。如企业在财产清查中发现的固定资产盘亏，企业处理报废或毁损固定资产和报废无形资产发生的净损失和由自然灾害等原因造成的企业财产物资的非常损失等。

6. 利润的组成内容。利润的基本组成内容如图 2-8 所示。

(1) 利润包括收入减去费用后的净额，是指企业在其日常活动的一定会计期间实现的全部收入减去该期间发生的全部相关费用后的差额，即营业利润，反映了企业进行日常活动创造的业绩。

(2) 直接计入当期利润的利得和损失，是指企业应当计入当期损益（收入或费用）的、最终会引起所有者权益发生增减变动的、与所有者投入资本或向所有者分

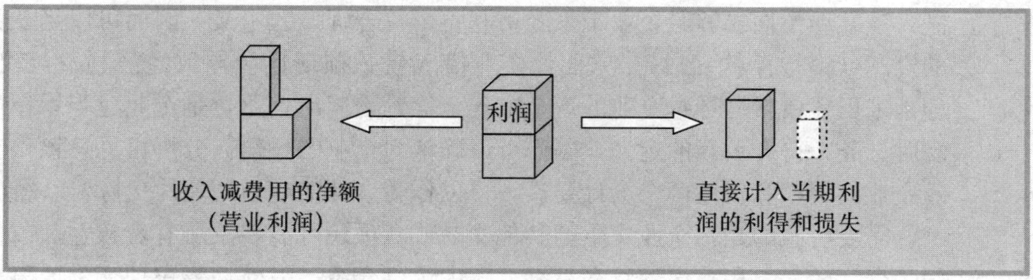

图 2-8　利润的组成内容

配利润无关的利得（营业外收入）和损失（营业外支出）。利得与损失反映的是企业非日常活动的业绩。

三、会计要素的确认与计量

（一）会计要素的确认

1. 会计要素确认的定义。会计要素确认也称会计确认，是指将企业发生的交易或事项与资产、负债、所有者权益、收入、费用和利润等会计要素联系起来加以认定的过程。

会计确认是会计计量、记录和报告的前提，也是企业处理交易或事项的起点。这是因为，企业任何交易或事项的发生都会导致会计要素发生增减变动。当交易或事项发生以后，首先应将其与会计要素联系起来加以分析，辨明该交易或事项的发生涉及哪些会计要素，以及是否符合要素的定义和确认条件等。对会计要素确认的定义可结合图 2-9 加以理解。

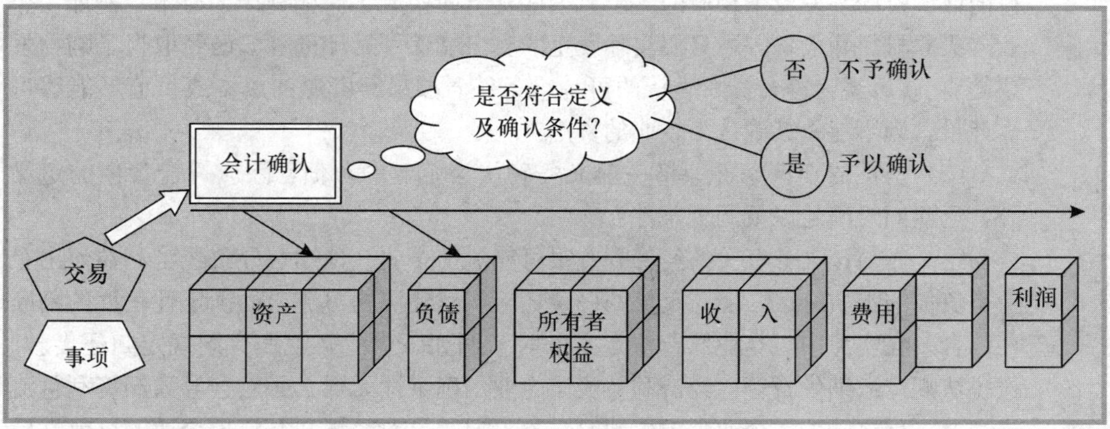

图 2-9　会计要素确认的定义

例 2-1

企业从银行借入短期借款 80 000 元，已存入企业在银行开立的账户。

会计要素确认：借入借款属于企业已经发生的交易，借入的款项已为企业所控制，该款项预期能够给企业带来经济利益，符合资产的定义，因而可以确认为企业的资产（银行存款）。另一方面，企业借入借款预期也会导致经济利益流出企业，即未来偿还借款会导致企业的现金或现金等价物流出企业，是企业应当承担的一项现时义务，符合负债的定义，因而可以确认为企业的负债。分析可见，该项交易涉及企业的资产和负债两个会计要素，可以作为会计上应当处理的交易予以确认。

需要注意的是，企业发生的其他交易或事项还可能涉及所有者权益、收入和费用等会计要素。相关内容将在后续章节中予以介绍。另外，将一项交易或事项确认为企业的资产或负债等，除应符合会计要素的定义外，还需要符合各会计要素的确认条件。

2. 会计要素的确认条件。

（1）资产的确认条件。将一项资源确认为企业的资产，除应符合资产的定义外，还应同时满足以下两个条件：

第一，与该资源有关的经济利益很可能流入企业。能够给企业带来经济利益是资产的本质特征，但由于受各种因素的影响，与资源有关的经济利益能否流入企业，或者能够流入多少具有很大的不确定性。因此，对资产的确认，除应符合其定义外，还应与对经济利益流入的确定性程度的判断相结合。如果与资源有关的经济利益不可能流入企业，或流入企业的可能性极小，仍不能确认为企业的资产。例如，企业为了推销产品，将产品销售给了一个暂时没有付款能力的企业，并且价款收回的可能性很小。在这种情况下，即使已经将产品提供给了购买方，也不能确认为企业的资产（应收账款）。

第二，该资源的成本或价值能够可靠计量。成本或价值的可计量性既是交易或事项确认的继续，也是所有交易或事项得以记录和报告的前提。在实务中，企业取得的许多资产都发生了相应的支出，这些支出即构成了这些资产的成本。例如，企业购买原材料和设备等，只要实际发生的支出能够可靠计量（如已经取得了购物发票等），就可视为符合资产确认的可计量条件。如果某资源的成本或价值不能够可靠计量，则不能将其确认为企业的资产。

（2）负债的确认条件。将一项义务确认为企业的负债，除应符合负债的定义外，还应同时满足以下两个条件：

第一，与该义务有关的经济利益很可能流出企业。预期会导致经济利益流出企业是负债的本质特征，但对负债的确认还应与对经济利益流出的确定性程度的判断相结合。在实务中，企业履行法定义务时，例如，企业必须按合同规定归还借款、按税法规定缴纳税费等，经济利益流出企业的确定性无疑，必然会导致经济利益流出企业。反之，如果企业承担了现时义务，但是导致经济利益流出企业的可能性已不复存在，则不能再确认为企业的负债，并且应减少企业负债。例如，经过与债权人协商，债权人已同意将其原来借给企业的款项（企业的负债）转为对企业的投资（企业的实收资本），这部分负债就不再会导致经济利益流出企业，也不再符合负债的确认条件。

第二，未来流出的经济利益的金额能够可靠计量。对负债的确认在考虑经济利益流出企业的因素时，应考虑其可计量性。对于与法定义务有关的经济利益的流出，通常可以根据合同或法律规定的金额予以确定。对于与推定义务有关的经济利益的流出，例如企业预期为售出商品提供保修服务可能产生的负债等，企业应当根据履行相关义务需要支出的最佳估计数进行推定。

(3) 所有者权益的确认条件。所有者权益体现的是所有者对企业资产所享有的剩余权益，因此，所有者权益的确认主要依赖于其他会计要素，尤其是资产和负债的确认，所有者权益金额的确定也主要取决于资产和负债的计量。例如，企业在接受投资者投资，并且投入的资产符合企业资产的确认条件时，相应地也就符合了所有者权益的确认条件；当该资产的价值能够可靠计量时，所有者权益的金额也就相应地得到了确定。

(4) 收入的确认条件。将一项经济利益流入确认为企业的收入，除应符合收入的定义外，还应同时满足以下三个条件：

第一，与收入有关的经济利益应当很可能流入企业。有关的经济利益是指在销售商品等过程中企业可能收到的商品销售价款等。由于受多种因素的影响，企业销售商品的价款能否收回具有多种可能性。即使确认收入的其他条件均已满足，但价款收回的可能性不大，也不能确认为企业的收入。例如，企业将产品销售给了一个价款收回的可能性很小的企业。在这种情况下，即使已经将产品提供给了购买方，也不能确认为企业的收入（主营业务收入）。

第二，经济利益流入企业的结果会导致企业资产增加或者负债减少。经济利益流入企业的结果导致企业资产增加的情况在企业的日常活动中经常发生。例如，企业收到销售商品货款，既会增加企业的收入（主营业务收入），又会增加企业的资产（银行存款）。而在某些情况下，经济利益流入企业的结果会导致企业的负债减少。例如，企业向原已预付货款的客户实际提供商品时，一方面会增加企业的收入（主营业务收入），另一方面会减少企业的负债（预收账款）。

第三，经济利益的流入金额能够可靠计量。企业对实现的收入能否可靠地计量，是收入能否得以确认的重要条件。如果收入的金额不能可靠计量，就不应确认为收入。例如，企业提供给购货方的商品销售价格暂时还没有确定下来，就不能确认为企业的收入。

(5) 费用的确认条件。将一项经济利益流出确认为企业的费用，除应符合费用的定义外，至少还应当满足以下三个条件：

第一，与费用相关的经济利益很可能流出企业。例如，企业使用银行借款必须按借款合同规定的利率支付利息，不管是在使用借款的本月，还是在以后月份支付，都会导致经济利益流出企业。

第二，该经济利益流出企业的结果会导致资产的减少或者负债的增加。例如，企业用银行存款支付本月应负担的短期借款利息时，一方面会增加企业的费用（财务费用），另一方面会减少企业的资产（银行存款）；又如，企业本月应当负担的短期借款利息可能是在下一个月份实际支付，但这部分借款利息是本月使用借款产生的，应由本月负担，应将这部分利息确认为本月费用（财务费用），同时确认为本月的负债（应付利息）。

第三，经济利益的流出金额能够可靠计量。例如，企业使用银行借款需要支付的利息可按照借款合同规定的利率计算确定等。

（6）利润的确认条件。利润反映的是企业一定会计期间的收入减去费用后的净额加上当期利得、减去当期损失的最终结果。因此，利润的确认主要依赖于收入和费用的确认，以及利得和损失的确认。利润金额的确定也主要取决于收入、费用、利得和损失金额的计量。

（二）会计要素的计量

1. 会计要素计量的定义。

会计要素计量简称会计计量，是将符合确认条件的会计要素进行会计记录继而列报于财务报告文件并确定其金额的过程。

在例2-1中，企业借入借款80 000元，已存入银行。该交易涉及的资产和负债要素各增加了80 000元。其会计计量过程参见图2-10。

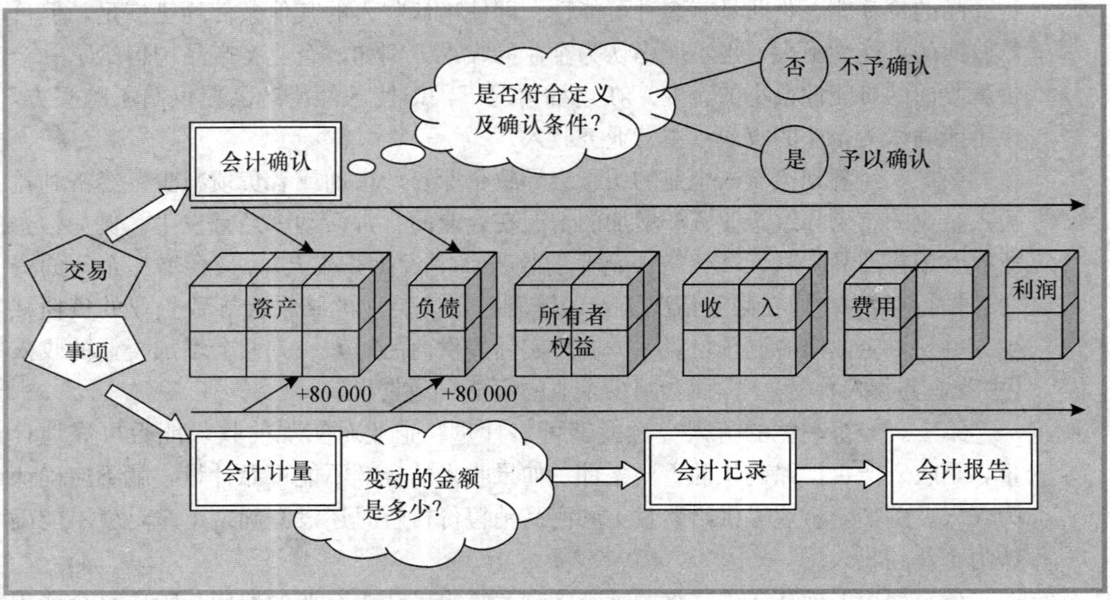

图2-10 会计要素的计量过程

2. 会计要素的计量单位与计量属性。

（1）计量单位。进行会计要素的计量应以货币作为主要计量单位。

（2）计量属性。会计计量属性是指所计量的某一对象的特性方面，是会计要素金额的确定基础。在我国，会计计量属性主要有以下五种：

1）历史成本，又称实际成本。在历史成本计量属性下，资产按照取得或制造时所实际支付的现金或者现金等价物的金额，或者按照购置资产时付出的对价的公允价值进行计量。负债按照因承担现时义务而实际收到的款项或资产的金额，或者承担现时义务的合同金额，或者日常活动中为偿还负债预期需要支付的现金或现金等价物的金额计量。

2）重置成本，又称现行成本。在重置成本计量属性下，资产按照现在购买相同或者相似资产所需支付的现金或者现金等价物的金额计量，负债按照现在偿付该项债务所需支付的现金或者现金等价物的金额计量。重置成本多用于盘盈固定资产的计量。

3）可变现净值。在可变现净值计量属性下，资产按照其正常对外销售能收到的现金或者现金等价物的金额扣减该资产至完工时估计将要发生的成本、估计的销售费用以及相关税费后的金额计量。可变现净值通常应用于存货资产减值等情况下的后续计量。

4）现值。在现值计量属性下，资产按照预计从其持续使用和最终处置中产生的未来净现金流入量的折现金额计量，负债按照预计期限内需要偿还的未来净现金流出量的折现金额计量。现值通常应用于非流动资产（如固定资产、无形资产）可收回金额的确定。

5）公允价值。公允价值是指资产和负债按照市场参与者在计量日发生的有序交易中，出售资产所能收到或者转移负债所需支付的价格计量。在公允价值计量属性下，资产按其在有序交易中出售资产所能收到的价格计量，负债按其在有序交易中所需支付的价格计量。

我国现行《企业会计准则》要求，企业在对会计要素进行计量时，一般应当采用历史成本，采用其他计量属性的，应当保证所确定的会计要素金额能够取得并可靠计量。

第二节 会计基础及其应用

一、会计基础的定义与内容

（一）会计基础的定义

会计基础，也称会计核算基础，或会计处理基础，是指进行会计确认、计量和报告的基础性要求。会计管理活动除应具备一定的前提条件外，还应明确会计处理基础的问题。即对于资产、负债、所有者权益、收入、费用和利润等会计要素，特别是其中的收入和费用按照什么基准进行确认、计量和报告。这是因为在企业中，收入和费用是大量发生的，并且直接关系到企业经营成果的计算，进而影响企业的财务状况的变化。

（二）会计基础的内容

1. 权责发生制基础，也称应计制基础。是指对会计要素中的收入和费用分别是以应收应付为标准进行确认和计量，进而准确报告企业一定会计期间的经营成果和财务状况的一种会计基础。我国的《企业会计准则》特别规定，“企业应当以权责发生制为基础进行会计确认、计量和报告”。

2. 收付实现制基础，也称现金制基础。是以实收实付为标准确认和计量收入和费用的一种会计基础。在我国，这种会计基础一般适用于行政事业单位，而不为企业所用。

二、权责发生制基础的要求及其应用

（一）权责发生制基础的要求

权责发生制基础是以应收应付为标准进行收入和费用确认的，其中“应收”标准应用于对企业收入的确认，具体要求为：凡是企业当期已经实现的收入，无论款项是否收到，都应当确认为当期的收入，并计入当期的利润表；反之，凡是不属于当期已经实现的收入，即使款项已经在当期收到，也不能确认为当期的收入。由此可见，权责发生制基础在确认收入时，关键是看企业是否拥有获取收入的权利，而不是看是否实际收到了款项。

“应付”标准应用于对企业费用的确认，具体要求为：凡是企业当期已经发生或应当负担的费用，无论款项是否支付，都应当确认为当期的费用，并计入当期的利润表；反之，凡是不属于当期已经发生或应当负担的费用，即使款项已经在当期支付，也不能确认为当期的费用。由此可见，权责发生制基础在确认费用时，关键是看企业是否具有负担费用的责任（义务），而不是看是否实际付出了款项。

（二）权责发生制基础的应用

权责发生制基础主要应用于某些与收入和费用有关事项的调整。

1. 应用于对企业当期应计未收收入的调整。应计未收收入是指企业当期由于赊销产品实现的应计收入和对外投资而产生的应计收益等。

例2-2

盛达公司购买鸿运公司发行的企业债券，本月应计利息为5 000元，但暂未收到发行方支付的利息款。

会计确认：本月虽未实际收到利息款，但已具有向被投资方收款的权利，按照权责发生制基础的“应收”标准应确认为当月收入。该交易的发生一方面涉及资产要素（应收利息）的增加，另一方面涉及收入要素（投资收益）的增加。

会计计量：按实际成本计量。应收利息和投资收益各应增加5 000元。

再经过一定的账务处理，就把企业当期应计未收收入记入收入账户，确认为当月收入。同样的情形还有企业对赊销产品的应收账款产生的主营业务收入的确认等。

2. 应用于对企业当期应计预收收入的调整。应计预收收入是指企业在当期向原已预付货款的购买方提供产品等而实现的应计收入等。

例 2－3

盛达公司于本月向原已预付货款的通达公司供应产品一批，货款计 69 600 元。其中价款 60 000 元，增值税销项税额 9 600 元。

会计确认：虽然企业是在以前会计期间预收了购货方货款，但由于本期实际向购买方提供了产品，履行了应尽的义务，即具有向购货方收款的权利。按照权责发生制基础的“应收”标准可以确认为当月收入。该交易的发生一方面涉及负债要素（预收账款）的减少，另一方面涉及收入要素（主营业务收入）的增加，此外，还涉及负债要素（应交税费）的增加。

会计计量：按实际成本计量。该项交易使企业的预收账款减少 69 600 元，使企业的主营业务收入增加了 60 000 元，也使企业的应交税费增加了 9 600 元。

再经过一定的账务处理，就把企业当期应计预收收入记入收入账户，确认为当月收入。

3. 应用于对企业当期应计预付费用的调整。应计预付费用是企业已经在以前会计期间实际付款，但本期应当负担的那部分应计费用。

例 2－4

盛达公司本月应分摊企业在开办期间发生的筹建支出 4 500 元。

会计确认：筹建支出是指企业在开办期间发生的支出，这种支出一般数额较大，往往需要在企业开办后分期计入各经营期间的成本或费用。各月分摊筹建支出时，应按照权责发生制基础的“应付”标准确认为当月费用。该事项的发生一方面涉及费用要素（管理费用）的增加，另一方面涉及资产要素（长期待摊费用）的减少。

会计计量：按实际成本计量。该事项使企业管理费用增加 4 500 元，使企业的长期待摊费用减少 4 500 元。

再经过一定的账务处理，就把企业当期应计预付费用记入费用账户，确认为当月费用。

4. 应用于企业对应计未付费用的调整。应计未付费用是指企业在本会计期间应当负担，而在以后会计期间支付款项的应计费用。

例 2－5

盛达公司从银行借入短期借款的利息采用在借款期满时一次性支付方式，根据借款利率，月末时计算出本月应负担的短期借款利息为 9 000 元，款项暂未支付。

会计确认：在借款期满时一次性支付利息的方式下，企业在本月不需要实际支付利息。但企业应当按照权责发生制基础的“应付”标准确认为当月费用。该事项的发生一方面涉及费用要素（财务费用）的增加，另一方面涉及负债要素（应付利息）的增加。

会计计量：按实际成本计量。该事项使企业的财务费用和应付利息各增加了 9 000 元。

再经过一定的账务处理，就把企业当期应计未付费用记入费用账户，确认为当月费用。

5. 应用于对企业应计计提费用的调整。应计计提费用是指企业本期使用以前会计期间形成的固定资产和无形资产等非流动资产而应当负担的应计费用。这种费用一般由企业在月末时根据所选择使用的方法计算确定，并计入当月的费用。

例2-6

月末时，盛达公司根据选用的折旧方法计算出本月使用固定资产的折旧费计5 000元，其中，产品生产车间应分摊4 000元，企业管理部门应分摊1 000元。

会计确认：按照权责发生制基础要求，企业使用以前期间购建的固定资产而产生的折旧费应当确认为当月费用。该事项的发生一方面涉及资产要素（制造费用）的增加，也是产品成本（制造费用）的增加和费用要素（管理费用）的增加，另一方面还涉及资产要素（累计折旧）的增加。

会计计量：按实际成本计量。该事项使企业的制造费用增加了4 000元，管理费用增加了1 000元，累计折旧增加了5 000元。

再经过一定的账务处理，就把企业当期应计计提费用记入费用账户，确认为当月费用。

从以上举例可见，在按照权责发生制基础对会计要素进行确认和计量时，不仅涉及收入和费用要素的增减变化，同时影响到资产和负债等要素的增减变化。而这些变化也会影响所有者权益和利润要素发生增减变化。由此可以认为，权责发生制基础是对所有会计要素进行确认、计量和报告的基础，对企业财务状况和经营成果的报告都具有极其重要的作用。

第三节　会计等式及其应用

一、会计等式的定义与种类

（一）会计等式的定义

会计等式，也称会计恒等式，或会计方程式，它是运用数学方程的原理描述会计要素之间数额相等关系的表达式。

会计要素既是各自独立的，相互之间也存在着极为密切的关系。这种关系不仅体现在交易或事项发生时会导致相关要素之间产生此增彼减，或同增同减等变化，而且体现在它们在一定时点或一定会计期间的金额相等上。利用数学方程原理，将会计要素之间的数额相等关系加以描述，会形成各种会计等式。

（二）会计等式的种类

会计等式是由会计要素的不同组合方式形成的。如前所述，企业的会计要素可分为静态会计要素和动态会计要素两类，这两类会计要素可分别组合为以下两个主要会计等式。

1. 静态会计等式，也称基本会计等式，或称第一会计等式。静态会计等式是由静态会计要素组合而成的反映企业一定时点的财务状况的等式。其组合方式为：

资产＝负债＋所有者权益

静态会计等式的组合方式如图 2-11 所示。

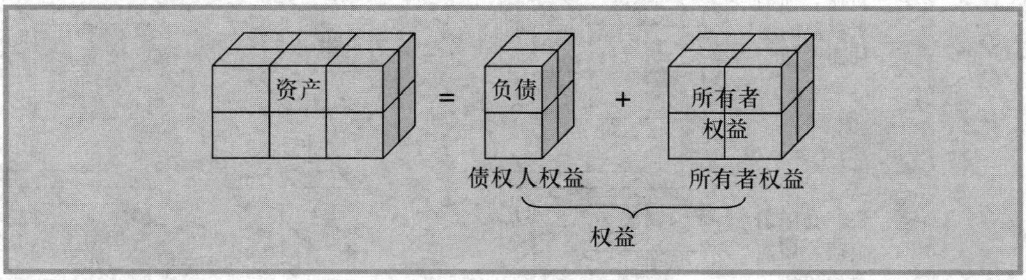

图 2-11　静态会计等式的组合方式

对静态会计等式应从以下几个方面加深理解。

第一，静态会计等式实质上体现了企业资金的两个不同侧面。等式右边的要素说明企业资金的来源渠道，即负债（也称债权人权益）和所有者权益。等式左边的要素说明企业资金的存在形态，如货币资金、储备资金、固定资金、生产资金和成品资金等。资金来源渠道和资金存在形态构成了企业经营资金紧密联结的两个不同侧面。

第二，等式双方的会计要素金额应当是相等的。尽管企业的资金来源方式有多种，其存在形态也各异，但在会计上都可以统一采用货币计量单位加以计量，并且双方的总额一定相等，即企业有多少资金存在形态，必定有多少与之相对应的资金来源；反之，有多少资金来源，也必定有金额相等的资金存在形态与之对应。

静态会计等式体现的资金两个不同侧面的金额相等关系如图 2-12 所示。

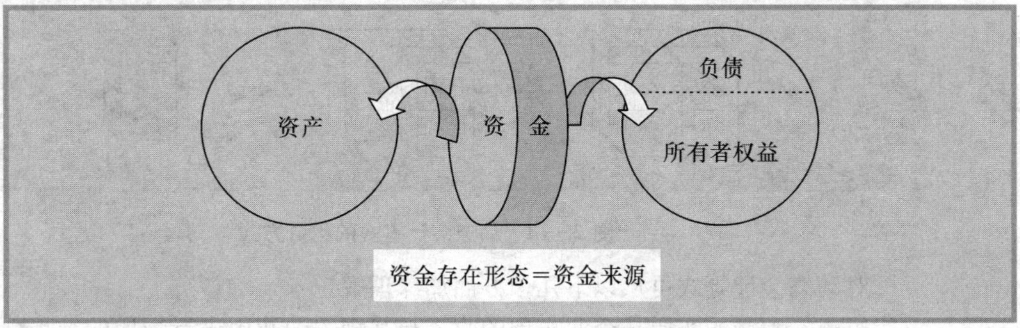

图 2-12　静态会计等式体现的资金两个不同侧面的金额相等关系

第三，资产会随着负债和所有者权益的增减变动而发生相同的变化。即企业的资产会随着负债或所有者权益的增加而增加。例如，企业赊购材料一方面会引起企业负债的增加，但同时会使企业的资产增加。又如，企业收到投资者的投资，一方面会引起企业资产的增加，另一方面也会使企业的所有者权益增加；资产也会随着负债的减少（如企业用银行存款归还借款）或所有者权益的减少（如退还投资者投资）而减少，如图2-13所示。

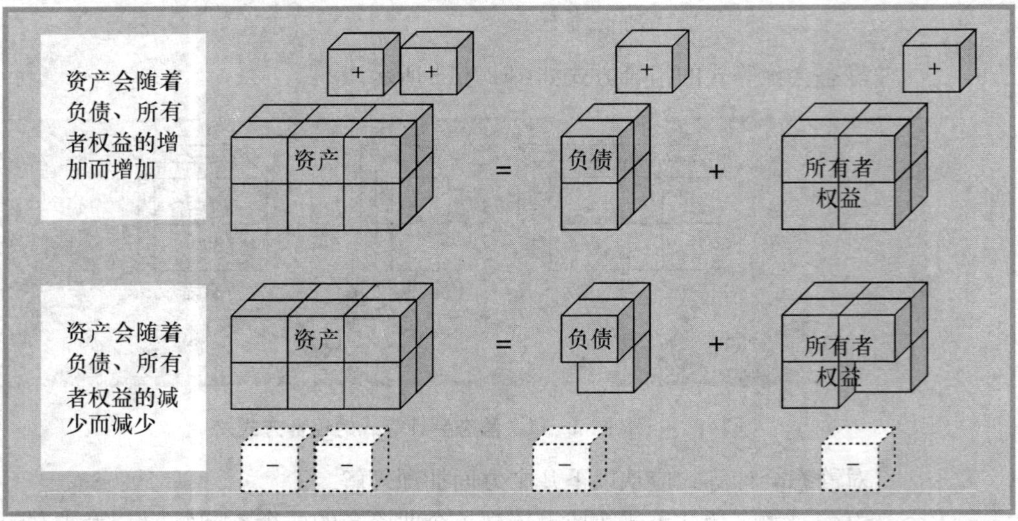

图2-13 静态会计等式双方会计要素之间增减变化的关系

2. 动态会计等式。动态会计等式是由动态会计要素组合而成的反映企业一定会计期间经营成果的等式。其基本组合方式为：

收入－费用＝利润

根据我国现行《企业会计准则》的规定，利润要素的组成内容除收入减费用后的净额外，还应包括直接计入当期利润的利得和损失。为简便起见，本书以"收入－费用＝利润"作为动态会计等式，暂不考虑利得和损失因素。

动态会计等式的组合方式如图2-14所示。

图2-14 动态会计等式的组合方式

对动态会计等式可从以下几个方面加深理解。

第一，利润的实质是企业实现的收入与其相关的费用进行配比的结果。当收入大于费用时为利润，收入小于费用时为亏损。

第二，利润会随着收入的增减而发生同向变化。即在费用一定的情况下，企业获得的收入越多，利润也越多；反之，收入越少，利润也越少。如图2-15所示。

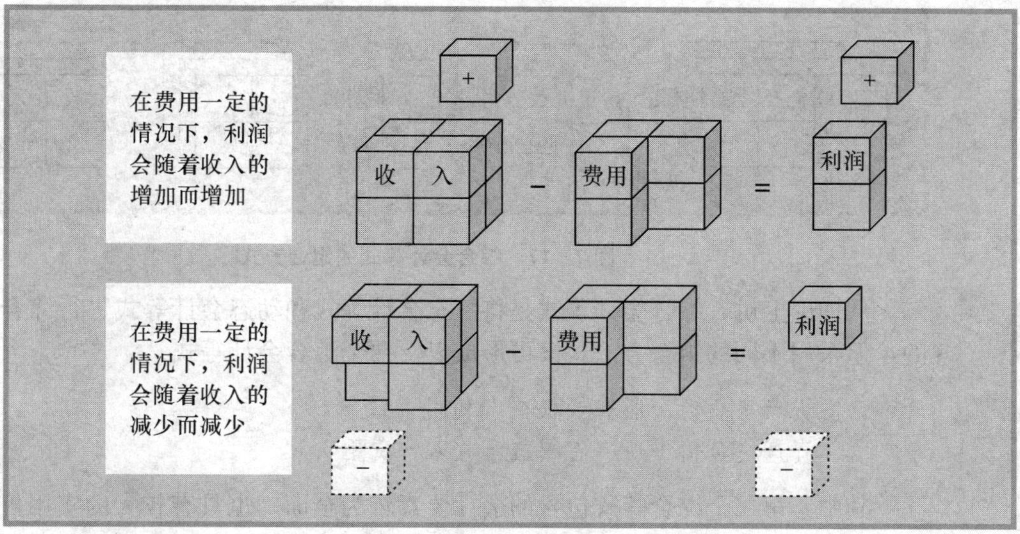

图 2-15　利润会随着收入的增减发生同向变化

第三，利润会随着费用的增减而发生反向变化。即在收入一定的情况下，企业发生的费用越多，利润越少；反之，发生的费用越少，利润也越多。如图 2-16 所示。

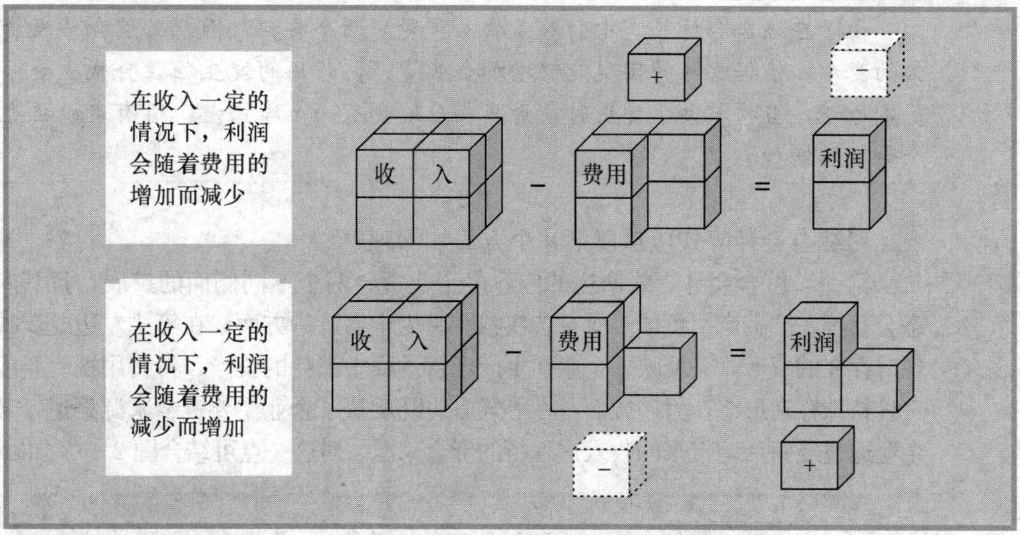

图 2-16　利润会随着费用的增减发生反向变化

除以上两个会计等式外，也可以将更多的会计要素组合在一起，形成综合会计等式。

3. 综合会计等式，也称扩展会计等式，可将其视为由静态会计等式和动态会计等式综合而成的会计等式。其组合方式为：

资产＋费用＝负债＋所有者权益＋收入

对综合会计等式的组合方式可结合图 2-17 加以理解。

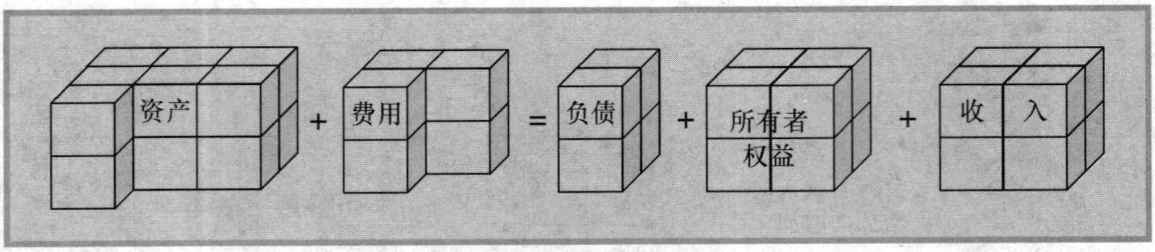

图 2-17 综合会计等式的组合方式

从理论上讲，综合会计等式是将静态会计等式和动态会计等式进行综合而形成的，但采用不同的组合方法，又可形成以下两个综合会计等式：

资产＝负债＋所有者权益＋利润

资产＝负债＋所有者权益＋收入－费用

其中，第二个综合等式包含的会计要素较为全面，也具有较大的实用价值。为了更清晰地体现该等式中的会计要素与会计对象（资金运动）之间的关系，可根据数学方程的基本原理，将第二个综合等式右边的“费用”移项至等号左边，就形成了如图 2-18 所示的综合会计等式。

特别提示

由于在综合会计等式中引入了收入和费用两个要素，因此必然会涉及资产等要素的变动。根据收入的实现能够增加企业资产，费用的发生往往会减少企业资产的基本原理，当收入大于费用时，资产相应地会有一个净增量，所有者权益也会有一个等额的增加。

对综合会计等式应从以下几个方面加深理解。

第一，综合会计等式两边的内容是企业资金两个不同侧面的扩展，且其内容比静态会计等式“资产＝负债＋所有者权益”更为丰富。一方面，在等式左边既反映了企业现时存在的资产，又反映了企业在生产经营过程中消耗的资产，将费用视为企业资产的一种特殊存在形态；另一方面，在等式右边既反映了企业主要资金来源渠道，又反映了企业通过经营活动带来的收入这种新的资金来源。对这一点可结合图 2-18 加以理解。

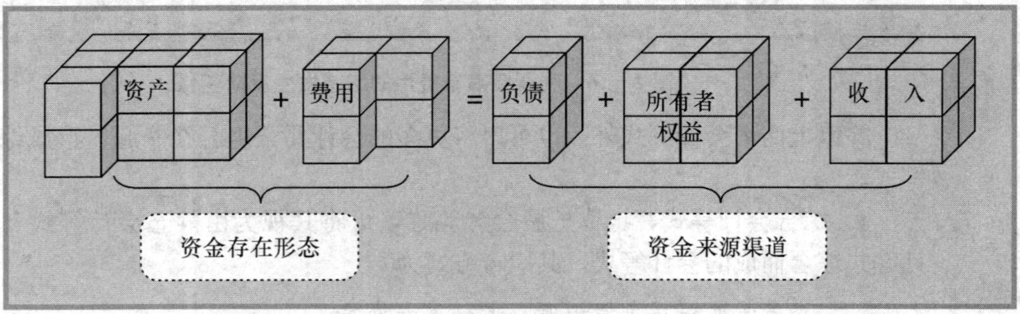

图 2-18 综合会计等式是对资金两个不同侧面的扩展

第二，综合会计等式两边在金额变动的基础上达到了新的平衡相等。首先，从等式右边看，在收入大于费用的情况下，收入中实质上包括了企业已经实现的利润，这使等式的右边在原来的基础上产生了一个增量。根据实现的利润属于所有者的原理，实现的利润在会计期末可以加到所有者权益中去，进而引起所有者权益的增加。其次，从等式左边看，资产要素受收入和费用的影响，也会有新的增量，因为企业发生的费用会消耗企业的资产，使资产减少；实现的收入则会增加企业的资产。在收入大于费用的情况下，二者之间的净增量与等式右边利润的增量（包含在所有者权益中）在金额上应当是相等的。因而，在综合会计等式中，两边相等的关系仍然得以保持。对这一点可结合图 2-19 加以理解。

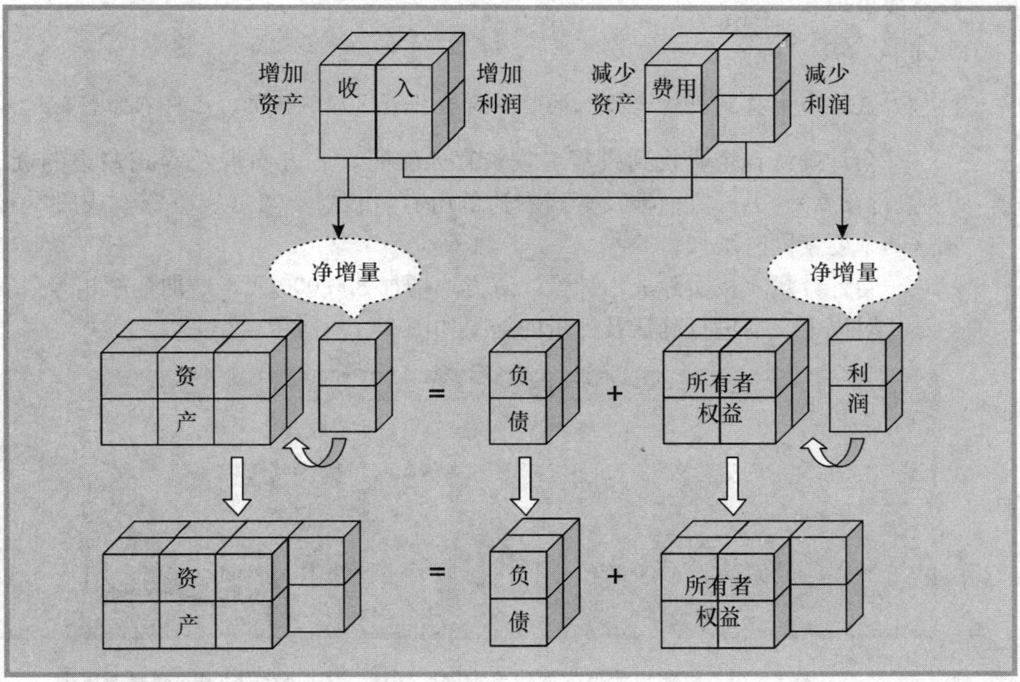

图 2-19　综合会计等式两边在金额变动的基础上达到新的平衡相等

当然，如果企业发生了亏损（即费用大于收入，两边都会有一个净减量），等式两边的数额会同时减少，但两边的平衡关系仍然能够得以保持。

由上述分析可见，将交易或事项影响会计要素变化的情况结合综合会计等式进行研究，能够加深对会计要素相互关系的认识，加深对交易或事项影响会计要素变化规律的认识，加深对会计等式客观存在的平衡相等关系的认识。

二、会计等式的应用

会计等式是由会计要素组合而成的公式，因而会计等式的应用与会计要素的应用是紧密联系在一起的。

（一）会计等式在交易或事项日常处理上的应用

1. 交易或事项影响会计等式中会计要素的四种类型。交易或事项是在企业的经营活动中发生的，能够采用会计方法加以确认、计量、记录和报告的经济活动。会计等式中的会计要素为交易或事项的处理提供了基本的参照依据。当交易或事项发生后，会计上首先应将其与会计要素联系起来加以确认，并在此基础上进行计量、记录和报告。交易或事项的日常处理必须遵循会计等式的平衡原理，按照一定的规律进行。根据交易或事项发生以后对会计等式中的会计要素产生的影响，可以将其划分为如下四种类型。

（1）影响会计等式两边的会计要素，使双方要素同时增加，增加金额相等的交易或事项。

例2－7

盛达公司收到投资者投入的货币资金投资800 000元，已存入银行。

会计确认：企业收到投资者投资存入银行，一方面涉及等式左边的资产要素（银行存款），另一方面涉及等式右边的所有者权益要素（实收资本或股本），并使这两个要素同时增加。

会计计量：按实际成本计量。双方均增加800 000元，增加金额相等。

对以上交易进行确认及计量的结果如图2－20所示。

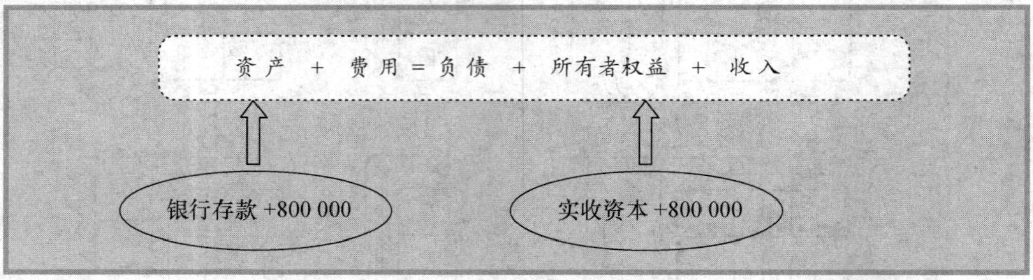

图2－20 影响会计等式两边要素同时增加，增加金额相等的交易或事项

此外，这种类型的交易或事项还有资产与负债同增、费用与负债同增等情况，同样是影响会计等式两边的要素，增加金额相等。

（2）影响会计等式两边的会计要素，使双方要素同时减少，减少金额相等的交易或事项。

例2－8

盛达公司用银行存款90 000元偿还以前拖欠某供货企业的货款。

会计确认：企业用银行存款偿还前欠货款，一方面涉及等式左边的资产要素（银行存款），另一方面涉及等式右边的负债要素（应付账款），且这两个要素同时减少。

会计计量：按实际成本计量。双方均减少90 000元，减少金额相等。

对以上交易进行确认及计量的结果如图2－21所示。

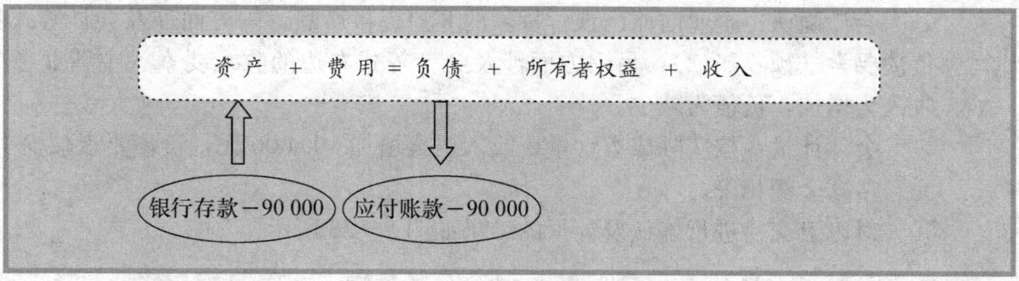

图 2-21　影响会计等式两边要素同时减少，减少金额相等的交易或事项

此外，这种类型的交易或事项还有资产与所有者权益同减、资产与收入同减等情况，同样是影响会计等式两边的要素，减少金额相等。

（3）只影响会计等式左边的会计要素，使这些要素有增有减，增减金额相等的交易或事项。

例 2-9

盛达公司用银行存款 3 000 元向电力公司支付本公司管理部门本月发生的水电费。

会计确认：企业用银行存款支付公司管理部门发生的水电费，一方面涉及会计等式左边的资产要素（银行存款），另一方面涉及会计等式左边的费用要素（管理费用）。其中，费用为增加，资产为减少。

会计计量：按实际成本计量。费用要素增加 3 000 元，资产要素减少 3 000 元，增减金额相等。

对以上交易进行确认及计量的结果如图 2-22 所示。

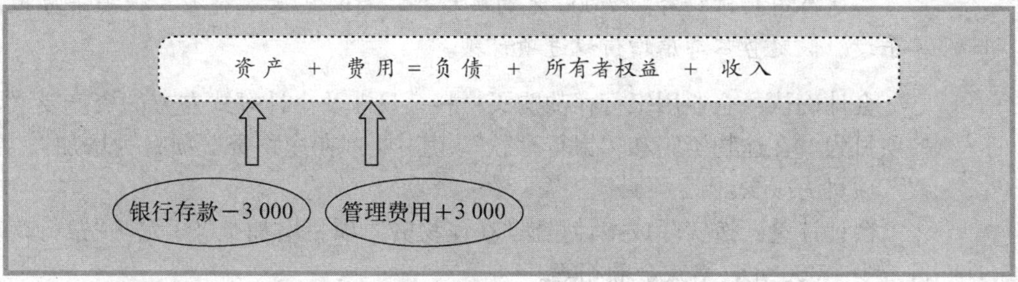

图 2-22　只影响会计等式左边要素有增有减，增减金额相等的交易或事项

此外，这种类型的交易或事项还有费用减少而资产增加的情况。同样是只影响会计等式左边的要素，增减金额相等。

（4）只影响会计等式右边的会计要素，使这些要素有增有减，增减金额相等的交易或事项。

例 2-10

盛达公司本月向已在上月预付货款的客户发送了一批产品，价款 100 000 元，假定暂不考虑增值税销项税额。

会计确认：企业向原已预付货款的客户提供产品，一方面涉及会计等式右边的负债要素（预收账款），另一方面涉及会计等式右边的收入要素（主营业务收入）。收入为增加，负债为减少。

会计计量：按实际成本计量。收入要素增加100 000元，负债要素减少100 000元。增减金额相等。

对以上交易进行确认及计量的结果如图2-23所示。

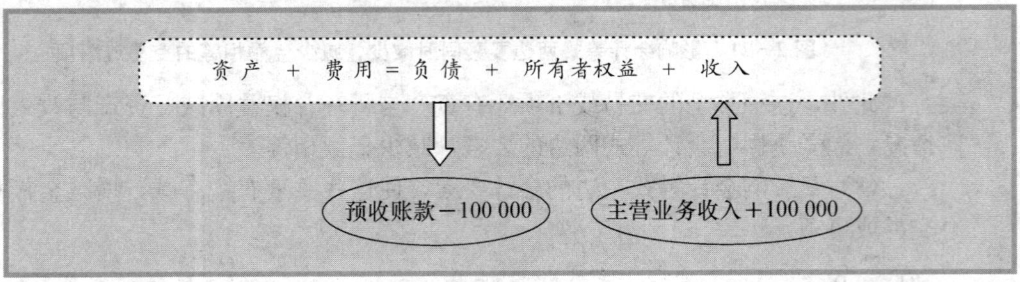

图2-23 只影响会计等式右边要素有增有减，增减金额相等的交易或事项

此外，这种类型的交易或事项还有收入减少而负债增加、负债减少而所有者权益增加等情况。同样是只影响会计等式右边的要素，增减金额相等。

在实务中，企业所发生的交易或事项并不一定都同时影响两个会计要素发生变化，有些交易或事项可能只影响一个会计要素自身发生变化，但一定是该要素内部的至少两个项目之间发生变动，如果其中的一个项目是增加，那么另一个项目必定是减少，并且增减金额相等。

例2-11

盛达公司用银行存款7 000元购买材料，材料已运达企业，但尚未办理验收入库手续。假定暂不考虑增值税进项税额。

会计确认：企业用银行存款购买材料，只涉及会计等式左方的资产要素，具体的项目为“在途物资”和“银行存款”。其中，“在途物资”项目为增加，“银行存款”项目为减少。

会计计量：按实际成本计量。“在途物资”项目增加7 000元，“银行存款”项目减少7 000元，增减金额相等。

对以上交易进行确认及计量的结果如图2-24所示。

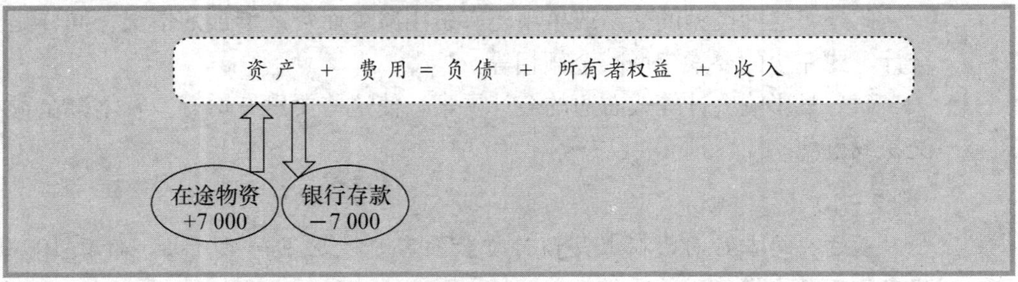

图2-24 只影响会计等式中某一要素有增有减，增减金额相等的交易或事项

例 2-11 显示的这种情况可归入上述四种交易或事项的第三种类型。此外，有些交易或事项也可能只影响会计等式右边的某一会计要素（如负债或所有者权益）内部发生增减变化，增减金额相等，这种情况可归入上述四种交易或事项的第四种类型。

2. 交易或事项影响会计等式中的会计要素的规律。综合上述交易或事项影响会计等式中会计要素的变动情况分析可见，当交易或事项发生以后，总是会引起至少两个会计要素或同一要素内部的两个项目发生增减变化，而且这种变化具有一定的规律性。第一种规律：当交易或事项发生后会影响会计等式两边的要素，双方同增或同减，增减金额相等，如例 2-7、例 2-8；第二种规律：只影响会计等式某一边的要素，单方有增有减，增减金额相等，如例 2-9、例 2-10、例 2-11。这种规律如图 2-25 所示。

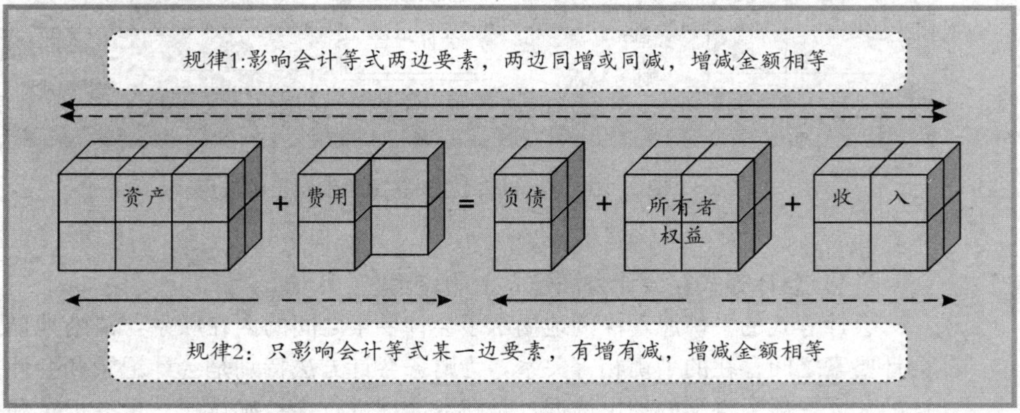

图 2-25　交易或事项影响会计等式的规律

在第一种规律下，等式双方的总额会在原来平衡的基础上同时增加或同时减少一个相同的金额，等式双方保持平衡。在第二种规律下，会计要素发生变化的某一方增减金额相抵，总额保持不变，而会计等式另一方的会计要素并未受到影响，其总额不会发生变化，因此等式双方的金额仍然保持平衡。由此可以得出结论：企业无论发生什么样的交易或事项，也无论这些交易或事项会导致会计等式中的会计要素发生怎样的变化，都不会破坏会计等式两边的平衡关系。

（二）会计等式在财务报告编制上的应用

企业通过编制财务报告对外提供的相关会计信息，实际上是企业一定会计期间发生的交易或事项信息。会计要素对这些会计信息的形成提供了基本框架。企业在编制财务报告时，利用资产负债表集中反映资产、负债和所有者权益要素信息，即企业的财务状况信息；利用利润表集中反映收入、费用和利润要素信息，即企业的经营成果信息。由此可见，会计要素是构成财务报告必不可少的内容。如果没有会计要素，就难以进行会计信息的提供，财务会计的目标也就难以达成。另外，“资产＝负债＋所有者权益”会计等式是资产负债表格式设计的理论依据，“收入－费用=利润”是利润表格式设计的理论依据。会计等式在财务报告编制上的应用如图 2－26 所示。

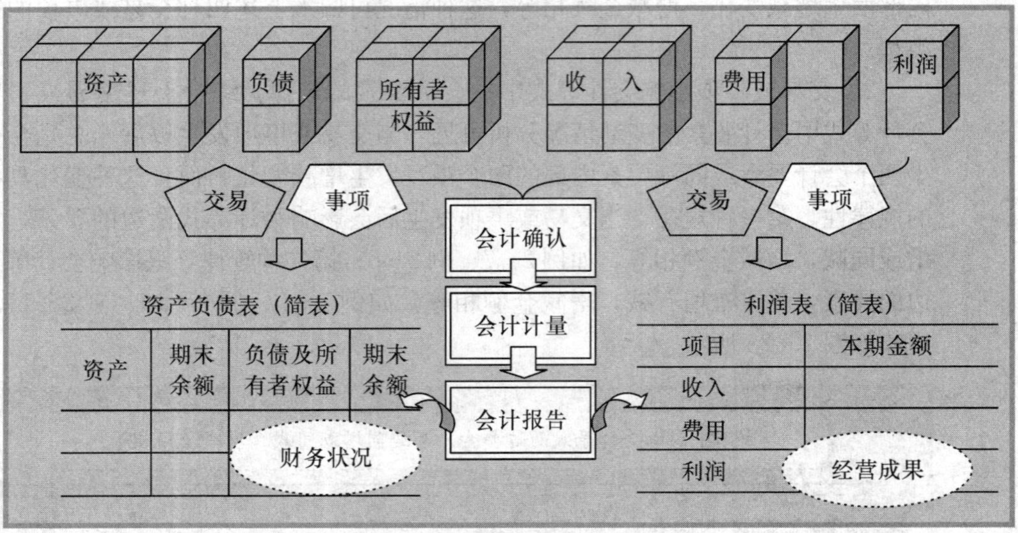

图 2－26　会计等式在财务报告编制上的应用

（三）会计等式在会计方法建立上的应用

会计等式的平衡原理深刻地揭示了会计要素之间的内在联系，清晰地描述了各会计要素之间存在的平衡相等关系，为财务会计方法特别是会计记录和会计报告方法的建立提供了科学的理论依据，是财务会计进行会计确认、计量、记录和报告赖以存在的基石。对会计等式在会计方法建立上的应用可结合图 2－27 加以理解。

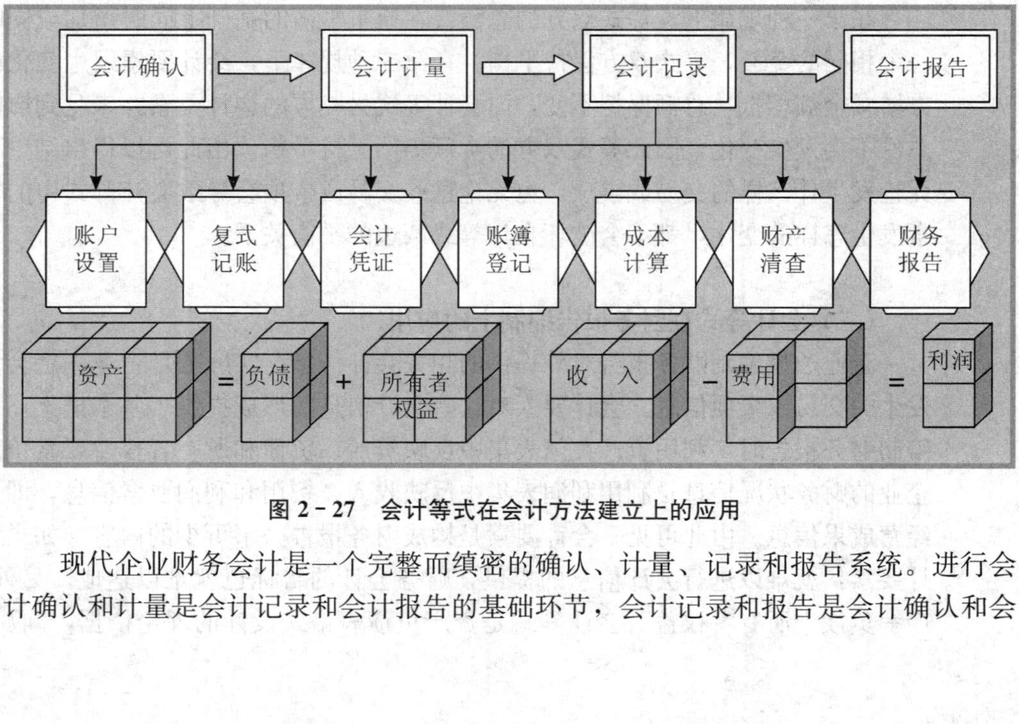

图 2－27　会计等式在会计方法建立上的应用

现代企业财务会计是一个完整而缜密的确认、计量、记录和报告系统。进行会计确认和计量是会计记录和会计报告的基础环节，会计记录和报告是会计确认和会计计量的延续和深入。其中，会计记录是采用专门方法将经过确认和计量的交易或事项利用一定的载体进行反映的过程。会计报告是根据会计记录的资料编制财务报告文件，将相关的会计信息传递给信息使用者的过程。在会计记录和会计报告环节，需要采用依据会计等式的平衡理论建立起来的多种会计方法。

□ 复习思考题

1. 什么是会计要素？产品生产企业的会计要素有哪些？
2. 资产要素有哪些特征？包括哪些基本内容？
3. 负债要素的特征有哪些？包括哪些基本内容？
4. 如何理解所有者权益的定义？所有者权益要素包括哪些基本内容？
5. 收入要素有哪些特征？包括哪些基本内容？
6. 费用要素有哪些特征？包括哪些基本内容？
7. 利润要素包括哪些基本内容？利得和损失对企业利润有什么影响？
8. 什么是会计确认？资产要素的确认应满足哪些条件？
9. 负债要素的确认应满足哪些条件？
10. 什么叫会计基础？具体有哪两种？
11. 权责发生制基础主要应用于哪些方面？其意义是什么？
12. 静态会计等式的组成是什么？如何理解静态会计等式？
13. 动态会计等式的组成是什么？如何理解动态会计等式？
14. 交易或事项影响会计等式中的会计要素有什么规律性？为什么不会影响会计等式双方的平衡相等关系？

□ 应用练习题

一、判断题

答题要求：根据各题给出的说法判断正误，你认为正确的，在题后的括号中打“√”，你认为错误的打“×”。

1. 会计要素是根据交易或事项的经济特征对企业财务会计对象的基本分类。（　）

2. 企业的一台设备因操作不当，烧毁了核心部件，并无修复可能，但其实体仍然保持完整，因而可以继续将其确认为企业的资产。（　）

3. 当收到投资者投资时，会导致经济利益流入企业，对这种经济利益流入应确认为企业的收入。（　）

4. 流动资产是指企业不能在一年或者超过一年的一个营业周期内变现或耗用的资产。（　）

5. 企业资本公积的来源之一是由投资者投入的资本。（　）

6. 主营业务成本是属于与主营业务收入相配比的费用。（　）

7. 企业销售原来购入准备自用的材料时所确定的材料本身的成本，称为主营业务成本。（　）

8. 所有者权益的确认主要依赖于资产要素和负债要素的确认。（　）

9. 会计计量是将符合确认条件的会计要素进行会计记录继而列报于财务报告文件而确定其金额的过程。（　）

10. 动态会计等式是反映企业某一特定日期经营成果的等式。（　）

二、单项选择题

答题要求：在下面各题的备选答案中只有一个是正确答案，选择你认为正确的答案，在题尾的括号中写出该备选答案的英文字母编号。

1. 下列各项中，属于资产要素本质特征的是（　）。

A. 企业过去的交易或者事项形成　B. 由企业所拥有

C. 由企业所控制　D. 预期会给企业带来经济利益

2. 下列各项中，不属于费用要素特征的是（　）。

A. 企业在日常活动中发生的经济利益总流出

B. 会导致所有者权益减少的经济利益总流出

C. 企业在非日常活动中发生的经济利益总流出

D. 与向所有者分配利润无关的经济利益总流出

3. 下列各项中，不属于企业流动资产的是（　）。

A. 库存现金　B. 银行存款

C. 预付账款　D. 应付账款

4. 下列各项中，不属于企业所有者权益的是（　）。

A. 实收资本　B. 资本公积

C. 预收账款　D. 盈余公积

5. 下列各项中，不属于企业日常活动产生的收入的是（　）。

A. 主营业务收入　B. 其他业务收入

C. 投资收益　D. 营业外收入

6. 下列各项中，不属于会计要素计量属性的是（　）。

A. 历史成本　B. 重置成本

C. 可变现净值　D. 计划成本

7. 下列各项中，不属于根据权责发生制基础在月末时调整的是（　）。

A. 应计未收收入　B. 应计预收收入

C. 应计预付费用　D. 应计已付费用

8. 静态会计等式的组合方式为（　）。

A. 资产＝负债＋所有者权益　B. 资产＝权益

C. 负债＝资产－所有者权益　D. 收入－费用＝利润

9. 动态会计等式是由动态会计要素组合而成的反映企业某一会计期间经营成果的等式，其组合方式为（　　）。

A. 收入＋费用＝利润　　B. 资产＝负债＋所有者权益

C. 收入－费用＝利润　　D. 收入－费用＝亏损

10. 下列各种交易或事项的类型中，不属于影响会计等式中的会计要素的类型的是（　　）。

A. 影响会计等式双方要素，使双方要素同时增加，增加金额相等

B. 影响会计等式双方要素，使双方要素同时减少，减少金额相等

C. 影响会计等式双方要素，双方的要素有增有减，增减金额相等

D. 只影响会计等式左方要素，使这些要素有增有减，增减金额相等

三、多项选择题

答题要求：在下面各题的备选答案中至少有两个是正确答案，选择你认为正确的答案，在题尾的括号中顺序写出这些备选答案的英文字母编号。

1. 下列各项中，属于负债要素特征的有（　　）。

A. 企业过去的交易或者事项形成的资源

B. 企业过去的交易或者事项形成的现时义务

C. 企业应当承担的现时义务

D. 预期会导致经济利益流出企业的现时义务

E. 企业的日常活动中形成的经济利益流入

2. 下列各项中，属于费用要素特征的有（　　）。

A. 企业在日常活动中发生的经济利益总流出

B. 会导致所有者权益减少的经济利益总流出

C. 包括营业外支出在内的经济利益总流出

D. 与向所有者分配利润无关的经济利益总流出

E. 与向所有者分配利润有关的经济利益总流出

3. 下列各项中，属于企业流动负债的内容的有（　　）。

A. 短期借款　　B. 应付账款

C. 应付票据　　D. 预收账款

E. 预付账款

4. 下列各项中，属于狭义收入的有（　　）。

A. 主营业务收入　　B. 其他业务收入

C. 投资收益　　D. 营业外收入

E. 实收资本

5. 下列各种会计要素中，用以反映企业财务状况的要素的有（　　）。

A. 资产　　B. 负债

C. 所有者权益　　D. 收入

E. 费用

6. 下列各种会计要素中，属于企业资金运动在某一特定时点的表现形式，并被称为静态会计要素的有（　　）。

A. 资产　　B. 负债

C. 收入　　D. 所有者权益

E. 利润

7. 将一项资源确认为资产，除了应符合资产要素的定义，还应符合的条件有（　　）。

A. 与该资源有关的经济利益很可能流入企业

B. 与该义务有关的经济利益很可能流出企业

C. 该资源的成本或价值能够可靠计量

D. 未来流出的经济利益的金额能够可靠计量

E. 与收入有关的经济利益应当很可能流入企业

8. 将一项经济利益流入确认为企业的收入，除应符合收入的定义，还应同时满足的条件有（　　）。

A. 与该资源有关的经济利益很可能流入企业

B. 与该义务有关的经济利益很可能流出企业

C. 经济利益流入企业的结果会导致企业资产增加或者负债减少

D. 经济利益的流入额能够可靠计量

E. 与收入有关的经济利益应当很可能流入企业

9. 计量属性反映的是会计要素金额的确定基础，主要有（　　）。

A. 历史成本　　B. 重置成本

C. 可变现净值　　D. 现值

E. 公允价值

10. 下列各种情形中，属于影响会计等式中会计要素增减变动的交易或事项类型的有（　　）。

A. 影响会计等式双方要素，使双方要素同时增加，增加金额相等

B. 影响会计等式双方要素，使双方要素同时减少，减少金额相等

C. 影响会计等式双方要素，双方的要素有增有减，增减金额相等

D. 只影响会计等式左方要素，使这些要素有增有减，增减金额相等

E. 只影响会计等式右方要素，使这些要素有增有减，增减金额相等

四、模拟实训题

模拟实训题（一）

1. 实训资料：假定海达公司 2018 年 8 月的会计要素及其具体内容如下图所示。

2. 实训目的：检验学习者对企业会计要素组成内容的掌握和应用能力。

3. 实训要求：分析各项要素的具体内容应归属于哪一种会计要素，并在要素的具体内容与相应的会计要素之间连线。

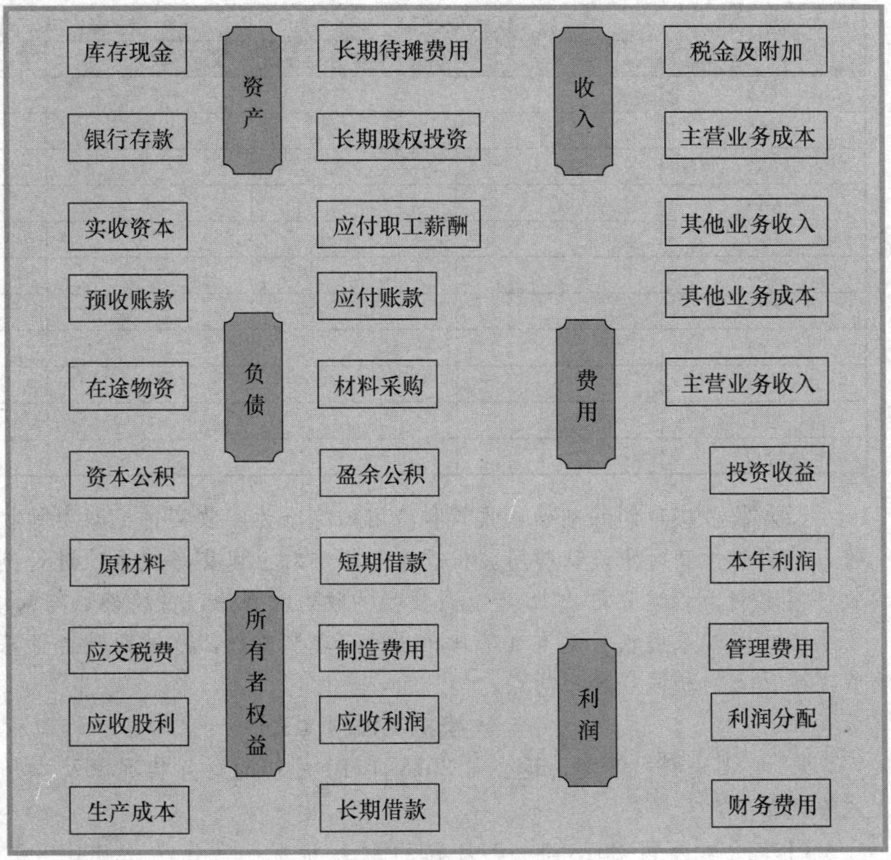

模拟实训题（二）

1. 实训资料：假定鸿运公司 2018 年 9 月发生如下与收入和费用有关的交易或事项：

（1）本月销售 A 产品一批，价款 40 000 元，与购买方约定下月收款。

（2）本月销售 A 产品一批，价款 35 000 元已收到，并存入银行。

（3）本月预收盛达公司准备购货的价款 80 000 元，约定两个月后交货。

（4）本月收回上月利仁公司拖欠的购货价款 50 000 元，已存入银行。

（5）本月向原已预付款的华夏公司提供一批 A 产品，价款 60 000 元。

（6）本月发生管理费用 12 000 元，已全部用银行存款支付。

（7）本月企业使用短期借款利息计 3 000 元，与银行约定三个月以后支付。

（8）本月摊销公司的开办费 1 000 元。

（9）本月因参加商品展销，租用展台租金 2 000 元，已用银行存款支付。

（10）本月因办理银行业务，用银行存款支付手续费等 400 元。

2. 实训目的：检验学习者对权责发生制基础的掌握和应用能力。

3. 实训要求：

（1）利用下表，采用权责发生制基础的应收应付标准确认鸿运公司 2018 年 9 月发生的收入和费用。

交易或事项序号	权责发生制		收付实现制	
	收入	费用	收入	费用
(1)				
(2)				
(3)				
(4)				
(5)				
(6)				
(7)				
(8)				
(9)				
(10)				
合计				

(2) 收付实现制基础确认收入和费用的标准为实收实付，即实际收款时才确认收入，实际付款时才确认费用。根据这一标准对上述交易或事项进行判断，确定在收付实现制下鸿运公司2018年9月发生的收入和费用，并将确认结果填入上表。

(3) 比较采用权责发生制基础和收付实现制基础，总结两种会计基础在收入与费用确认上的相同点和不同点。

模拟实训题（三）

1. 实训资料：假定鸿运公司2018年10月初的财务状况以及本月发生的交易或事项如下：

(1) 鸿运公司2018年10月初的财务状况：资产为2 000 000元，负债为500 000元，所有者权益为1 500 000元。

(2) 该公司当月发生如下交易或事项（假定交易或事项涉及税金的部分暂不考虑）：

1) 预收南方公司购买本公司商品货款58 000元，已存入开户银行。

2) 用银行存款200 000元购买设备一台。

3) 销售产品一批，价款150 000元已收到，并存入开户银行。

4) 用库存现金600元购买企业管理部门使用的办公用品。

5) 从北方公司购入材料一批，价款12 000元，尚未支付，材料也尚未运达企业。

6) 用银行存款偿还短期借款90 000元。

7) 销售产品一批，价款100 000元暂未收到。

8) 收到投资者投资1 500 000元，已存入银行。

2. 实训目的：检验学习者对会计等式知识的掌握和应用能力。

3. 实训要求：

(1) 根据所给资料，利用下表判断交易或事项的类型，分析每一笔交易或事项影响综合会计等式的过程及结果。

交易或事项序号	作业要求	综合会计等式				
		资产 +	费用 =	负债 +	所有者权益 +	收入
2018 年 10 月 1 日余额						
1）	交易或事项类型					
	会计确认					
	会计计量					
	等式变动结果					
2）	交易或事项类型					
	会计确认					
	会计计量					
	等式变动结果					
3）	交易或事项类型					
	会计确认					
	会计计量					
	等式变动结果					
4）	交易或事项类型					
	会计确认					
	会计计量					
	等式变动结果					
5）	交易或事项类型					
	会计确认					
	会计计量					
	等式变动结果					
6）	交易或事项类型					
	会计确认					
	会计计量					
	等式变动结果					
7）	交易或事项类型					
	会计确认					
	会计计量					
	等式变动结果					
8）	交易或事项类型					
	会计确认					
	会计计量					
	等式变动结果					

（2）用文字总结出交易或事项影响会计等式的规律，试说明交易或事项的发生为什么不会影响会计等式的平衡关系。

第三章

Chapter 3 **账户设置方法及其应用**

本章内容导读

从本章起，将陆续展开对会计方法内容的学习。在本章中，将系统学习账户设置方法，包括账户设置的定义、账户的结构与功能、账户的种类及设置要求，以及账户在会计实务中的应用。本章内容结构：

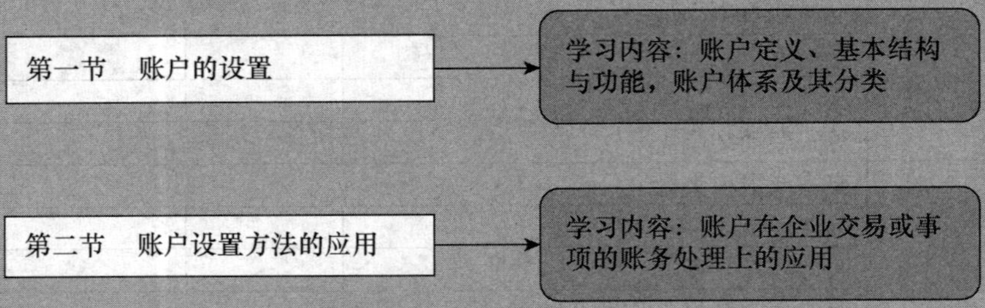

第一节　账户的设置

一、账户的定义与设置

（一）账户的定义

账户是根据会计科目设置的，具有一定结构形式，用以连续、系统、全面地记录交易或事项，反映会计要素增减变动及其结果，并为财务报告的编制提供数据资料的一种工具。

（二）账户的含义

1. 账户设置的主要依据是会计科目。会计科目是对会计要素具体组成内容的各个部分规定的名称，设置会计科目的主要目的是为账户的设置提供依据。在一般情况下，会计科目应由企业自行设置；如果在会计规范中已对会计科目作出了相应规定，企业可根据需要从中选用，并利用这些会计科目设置相应的账户。

会计科目是对会计要素进行分类所形成的具体项目，是设置账户的主要依据，也是会计报表项目的主要构成内容。设置会计科目，并在此基础上设置账户，是会计的一种专门方法。在我国，一般企业的会计科目是由《企业会计准则》统一规范的。表 3-1 列示了产品生产企业应用的一些主要会计科目。

表 3-1　《企业会计准则——应用指南》统一规范的一般企业部分会计科目

编号	会计科目名称	编号	会计科目名称
	一、资产类	2203	预收账款
1001	库存现金	2211	应付职工薪酬
1002	银行存款	2221	应交税费
1101	交易性金融资产	2231	应付利息
1121	应收票据	2232	应付股利
1122	应收账款	2241	其他应付款
1123	预付账款	2501	长期借款
1131	应收股利		三、所有者权益类
1132	应收利息	4001	实收资本
1221	其他应收款	4002	资本公积
1131	坏账准备	4101	盈余公积
1401	材料采购	4103	本年利润
1402	在途物资	4104	利润分配
1403	原材料		四、成本类
1404	材料成本差异	5001	生产成本
1405	库存商品	5101	制造费用
1471	存货跌价准备		五、损益类
1511	长期股权投资	6001	主营业务收入
1512	长期股权投资减值准备	6051	其他业务收入
1601	固定资产	6111	投资收益
1602	累计折旧	6115	资产处置损益
1603	固定资产减值准备	6301	营业外收入
1604	在建工程	6401	主营业务成本
1605	工程物资	6402	其他业务成本
1606	固定资产清理	6403	税金及附加
1701	无形资产	6601	销售费用
1702	累计摊销	6602	管理费用
1703	无形资产减值准备	6603	财务费用
1801	长期待摊费用	6701	资产减值损失
1901	待处理财产损溢	6702	信用减值损失
	二、负债类	6711	营业外支出
2001	短期借款	6801	所得税费用
2201	应付票据	6901	以前年度损益调整
2202	应付账款		

在表3-1中，将利润类科目（本年利润、利润分配）并入了所有者权益科目，反映了企业实现的利润为所有者（投资者）所有这一经济实质；部分资产类科目（生产成本、制造费用）独立为成本类科目，反映了企业进行成本计算的需求；将所有收入类科目和费用类科目合并为损益类科目，其中益类科目是指收入类科目，损类科目是指费用类科目，反映了企业进行利润计算的需求。但从总体上看，这些会计科目全面反映了在上一章中所学习过的六个会计要素的全部内容。企业会计准则中会计科目的五种分类方法与会计要素之间的关系如图3-1所示。

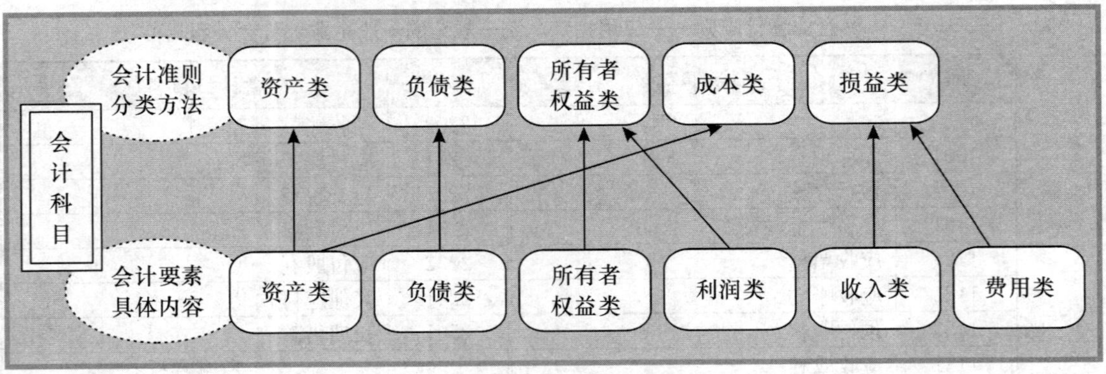

图3-1　企业会计准则中会计科目的分类方法及其与会计要素的关系

表3-1中所看到的会计科目一般称为总分类科目，总分类科目是对会计要素内容进行总括分类形成的项目，也称一级科目或总账科目。总分类科目是对会计要素的具体内容进行总分类核算的依据，利用总分类科目可以设置总分类账户，用以提供总括的会计信息。例如，“库存现金”“银行存款”“原材料”“库存商品”“应收账款”等科目，都是对资产要素进行基本分类以后形成的科目，即总分类科目。

根据总分类科目的构成内容还可以做进一步分类，形成明细分类科目。明细分类科目简称明细科目，是在对会计要素内容进行总括分类的基础上再进行详细分类形成的项目，可用以详细核算会计要素的内容。明细分类科目是对会计要素的具体内容进行明细分类核算的依据，利用明细分类科目可以设置明细分类账户，用以提供更为详细的会计信息。明细科目可由企业根据交易或事项处理和提供会计信息的需要自行设置。例如，企业要全面完整地反映应收账款情况，提供应收账款的总括信息，应设置“应收账款”科目；而要具体反映应收账款的明细情况，提供应收账款的详细信息，就应对所有的应收账款按欠款单位（债务人）作进一步分类，在“应收账款”总分类科目下，按照债务人的名称设置相应的明细分类科目。会计科目的级次及其关系如图3-2所示。

2. 账户具有一定的结构形式。与会计科目不同，为满足记录交易或事项的需要，账户必须设计成一定的结构形式。账户的结构一般由账户名称和一定的格式组成。账户的名称根据会计科目命名；账户的格式一般由所记录交易或事项具体内容的若干栏次组成。各类账户的具体结构将在“账簿登记方法及其应用”一章中讲

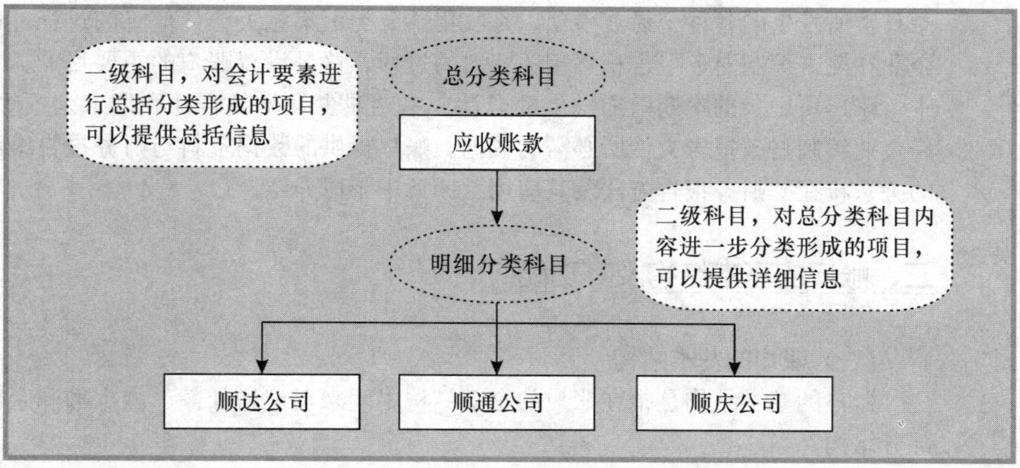

图 3-2　总分类科目与明细分类科目之间的关系

述，本章介绍的是在借贷记账法下通常设置的总分类账户的结构。账户的结构及其与会计科目之间的关系如图 3-3 所示。

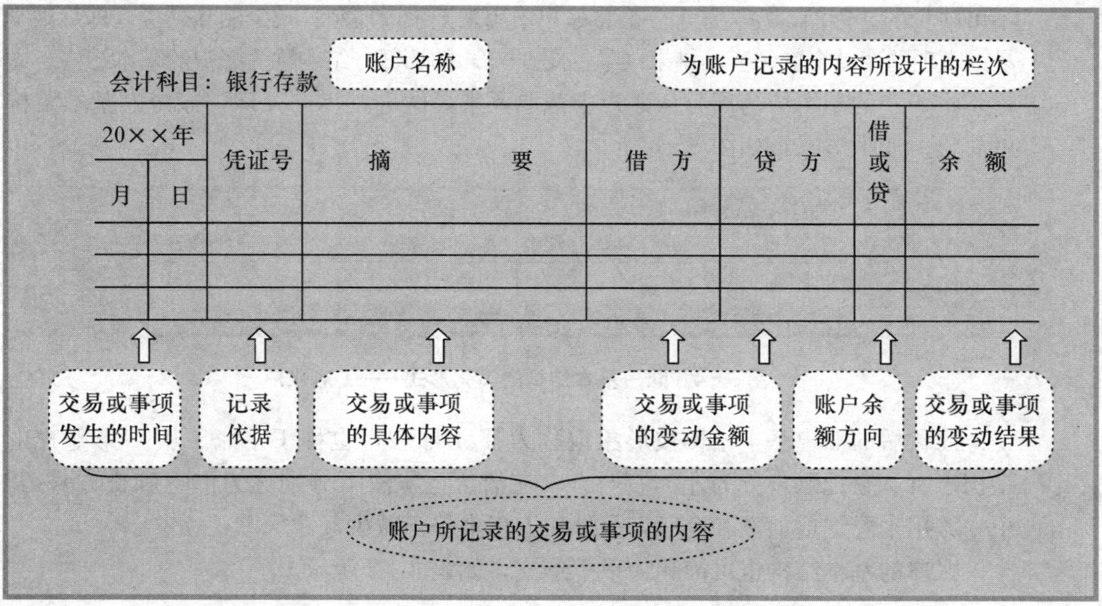

图 3-3　账户的结构及其与会计科目之间的关系

3. 设置账户的基本目的是记录交易或事项。记录企业所发生的各种交易或事项是会计上设置账户的基本目的。由于每个账户都是按照反映各会计要素特定方面内容的需要设置的，因此对每个账户所记录的内容都有清晰的界定。例如，“银行存款”账户只能用来记录企业银行存款的增加额、减少额及余额等。这样，企业就可以根据会计科目设置由若干账户组成的完整账户系统，对交易或事项所引起的会计要素的增减变动进行连续、系统、全面的记录。

4. 设置账户的主要目的是为财务报告的编制积累数据资料。企业在账户中记录日常所发生的各种交易或事项，是收集并分类汇集相关会计信息的过程，也是为企业在期末编制财务报告积累相关资料的过程，这是设置账户的主要目的。在实务中，账户所记录的本期增加发生额合计、本期减少发生额合计和期末余额等资料，是企业编制财务报告文件所必需的数据。账户提供的数据资料与财务报告编制之间的关系将在“财务报告方法及其应用”一章中予以介绍。

二、账户的基本结构及其功能

（一）账户的基本结构

账户的基本结构是指在账户的全部结构中用来登记增加额、减少额和余额的那部分结构。

对发生的交易或事项，需要在账户中记录的内容很多，包括交易或事项的发生时间、记录的依据、基本内容、增加额、减少额和余额等。其中的增加额、减少额和余额显得尤为重要，因为这些内容是对交易或事项以货币为主要计量单位计量所形成的基础性信息，对于反映各账户的增减变化情况及其结果，以及最终报告会计信息都是不可缺少的。因而，在会计上一般将账户中用来记录增加额、减少额和余额，即反映交易或事项的变动金额和变动结果（参见图3－3）的那部分结构称为账户的基本结构。

将账户的基本结构部分从账户中截取下来，做进一步的处理，账户的基本结构可简化为如下形式，如图3－4所示。

借方	库存现金（账户名称）	贷方
期初余额		

图3－4　账户基本结构的简化形式——T形账户

简化后的账户基本结构被形象地称为T形账户，也称丁字账。从T形账户的结构来看，它把账户分为左、右两方（在借贷记账法下分别称为借方和贷方），其中一方用来登记增加额和余额，另外一方用来登记减少额。

账户的基本结构也可简化为以下形式，如表3－2所示。

表3－2　账户基本结构的另一种简化形式

银行存款（账户名称）

日期		凭证号	借方	贷方	余额

在简化了结构的账户中，增加额、减少额和余额各有其记录的栏次，反映了正规账户中记录的主要内容，使用起来也比较方便。需要指出的是，简化结构的账户在会计实务中较少使用，主要应用于会计教学。

（二）账户的主要功能

账户的主要功能是提供一系列有用的信息数据，这些数据主要是以价值形式体现出来的，包括期初余额、本期增加发生额合计、本期减少发生额合计和期末余额。账户提供的主要信息数据资料如图 3－5 所示。

借方	库存现金		贷方
期初余额	1 500	（2）	500
（1）	900	（4）	300
（3）	800	（5）	1 400
本期增加发生额合计	1 700	本期减少发生额合计	2 200
期末余额	1 000		

图 3－5　账户提供的主要信息数据

图 3－5 中，是在采用借贷记账法时，在“库存现金”账户的借方记录增加额，在贷方记录减少额。为简便起见，利用 T 形账户记录交易或事项时，可只填写发生交易或事项的顺序编号及其变动的金额。这里假定该企业本月发生了两笔库存现金的收款交易，即（1），（3）；发生了三笔库存现金的付款交易，即（2），（4），（5）。

从账户所记录的过程及结果来看，以下四个信息数据很有实用价值。

1. 期初余额。期初余额是指在某一会计期间（如月度、年度等）开始时该账户的结余金额，这个余额一般是从上一个会计期间的期末直接结转而来的。例如，在图 3－5 中，假定“库存现金”账户登记的是企业某年 10 月发生的交易或事项，那么，其中的“期初余额 1 500”就应是该年度该账户 9 月末的余额，是 9 月记录的交易或事项的增减变动所形成的该账户结果。期初余额也是在账户中记录本会计期间发生的交易或事项的起点。

应特别注意：账户如有期初余额，一般应登记在账户中用来记录增加额的那一方。在“库存现金”账户中是用借方记录增加额的，从上期结转过来的期初余额相应地登记在借方。而在有些账户中是用贷方记录增加额的，该账户的期初余额就相应地登记在贷方。

2. 本期增加发生额合计。本期增加发生额合计是指在本会计期间新发生的若干交易或事项所引起的该账户增加额的合计数。例如，在图 3－5 中，“本期增加发生额合计 1 700”就是本月发生的（1），（3）两项交易增加额的合计数。请注意，在“本期增加发生额合计 1 700”中不包括期初余额。

3. 本期减少发生额合计。本期减少发生额合计是指在本会计期间新发生的若干交易或事项所引起的该账户减少额的合计数。例如，在图 3－5 中，“本期减少发生额合计 2 200”就是本月发生的（2），（4），（5）三项交易减少额的合计数。

4. 期末余额。期末余额是指在某一会计期间终了时（假定为10月31日）经过计算而得到的该账户的结余金额。基本计算公式为：

期末余额＝期初余额＋本期增加发生额合计－本期减少发生额合计

例如，在图3－5中，“库存现金”账户的“期末余额 1 000”就是利用“期初余额 1 500”加上“本期增加发生额合计 1 700”，再减去“本期减少发生额合计 2 200”而得到的。可见，期末余额是本会计期间该账户增减变动的结果。将本会计期间该账户的期末余额结转下期（如11月）就是下一会计期间该账户的期初余额（即11月1日该账户期初余额为 1 000）。

账户如有期末余额，一般也应登记在账户中用来记录增加额的一方。

三、账户体系及其分类

（一）账户体系

账户体系是指按照全面反映企业会计要素的要求，根据设置的会计科目而建立的账户系统。

与会计要素和会计科目一脉相承，账户体系的形成依赖于会计科目体系的设置，即企业的会计科目体系决定了所建立的账户体系。账户体系与会计科目、会计要素的关系如图3－6所示。

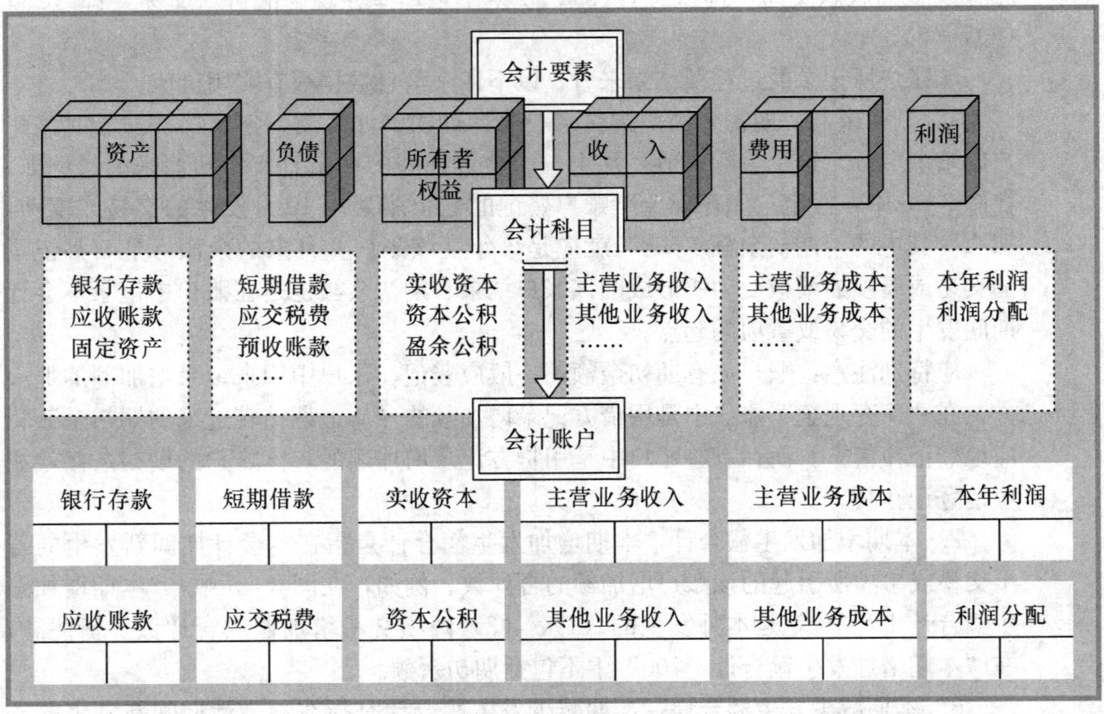

图3－6　账户体系与会计科目、会计要素的关系

（二）账户体系的分类

1. 按账户反映的经济内容分类。账户反映的经济内容是指账户所体现的会计要素的经济性质，在这种分类方法下，可将账户分为资产类、负债类、所有者权益类、收入类、费用类和利润类六类（参见图 3-6）。这种分类方法能够清晰地体现各个账户所反映的经济内容，明确账户核算的基本内容及基本用途。在这种分类方法下，每一个账户都具有特定的经济性质，即该账户所反映的会计要素的经济内容的性质。例如，“银行存款”和“应收账款”等账户用以反映资产要素，可以将其称为资产类账户；“短期借款”和“应交税费”等账户用以反映负债要素，可以称为负债类账户，其他类别的账户以此类推。按账户反映的经济内容分类是认识和了解账户的一种非常重要的方法。因为在交易或事项的账务处理过程中，必然会用到各种账户，只有对每一个账户所反映的经济内容有清醒的认识，才能达到对账户的结构等熟练掌握和应用的目的。

特别提示

在会计准则按照五种分类方法设置会计科目的情况下，账户也可以相应地分为五类，分别是反映资产要素、负债要素、所有者权益要素（包括利润要素）、成本（部分资产要素）和损益（包括收入要素和费用要素）账户。在这种分类方法下，某些账户的性质可能会有所不同。例如，在按账户反映的六种会计要素内容分类的方法下，“生产成本”账户为资产类账户，而在上述五种分类方法下，该账户应为成本类账户。还有一些账户，如“本年利润”“主营业务收入”等也是这种情况。

2. 按账户与会计科目的关系分类。账户根据会计科目设置，它反映会计要素内容的详细程度与会计科目的级次有着直接关系。据此，可以将账户分为总分类账户和明细分类账户两类。

（1）总分类账户。总分类账户是根据总分类科目设置的，用以提供会计要素某些方面的总括信息。例如，图 3-7 所列示的“应收账款”总分类账户是根据“应收账款”这一总分类科目设置的，能够总括反映企业应收账款的结欠、收回和余额的总体情况。但总分类账户也存在一定的局限性。如“应收账款”总分类账户不能具体反映各个债务人的详细信息；“应付账款”总分类账户不能具体反映债权人的详细信息等。

（2）明细分类账户。明细分类账户也称明细账户，是根据明细分类科目设置的，用以提供会计要素某些方面的详细信息。与总分类账户相比，明细账户能够提供更为具体的详细信息。例如，图 3-7 所列示的“应收账款”的两个明细账户就能具体反映两个债务人的具体欠款金额。还有些明细账户，如“原材料”和“库存商品”等总分类账户的明细账户，不仅能够提供价值量方面的详细信息，而且能够提供实物量方面的详细信息，这种优势也是总分类账户所不具备的。明细分类账户的设置方法及其与总分类账户的关系如图 3-7 所示。

3. 按账户与会计报表编制的关系分类。会计报表是企业财务会计报告的主要

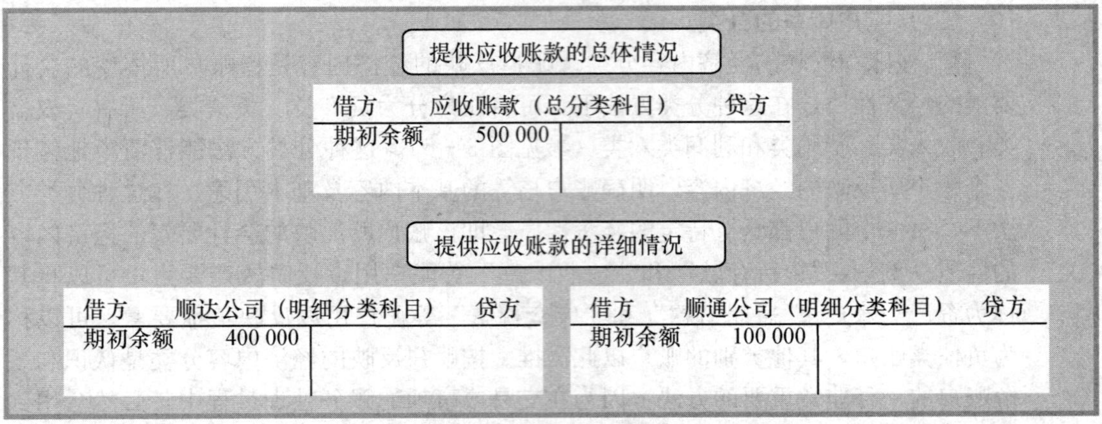

图3－7 “应收账款”明细账户的设置及其与总分类账户的关系

构成部分，是提供企业的财务状况、经营成果信息的重要载体。会计报表中的信息是以账户提供的各种数据资料经过一定的加工整理过程而形成的。具体地说，编制资产负债表主要借助资产类、负债类和所有者权益类总分类账户和部分明细分类账户提供的余额资料；编制利润表则主要借助收入类、费用类和利润类总分类账户提供的发生额资料。账户提供的信息数据与会计报表编制的关系如图3－8所示。

图3－8 账户提供的信息数据与会计报表编制的关系

说明：此图账户中的“×××”分别表示账户的余额或发生额，至于为什么会处在账户中的不同方向，待学完下一章中借贷记账法的有关知识以后自然会理解的。

在将账户数据资料列示于会计报表时，仍需进行会计确认和会计计量，这一过程一般称为再次确认和再次计量，目的是保证会计报表所提供信息的可靠性和相关性。此前讨论的会计确认和会计计量一般称为初始确认和初始计量，研究的是对发生的交易或事项是否应当进行账务处理，以及记录金额是多少的问题。由此可见，处于会计处理不同环节的确认和计量具有完全不同的目的。

第二节 账户设置方法的应用

账户是用来记录企业发生的交易或事项信息的载体，也是企业编制财务会计报告文件的基础。从这一点来看，其最有意义的一点是可以为会计信息积累必要的原始资料，经过进一步加工整理形成对财务报告的使用者进行经济决策有用的会计信息。由此可见，账户虽小，但却关系到企业财务会计目标的实现，为此，企业应特别重视账户设置方法在会计实务中的应用。

一、账户设置对会计科目设置原则的应用

账户是以会计科目为依据设立的，因此，设置账户时也应遵循会计科目的设置原则。

（一）全面反映企业会计要素的内容

会计科目是对会计要素的基本内容进行分类所形成的项目，也是会计要素内容的具体体现，因而企业在确定需要设置哪些账户时，必须从本身会计要素内容的实际状况出发。企业应根据资产、负债、所有者权益、收入、费用和利润等会计要素内容设置数量足够的账户，形成完整的账户体系。这样，既便于在会计上对会计要素内容进行分门别类的会计处理，也可以从整体上全面反映企业的会计要素内容的变动状况。

（二）满足使用者掌握企业信息的需求

设置账户必须充分考虑会计信息使用者了解会计信息的各种需求，会计信息使用者对会计信息的需求是多层次的，不仅需要了解反映企业财务状况的资产、负债和所有者权益等要素的总体信息，以及反映企业经营成果的收入、费用和利润等要素的总体信息，而且需要了解这些要素的具体分布或构成方面的详细信息。企业在设置账户时，必须充分考虑财务报告使用者对会计信息的相关性和及时性等方面的需要，使设立的账户既能够提供各种详细信息，也便于对这些信息进行加工和整理，形成对财务报告的使用者进行经济决策有用的总体性信息。

（三）既满足账务处理需要又相对稳定

企业设置账户的基本目的是满足其进行交易或事项账务处理的需要，因此，应

根据企业自身经营活动的特点和账务处理的实际需要设置账户。例如，产品生产企业的主要经营活动是进行产品的生产和销售，除了应设置与其他会计主体具有共性的一些会计科目外，还应专门设置反映产品生产成本和反映产品销售收入等特有内容的账户。此外，设置的账户一般应保持相对稳定，不宜经常变动。

（四）体现统一性与灵活性的密切结合

目前，我国的相关会计规范对各类企业可能用到的会计科目做出了全面规定，基本上能够满足各类企业设置会计科目和账户的需要。各企业在设置账户时，可以从规定的会计科目中选择使用，这样做的好处是可以使各个企业之间在账户的设置上保持统一。灵活性是指在不违反会计准则关于确认、计量和报告规范的前提下，各企业可根据实际情况自行增设、分拆和合并账户。例如，在预收账款不多的企业，可以将预收账款的交易或事项内容通过“应收账款”账户进行核算；在预付账款不多的企业，可以将预付账款的交易或事项内容通过“应付账款”账户进行核算。这种做法体现了账户设置上的灵活性。

（五）账户名称应简明清晰且使用方便

根据会计科目核算内容的规定，每一个账户都包含了特定的核算内容，在设置账户时，应对每个账户的核算内容加以明确界定，账户的名称应当文字简明、含义明确、通俗易懂。账户核算内容的范围及其使用方法应当清楚明晰，以便于会计人员在进行交易或事项的处理过程中准确应用。

二、账户在交易或事项账务处理上的应用

账户是会计上进行交易或事项账务处理的主要根据。根据企业在经营活动中发生的主要交易或事项内容，企业发生的交易或事项是引起其经营资金运动的动因。与企业资金运动的过程联系起来，账户可分为如下几类：

（一）核算资金筹集交易或事项应用的账户

如“实收资本”（或“股本”）、“资本公积”、“盈余公积”、“短期借款”、“长期借款”、“应付债券”、“应付利息”等账户。

（二）用以核算资金使用交易或事项的账户

如用以核算供应过程交易或事项的“在途物资”（或“材料采购”）、“原材料”、“在建工程”、“固定资产”、“无形资产”、“应付账款”、“应付票据”、“预付账款”等账户；用以核算生产过程交易或事项的“生产成本”“制造费用”“累计折旧”“累计摊销”“坏账准备”“存货跌价准备”“库存商品”等账户；用以核算销售过程交易或事项的“应收账款”“应收票据”“预收账款”“主营业务收入”“主营业务成本”“税金及附加”“销售费用”“管理费用”“财务费用”等账户。

（三）核算经营成果交易或事项应用的账户

如反映经营成果形成交易或事项的“本年利润”“所得税费用”等账户。还要用到“主营业务收入”“主营业务成本”等收入和费用类账户；反映经营成果分配交易或事项的“利润分配”“应交税费”等账户。

（四）各种交易或事项的核算都可能用到的账户

如核算货币资金的收支交易的“库存现金”“银行存款”等账户，这两个账户在资金筹集、资金使用和资金退出三个阶段发生的收款或付款的交易中都会普遍用到，也是各类会计主体都需要设立的账户；结算企业在供应过程和销售过程发生的各种税费的计算和上缴交易的“应交税费”账户。

（五）其他交易或事项可能用到的账户

例如，有对外投资的企业核算投资和收益要用到“交易性金融资产”“长期股权投资”“应收股利”“应收利息”“投资收益”等账户；又如，企业发生非日常活动的一些事项的核算要用到“营业外收入”和“营业外支出”账户等。

对账户在产品生产企业的交易或事项账务处理上应用的基本情况可结合图3－9加以初步了解。

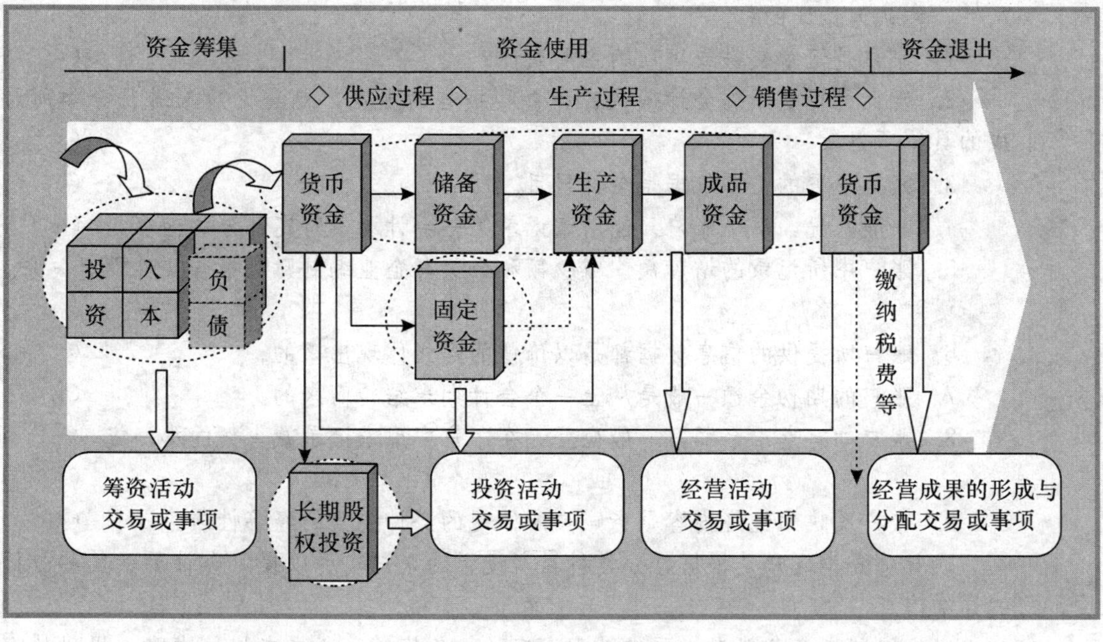

图3－9　账户在产品生产企业的交易或事项账务处理上应用的基本情况

在本章中，我们对账户的认识只是初步的，对于账户的深入了解和熟练应用，还有赖于对复式记账、会计凭证和账簿登记等会计方法知识内容的学习。

□ 复习思考题

1. 什么叫账户？如何理解账户的含义？
2. 什么是账户的基本结构？主要包括账户中的哪些部分？
3. 什么叫会计科目？如何理解我国《企业会计准则》对会计科目的分类方法？
4. 账户能够提供哪些信息数据？其主要作用是什么？
5. 什么是账户体系？对其按经济内容进行分类的意义是什么？
6. 什么叫总分类账户？什么叫明细分类账户？
7. 设置账户应遵循哪些基本原则？
8. 在产品生产企业的交易或事项账务处理上，账户应用的基本情况如何？

□ 应用练习题

一、判断题

答题要求：根据各题给出的说法判断正误，你认为正确的，在题后的括号中打“√”，你认为错误的打“×”。

1. 账户是记录交易或事项的主要载体。（　）
2. 会计科目是根据会计确认、计量和报告的规定，对会计对象进行分类所形成的具体项目。（　）
3. 账户设置的主要依据是会计科目。（　）
4. 一般来说，每个账户只能用来记录某一会计要素特定部分的内容。（　）
5. 账户中所记录的增加额、减少额和余额与企业编制财务报告文件没有关系。（　）
6. 账户所提供的信息数据都是以价值的形式体现出来的。（　）
7. 账户的期初余额一般是从上一个会计期末结转而来的。（　）
8. 账户如有期末余额，一般应登记在账户中用来记录减少额的那一方。（　）
9. 账户反映的经济内容是指账户所体现的会计要素的经济性质。（　）
10. 总分类账户是根据总分类科目所设置的账户，用以提供会计要素某些方面的详细信息。（　）
11. 编制资产负债表主要借助于资产类、负债类和所有者权益类账户提供的发生额资料。（　）
12. 编制利润表主要借助于收入、费用和利润类账户提供的余额资料。（　）
13. “实收资本”账户是用于核算企业资金筹集交易或事项的账户。（　）

14. “应付账款”账户是用于核算企业供应过程交易或事项的账户。　（　）

二、单项选择题

答题要求：在下面各题的备选答案中只有一个是正确答案，选择你认为正确的答案，在题尾的括号中写出该备选答案的英文字母编号。

1. 下列关于会计账户的表述中，不正确的说法是（　）。

A. 根据会计科目设置　B. 不具有一定的结构形式

C. 用以记录交易或事项　D. 为会计报告编制提供数据资料

2. 下列关于账户基本结构的表述中，不正确的说法是（　）。

A. 用来登记增加额的那部分结构　B. 用来登记摘要的那部分结构

C. 用来登记减少额的那部分结构　D. 用来登记余额的那部分结构

3. 在某一账户中，从上一个会计期末结转而来的信息数据是（　）。

A. 期初余额　B. 本期增加发生额合计

C. 本期减少发生额合计　D. 期末余额

4. 在某一账户中，反映在本会计期间新发生的若干交易或事项引起的该账户增加额的信息数据是（　）。

A. 期初余额　B. 本期增加发生额合计

C. 本期减少发生额合计　D. 期末余额

5. 账户期末余额的基本计算公式为（　）。

A. 期末余额＝期初余额＋本期增加发生额合计＋本期减少发生额合计

B. 期末余额＝期初余额＋本期增加发生额合计－本期减少发生额合计

C. 期末余额＝期初余额－本期增加发生额合计＋本期减少发生额合计

D. 期末余额＝期初余额－本期增加发生额合计－本期减少发生额合计

6. 下列账户中，不属于资产类账户的是（　）。

A.“库存现金”　B.“银行存款”

C.“应付账款”　D.“库存商品”

7. 下列账户中，不属于负债类账户的是（　）。

A.“短期借款”　B.“应交税费”

C.“应付账款”　D.“预付账款”

8. 下列账户中，属于用以核算利润形成事项的账户是（　）。

A.“实收资本”　B.“本年利润”

C.“资本公积”　D.“盈余公积”

9. 下列账户中，不属于费用类账户的是（　）。

A.“主营业务成本”　B.“其他业务成本”

C.“税金及附加”　D.“制造费用”

10. 下列账户中，不属于收入类账户的是（　）。

A.“主营业务收入”　B.“其他业务收入”

C.“投资收益”　D.“所得税费用”

三、多项选择题

答题要求：在下面各题的备选答案中至少有两个是正确答案，选择你认为正确的答案，在题尾的括号中顺序写出这些备选答案的英文字母编号。

1. 下列关于会计账户的表述中，正确的说法有（　　）。

A. 根据会计科目设置

B. 具有一定的结构形式

C. 用以记录交易或事项

D. 为会计报告的编制提供数据资料

E. 会计的一种专门方法

2. 下列各项中，属于我国《企业会计准则》规定的会计科目的类别的有（　　）。

A. 资产类　　B. 负债类

C. 所有者权益类　　D. 成本类

E. 利润类

3. 账户的基本结构是指在账户的全部结构中（　　）。

A. 用来登记增加额的那部分结构

B. 用来登记日期的那部分结构

C. 用来登记减少额的那部分结构

D. 用来登记余额的那部分结构

E. 用来登记摘要的那部分结构

4. 按账户反映的经济内容分类时，下列账户中属于资产类账户的有（　　）。

A. “库存现金”　　B. “银行存款”

C. “原材料”　　D. “库存商品”

E. “交易性金融资产”

5. 按账户反映的经济内容分类时，下列账户中属于负债类账户的有（　　）。

A. “短期借款”　　B. “应交税费”

C. “应收账款”　　D. “预收账款”

E. “应付账款”

6. 按账户反映的经济内容分类时，下列账户中属于所有者权益类账户的有（　　）。

A. “实收资本”　　B. “资本公积”

C. “股本”　　D. “盈余公积”

E. “本年利润”

7. 按账户与会计科目的关系，下列账户中属于总分类账户的有（　　）。

A. “固定资产”　　B. “长期待摊费用”

C. “应付职工薪酬”　　D. “交易性金融资产”

E. “应收账款——A债务人”

8. 下列账户中，属于费用（损益）类账户的有（　　）。

A. “主营业务成本”　　B. “其他业务成本”

C. “税金及附加”　　D. “制造费用”

E. “管理费用”

9. 下列账户中，属于用以核算生产过程交易或事项的账户的有（　　）。

A. “生产成本”　　B. “其他业务成本”

C. “主营业务成本”　　D. “制造费用”

E. “管理费用”

10. 下列账户中，属于用以核算销售过程交易或事项的账户的有（　　）。

A. “主营业务收入”　　B. “投资收益”

C. “主营业务成本”　　D. “应付账款”

E. “累计折旧”

四、模拟实训题

模拟实训题（一）

1. 实训资料：某企业设置的会计科目如下表所示。

编号	会计科目名称	编号	会计科目名称
	一、资产类	2203	预收账款
1001	库存现金	2211	应付职工薪酬
1002	银行存款	2221	应交税费
1101	交易性金融资产	2231	应付利息
1121	应收票据	2232	应付股利
1122	应收账款	2241	其他应付款
1123	预付账款	2501	长期借款
1131	应收股利		三、所有者权益类
1132	应收利息	4001	实收资本
1221	其他应收款	4002	资本公积
1131	坏账准备	4101	盈余公积
1401	材料采购	4103	本年利润
1402	在途物资	4104	利润分配
1403	原材料		四、成本类
1404	材料成本差异	5001	生产成本
1405	库存商品	5101	制造费用
1471	存货跌价准备		五、损益类
1511	长期股权投资	6001	主营业务收入
1512	长期股权投资减值准备	6051	其他业务收入
1601	固定资产	6111	投资收益
1602	累计折旧	6115	资产处置损益
1603	固定资产减值准备	6301	营业外收入
1604	在建工程	6401	主营业务成本

续前表

编号	会计科目名称	编号	会计科目名称
1605	工程物资	6402	其他业务成本
1606	固定资产清理	6403	税金及附加
1701	无形资产	6601	销售费用
1702	累计摊销	6602	管理费用
1703	无形资产减值准备	6603	财务费用
1801	长期待摊费用	6701	资产减值损失
1901	待处理财产损溢	6711	营业外支出
	二、负债类	6801	所得税费用
2001	短期借款	6901	以前年度损益调整
2202	应付账款		

费用

2. 实训目的：检验学习者对会计科目与会计要素关系的掌握和应用能力。

3. 实训要求：若按照对会计科目按反映六种会计要素内容的分类方法，应如何进行归类？用连线将表中的各类科目与会计要素的图示连接起来。

模拟实训题（二）

1. 实训资料：某产品生产企业核算其交易或事项设置的账户主要依据下列会计科目表。

编号	会计科目名称	编号	会计科目名称
	一、资产类	2202	应付账款
1001	库存现金	2203	预收账款
1002	银行存款	2211	应付职工薪酬
1101	交易性金融资产	2221	应交税费
1121	应收票据	2231	应付利息
1122	应收账款	2232	应付股利
1123	预付账款	2241	其他应付款
1131	应收股利	2501	长期借款
1132	应收利息		三、所有者权益类
1221	其他应收款	4001	实收资本
1131	坏账准备	4002	资本公积
1401	材料采购	4101	盈余公积
1402	在途物资	4103	本年利润
1403	原材料	4104	利润分配
1404	材料成本差异		四、成本类
1405	库存商品	5001	生产成本
1471	存货跌价准备	5101	制造费用

资金筹集交易或事项

财务成果分配交易或事项

续前表

编号	会计科目名称	编号	会计科目名称
1511	长期股权投资		五、损益类
1512	长期股权投资减值准备	6001	主营业务收入
1601	固定资产	6051	其他业务收入
1602	累计折旧	6111	投资收益
1603	固定资产减值准备	6115	资产处置损益
1604	在建工程	6301	营业外收入
1605	工程物资	6401	主营业务成本
1606	固定资产清理	6402	其他业务成本
1701	无形资产	6403	税金及附加
1702	累计摊销	6601	销售费用
1703	无形资产减值准备	6602	管理费用
1801	长期待摊费用	6603	财务费用
1901	待处理财产损溢	6701	资产减值损失
	二、负债类	6711	营业外支出
2001	短期借款	6801	所得税费用
2201	应付票据	6901	以前年度损益调整

资金使用交易或事项

财务成果形成事项

2. 实训目的：检验学习者利用会计科目设置账户的应用能力。

3. 实训要求：试分析该企业核算会计科目表中的交易或事项主要应根据哪些会计科目设置账户。用连线将这些会计科目与相应的交易或事项连接起来。

第四章

Chapter 4 复式记账方法及其应用

本章内容导读

本章将系统学习复式记账方法。包括复式记账的定义、复式记账的基本原理、借贷记账法及其应用，以及账户的平行登记方法。本章内容结构：

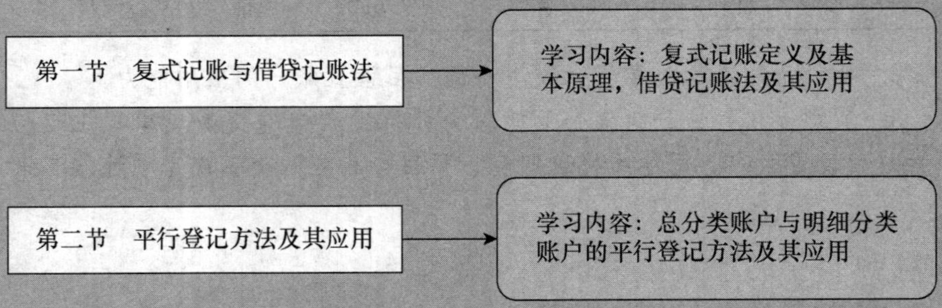

第一节　复式记账与借贷记账法

一、复式记账的基本原理

（一）复式记账的定义及理论依据

1. 复式记账的定义。复式记账是指对企业发生的任何一项交易或事项都以相等的金额在两个或两个以上相互联系的账户中进行平衡记录，借以反映会计要素具体内容增减变化的记账方法。对复式记账的基本做法可结合图 4－1 加以理解。

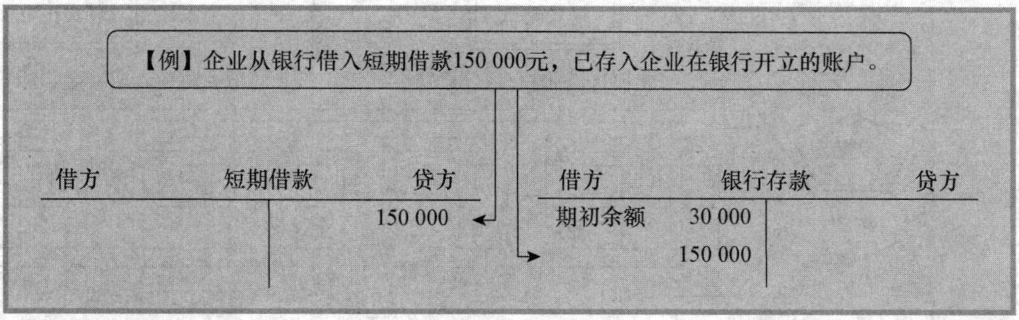

图 4－1　复式记账的基本做法

对复式记账的定义应从以下几个方面加深理解：

（1）对发生的交易或事项至少应在两个账户中进行记录。如上例，企业借入短期借款的交易，就记录在了“银行存款”和“短期借款”两个账户。这种简单的交易或事项采用复式记账方法在两个账户中记录，即可全面地反映该交易引起的企业资金增减变动的全貌。当企业发生较为复杂的交易或事项时，需要记录的账户可能会有三个或更多，但仍属于复式记账。

（2）对发生的交易或事项必须在相互联系的账户中记录。相互联系的账户是指在某一特定的交易或事项发生以后应当记录的所有账户。如上例，当企业从银行借入短期借款交易发生以后，只能记录在“银行存款”和“短期借款”这两个账户中。这样，这两个账户就在同一项交易中建立起了相互联系。若随意变更账户之间的这种联系，将这项交易记入其他账户，就会发生账户记录的错误。

（3）对发生的交易或事项必须在相关账户中以相等金额平衡记录。即在相互联系的双方账户中记录的金额应当相等。如上例，企业借入短期借款的交易在“银行存款”和“短期借款”两个账户各记录为 150 000 元，双方金额相等。简单交易或事项的账户记录情况是这样，复杂交易或事项的账户记录情况也是这样。

（4）交易或事项的记录实质上体现了会计要素内容的变动状况。在交易或事项发生后所记录的各个账户中，其所反映的内容都是一定会计要素内容的组成部分，因此，账户的记录也从某个方面体现了该账户所反映的会计要素内容的变动。如上例，“银行存款”账户反映了企业资产要素的增加，“短期借款”账户反映了企业负债要素的增加。

需要说明的是：与复式记账相对的是单式记账，在单式记账法下，对于发生的交易或事项一般只在一个账户（一般是反映货币资金或债权、债务的账户）中对其变动的某个方面进行记录，对交易或事项不做全面完整的记录。单式记账方法早已为复式记账方法所取代。

2. 复式记账的理论依据。概括而言，复式记账的理论依据是交易或事项影响会计要素增减变动的内在规律性，也可表述为企业资金运动的内在规律性。对复式记账的理论依据可结合图 4－2 加深理解。

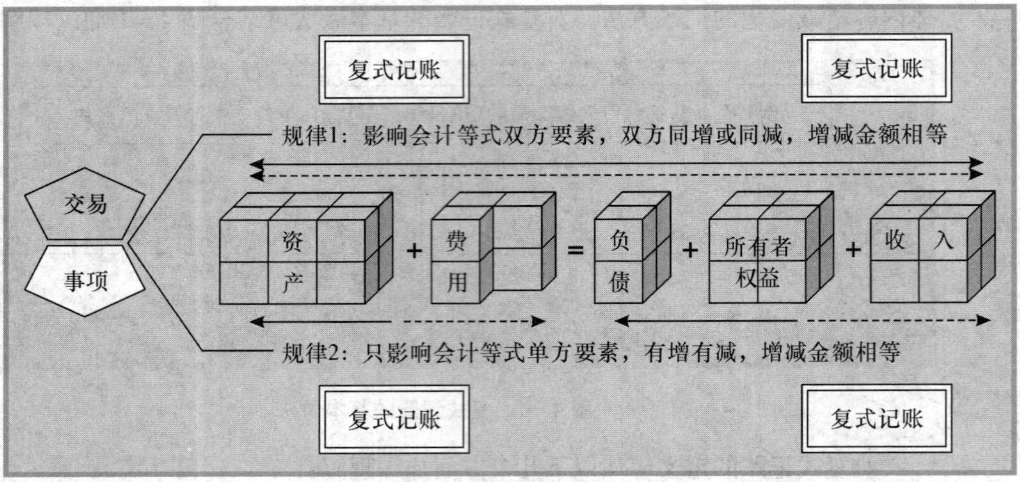

图 4－2 复式记账的理论依据

从第二章中关于交易或事项影响会计等式中会计要素变动情形的分析可见，每一笔交易或事项发生以后，至少要影响两个会计要素或同一个会计要素中的两个项目发生变化。变化的规律是：或者同时涉及会计等式双方的要素，双方的要素同时增加或同时减少，并且同增或同减的金额相等；或者只涉及会计等式某一方的会计要素，使该方的起码两个会计要素或某一会计要素中的两个项目发生有增有减的变动，并且增减金额相等。不论是哪一种情况，都表明交易或事项的发生至少会使会计要素的两个方面发生变化。这样，在会计上要全面完整地反映一项交易或事项，至少需要运用两个账户进行记录，这种记录方法就是复式记账。

（二）复式记账的作用

1. 复式记账能够全面系统地记录企业发生的所有交易或事项。按照复式记账的要求，企业应建立能够涵盖所有会计要素具体内容的账户系统。利用这个系统采用复式记账法进行记录，就能够把企业发生的所有交易或事项全面记录下来。另外，由于账户是按照反映会计要素内容的要求分门别类设置的，因此复式记账还可以系统地、有条理地记录所有交易或事项。

2. 复式记账能够清晰地反映企业资金运动变化的来龙去脉，便于对交易或事项内容的了解和检查。从复式记账记录交易或事项的过程和结果，可以清晰地了解各交易或事项所引起的资金运动变化的全貌，以及账户记录所体现的会计要素之间的变化关系。同时，也有利于检查交易或事项处理的合理性，从而保证账户记录的正确性。

3. 复式记账能够运用有关数据之间的平衡关系检查账户记录有无差错。按照复式记账法记录企业在一定会计期间所发生的全部交易或事项，该会计期间所有账户的增减发生额之间，以及所有账户的余额之间会实现自动平衡。这种平衡关系可以为检验交易或事项处理过程的正确性提供重要的参考依据。

分析可见，复式记账法是一种科学的记账方法，目前世界各国通用的复式记账法的具体方法是借贷记账法。

二、借贷记账法及其应用

（一）借贷记账法的定义

借贷记账法是以“借”和“贷”作为记账符号，记录交易或事项的发生和完成情况的一种复式记账方法。

从定义可见，借贷记账法是以其记账符号命名的，这是具体的记账方法命名的一种惯例。利用借贷记账法，主要是解决企业对交易或事项进行记录的方法。

借贷记账法自 15 世纪诞生数百年来，至今仍为世界各国所通用。我国现行《企业会计准则》规定：“企业应当采用借贷记账法记账。”毋庸讳言，借贷记账法也有其难学难懂的一面，对于初学者而言更是如此。因此，只有按照借贷记账法的组成内容，循序渐进地加以探讨，并通过不断练习应用，才能逐步加深理解，最终达到熟练把握和应用这种记账方法的目的。

（二）借贷记账法的内容及其应用

1. 借贷记账法的记账符号及其应用。根据借贷记账法的定义，其记账符号为“借”“贷”二字。记账符号的作用之一是表示“增加”和“减少”，“借”“贷”这两个记账符号也是如此。但借贷记账法并不只是简单地用“借”表示增加，用“贷”表示减少，而是每个记账符号都具有既表示“增加”又表示“减少”的双重含义，这种双重含义是根据账户所反映的不同经济内容的性质来界定的。

借贷记账法的记账符号对于不同性质账户的含义可结合图 4－3 加以理解。

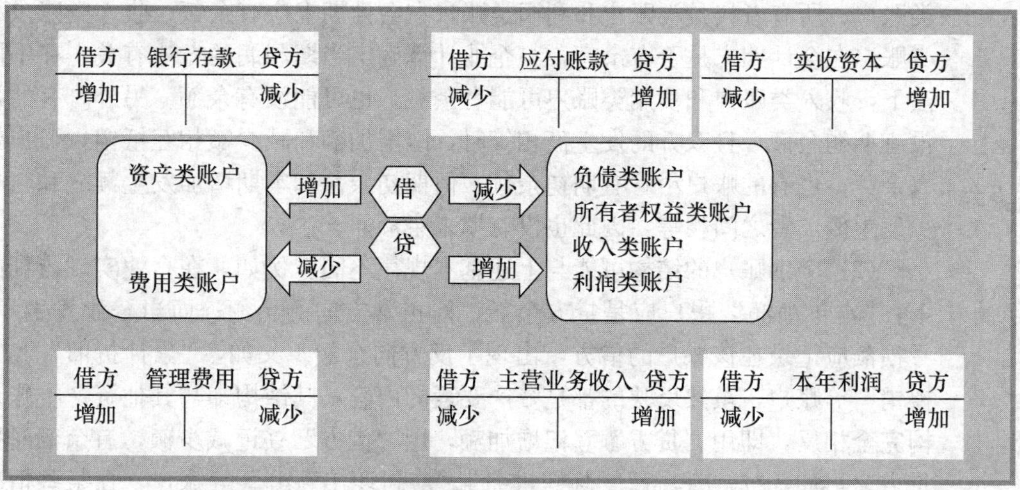

图 4－3　借贷记账法的记账符号对于六类账户的不同含义

按照借贷记账法记账符号含义的规定，其表示增加或减少主要取决于账户的性质，即账户所反映的会计要素的经济性质。例如，根据企业会计要素的组成内容，企业设置的账户可具体划分为如下六类：资产类账户、负债类账户、所有者权益类账户、收入类账户、费用类和利润类账户。“借”“贷”记账符号对以上六类账户的不同含义，可在将六类账户再归并为两大类的基础上进行分析：资产类账户和费用类账户为一大类，对这两类账户而言，“借”表示增加，“贷”表示减少；负债类账户、所有者权益类账户、收入类账户和利润类账户为另一大类，对这四类账户而言，“贷”表示增加，“借”表示减少。“借”“贷”记账符号含义的这一基本规定，对于借贷记账法账户基本结构的设计、记账规则的形成和试算平衡方法的建立都具有重要意义。

借贷记账法的“借”“贷”记账符号除应用于表示“增加”和“减少”外，还应用于确定账户中登记交易或事项发生额的方向。对于这一点，可通过下面内容的学习加以了解。

2. 借贷记账法下的账户结构及其应用。在借贷记账法下，账户的基本结构分为“借方”和“贷方”两栏，其中左方栏为“借方”，右方栏为“贷方”，账户基本结构的这种设计，对于任何类别的账户都是固定不变的。“借方”和“贷方”两栏根据账户的不同经济性质分别用来记录增加额和减少额。对于资产类账户和费用类账户是用“借方”栏记录增加额，而用“贷方”栏记录减少额；对于负债类账户、所有者权益类账户、收入类账户和利润类账户，则是用“贷方”栏记录增加额，而用“借方”栏记录减少额。对于余额，在账户中专设“余额”栏记录，具体做法参见第三章图3-5。在借贷记账法下，六类账户的基本结构如图4-4所示。

对借贷记账法下账户结构及其应用还应特别注意两个问题。

(1) 并不是所有账户在会计期末都一定有余额。一般而言，资产类账户、负债类账户、所有者权益类账户和利润类账户在会计期末应有余额；收入类账户和费用类账户在会计期末是否有余额，与企业计算确定当期利润的方法有关，在不同的方法下，收入类账户和费用类账户可能有余额，也可能没有余额。另外，有的账户在没有期初余额，且双方的发生额相等时，即增加额和减少额相互抵销，账户就不会有余额；也有的账户尽管有期初余额，但期初余额和本期增加发生额之和与本期减少发生额二者之间相等，因此也没有期末余额。

(2) 个别账户的结构可能与上述基本规律不同。例如，在企业实现盈利的情况下，“本年利润”账户应是贷方余额，即正常方向的余额；而当企业发生亏损时，亏损额应记录在该账户的借方，出现了反方向余额。又如，“累计折旧”和“累计摊销”等账户，虽然反映的都是资产要素的内容，其结构却与其他资产类账户的结构完全相反，即用“贷方”登记增加额，用“借方”登记减少额，有余额时登记在贷方。再如，“应交税费”“坏账准备”“应付职工薪酬”等账户，在某些情况下也可能会产生账户余额方向上的变异。此外，还有一些结构比较特殊的账户，这些账户的结构是根据会计信息加工整理需要，或交易或事项本身的特殊性所决定的，可在深入学习的过程中不断加深认识和理解。

资产类账户、费用类账户：借增贷减，余额在借方

借方	银行存款		贷方
期初余额	×××	减少额	×××
增加额	×××		
期末余额	×××		

借方	管理费用		贷方
期初余额	×××	减少额	×××
增加额	×××		
期末余额	×××		

负债类账户、所有者权益类账户、收入类账户、利润类账户：贷增借减，余额在贷方

借方	应付账款		贷方
减少额	×××	期初余额	×××
		增加额	×××
		期末余额	×××

借方	实收资本		贷方
减少额	×××	期初余额	×××
		增加额	×××
		期末余额	×××

借方	主营业务收入		贷方
减少额	×××	期初余额	×××
		增加额	×××
		期末余额	×××

借方	本年利润		贷方
减少额	×××	期初余额	×××
		增加额	×××
		期末余额	×××

图 4－4　借贷记账法下各类账户的基本结构

3. 借贷记账法的记账规则及其应用。记账规则是指采用记账方法在账户中记录交易或事项时必须遵循的规律性要求。借贷记账法的记账规则可概括为：有借必有贷，借贷必相等。

（1）有借必有贷，是指交易或事项在账户中的记录方向不同。即采用借贷记账法在两个或两个以上的账户中记录同一笔交易或事项时，如果一个（或几个）账户是记录在借方的，那么，与其对应的另外几个（或一个）账户肯定记录在贷方，即一借一贷、一借多贷或一贷多借。在这一规则下，肯定不会发生将一笔交易或事项的发生额都记录在两个（或几个）账户的借方，或都记录在两个（或几个）账户的贷方的情况。

（2）借贷必相等，是指交易或事项在账户中的记录金额相等。即采用借贷记账法在两个或两个以上的账户中记录同一笔交易或事项时，记录在一个（或几个）账户借方的金额，必须与记录在其对应的另外几个（或一个）账户贷方的金额相等。

现结合企业资金筹集阶段和供应过程交易或事项的账户记录，进一步探讨以上规则的应用方法。

例 4－1

盛达公司收到投资者投入的货币资金投资 2 000 000 元，已存入公司在银行开

设的账户。

会计确认：该项交易一方面涉及资产要素（“银行存款”，增加）；另一方面涉及所有者权益要素（“实收资本”，增加）。

会计计量：按实际成本计量。应分别在“银行存款”和“实收资本”两个账户的借方、贷方各记录2 000 000元。

账户记录如图4－5所示。

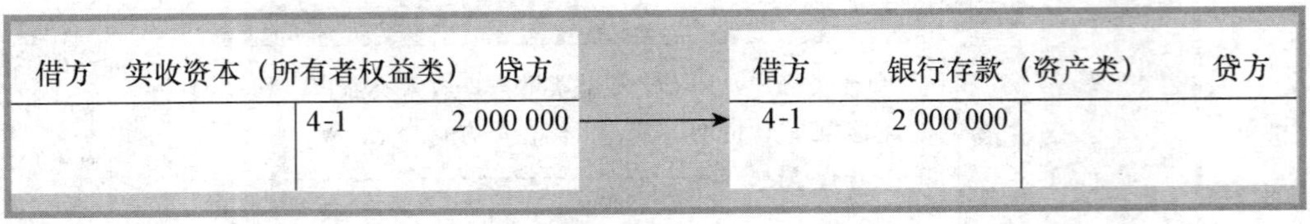

图4－5

这笔交易属于影响会计等式两边会计要素，两边同增的交易或事项类型。账户记录体现了“有借必有贷，借贷必相等”的记账规则。

例4－2

盛达公司收到投资者以设备向公司的投资，经评估设备价值为150 000元，设备已投入使用。

会计确认：该项交易一方面涉及资产要素（“固定资产”，增加）；另一方面涉及所有者权益要素（“实收资本”，增加）。

会计计量：按公允价值计量。应分别在“固定资产”和“实收资本”两个账户的借方、贷方各记录150 000元。

账户记录如图4－6所示。

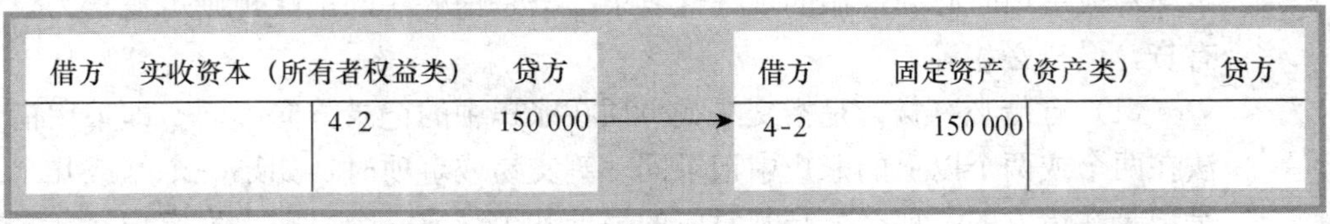

图4－6

这笔交易属于影响会计等式两边会计要素，两边同增的交易或事项类型。账户记录体现了“有借必有贷，借贷必相等”的记账规则。

例4－3

盛达公司用资本公积300 000元转增实收资本。

会计确认：该项交易同时涉及所有者权益要素中的两个账户（“资本公积”，减少；“实收资本”，增加）。

会计计量：按实际成本计量。应分别在“资本公积”和“实收资本”两个账户的借方、贷方各记录300 000元。

账户记录如图4－7所示。

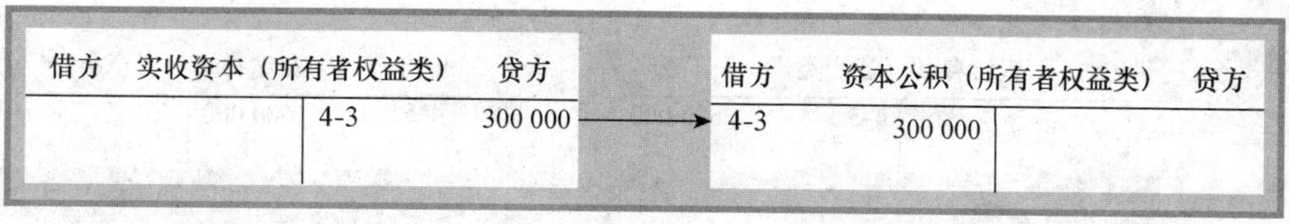

图 4-7

这笔交易属于只影响会计等式右边会计要素，所有者权益要素内部有增有减的交易或事项类型。账户记录体现了“有借必有贷，借贷必相等”的记账规则。

例 4-4

盛达公司从银行借入短期借款 800 000 元，已存入公司在银行开设的账户。

会计确认：该项交易一方面涉及资产要素（“银行存款”，增加）；另一方面涉及负债要素（“短期借款”，增加）。

会计计量：按实际成本计量。应分别在“银行存款”和“短期借款”账户的借方、贷方各记录 800 000 元。

账户记录如图 4-8 所示。

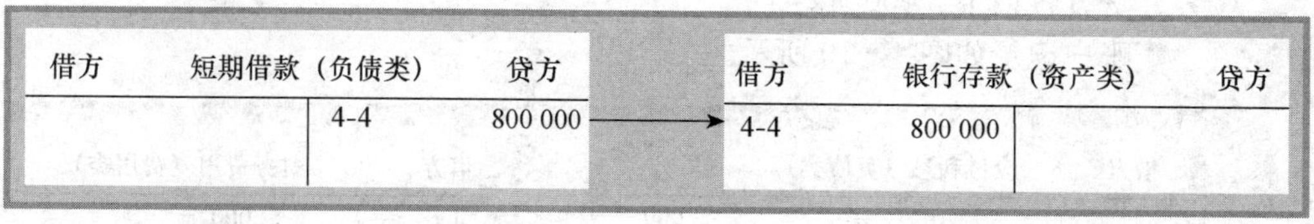

图 4-8

这笔交易属于影响会计等式两边会计要素，两边同增的交易或事项类型。账户记录体现了“有借必有贷，借贷必相等”的记账规则。

例 4-5

盛达公司用银行存款 696 000 元购买材料，增值税专用发票载明，材料买价为 600 000 元，增值税进项税额为 96 000 元。材料尚未运达企业。

会计确认：该项交易一方面涉及资产要素中的两个项目（“在途物资”，增加；“银行存款”，减少）；另一方面涉及负债要素（“应交税费”，减少）。

会计计量：按实际成本计量。在“在途物资”账户的借方记录 600 000 元；已支付货款在“银行存款”账户的贷方记录 696 000 元；增值税进项税额在“应交税费”账户的借方记录 96 000 元。

账户记录如图 4-9 所示。

这笔交易包含了两种交易或事项类型：左方资产要素内部有增有减；会计等式双方要素同时减少。从账户记录的结果看，这笔交易在“在途物资”和“应交税费”两个账户的借方合计记录了 696 000 元（买价 600 000＋进项税额 96 000），在“银行存款”账户的贷方也记录了 696 000 元。尽管该笔交易记录在三个账户，其账户记录仍然体现了“有借必有贷，借贷必相等”的记账规则。

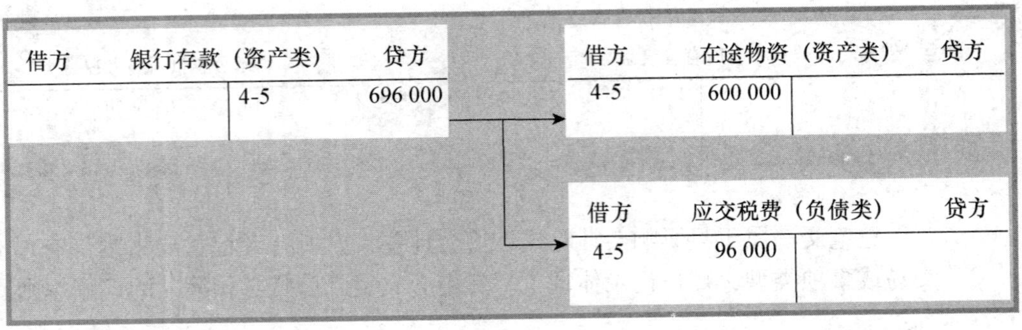

图 4-9

例 4-6

盛达公司接到银行通知，本月应付短期借款利息 2 000 元。款项尚未支付。

会计确认：该项交易一方面涉及费用要素（“财务费用”，增加）；另一方面涉及负债要素（“应付利息”，增加）。

会计计量：按实际成本计量。应分别在“财务费用”和“应付利息”账户的借方、贷方各记录 2 000 元。

账户记录如图 4-10 所示。

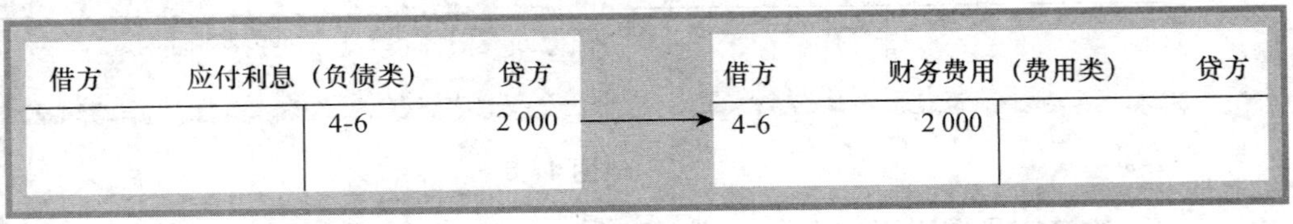

图 4-10

这笔交易属于影响会计等式两边会计要素，两边同增的交易或事项类型。账户记录体现了“有借必有贷，借贷必相等”的记账规则。

例 4-7

盛达公司用银行存款 2 000 元支付短期借款利息。

会计确认：该项交易一方面涉及负债要素（“应付利息”，减少）；另一方面涉及资产要素（“银行存款”，减少）。

会计计量：按实际成本计量。应分别在“应付利息”和“银行存款”账户的借方、贷方各记录 2 000 元。

账户记录如图 4-11 所示。

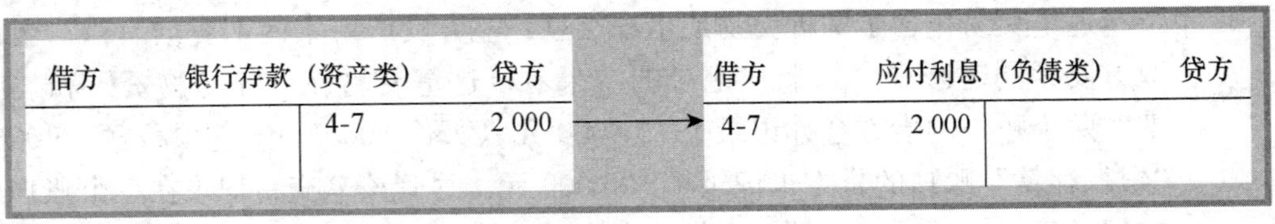

图 4-11

这笔交易属于影响会计等式两边会计要素，两边同减的交易或事项类型。账户记录体现了“有借必有贷，借贷必相等”的记账规则。

例 4-8

盛达公司在例 4-5 中购买的材料运达，发生运输费 3 000 元，已用银行存款支付。

会计确认：该项交易同时涉及资产要素中的两个账户（“在途物资”，增加；“银行存款”，减少）。

会计计量：按实际成本计量。应分别在“在途物资”和“银行存款”两个账户的借方、贷方各记录 3 000 元。

账户记录如图 4-12 所示。

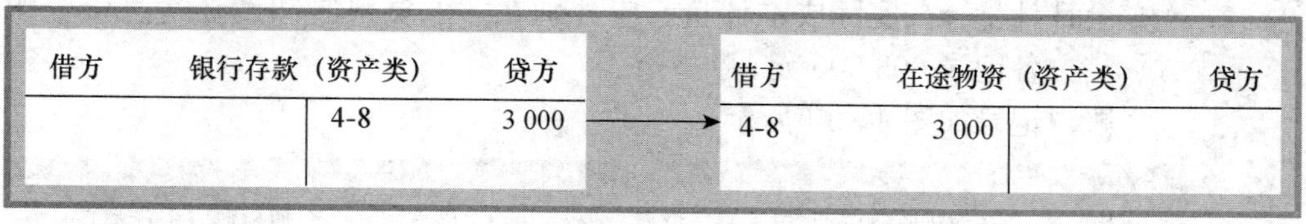

图 4-12

这笔交易属于只影响会计等式左边会计要素，资产要素内部有增有减的交易或事项类型。账户记录体现了“有借必有贷，借贷必相等”的记账规则。

例 4-9

盛达公司购入一台不需要安装设备，增值税专用发票载明，设备价款为 200 000元，发生运输费 2 000 元，增值税进项税额为 32 200 元。款项尚未支付。

会计确认：该项交易一方面涉及负债要素中的两个账户（“应交税费”，减少；“应付账款”，增加）；另一方面涉及资产要素（“固定资产”，增加）。

会计计量：按实际成本计量。在“固定资产”账户的借方记录 202 000 元（价款 200 000＋运输费 2 000）；增值税进项税额在“应交税费”账户的借方记录 32 200 元；尚未支付的全部款项在“应付账款”账户的贷方记录 234 200 元。

账户记录如图 4-13 所示。

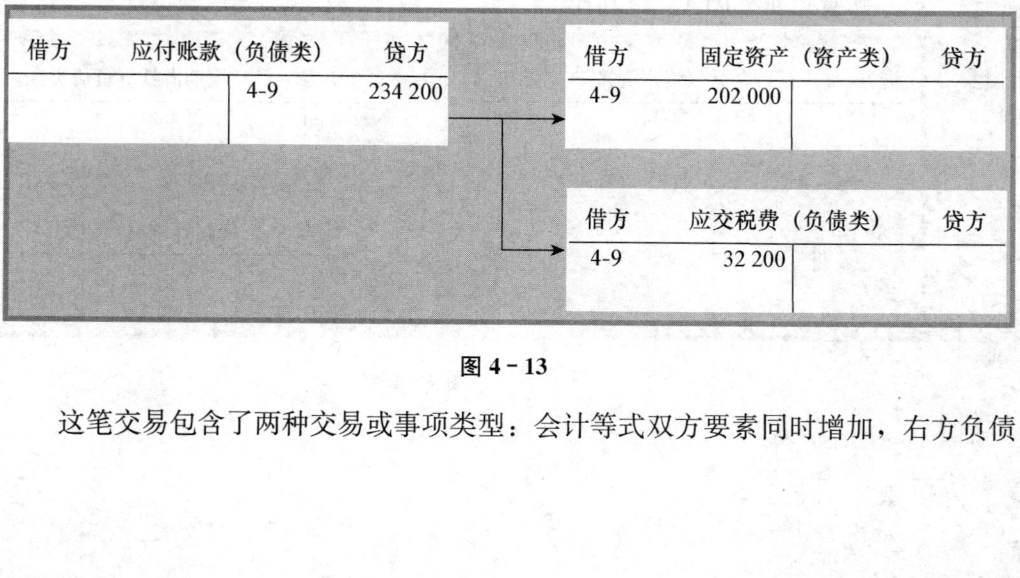

图 4-13

这笔交易包含了两种交易或事项类型：会计等式双方要素同时增加，右方负债要素内部有增有减。从账户记录的结果看，这笔交易在“固定资产”和“应交税费”两个账户的借方合计记录了234 200元（买价202 000＋进项税额32 200），在“应付账款”账户的贷方也记录了234 200元。尽管该笔交易记录在三个账户，其账户记录仍然体现了“有借必有贷，借贷必相等”的记账规则。

例4－10

盛达公司在例4－5、例4－8中购买的材料经验收合格已办理入库手续。材料价款为600 000元，运输费3 000元。

会计确认：该项交易同时涉及资产要素中的两个账户（“原材料”，减少；“在途物资”，增加）。

会计计量：按实际成本计量。应分别在“原材料”和“在途物资”账户的借方、贷方各记录603 000元。

账户记录如图4－14所示。

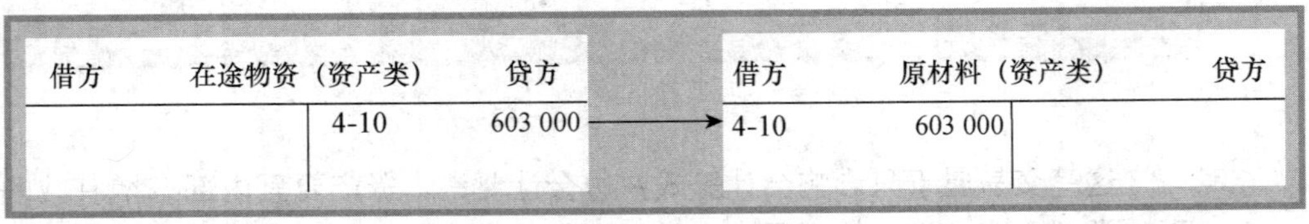

图4－14

这笔交易属于只影响会计等式左边资产要素内部有增有减的交易或事项类型。账户记录体现了“有借必有贷，借贷必相等”的记账规则。

例4－11

盛达公司用银行存款60 000元偿还短期借款20 000元、应付账款40 000元。

会计确认：该项交易一方面涉及负债要素中的两个账户（“短期借款”，减少；“应付账款”，减少）；另一方面涉及资产要素（“银行存款”，减少）。

会计计量：按实际成本计量。在“短期借款”和“应付账款”两个账户的借方分别记录20 000元、40 000元；在“银行存款”账户的贷方记录60 000元。

账户记录如图4－15所示。

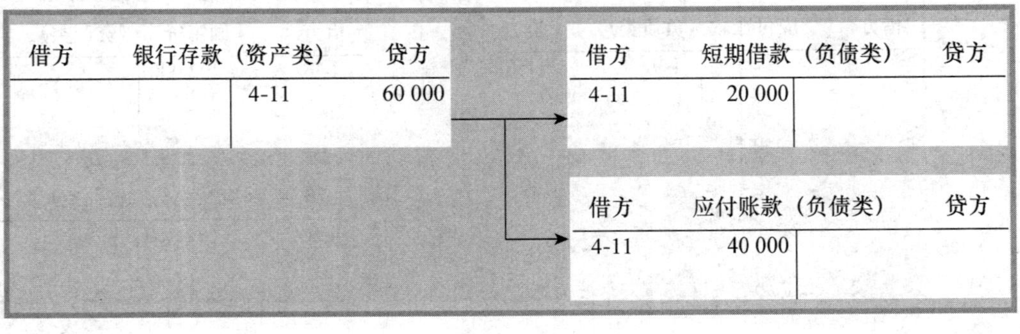

图4－15

这笔交易属于会计等式双方要素同减的交易或事项类型。从账户的记录看，这笔交易在“短期借款”和“应付账款”两个账户的借方合计记录了 60 000 元（20 000+40 000），在“银行存款”账户的贷方也记录了 60 000 元。尽管该笔交易被记录在三个账户中，仍然体现了“有借必有贷，借贷必相等”的记账规则。

例 4-12

盛达公司购入材料一批，买价 400 000 元（假定进项税额另行处理）。货款中的 150 000 元已用银行存款支付，另外 250 000 元尚未支付。材料已运达企业，尚未办理验收入库手续。

会计确认：该项交易一方面涉及资产要素中的两个账户（“在途物资”，增加；“银行存款”，减少）；另一方面涉及负债要素（“应付账款”，增加）。

会计计量：按实际成本计量。在“在途物资”账户的借方记录 400 000 元；已支付货款部分在“银行存款”账户的贷方记录 150 000 元；未付货款部分在“应付账款”账户的贷方记录 250 000 元。

账户记录如图 4-16 所示。

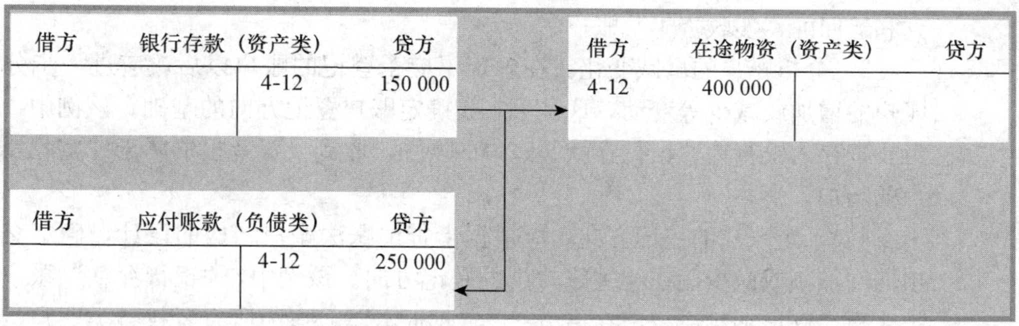

图 4-16

这是一笔属于左方资产要素内部有增有减和会计等式双方要素同时增加交织在一起的交易或事项类型。从账户记录的结果看，这笔交易在“在途物资”账户的借方记录了 400 000 元，在“银行存款”和“应付账款”账户的贷方合计记录了 400 000元（150 000+250 000）。尽管该笔交易被记录在三个账户中，其记录过程仍然体现了“有借必有贷，借贷必相等”的记账规则。

例 4-1 至例 4-12 的账户记录情况清楚地表明，虽然企业发生的交易或事项内容有的比较简单，有的比较复杂，从账户的记录方向看，也有一借一贷、一借多贷和多借一贷等情形，但无不体现了借贷记账法的记账规则——有借必有贷，借贷必相等，没有出现“同借同贷”的情况，也没有出现借方、贷方登记金额不相等的情况。需要注意的是，以上举例中的每一笔交易或事项都属于影响会计等式中会计要素变动的四种交易或事项的类型之一，这说明借贷记账法的记账规则对于处理任何类型交易或事项的账务处理都是完全适用的。

4. 借贷记账法下会计分录的编制。

(1) 会计分录的定义。会计分录简称分录，是指在将交易或事项记录有关账户之前预先确定的应登记账户的名称、所登记账户的方向和登记金额的一种记录形式。

应登记账户名称、登记方向和登记金额是构成会计分录的三个要素。在交易或事项记录发生以后记录有关账户之前，只有预先确定这三个方面的内容，才能保证登记的账户正确，登记的方向准确，登记的金额无误。

（2）会计分录的编制方法。会计分录的编制过程也是运用会计语言确定会计分录组成要素内容的过程，这个过程应当是循序渐进的，不可一蹴而就。现结合例4-1探讨会计分录的具体编制方法。

1）确认涉及的会计要素。任何交易或事项的发生必定与会计要素有关。在例4-1中，收到投资者投资使企业的资产要素发生了变化，也使所有者权益要素发生了变化。可见，这项交易的发生影响到资产和所有者权益两个会计要素。

2）确定应登记的账户。在确认了交易或事项所涉及的会计要素后，须进一步明确应登记的账户。将投资者投资存入银行，应登记在反映银行存款增加和减少的“银行存款”账户；对投资者投资所增加的所有者权益，应登记在反映实收资本收到和退回的“实收资本”账户。

3）分析账户的增减变化。在确定了应予登记的账户以后，应进一步分析这些账户的增加或减少等变动，这是下一步确定账户登记方向的基础。该例中，将投资者投资存入银行为“银行存款”账户的增加，收到投资者投资属于“实收资本”账户的增加。

4）确定账户的登记方向。应根据借贷记账法账户结构的设计，确定交易或事项的增加额或减少额在相关账户中的登记方向。该例中，“银行存款”账户为资产类账户，其增加额应登记在借方；“实收资本”账户为所有者权益类账户，其增加额应登记在贷方。

5）确定登记的金额。应根据交易或事项所提供的金额信息，具体确定在有关账户中登记的金额各是多少。该例中，“银行存款”账户和“实收资本”账户各应登记2 000 000元。

根据上述第2)，4)，5）这三个环节确定的内容，按照会计分录的格式书写出来，就形成了完整的会计分录。从以上步骤可以看出，要熟练准确地编制会计分录，必须熟悉企业的会计要素内容及其确认和计量方法，把握资金运动增减变化的规律，掌握所应用账户的名称、核算内容及基本结构。同时，必须全面理解借贷记账法记账符号的含义和账户结构，熟知借贷记账法的记账规则等。

根据例4-1至例4-12编制的会计分录如下：

例4-1	借：银行存款	2 000 000	
	贷：实收资本		2 000 000
例4-2	借：固定资产	150 000	
	贷：实收资本		150 000

例 4-3	借：资本公积	300 000	
	贷：实收资本		300 000
例 4-4	借：银行存款	800 000	
	贷：短期借款		800 000
例 4-5	借：在途物资	600 000	
	应交税费	96 000	
	贷：银行存款		696 000
例 4-6	借：财务费用	2 000	
	贷：应付利息		2 000
例 4-7	借：应付利息	2 000	
	贷：银行存款		2 000
例 4-8	借：在途物资	3 000	
	贷：银行存款		3 000
例 4-9	借：固定资产	202 000	
	应交税费	32 200	
	贷：应付账款		234 200
例 4-10	借：原材料	603 000	
	贷：在途物资		603 000
例 4-11	借：短期借款	20 000	
	应付账款	40 000	
	贷：银行存款		60 000
例 4-12	借：在途物资	400 000	
	贷：银行存款		150 000
	应付账款		250 000

以上会计分录清晰地表明了对发生的交易或事项应当在哪些账户中记录，记录在这些账户的哪一方，记录的金额是多少。这相当于对账户的记录下达了必须执行的指令，账户的记录则是具体执行这些指令的过程。

特别提示

在会计实务中，会计分录是填写在记账凭证上的（具体做法将在“会计凭证方法及其应用”一章中予以介绍），并作为登记账户的直接依据。此前在讲述借贷记账法的记账规则时，假定将发生的交易或事项直接记入了有关账户，在实务中是不能这样做的。必须先填制记账凭证（也称会计分录凭证），之后才能根据记账凭证登记有关账户。

（3）会计分录的书写要求。编制会计分录时，必须在记账凭证上按规范的格式要求书写。对在教学中编制的会计分录书写格式应特别注意以下四点：第一，分录中的借方内容写在上面，贷方内容写在下面，不可先贷后借；第二，分录中的贷方内容应缩进一个字书写，不要与借方内容齐头写，更不能将贷方内容写在借方内容的前面；第三，分录中的金额应按借方、贷方分别排成两列，以便后续进行借方发生额、贷方发生额的分别汇总；第四，分录中的金额后面不必写“元”字。

(4) 会计分录的种类。按照一笔会计分录中包含账户数量的多少，可以将会计分录分为简单会计分录与复合会计分录两类。简单会计分录是指只由两个账户组成的会计分录。以上举例中大多数属于简单会计分录，它是根据比较简单的交易或事项编制的。复合会计分录也称复杂分录，是指由两个以上账户组成的会计分录。以上例 4-9、例 4-11 和例 4-12 编制的会计分录均属于复合会计分录，它是根据比较复杂的交易或事项编制的。复合会计分录实际上是由两个或两个以上的简单会计分录组成的，因而，一个复合会计分录可以分解为几个简单会计分录。例如，例 4-12 的复合会计分录就可以分解为如下两个简单会计分录。

1) 借：在途物资　　150 000
　　贷：银行存款　　150 000

2) 借：在途物资　　250 000
　　贷：应付账款　　250 000

从理论上讲，对于比较复杂的交易或事项，可以编制一个复合会计分录，也可以编制多个简单会计分录。但在采用记账凭证编制会计分录时，对某些比较复杂的交易或事项是不能编制复合会计分录的。例如，在例 4-12 中，既包括付款交易，又包括尚未付款的交易，按照编制专用记账凭证的要求，只能利用付款凭证和转账凭证分别编制两个简单会计分录（这方面的内容将在“会计凭证方法及其应用”一章中予以介绍）。

特别提示

特别提示：多借多贷会计分录对账户之间的对应关系体现得不够清楚，不能清晰地反映账户之间增减变动的来龙去脉。

(5) 账户对应关系与对应账户。账户对应关系是指在运用复式记账法为每一笔交易或事项编制会计分录时，在分录所涉及的账户之间存在的相互依存关系。例如，在根据例 4-1 编制的会计分录中，“银行存款”与“短期借款”账户之间就建立起了必然的相互依存关系。对应账户是指存在对应关系的账户。例如，在根据例 4-1 编制的会计分录中，“银行存款”与“短期借款”账户就互为对应账户。在某一特定的交易或事项中，对应账户之间的关系是固定的，也是不可改变的。

5. 借贷记账法的试算平衡及其应用。

(1) 试算平衡的定义。借贷记账法的试算平衡是指根据会计等式的平衡原理，按照记账规则的要求，通过汇总计算和比较，检验账户记录的正确性、完整性的一种技术方法。

(2) 试算平衡的具体方法。借贷记账法下所采用的试算平衡方法有发生额平衡法和余额平衡法两种。

1) 发生额平衡法。发生额平衡法是对一定会计期间所有账户的发生额进行试算检验的一种方法。

a. 平衡公式。具体可表示为：

$$\frac{\text{一定会计期间全部账户}}{\text{借方发生额合计}}=\frac{\text{该会计期间全部账户}}{\text{贷方发生额合计}}$$

在发生额平衡法的平衡公式中，强调的是企业在“一定会计期间”的“全部账户”的“借方发生额合计”和“贷方发生额合计”。强调“一定会计期间”是由于采用该公式所要试算的是某一企业某一特定会计期间所有账户发生额的平衡关系，而不是一个会计期间全部账户的借方发生额合计与另一个会计期间全部账户的贷方发生额合计之间的相等关系。强调“全部账户”是由于采用该公式试算的是该期间所有账户的借方发生额合计与该期间所有账户的贷方发生额合计之间的平衡关系，而不是全部账户的发生额与部分账户的发生额之间的关系；也不是指某笔交易或事项发生以后登记有关账户时的“借贷必相等”关系；更不是指某个账户的借方发生额与贷方发生额合计之间的平衡关系。就单个账户而言，其借方发生额合计与贷方发生额合计一般是不相等的。

b. 平衡原理。借贷记账法的发生额平衡法是依据借贷记账法记账规则的基本原理建立的。一个企业在一定会计期间的全部账户的借方、贷方发生额合计之间之所以存在以上相等关系，是因为借贷记账法对每一笔交易或事项的发生额都是按照“有借必有贷，借贷必相等”的规则在相互联系的账户中记录的，即每一笔交易或事项的借方、贷方发生额的记录是相等的。因而，一个企业在一定会计期间内不论发生了多少交易或事项，也不管记入了多少账户，只要把这些账户的发生额按借方、贷方分别进行合计，双方的合计数肯定是相等的。例如，将例 4－1 至例 4－12 中所有账户的发生额分别按借方、贷方进行汇总，借方发生额与贷方发生额的合计数都是 5 250 200 元。这是按照借贷记账法记录交易或事项时，有关数据之间能够实现自动平衡的情况之一。

c. 试算平衡方法。在实务中，全部账户借方、贷方发生额之间的试算一般是通过编制“总分类账户发生额及余额试算表”（其格式参见表 4－1）中的“本期发生额”部分进行的。在试算平衡中利用的数据来自所试算期间全部账户的发生额。由于企业在每一会计期末都需按要求结账，分别计算出各个账户的借方、贷方发生额合计数，这就为进行发生额的试算提供了有利条件。在编制试算表的过程中，将各个账户中的发生额合计数分别按借方、贷方抄列入试算表中相关账户名称的相应栏次即可，即在账户中如果为借方发生额合计，就抄列于试算表的“借方”栏；如果为贷方发生额合计，就抄列于“贷方”栏。之后，再分别计算试算表中借、贷双方发生额的合计数。

d. 发生额平衡方法的应用。现以例 4－1 至例 4－12 登记的所有账户为例，例 4－1 至例 4－12 交易或事项的借方、贷方发生额在总分类账户中的记录情况及合计金额如图 4－17 所示（图中各账户的“期初余额”为假设），填列总分类账户发生额及余额试算表中“本期发生额”部分。

银行存款

借方		贷方	
期初余额	2 050 000	4-5	696 000
4-1	2 000 000	4-7	2 000
4-4	800 000	4-8	3 000
		4-11	60 000
		4-12	150 000
本期发生额	2 800 000	本期发生额	911 000
期末余额	3 939 000		

在途物资

借方		贷方	
期初余额	80 000	4-10	603 000
4-5	600 000		
4-8	3 000		
4-12	400 000		
本期发生额	1 003 000	本期发生额	603 000
期末余额	480 000		

原材料

借方		贷方	
期初余额	700 000		
4-10	603 000		
本期发生额	603 000		
期末余额	1 303 000		

固定资产

借方		贷方	
期初余额	500 000		
4-2	150 000		
4-9	202 000		
本期发生额	352 000		
期末余额	852 000		

财务费用

借方		贷方	
4-6	2 000		
本期发生额	2 000		
期末余额	2 000		

短期借款

借方		贷方	
4-11	20 000	期初余额	100 000
		4-4	800 000
本期发生额	20 000	本期发生额	800 000
		期末余额	880 000

应付账款

借方		贷方	
4-11	40 000	期初余额	120 000
		4-9	234 200
		4-12	250 000
本期发生额	40 000	本期发生额	484 200
		期末余额	564 200

应交税费

借方		贷方	
4-5	96 000		
4-9	32 200		
本期发生额	128 200		
期末余额	128 200		

应付利息

借方		贷方	
4-7	2 000	4-6	2 000
本期发生额	2 000	本期发生额	2 000
	=		

注：账户底部的“=”表示没有余额

实收资本

借方		贷方	
		期初余额	2 360 000
		4-1	2 000 000
		4-2	150 000
		4-3	300 000
		本期发生额	2 450 000
		期末余额	4 810 000

资本公积

借方		贷方	
4-3	300 000	期初余额	750 000
本期发生额	300 000	本期发生额	0
		期末余额	450 000

图 4－17　例 4－1 至例 4－12 交易或事项在总分类账户中的记录情况

将以上各账户中的“本期发生额”分别按借方、贷方填列于总分类账户发生额及余额试算表中的“本期发生额”栏，并分别进行汇总合计，就可以检验本期全部账户的借、贷发生额合计双方是否平衡，见表 4－1 中的“本期发生额”一栏。

表 4－1　　总分类账户发生额及余额试算表　　单位：元

账户名称	期初余额		本期发生额		期末余额	
	借方	贷方	借方	贷方	借方	贷方
银行存款	2 050 000		2 800 000	911 000	3 939 000	
在途物资	80 000		1 003 000	603 000	480 000	
原材料	700 000		603 000		1 303 000	
固定资产	500 000		352 000		852 000	
财务费用			2 000		2 000	
短期借款		100 000	20 000	800 000		880 000
应付账款		120 000	40 000	484 200		564 200
应交税费			128 200		128 200	
应付利息			2 000	2 000		0
实收资本		2 360 000		2 450 000		4 810 000
资本公积		750 000	300 000			450 000
合　计	3 330 000	3 330 000	5 250 200	5 250 200	6 704 200	6 704 200

在正常情况下，该表中的“本期发生额”一栏的借方合计数、贷方合计数必须是相等的。本例中均为 5 250 200 元。一般来说，如果以上合计数相等，则说明交易或事项账务处理以及试算表的编制基本上是正确的。如果不相等，则说明肯定存在问题，应分析双方合计数不相等的原因，采用一定的方法进行查找并予以更正，直到双方借方、贷方合计数平衡为止。

2）余额平衡法。余额平衡法是对一定会计期末所有账户的余额进行试算检验的一种方法。

a. 平衡公式。可具体表示为：

$$\begin{matrix}\text{一定会计期末全部账户}\\\text{借方余额合计}\end{matrix}=\begin{matrix}\text{该会计期末全部账户}\\\text{贷方余额合计}\end{matrix}$$

式中的“全部账户”同样是指某一企业在一定会计期间登记的所有账户，强调的是所有账户的借方余额合计与所有账户贷方余额合计之间的相等关系。应予注意的是：企业一定会计期末的部分账户借方余额合计与其全部账户贷方余额之间不会存在上述平衡关系，反过来也是一样。

b. 平衡原理。借贷记账法的余额平衡法是依据会计等式“资产＝负债＋所有者权益”，或“资产＋费用＝负债＋所有者权益＋收入”的基本原理建立起来的。

在会计期末，当收入类账户和费用类账户有余额时，应当是全部账户的借方余额合计等于全部账户的贷方余额合计。例如，在表 4－1 中，除了资产、负债、所有者权益账户外，还有“财务费用”这个费用类账户。另外，“应交税费”这个负债类账户有借方余额。可根据“资产＋费用＝负债＋所有者权益＋收入”等式的基本原理对所有账户的期末余额进行验证；当收入类账户和费用类账户没有余额时，期末有余额的应当只有资产、负债和所有者权益（含利润）这三类账户。一般而言，在这三类账户中，资产类账户的期末余额为借方余额，负债类账户和所有者权益类账户的期末余额都为贷方余额。因而，上述试算平衡公式实质上体现的是该期末的“资产＝负债＋所有者权益”的平衡相等关系。余额的平衡检验同样可利用总分类账户发生额及余额试算表进行，只不过选取的是账户中的“期末余额”资料。现将图4－17中全部账户的“期末余额”采用下面的形式进行汇总，结果如图4－18所示。

资产、费用类账户	借方余额
银行存款	3 939 000
在途物资	480 000
原材料	1 303 000
固定资产	852 000
财务费用	2 000
总　　计	6 576 000

负债类账户	贷方余额
短期借款	880 000
应付账款	564 200
应交税费	－128 200
合　　计	1 316 000

所有者权益类账户	贷方余额
实收资本	4 810 000
资本公积	450 000
合　　计	5 260 000

双方总计相等

负债与所有者权益总计 6 576 000

图4－18　对图4－17中账户期末余额的汇总情况

汇总结果表明，资产类账户的期末余额总计6 576 000元与负债类账户余额1 316 000元和所有者权益类账户余额5 260 000元的总计数6 576 000元是相等的。如果是对表4－1中的期初余额进行试算，会更显而易见，“一定会计期末全部账户的借方余额合计＝该会计期末全部账户的贷方余额合计”与“资产＝负债＋所有者权益”的含义实质上是相同的，只是表达的形式不同而已。利用余额平衡法对所有账户期初余额进行验证的方法，同学们可自己动手尝试一下。

c. 试算平衡方法。在实务中，一定会计期末全部账户余额的试算一般是通过编制总分类账户发生额及余额试算表中的“期初余额”和“期末余额”两部分进行的，所采用的数据来自所试算期间全部账户的期初余额和期末余额。各账户的期初余额是从上一会计期末结转而来的，期末余额则是各账户记录交易或事项后产生的结果。由于企业在会计期末结账时都要计算出各个账户的余额，这就为进行余额的试算提供了便利条件。在编制试算平衡表的过程中，将各账户的余额分别按其借、贷方向抄入试算表中相应账户名称一行的“借方”或“贷方”栏即可。之后，再分别计算借方、贷方余额的合计数，并比较两者是否相符。

d. 余额平衡方法的应用。根据图4－17账户记录所提供的资料编制的总分类账户发生额及余额试算表中的“期初余额”和“期末余额”部分的验证情况见表4－1相关栏次。

在正常情况下，该表中的“期初余额”和“期末余额”两大栏各自的借方、贷方合计数必须相等。例如，所有账户的“期初余额”借方合计数和贷方合计数都是3 330 000元；所有账户的“期末余额”借方合计数和贷方合计数都是6 704 200元。这是按照借贷记账法记录交易或事项所形成的另外一种会计数据之间的自动平衡关系。一般来说，如果以上有关合计数之间各自相等，则说明账务处理和试算表的编制过程基本上是正确的。如果不相等，应查找差错，并进行数字调整，直到有关合计数之间各自相等。

利用总分类账户发生额及余额试算表检验账户记录的完整性和准确性，是会计实务中经常采用的基本方法。通过编制总分类账户发生额及余额试算表，能够发现账务处理过程中存在的一些问题，例如，在登记账户或抄转账户数据过程中，将某一账户的发生额或余额记（抄）多或记（抄）少，以及将发生额或余额的金额位次写颠倒等。但对于在账户中漏记或重复记录整个交易或事项，一笔交易或事项记录的借贷记账方向彼此颠倒，或方向正确但记错了账户等错误则难以发现，因为这些错误并不会影响试算表发生额或余额借方、贷方合计数的平衡。因此，即使试算表的发生额或余额有关合计数之间平衡相等，也不能说明账务处理过程是完全正确的。只有保证每一笔交易或事项处理的准确性，才能保证试算表试算结果的有效性。

第二节　平行登记方法及其应用

一、平行登记的定义及应用

（一）平行登记的定义

平行登记是指对发生的每一笔交易或事项，既要在有关的总分类账户中进行总括登记，又要在这些总分类账户所属的明细分类账户中进行详细登记的做法。

总分类账户是根据总分类科目设置的账户，用以提供会计要素某些方面的总括信息。此前研讨借贷记账法的应用时所涉及的账户都属于总分类账户。如前所述，总分类账户对于交易或事项的反映上存在一定的局限性，因此，有必要根据这些总分类账户所反映的内容作进一步分类，并设立明细分类账户，借以详细反映会计要素某些方面具体内容增减变动的信息。在会计上，当交易或事项发生以后，既要在相关的总分类账户中登记，又要在其所隶属的明细分类账户中登记的做法就是平行登记。在实务中，在绝大多数总分类账户下都需要设置明细分类账户，因而需要采用平行登记方法；在个别总分类账户下可不设立明细分类账户，就无须进行平行登记了。

（二）平行登记方法的应用

例4－13

假定盛达公司购入A，B两种材料计6 000元。其中，A材料4 000元从彩虹公司购得；B材料2 000元从兴发公司购得。增值税专用发票载明，进项税额为960元。以上货款尚未支付，材料已运达，尚未办理验收入库手续。

会计确认：该笔交易一方面涉及资产要素（“在途物资”，增加）；另一方面涉及负债要素（“应交税费”，减少；“应付账款”，增加）。

会计计量：按实际成本计量。在“在途物资”账户的借方记录6 000元，“应交税费”账户的借方记录960元；在“应付账款”账户的贷方记录6 960元。

对需要进行平行登记的交易或事项，在进行上述确认和计量的基础上，还要对购入材料的种类、名称等进行具体确认，本例为A材料和B材料；在货款未付的情况下，还要对债权人进行具体确认，本例为彩虹公司和兴发公司。根据以上确认和计量的结果，应编制如下会计分录：

借：在途物资——A材料　　4 000
　　　　　　——B材料　　2 000
　　应交税费——应交增值税　　960
　贷：应付账款——彩虹公司　　4 640
　　　　　　　——兴发公司　　2 320

特别提示

平行登记对会计分录的编制要求　会计分录的编制是账户记录的一种准备工作，对于需要进行平行登记的交易或事项，应注意分录编制上的变化，即在分录中不仅要写出总分类账户的名称，而且一定要写出明细分类账户的名称，发生额也应按明细账户分别写出。这样做的目的在于为下一步进行总分类账户和明细分类账户的平行登记提供依据。

例4-14

假定盛达公司用银行存款4 640元偿还彩虹公司材料价税款，从本公司在工商银行的账户中支付。

会计确认：该笔交易一方面涉及负债要素（“应付账款”，减少）；另一方面涉及资产要素（“银行存款”，减少）。

会计计量：按实际成本计量。应分别在“应付账款”账户的借方和“银行存款”账户的贷方各记录4 640元。

在进行上述确认和计量的基础上，还要对债权人进行具体确认，本例为彩虹公司；在应付账款已偿付的情况下，还要对所开户银行进行具体确认，本例为工商银行。根据以上确认和计量结果，应编制如下会计分录：

借：应付账款——彩虹公司　　4 640
　贷：银行存款——工商银行　　4 640

以上会计分录中的明细分类账户名称一般称为一级明细账户，有些交易或事项的账务处理需要设置更多层次的明细账户，可分别称为二级明细账户、三级明细账户等。现假定根据以上会计分录进行“在途物资”“应付账款”“银行存款”账户的复式记账和平行登记。例 4－13 和例 4－14 在总分类账户和明细分类账户中的登记情况如图 4－19 所示（账户中的期初余额均为假设）。

借方	银行存款（总分类账户）		贷方
期初余额	50 000	4-14	4 640
本期发生额	0	本期发生额	4 640
期末余额	45 360		

借方	在途物资（总分类账户）		贷方
期初余额	20 000		
4-13	6 000		
本期发生额	6 000		
期末余额	26 000		

借方	应付账款（总分类账户）		贷方
4-14	4 640	期初余额	20 000
		4-13	6 960
本期发生额	4 640	本期发生额	6 960
		期末余额	22 320

借方	彩虹公司（明细分类账户）		贷方
4-14	4 640	期初余额	8 000
		4-13	4 640
本期发生额	4 640	本期发生额	4 640
		期末余额	8 000

借方	工商银行（明细分类账户）		贷方
期初余额	50 000	4-14	4 640
本期发生额	0	本期发生额	4 640
期末余额	45 360		

借方	A材料（明细分类账户）		贷方
期初余额	16 000		
4-13	4 000		
本期发生额	4 000		
期末余额	20 000		

借方	B材料（明细分类账户）		贷方
期初余额	4 000		
4-13	2 000		
本期发生额	2 000		
期末余额	6 000		

借方	兴发公司（明细分类账户）		贷方
		期初余额	12 000
		4-13	2 320
		本期发生额	2 320
		期末余额	14 320

图 4－19　例 4－13、例 4－14 交易或事项在总分类账户及明细分类账户中的记录情况

二、平行登记的要点

进行平行登记时，需要把握以下要点。

1. 登记的内容相同。凡是在总分类账户下设有明细分类账户的，当交易或事项发生后，一方面要登记有关的总分类账户，另一方面要登记隶属于这些总分类账户的明细分类账户。

2. 登记的方向一致。一般来说，如果总分类账户登记在借方，那么，其所属的明细分类账户也应登记在借方；反之，如果总分类账户登记在贷方，那么，其所属的明细分类账户也应登记在贷方。

3. 登记的金额相等。同一交易或事项登记在总分类账户借方（或贷方）的金额必须与登记在该总分类账户所属的一个或几个明细分类账户的借方（或贷方）的金额或金额合计数相等。

三、平行登记的试算平衡

由于对交易或事项采用平行登记的方法，使有关总分类账户与其所属的明细分类账户在发生额及余额之间客观上产生了一种平衡相等关系。为了检验账户平行登记的过程和结果是否正确，可编制总分类账户与明细分类账户发生额及余额试算表进行验证。这种试算表的格式有多种，比较简单的一种格式类似于总分类账户发生额及余额试算表，如表 4-2 所示。

表 4-2　　总分类账户与明细分类账户发生额及余额试算表　　单位：元

	期初余额		本期发生额		期末余额	
	借方	贷方	借方	贷方	借方	贷方
银行存款总分类账	50 000			4 640	45 360	
银行存款日记账	50 000			4 640	45 360	
在途物资总分类账	20 000		6 000		26 000	
在途物资明细分类账合计	20 000		6 000		26 000	
A 材料	16 000		4 000		20 000	
B 材料	4 000		2 000		6 000	
应付账款总分类账		20 000	4 640	6 960		22 320
应付账款明细分类账合计		20 000	4 640	6 960		22 320
彩虹公司		8 000	4 640	4 640		8 000
兴发公司		12 000		2 320		14 320

编制总分类账户与明细分类账户发生额及余额试算表时，首先应把有关总分类账户及其所属各明细分类账户的期初余额、借方发生额合计、贷方发生额合计和期末余额相应地抄列于该表的发生额和余额栏，然后将明细分类账户的发生额和余额分别相加求得合计数。之后，直接利用这些合计数分别与该表中的总分类账户发生额和余额进行核对。如果相关的金额之间相等，则说明平行登记过程基本是正确的；否则，说明存在问题，应及时查找，并予以更正。与编制总分类账户发生额及余额试算表的目的不同，编制总分类账户与明细分类账户发生额及余额试算表的目的在于检验账户平行登记的过程及其结果是否一致，从而全面地保证交易或事项账务处理的质量。

□ 复习思考题

1. 什么是复式记账？如何理解其含义？

2. 复式记账的理论依据是什么?

3. 复式记账的主要作用有哪些?

4. 什么是借贷记账法?如何理解其记账符号的含义?

5. 借贷记账法下的账户结构如何?理解借贷记账法的账户结构应注意哪些问题?

6. 如何理解借贷记账法的记账规则?试结合例4-1至例4-12分析借贷记账法记账规则的应用方法。

7. 什么是会计分录?试举例说明什么是账户对应关系和对应账户。

8. 什么是试算平衡?借贷记账法的试算平衡方法有哪些?其原理是什么?

9. 什么是平行登记?总分类账户与明细分类账户之间的关系如何?

10. 平行登记的要点有哪些?

□ 应用练习题

一、判断题

答题要求:根据各题给出的说法判断正误,你认为正确的,在题后的括号中打"√",你认为错误的打"×"。

1. 复式记账是指对交易或事项分别在总账与其所属明细账中记录的方法。 (　　)

2. 对交易或事项分别在三个或三个以上的账户中登记的做法不属于复式记账。 (　　)

3. 借贷记账法的记账符号"借"只表示增加,"贷"只表示减少。 (　　)

4. 在借贷记账法下设置的账户中,每一账户的左边均为借方,右边均为贷方。 (　　)

5. 所有账户在会计期末都一定有余额。 (　　)

6. 所有账户期末余额的方向都是固定不变的。 (　　)

7. 会计分录的编制与会计要素确认没有关系。 (　　)

8. 一个账户的借方发生额合计数与其贷方发生额合计数总是相等的。 (　　)

9. 发生额平衡法的理论依据是"资产=负债+所有者权益"等式。 (　　)

10. 所有的交易或事项在发生以后都要按要求进行平行登记。 (　　)

二、单项选择题

答题要求:在下面各题的备选答案中只有一个是正确答案,选择你认为正确的答案,在题尾的括号中写出该备选答案的英文字母编号。

1. 进行复式记账时,对任何一项交易或事项登记的账户数量应是(　　)。

A. 仅为一个　　B. 仅为两个

C. 必须在两个以上　　D. 两个或两个以上

2. 复式记账对交易或事项的平衡记录,是指将其(　　)。

A. 以相等的金额在有关总账账户中加以记录
B. 以相等的金额在有关明细账户中加以记录
C. 以不等的金额在有关明细账户中加以记录
D. 以不等的金额在有关总账账户中加以记录

3. 复式记账的理论依据是（　　）。
A. 会计要素内容　　B. 资金运动规律
C. 账户登记规则　　D. 账户设置数量

4. 借贷记账法的记账符号“借”对下列账户表示增加的是（　　）。
A.“实收资本”　B.“应付账款”　C.“应收账款”　D.“预收账款”

5. 下列账户中，用借方登记减少额的为（　　）。
A.“制造费用”　B.“预付账款”　C.“库存现金”　D.“实收资本”

6. 下列账户中，用贷方登记增加额的为（　　）。
A.“生产成本”　B.“应付账款”　C.“银行存款”　D.“应收账款”

7. 下列账户中，用贷方登记增加额的为（　　）。
A.“在途物资”　B.“应收账款”　C.“预收账款”　D.“库存现金”

8. 借贷记账法下的发生额平衡法平衡公式为（　　）。
A. 全部账户的借方发生额合计＝部分账户的贷方发生额合计
B. 全部账户的借方发生额合计＝全部账户的贷方发生额合计
C. 部分账户的借方发生额合计＝全部账户的贷方发生额合计
D. 某一账户的借方发生额合计＝某一账户的贷方发生额合计

9. 对一项交易或事项，既在有关的总账账户进行总括登记，又在这些总账账户所属的明细账户中详细登记的做法称为（　　）。
A. 复式记账　B. 账簿登记　C. 会计记录　D. 平行登记

10. 下列各项中，属于平行登记做法的是（　　）。
A. 为交易或事项编制会计分录　　B. 确认交易或事项涉及的会计要素
C. 确定交易或事项变动的金额　　D. 在有关总账和明细账中记录

三、多项选择题

答题要求：在下面各题的备选答案中至少有两个是正确答案，选择你认为正确的答案，在题尾的括号中顺序写出这些备选答案的英文字母编号。

1. 下列各项中，属于复式记账含义的有（　　）。
A. 对发生的交易和事项起码应在两个账户中进行记录
B. 对发生的交易和事项必须在相关账户中以相等金额平衡记录
C. 对发生的交易和事项必须在相互联系的账户中记录
D. 对发生的交易和事项必须在相互联系的科目中记录
E. 交易和事项的记录实质上是反映会计要素内容的变动状况

2. 下列各项中，属于复式记账作用的有（　　）。
A. 能够全面系统地记录企业发生的所有交易或事项

B. 能够清晰地反映企业设置的会计账户的经济性质
C. 能够清晰地反映企业资金变化的来龙去脉
D. 能够运用有关数据的平衡关系检查账户记录有无差错
E. 能够运用有关数据的平衡关系检查会计分录有无差错

3. 借贷记账法的记账符号“借”与“贷”的基本含义有（ ）。
A. 表示增加和减少 B. 表示借款和贷款
C. 表示借款和还款 D. 表示账户的登记金额
E. 表示账户的登记方向

4. 借贷记账法的记账符号“借”对下列账户表示增加的有（ ）。
A.“固定资产” B.“无形资产” C.“银行存款” D.“预收账款”
E.“原材料”

5. 借贷记账法的记账符号“借”对下列账户表示减少的有（ ）。
A.“应付账款” B.“实收资本” C.“银行存款” D.“预收账款”
E.“库存现金”

6. 借贷记账法的记账符号“贷”对下列账户表示减少的有（ ）。
A.“资本公积” B.“交易性金融资产”
C.“短期借款” D.“库存商品”
E.“本年利润”

7. 下列账户中，用贷方登记增加额的有（ ）。
A.“资本公积” B.“应收票据” C.“长期借款” D.“实收资本”
E.“短期借款”

8. 通过总分类账户发生额及余额试算表一般不能发现的错误有（ ）。
A. 登记账户时将金额位次颠倒 B. 漏记交易或事项
C. 重复记录交易或事项 D. 借贷记账方向彼此颠倒
E. 记账方向正确但记错了账户

9. 采用借贷记账法时，账户的借方一般用来登记（ ）。
A. 资产的增加 B. 收入的减少 C. 费用的增加 D. 负债的增加
E. 所有者权益的减少

10. 总账账户与明细账户平行登记的要点有（ ）。
A. 登记的内容相同 B. 登记的方向一致
C. 登记的内容不同 D. 登记的金额不等
E. 登记的金额相等

四、模拟实训题

模拟实训题（一）

1. 实训资料：复式记账与借贷记账法等知识内容；假定鸿盛公司本月初有关总分类账户的余额如下：

库存现金 600 元 银行存款 400 000 元

原材料	9 400 元	固定资产	320 000 元
生产成本	30 000 元	短期借款	20 000 元
应付账款	100 000 元	实收资本	640 000 元

该企业本月发生如下交易或事项：

(1) 收到投资者投入的货币资金 400 000 元，已存入银行。

(2) 用银行存款购入不需要安装的设备一台，增值税专用发票上载明，买价为 80 000 元，进项税额为 12 800 元。设备已投入使用。

(3) 购入材料一批，增值税专用发票上载明，买价为 30 000 元，进项税额为 4 800 元，货款尚未支付，材料暂未验收入库。

(4) 从银行提取现金 4 000 元备用。

(5) 借入短期借款 40 000 元，已存入银行开立的账户。

(6) 用银行存款 70 000 元偿还应付账款。

(7) 生产产品领用材料一批，价值 9 000 元。

(8) 用银行存款 30 000 元偿还短期借款。

2. 实训目的：检验学习者对借贷记账法的应用能力。

3. 实训要求：

(1) 根据所给交易或事项编制会计分录。

(2) 根据账户余额资料和编制的会计分录登记有关总分类账户（开设 T 形账户即可）。

(3) 根据账户的登记结果编制总分类账户发生额及余额试算表。

模拟实训题（二）

1. 实训资料：平行登记相关知识内容；假定荣达公司本月初有关账户的期初余额如下：

(1) 在途物资　　18 000 元

其中：在途物资——H 材料　　11 000 元

——Y 材料　　7 000 元

(2) 应付账款　　500 000 元

其中：应付账款——东华公司　　300 000 元

——贸发公司　　200 000 元

(3) 原材料　　400 000 元

其中：原材料——H 材料　　300 000 元

——Y 材料　　100 000 元

该企业本月发生如下交易或事项：

(1) 从东华公司购入不需要安装设备两台，增值税专用发票上载明，买价为 500 000 元，进项税额为 80 000 元。货款尚未支付。

(2) 从贸发公司购入材料一批，增值税专用发票上载明，H 材料买价为 200 000 元，进项税额为 32 000 元；Y 材料买价为 160 000 元，进项税额为 25 600 元。H 材料货款已用银行存款支付，Y 材料货款尚未支付。以上两种材料暂未验收入库。

（3）用银行存款偿还东华公司设备款 580 000 元。

（4）用银行存款支付贸发公司材料款 417 600 元。

（5）发出 H 材料 280 000 元、Y 材料 60 000 元用于 A 产品生产。

2. 实训目的：检验学习者对平行登记方法的应用能力。

3. 实训要求：

（1）根据所给交易或事项编制会计分录。

（2）根据所给账户余额资料和编制的会计分录登记“在途物资”“应付账款”“原材料”总分类账户和明细分类账户（开设 T 形账户即可）。

（3）编制总分类账户与明细分类账户发生额及余额试算表。

第五章

Chapter 5 会计凭证方法及其应用

本章内容导读

在本章中，将系统学习会计凭证方法。包括会计凭证的定义、种类及其填制要求和方法，以及会计凭证在会计实务中的具体应用等。本章内容结构：

第一节　会计凭证的定义及其作用 →	学习内容：什么是会计凭证，会计凭证有哪些作用
第二节　原始凭证及其应用 →	学习内容：什么是原始凭证，原始凭证的种类，填制与应用方法
第三节　记账凭证及其应用 →	学习内容：什么是记账凭证，记账凭证的种类，填制与应用方法
第四节　记账凭证的填制与审核 →	学习内容：记账凭证的填制要求，记账凭证的审核方法
第五节　会计凭证的传递与保管 →	学习内容：会计凭证的传递要求，会计凭证的保管要求

第一节 会计凭证的定义及其作用

一、会计凭证的定义

会计凭证是原始凭证和记账凭证的统称，是用以记载交易或事项的发生和完成情况，明确经济责任，并据以登记账簿的证明文件。合法地取得、正确地填制和审核凭证是会计的专门方法之一。

对会计凭证的定义可结合图 5－1 加以理解。

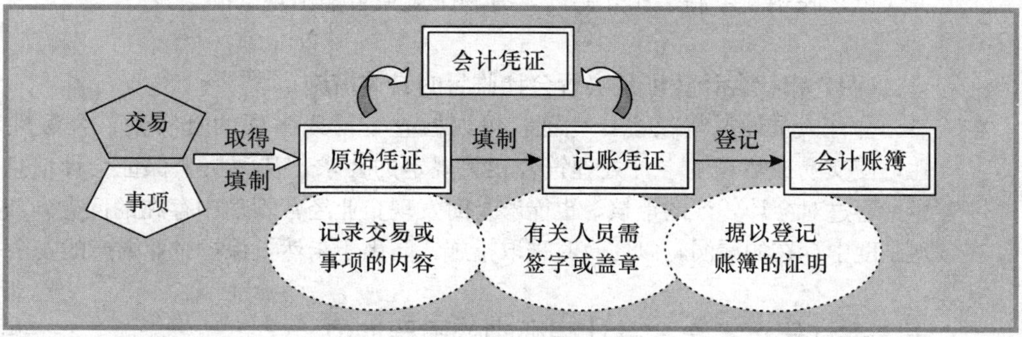

图 5－1 会计凭证的定义

会计凭证按照取得、编制程序和用途不同，可分为原始凭证和记账凭证两种。原始凭证是在交易或事项发生后，由经办人员或会计人员取得或填制的，是进行会计核算的原始资料。为满足记账上的要求，会计人员应根据审核无误的原始凭证填制记账凭证。记账凭证是登记账簿的直接依据。无论是原始凭证还是记账凭证，有关人员都应在凭证上签名或盖章，以明确经济责任。账簿的登记主要是根据记账凭证进行的，有时也需要参照相关的原始凭证，因而，会计凭证是据以登记账簿的证明文件。填制和审核凭证是会计的一种专门方法。

二、会计凭证的作用

（一）会计凭证是提供交易或事项信息的重要载体

任何一笔交易或事项发生以后，交易或事项的经办人员或会计人员必须取得或填制会计凭证（即原始凭证），这是会计核算所必需的原始资料。如果是交易或事项的经办人员从企业外部取得的原始凭证，则当经办人员将这些原始凭证送交会计部门时，会计人员就会从中了解交易或事项的内容，继而进行账务处理。如果是由会计人员自行填制的一些原始凭证，也需要在会计部门内有关会计人员之间进行传递，以便于在各个环节进行相应的账务处理。由此可见，会计凭证的传递过程也是交易或事项信息的传递过程。

（二）会计凭证是登记会计账簿的必要依据

会计人员应对记载交易或事项内容的原始凭证进行整理，并据其填制记账凭证（也称会计分录凭证），确定交易或事项所应予登记的账户名称、方向及金额等，以便将发生的交易或事项登记入有关账户。在手工记账的情况下，账户是设立在会计账簿当中的，因而根据会计凭证登记账户的过程也是登记会计账簿的过程。

（三）会计凭证是明确经济责任的重要手段

企业所发生的交易或事项一般都是由有关人员经办的。经办人员在完成交易或事项一定环节的内容时，必须在会计凭证上签名或盖章，这样做可以明确经济责任，即使出现差错也易于查找。此外，通过会计凭证的传递，可以使有关部门和有关人员之间相互牵制、相互制约，有利于避免可能出现的问题。

（四）审核会计凭证是实行会计监督的具体措施

会计人员通过审核会计凭证，可以检查交易或事项的真实性、合法性和合规性，使交易或事项的会计处理符合相关规定的要求，从源头上保证会计信息真实可靠。通过对会计凭证的审核，也能够及时发现企业经营管理中存在的问题，或企业管理制度中存在的漏洞，以便及时采取措施，防患于未然，保护企业财产的安全完整。

三、会计凭证方法在会计循环中的重要地位

会计循环是企业在一定会计期间对其发生的交易或事项进行账务处理，并根据处理结果在会计期末编制财务会计报告的过程。它主要包括从交易或事项发生后取得或填制原始凭证起，根据原始凭证填制记账凭证，根据记账凭证登记账簿，到编制财务会计报告止的一系列处理程序。从会计循环的全过程可以看出，对企业发生的交易或事项进行处理需要采用一系列的方法，而取得或填制会计凭证是其中的首要方法。如果缺少这一环节，会计账簿的登记和财务会计报告的编制等都将无法进行。会计凭证的取得与填制可以为会计账簿的登记提供直接依据，相应地也为财务会计报告的编制提供质量上的保证。会计凭证方法在会计循环中的地位如图5-2所示。

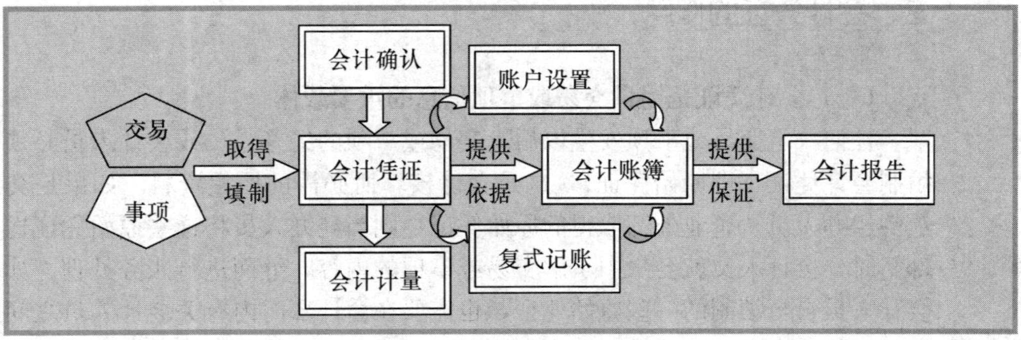

图5-2　会计凭证方法在会计循环中的地位

第二节　原始凭证及其应用

一、原始凭证的定义与种类

(一) 原始凭证的定义

原始凭证一般是指在交易或事项发生时取得或填制的，载明交易或事项内容和完成情况的证明文件，是会计核算的原始资料和主要依据。对原始凭证的定义可结合图 5-3 加以理解。

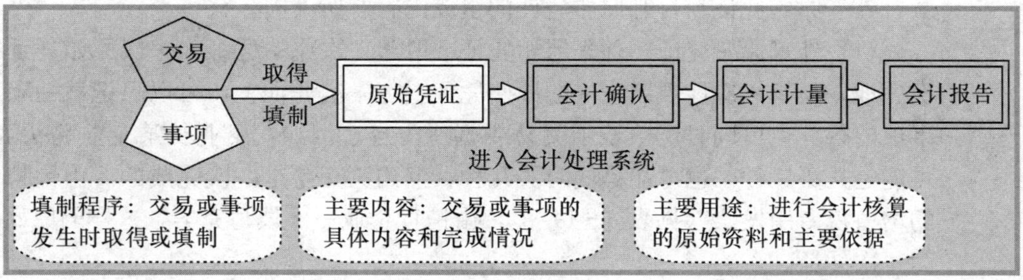

图 5-3　原始凭证的定义

(二) 原始凭证的种类

对原始凭证可以按其来源不同和填制手续与内容不同两种方法进行基本分类，如图 5-4 所示。

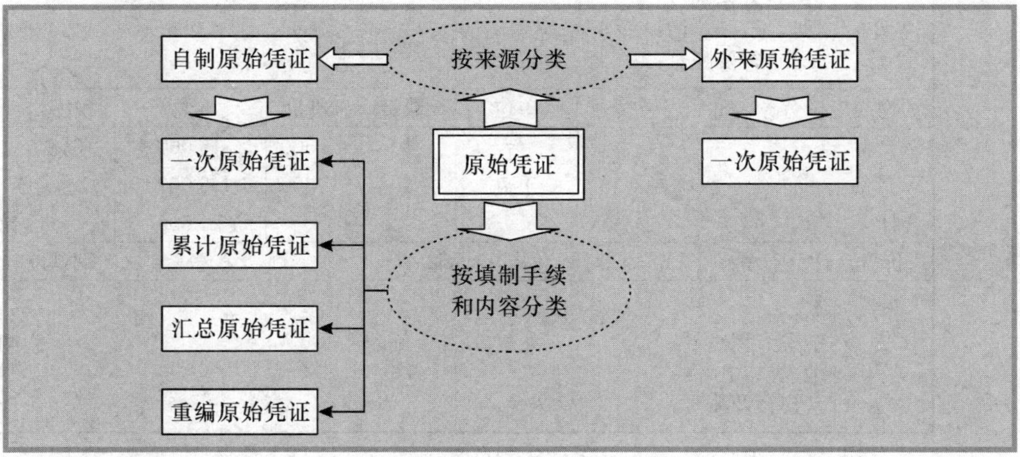

图 5-4　原始凭证的分类方法及种类

1. 按照原始凭证的来源不同分类。可将原始凭证分为外来原始凭证和自制原始凭证两种。

(1) 外来原始凭证是指在发生交易或事项时，从其他企业或个人处取得的原始凭证。例如，从供货企业购货时由销货方（供应商或销售企业）开具的增值税专用发票，委托运输企业运送货物时由运输企业开具的运费单据，在开户银行办理存款等收支业务时由银行开具的收款通知和付款通知等，都属于外来原始凭证。

（2）自制原始凭证是由本企业经办部门或人员在交易或事项完成时填制的原始凭证。例如，由领用材料部门的领料人员填制的领料单、限额领料单，月末对发出材料进行汇总时填制的发出材料汇总表等，都属于自制原始凭证。

2. 按照原始凭证的填制手续和包含的内容不同分类。填制手续是指原始凭证是一次性填写完成，还是采用多次填写方式或汇总填写方式完成；包含的内容是指原始凭证上所记载的交易或事项的内容是只有一项还是有若干项。在这种分类方法下，外来原始凭证与自制原始凭证的组成内容有所不同。

（1）外来原始凭证。外来原始凭证一般为一次原始凭证。一次原始凭证简称一次凭证，是指一次性填制完成的原始凭证。在一次凭证上，可以只记载一项交易或事项内容，也可同时记载若干交易或事项内容。例如，企业从某企业购买商品时，可能是只买一种，也可能是同时买几种，但购买交易是一次完成的。由销售方开具的增值税专用发票（见表5-1）上，由销货企业一次填写完毕，这样的原始凭证即为一次凭证。

表5-1　　　　**××省增值税专用发票**

2100070126　　　　№ 53506204

校验码 276××××××　　　　发票联　　　　开票日期：20××年9月15日

<table>
<tr><td>购货单位</td><td colspan="3">名　　称：盛达公司
纳税人识别号：
地 址、电 话：
开户行及账号：</td><td>密码区</td><td colspan="3">（略）</td></tr>
<tr><td>货物或应税劳务名称</td><td>规格型号</td><td>单位</td><td>数量</td><td>单价</td><td>金额</td><td>税率</td><td>税额</td></tr>
<tr><td>M产品</td><td></td><td>台</td><td>10</td><td>1 500</td><td>15 000</td><td>16%</td><td>2 400</td></tr>
<tr><td>W产品</td><td></td><td>千克</td><td>20</td><td>300</td><td>6 000</td><td>16%</td><td>960</td></tr>
<tr><td>合计</td><td></td><td></td><td></td><td></td><td>￥21 000</td><td></td><td>￥3 360</td></tr>
<tr><td>价税合计（大写）</td><td colspan="7">◎贰万肆仟叁佰陆拾元整　　（小写）￥24 360</td></tr>
<tr><td>销货单位</td><td colspan="3">名　　称：利捷公司
纳税人识别号：
地 址、电 话：
开户行及账号：</td><td>备注</td><td colspan="3">利捷公司
发票专用章</td></tr>
</table>

收款人 王蕾　　复核 张维　　开票人 刘冬　　销货单位

内容扩展

增值税专用发票　这种发票不同于普通发票，是有缴纳增值税义务的企业所使用的一种发票。发票上除具有普通发票上必须填写的交易内容（如数量、单价和金额等）之外，还应反映增值税税率和税额。这类企业在购买商品交易完成后，必须从销售方取得增值税专用发票。而在销售商品交易完成后，必须给购买方开具增值税专用发票。

（2）自制原始凭证。自制原始凭证的种类较多，可分为一次原始凭证、累计原始凭证、汇总原始凭证和重编原始凭证。

1）一次原始凭证是指在一张凭证上只记载一项交易或事项，或同时记载若干交易或事项，填制手续一次完成的原始凭证。例如，由企业内部领用材料部门填制的一次性领料单（见表5-2），企业在销售产品时开具给购买方的增值税专用发票，以及材料和产品在办理入库手续时填写的入库单等，其填制手续都是一次完成的，均属于一次凭证。一次凭证填制方便灵活，但在一定的会计期间同类交易或事项发生较多时，需要填制的一次原始凭证数量也较多，给会计核算带来不便。

表5-2　　**领料单**

领料单位：第三车间　　凭证编号：0100

用途：生产N产品　　20××年9月5日　　仓库：2号

材料类别	材料编号	材料名称	规格	计量单位	数量		单价	金额
					请领	实领		
型钢	0345	圆钢	25mm	千克	1 500	1 500	4.40	6 600
型钢	0348	圆钢	10mm	千克	1 000	1 000	4.40	4 400
合计					2 500	2 500	4.40	11 000

发料 姜同　　领料 王立　　领料单位负责人 刘宁　　记账 赵东

2）累计凭证是指在一张凭证上连续记载一定会计期间内重复发生的同类交易或事项，需要分次完成填制手续、可多次使用的原始凭证。例如，材料领用部门在领料时使用的限额领料单（见表5-3）就属于累计凭证。在使用限额领料单办理领用材料业务时，一般是由企业的材料供应部门在月初对材料领用部门规定一个在当月使用某种材料的最高额度。在月份当中，由材料的领用部门根据实际需要情况分次领取。每次领料时，有关经办人员都要在限额领料单上填写领料数量等内容，并签字或盖章。月末时，再累计求出全月领用材料总额，填入限额领料单的相关栏次。使用累计凭证既可简化手续，也可以起到加强对交易或事项的控制作用。

3）汇总原始凭证也称原始凭证汇总表，是根据一定会计期间内若干反映同类性质交易或事项的原始凭证汇总编制而成的原始凭证。例如，月末时，企业为了反映本月发出材料的总体情况，可以将当月填制的所有领料单和限额领料单进行汇总，编制发出材料汇总表（见表5-4）。使用汇总原始凭证，既可以提供经营管理所需要的总体信息，又可以简化会计核算手续。

表5-3 **限额领料单**

领料部门：生产车间　　发料仓库：2号

用途：生产R产品　　20××年9月　　编号：008

材料类别	材料编号	材料名称及规格	计量单位	领料限额	实际领用	单价	金额	备注
型钢	0348	圆钢 Ø10mm	千克	500	480	4.40	2 112	
日期	请领		实发			限额结余	退库	
	数量	签章	数量	发料人	领料人		数量	退库单
9.3	200	李进	200	姜同	王立	300		
9.12	100	李进	100	姜同	王立	200		
9.20	180	李进	180	姜同	王立	20		
合计	480		480			20		

供应部门负责人 李微　　生产计划部门负责人 佟伟　　仓库负责人 刘俊

表5-4 **发出材料汇总表**

20××年8月30日　　单位：元

会计科目（用途）	领料部门	原材料	燃料	合计
生产成本	N产品生产车间	6 600		6 600
	R产品生产车间	2 112		2 112
	小计	8 712		8 712
制造费用	车间一般耗用	220		220
管理费用	管理部门耗用	110		110
合计		9 042		9 042

会计主管 李鸣　　复核 张满　　制表 曲信

4）重编原始凭证，也称记账编制凭证，是对某些特定事项根据账簿记录的资料加以归类、整理后重新编制的原始凭证。例如，企业对生产多种产品所发生的制造费用，平时应利用“制造费用”账户加以全面记录，月末时，应将当月发生的全部制造费用分配计入所生产产品的成本。在进行制造费用分配时，需要编制制造费用分配表，借以确定各种产品应分摊的制造费用数额，表中所分配的本月制造费用总额就取自“制造费用”账户平时记录的发生额合计数。可见，分配当月制造费用的制造费用分配表就是根据账户记录资料而重新编制的原始凭证。制造费用分配表的参考格式如表5-5所示。

进行制造费用的分配属于企业发生的事项，而不是交易。通过制造费用分配表确定的计入两种产品的分配额应做进一步的账务处理，即借记“生产成本”账户，贷记“制造费用”账户，这样处理以后，“制造费用”账户不再有余额。

表 5-5

制造费用分配表

20××年 9 月

会计科目		生产工时	分配率	分配金额
生产成本	N 产品	2 000	8	16 000
	R 产品	1 500	8	12 000
合计	—	3 500	—	28 000

会计主管 李鸣　　复核 张满　　制表 曲信

借方	制造费用	贷方
(月中发生数)		
(5)　1 800		
(8)　5 200		
(略)		
本期发生额合计 28 000		

特别提示

重编原始凭证　这种原始凭证不同于其他原始凭证。其他原始凭证的形成都直接或间接与已经发生的交易或事项有关，应根据交易或事项的内容填制。而重编原始凭证是依据账户所提供的资料重新填制的，故得此名。在有些教材中将这类原始凭证称为“记账编制凭证”，笔者认为，这种称谓容易与会计凭证中的记账凭证相混淆，故给出“重编原始凭证”这一新的提法，妥切与否，有待检验。

二、原始凭证的内容与填制

（一）原始凭证的内容

原始凭证的种类很多，凭证格式及记载的交易或事项内容也不完全一致。但所有原始凭证都应当具备一些共同性的基本内容。对原始凭证的基本内容可结合表 5-6 加以理解。

（二）原始凭证的填制方法

1. 外来原始凭证的填制方法。外来原始凭证是在交易的发生过程中由其他单位的经办人员按要求填制的。如企业购货时由销货方开具的发票，由运输企业开具的运费收据，由银行开具的收款通知和付款通知等，都是外单位经办人员根据交易的内容分别填制的。

2. 自制原始凭证的填制方法。主要有以下几种。

(1) 交易或事项完成时由本企业经办人员填制，如领料单、限额领料单、入库单和借款单等。

表5-6　　××省增值税专用发票

凭证名称　　凭证编号

2100070281　　№ 05062018

校验码256××××××　　发票联　　开票日期：20××年08月12日

购货单位	名　称：盛荣公司 纳税人识别号： 地　址、电　话： 开户行及账号： （接受凭证单位情况）	密码区	（略）

货物或应税劳务名称	规格型号	单位	数量	单价	金额	税率	税额
A产品		千克	1 500	8	12 000	16%	1 920
B产品		千克	1 000	4	4 000	16%	640
合计					¥16 000		¥2 560
价税合计（大写）	◎壹万捌仟伍佰陆拾元整				（小写） ¥18 560		

交易或事项的内容　　数量、单价、金额等

销货单位	名　称：黎明公司 纳税人识别号： 地　址、电　话： 开户行及账号： （填制凭证单位情况）	备注	

收款人 李敏　　复核 张林　　开票人 洪顺　　销货单位 （黎明公司 发票专用章）

有关经办人员的签名或盖章及发票专用章等

（2）由本企业会计人员定期汇总填制，如发出材料汇总表等。

（3）由本企业会计人员根据账簿记录资料在会计期末归类整理填制，如制造费用分配表等。

（三）原始凭证的填制要求

1. 记录真实。应在原始凭证上如实填写交易或事项的实际情况，所记载的交易或事项内容，数量、单价和金额等必须真实可靠，不得弄虚作假。记录真实体现了会计信息质量的可靠性要求。

2. 手续完备。填制原始凭证时，需要办理的各种手续必须完备，不得缺项。例如，在交易或事项办理的每一个环节，有关经办人员都必须在凭证上签名或盖章，以示对交易或事项的真实性负责。外来的原始凭证必须加盖开具单位的财务专用章等才能生效。

3. 内容齐全。要按照凭证的格式和规定的内容逐项填列，不可遗漏或省略。有些原始凭证需要填写一式多联，则联次不能短缺。

4. 书写规范。原始凭证上的数字和文字等应按规定的要求填写，字迹清晰，易于辨认。书写的文字应使用规范的简化字。阿拉伯数字不得连写。合计金额前应冠以货币符号“¥”“$”“£”等。汉字的大写金额一律用正楷或行书字体书写，如零、壹、贰、叁、肆、伍、陆、柒、捌、玖、拾、佰、仟、万、亿、元、角、分等，不得用0、一、二、三、四、五、六、七、八、九、十等代替。大写金额到元为止的，应在“元”字之后写“整”字。

5. 填制及时。交易或事项办理完毕，经办人员应及时取得或填制原始凭证，并送交会计部门审核，作为会计核算的依据。不得拖延或积压，以免影响会计人员对交易或事项进行账务处理，进而影响企业对交易或事项相关信息的对外报出。

三、原始凭证的审核与管理

（一）原始凭证的审核

为保证原始凭证的真实性和合法性，会计人员必须对所有原始凭证进行严格的审核。审核原始凭证是会计人员履行监督职能的重要环节，也是保证会计核算质量的重要措施。对原始凭证的审核应重点注意以下两个方面。

1. 审核原始凭证上反映的交易或事项内容的真实性和合法性。会计机构、会计人员必须按照国家统一的会计制度的规定对原始凭证进行审核，对不真实、不合法的原始凭证有权不予接受，并向单位负责人报告。

2. 审核原始凭证的完整性、准确性。应根据原始凭证的填制要求，审核原始凭证是否具备作为合法凭证所必备的基本内容；格式、内容和填制手续是否符合规定的要求；有关项目是否填列齐全，有关单位和人员是否已经签字或盖章；数量、单价、金额、小计和合计等是否正确。对记载不准确、不完整的原始凭证予以退回，并要求按照国家统一的会计制度的规定更正、补充。

（二）对原始凭证的管理

原始凭证是反映企业发生的交易或事项内容的原始凭据，是填制记账凭证的依据，也是企业重要的经济档案资料。对于审核无误的原始凭证应由专门人员妥善保管，并及时交给有关会计人员填制记账凭证。记账凭证填制完毕，应认真核对原始凭证，将与记账凭证有关的原始凭证粘贴于记账凭证的背面，以便于查找与核对。当一定会计期间的交易或事项处理完毕后，应将原始凭证与记账凭证装订成册，移交档案管理部门专门保管，待法定保管期限期满后，方可按规定销毁。

第三节　记账凭证及其应用

一、记账凭证的定义与种类

（一）记账凭证的定义

记账凭证也称传票，是会计人员根据审核无误的原始凭证，按照设置的账户运用复式记账法填制，用以确定会计分录，并作为登记账簿直接依据的凭证。

原始凭证记载的是发生的交易或事项的内容，但由于其格式设计上的局限，绝大多数原始凭证上都不能表明发生的交易或事项应登记在哪些账户中，应记在账户的哪一方以及登记的金额是多少等。因此，有必要依据原始凭证编制记账凭证（即编制会计分录），为交易或事项的账务处理指明方向，并作为记账的直接依据。根据记账凭证登记账簿中设立的账户，可以防止或减少差错，也可以保证账簿记录的准确性。对记账凭证的定义及其与原始凭证的区别可结合图5-5加以理解。

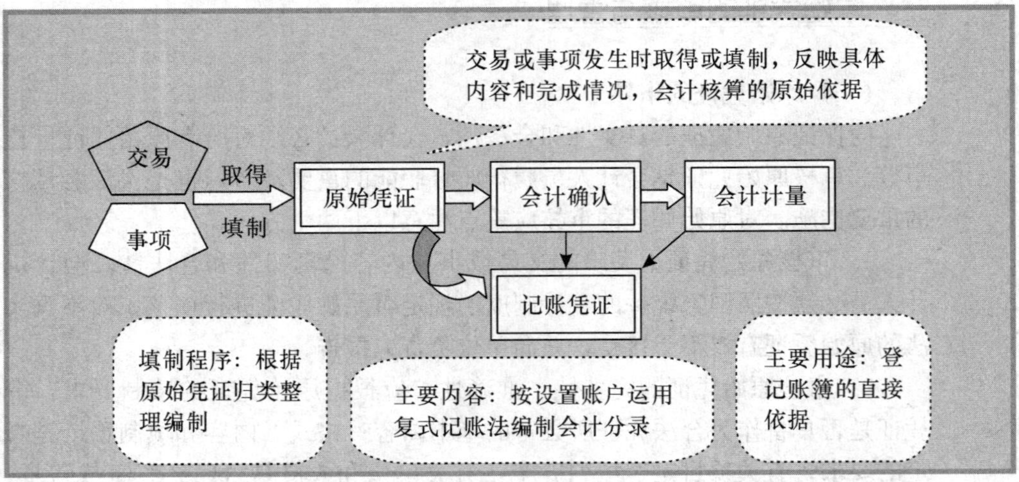

图5-5　记账凭证的定义及其与原始凭证的区别

（二）记账凭证的种类

实务中使用的记账凭证有多种，可按其用途和所包含交易或事项内容的多少等方法进行分类。记账凭证的分类方法及种类如图5-6所示。

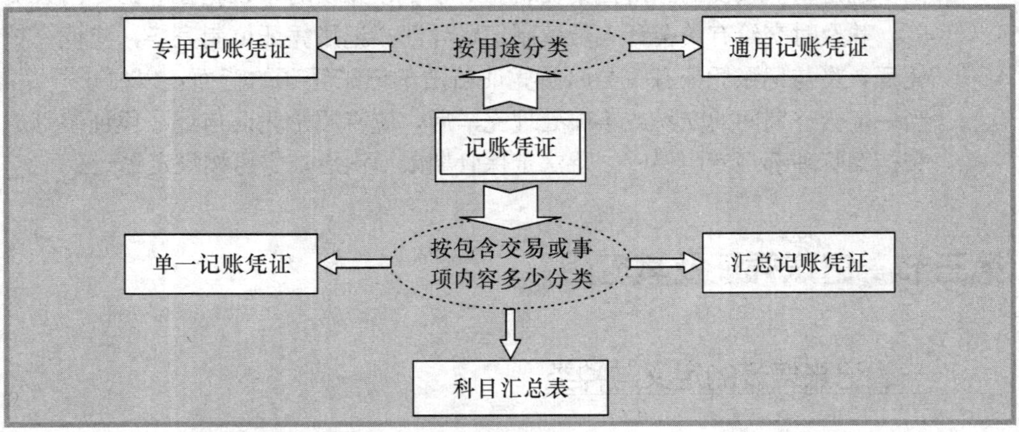

图5-6　记账凭证的分类方法及种类

1. 按记账凭证的用途分类。记账凭证的用途是指其在交易或事项处理过程中的适用性。在实务中，有的记账凭证具有专门用途，只适用于反映某一类交易或事项；有的记账凭证则不具有专门用途，可用于反映所有交易或事项。据此可将记账凭证分为通用记账凭证和专用记账凭证两类。其中，专用记账凭证包括收款记账凭证、付款记账凭证和转账记账凭证三种，如图 5-7 所示。

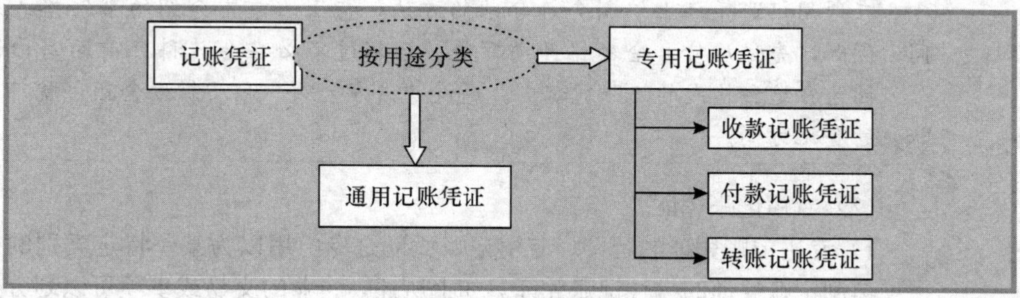

图 5-7　记账凭证按用途分类的组成内容

（1）通用记账凭证。

1）通用记账凭证的定义。通用记账凭证是可以用来为发生的所有交易或事项填制记账凭证的一种记账凭证。在采用通用记账凭证的企业，无论是为收款交易或事项、付款交易或事项，还是为转账交易或事项所填制记账凭证，都采用统一格式的记账凭证，在实务中一般将其直接称为记账凭证。

在探讨记账凭证的内容时，需要了解对企业发生的交易或事项进行分类的另外一种方法，即从交易或事项是否与货币资金收支有关这一角度进行分类，可具体分为以下三类：收款交易或事项，一般是指企业发生的收到货币资金的交易或事项，会导致现金流入企业；付款交易或事项，一般是指企业发生的付出货币资金的交易或事项，会导致现金流出企业；转账交易或事项，一般是指企业发生的既未收到货币资金，也未付出货币资金的交易或事项。对这些交易或事项填制通用记账凭证时，无论是对于哪一种交易或事项都采用统一的格式。通用记账凭证的格式如表 5-7 所示。

表 5-7

通用记账凭证

20××年 9 月 6 日　　　　凭证编号　24

摘要	结算方式	票号	总账科目	明细科目	借方金额	贷方金额	记账符号
销售产品	支票	0426	银行存款		23 200		
			主营业务收入	N 产品		20 000	
			应交税费	应交增值税		3 200	
附单据	贰	张	合计		23 200	23 200	

会计主管人员 李鸣　记账 张清　稽核 沈严　制单 方新　出纳 廉明　交领款人 赵伟

2）通用记账凭证的应用。通用记账凭证一般适用于规模较小、发生交易或事项比较少的中小型企业或行政事业单位。企业采用这种格式的记账凭证时，记账凭证种类单一，格式比较简单，易于学习和掌握。

特别提示

在通用记账凭证上编制会计分录的方法，与上一章中介绍的书写格式基本相同，例如，先借后贷、金额错开书写等。只不过不必在会计科目前面写出记账符号，因为在这种格式的记账凭证中，通过“借方金额”和“贷方金额”就可以确定账户的登记方向。

（2）专用记账凭证。

1）专用记账凭证的定义。专用记账凭证是专门用以为某一特定类别的交易或事项填制记账凭证的一种记账凭证。如上所述，企业的交易或事项可以划分为收款交易或事项、付款交易或事项和转账交易或事项三类，或简称收款业务、付款业务和转账业务。对企业发生的交易或事项进行这样的分类，与专用记账凭证的填制有直接关系，如图5-8所示。

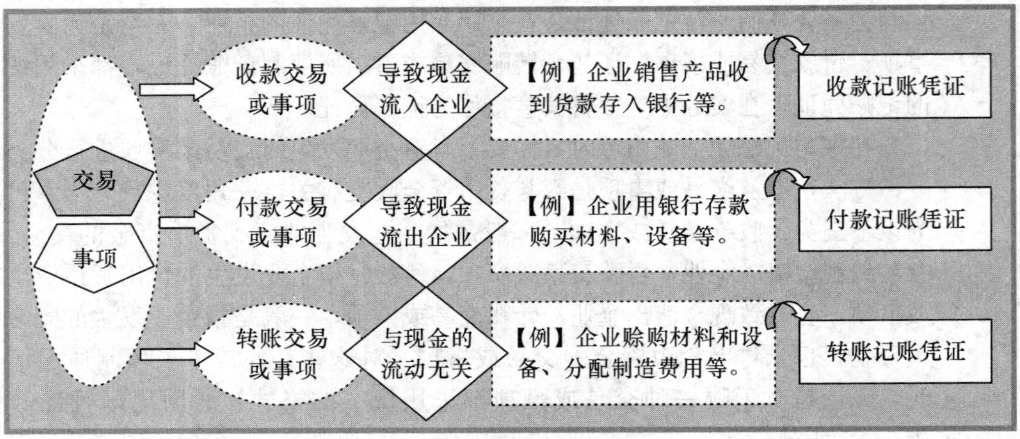

图5-8　按交易或事项与货币资金收支关系的分类及其与专用记账凭证填制的关系

说明：图中所说的现金是指广义的现金，既包括库存现金，也包括银行存款等。

特别提示

转账交易或事项　与收款、付款交易或事项不同，转账交易或事项发生以后，企业既收不到现金，也无须支付现金，从账务处理上看，转账交易或事项只是在现金账户以外的其他账户中记录，也就是说，在为转账交易或事项编制的会计分录中，不会出现“库存现金”和“银行存款”等会计科目，这是转账交易或事项的一个明显特征。需要注意的是：企业通过银行账户支付货款的方式称为转账结算方式，但这属于付款交易，与转账交易或事项是两码事，不可混为一谈。

由图5-8可见，专用记账凭证就是针对收款、付款和转账三种交易或事项的类型专门设计的，这些专用记账凭证的格式各不相同，分别用于为某一特定类别的交易或事项填制记账凭证。收款记账凭证专门用以为现金收入交易或事项编制记账凭证。根据收款形式的不同，收款记账凭证又可分为现金收款凭证和银行存款收款凭证两种。收款记账凭证的基本格式如表 5－8 所示。付款记账凭证专门用以为现金付出交易或事项编制记账凭证。根据付款形式的不同，付款凭证又可分为现金付款凭证和银行存款付款凭证两种。付款记账凭证的基本格式如表 5－9 所示。转账记账凭证专门用以为转账交易或事项编制记账凭证，其格式如表 5－10 所示。在实务中，为便于进行三种记账凭证的识别和使用，专用记账凭证中的表格和文字通常用红、蓝、黑等不同颜色印制。

表 5－8 收款记账凭证 凭证编号 收字第 3 号

借方科目	银行存款

20××年 9 月 5 日

摘要	结算方式	票号	贷方科目		金额	记账符号
			总账科目	明细科目		
销售产品	支票	0333	主营业务收入	N 产品	20 000	
			应交税费	应交增值税	3 200	
附单据 贰 张			合计		23 200	

会计主管人员 李鸣 记账 张清 稽核 沈严 制单 方新 出纳 廉明 交款人 王兴

说明：该凭证是为企业销售产品交易填制的收款记账凭证，在分录中除反映银行存款和主营业务收入增加外，还反映了企业在实现销售收入后应缴纳的税金，“应交税费——应交增值税”是企业应当缴纳的，随同价款从客户手中一并收回的税额（称为销项税额）。

表 5－9 付款记账凭证 凭证编号 付字第 12 号

贷方科目	银行存款

20××年 9 月 15 日

摘要	结算方式	票号	借方科目		金额	记账符号
			总账科目	明细科目		
购买 A 材料	支票	0144	在途物资	A 材料	10 000	
			应交税费	应交增值税	1 600	
附单据 贰 张			合计		11 600	

会计主管人员 李鸣 记账 张清 稽核 沈严 制单 方新 出纳 廉明 领款人 赵伟

说明：该凭证是为企业采购材料交易填制的付款记账凭证，在分录中除反映银行存款的减少和材料采购成本增加外，还反映了企业由于进行材料采购按规定已经缴纳的税金，“应交税费——应交增值税”是企业已经缴纳的，随同材料价款一并向销售方支付的税额（称为进项税额）。

内容扩展

收款记账凭证和付款记账凭证的格式设计 在实务中，收款记账凭证和付款记账凭证的具体格式设计方法不尽相同。例如，在有的收款记账凭证上，其借方科目的书写位置设在左上角，付款记账凭证上的贷方科目的书写位置也设在左上角。格式设计上的不同不会影响记账凭证的使用。

表5-10

转账记账凭证

20××年9月18日　　凭证编号　转字第20号

摘要	总账科目	明细科目	借方金额	贷方金额	记账符号
产品生产用料	生产成本	甲产品	10 000		√
	原材料	钢材		10 000	√
附单据　贰　张		合计	10 000	10 000	

会计主管人员 李鸣　　记账 张清　　稽核 沈严　　制单 方新

说明：该凭证是为企业进行产品生产领用材料交易填制的转账记账凭证，在分录中反映了生产成本的增加和原材料的减少。

特别提示

转账记账凭证的格式完全不同于收款记账凭证和付款记账凭证。在凭证中表格的上方不再设置主体科目，分录中的所有会计科目按照先借后贷的顺序全部填写在表格中的相应栏次。

2）专用记账凭证的应用。专用记账凭证通常适用于规模较大、交易或事项比较多的大型企业。企业采用这种格式的记账凭证时，记账凭证种类较多，格式相对复杂，填制方法不易掌握。另外需要注意的是，专用记账凭证和通用记账凭证适用于不同的会计主体，一个会计主体选用哪一种记账凭证，应从企业的实际情况出发，在同一企业或单位，不能同时使用专用和通用两种记账凭证。

2. 按记账凭证包含交易或事项内容的多少分类。同样是记账凭证，由于形成的方式不同，在每一张记账凭证上包含的交易或事项内容的多少也有所不同。有的记账凭证上可能只反映一笔交易或事项的内容，有些记账凭证上则可能包含了若干笔交易或事项的内容。按照记账凭证上包含的交易或事项内容的多少，可分为单一记账凭证、汇总记账凭证和科目汇总表三种，见图 5-9。

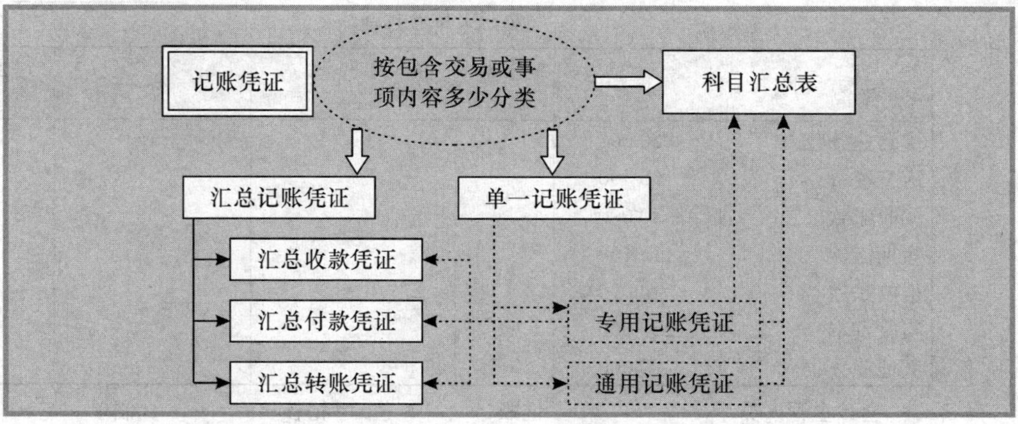

图 5-9　记账凭证按包含交易或事项内容多少分类的组成内容及相互关系

（1）单一记账凭证，是指在一张凭证上只包含一笔交易或事项内容的记账凭证。专用记账凭证和通用记账凭证均为单一记账凭证。在这两类记账凭证上，每一张凭证只反映一笔交易或事项的内容，即只能编制一笔交易或事项的会计分录，并可直接作为登记有关账簿（账户）的依据。使用这种记账凭证时，企业在一定会计期间发生多少交易或事项，就需要填制多少张记账凭证。于是，在交易或事项繁多的企业，需要填制大量的单一记账凭证，并且是依据每一份记账凭证直接登记各种账簿，包括日记账、明细分类账和总分类账，势必会增加账簿登记的工作量。

（2）汇总记账凭证，是指根据一定会计期间填制的专用记账凭证定期汇总编制的包含若干交易或事项内容的记账凭证。其汇总过程如图 5-10 所示。

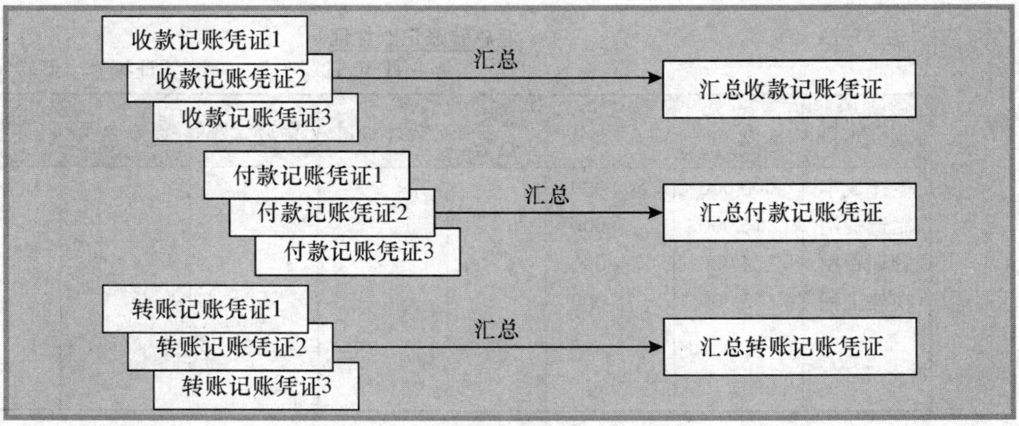

图 5-10　汇总记账凭证的基本汇总过程

汇总记账凭证的格式分别如表 5-11、表 5-12 和表 5-13 所示。

表 5-11 汇总收款记账凭证

凭证编号 汇收字第9号

借方科目	银行存款

20××年9月30日

贷方科目	金额	总账页数	贷方科目	金额	总账页数
主营业务收入	320 000				
应交税费	60 400				
预收账款	30 000				
短期借款	15 000				
应收账款	40 000				
实收资本	250 000				
其他业务收入	20 000				

附收款凭证 张

会计主管人员 记账 稽核 制单

表 5-12 汇总付款记账凭证

凭证编号 汇付字第9号

贷方科目	银行存款

20××年9月30日

借方科目	金额	总账页数	借方科目	金额	总账页数
库存现金	50 000				
预付账款	60 000				
制造费用	15 000				
管理费用	7 500				
短期借款	12 000				
财务费用	6 000				
实收资本	20 000				

附付款凭证 张

会计主管人员 记账 稽核 制单

表 5-13 汇总转账记账凭证

20××年9月30日

凭证编号 汇转字第9号

会计科目	借方金额	贷方金额	总账页数	会计科目	借方金额	贷方金额	总账页数
生产成本	600 000	500 000					
制造费用	10 000	10 000					
管理费用	4 000	4 000					
在建工程	75 000	75 000					

附转账凭证 张

会计主管人员 记账 稽核 制单

汇总记账凭证是按专用记账凭证的种类分别进行汇总，通过每一种汇总记账凭证得到的每一个账户的汇总结果，实际上是专用记账凭证中的会计分录所涉及的各个账户在一定会计期间的若干次发生额的合计，因而，在每一份汇总记账凭证中都包含了性质相同的全部交易或事项的内容。例如，在一定会计期末编制的汇总收款记账凭证上包含了企业在该会计期间所发生的全部收款交易或事项；在汇总付款记账凭证上包含了企业在该会计期间所发生的全部付款交易或事项；在汇总转账凭证上则包含了企业在该会计期间所发生的全部转账交易或事项。

汇总记账凭证上各个会计科目的汇总数字，可以作为登记有关总分类账簿的依据，并且可以避免根据各种专用记账凭证登记总分类账簿工作量较大的问题，减轻登记总分类账簿的工作量。

（3）科目汇总表。科目汇总表也称记账凭证汇总表，是根据一定期间内同类单一记账凭证（专用记账凭证或通用记账凭证）定期汇总编制、包含若干笔交易或事项内容的记账凭证。科目汇总表的基本形成过程如图 5－11 所示。

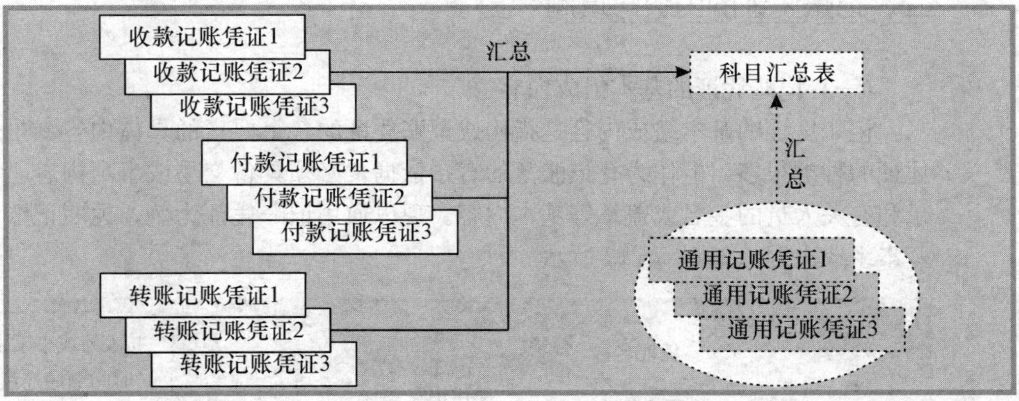

图 5－11　科目汇总表的基本形成过程

由图 5－11 可见，科目汇总表可以根据专用记账凭证进行汇总，也可以根据通用记账凭证进行汇总，应视企业采用的记账凭证种类确定。但无论是根据哪一种记账凭证汇总，实际上都是按记账凭证上的会计分录所涉及的会计科目进行的，之后将汇总的结果集中体现在一张表格上。如同汇总记账凭证一样，科目汇总表也是一种以汇总方式形成的记账凭证。只是因为科目汇总表是以记账凭证上的会计科目为对象进行汇总的，故称为科目汇总表。由于科目汇总表的汇总依据是交易或事项发生以后所填制的各种记账凭证，因而也称为记账凭证汇总表。科目汇总表的参考格式如表 5－14 所示。

表 5－14　科目汇总表

20××年 6 月　　凭证编号　科汇字第 9 号

会计科目	本期发生额		总账页数
	借方	贷方	
库存现金	17 000		
银行存款	180 000	104 000	
应收账款		40 000	
预付账款	41 000		
在途物资		5 000	
原材料	5 000	239 500	
生产成本	200 000		

续前表

会计科目	本期发生额		总账页数
	借方	贷方	
制造费用	7 500		
短期借款	12 000	15 000	
预收账款		30 000	
实收资本	2 000		
（略）			
合计	928 600	928 600	

会计主管人员　　　　记账　　　　稽核　　　　制单

二、记账凭证的内容与填制

（一）记账凭证的基本组成内容

记账凭证的基本组成内容是指构成记账凭证的各个要素的具体内容。虽然记账凭证的种类很多，但作为登记账簿的直接依据，必须具备交易或事项内容、会计分录和有关人员的签名或盖章等基本内容。现以通用记账凭证为例，说明记账凭证的基本组成内容，如图5-12所示。

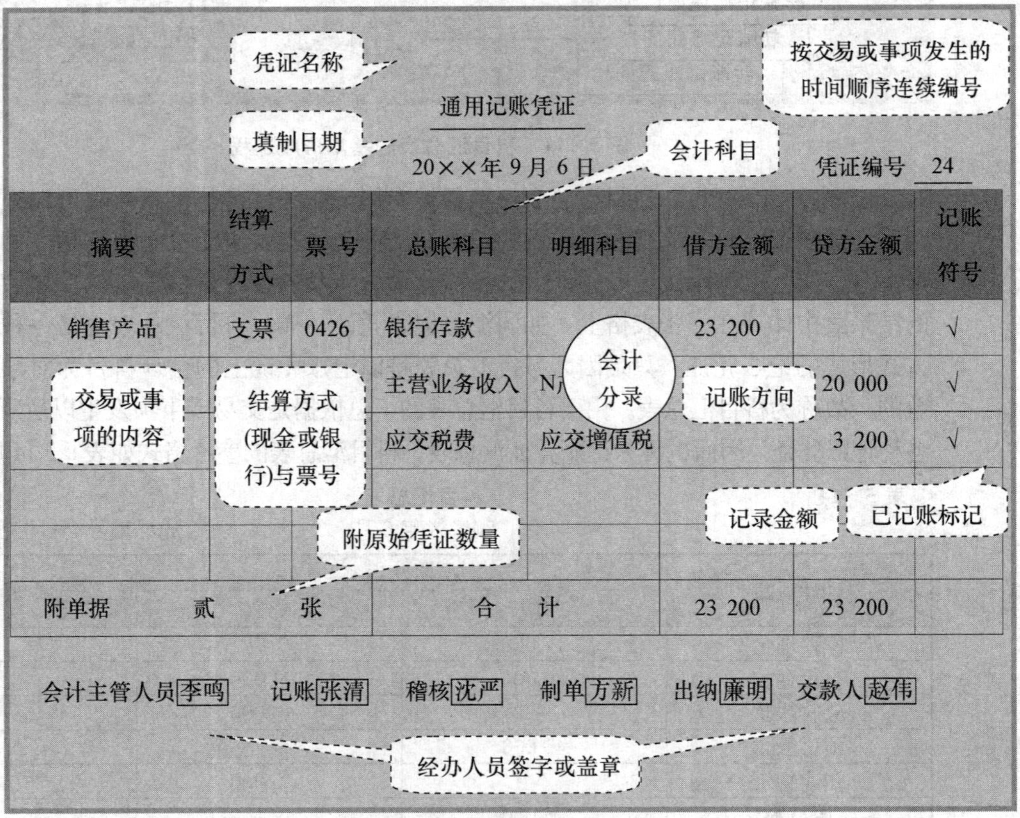

图5-12 记账凭证的基本组成内容

由图 5－12 可见，尽管构成记账凭证的基本内容很多，但核心内容是会计分录。基本内容中的记账方向、会计科目和记录金额三项构成了完整的会计分录。在专用记账凭证上，会计分录是按照设定的位置书写的，因而可以作为登记账簿（总分类账和明细分类账）的直接依据。

（二）记账凭证的填制方法

记账凭证种类很多，这里主要研讨通用记账凭证、专用记账凭证和科目汇总表的填制方法。

1. 通用记账凭证的填制方法。通用记账凭证的格式类似于转账记账凭证，凭证的要素内容也与转账记账凭证基本相同，只是反映的内容不再受交易或事项类别的限制，即在填制通用记账凭证时，不必考虑是收款交易或事项、付款交易或事项还是转账交易或事项，只要在记账凭证上直接进行会计分录的编制，并相应地填好其他内容就可以了。关于通用记账凭证的填制方法，可参见下面介绍的转账记账凭证的填制方法，此处先不讲述。

2. 专用记账凭证的填制方法及其应用。现结合企业生产过程和销售过程的交易或事项探讨专用记账凭证的填制及其应用方法。

（1）收款记账凭证的填制方法及其应用。收款记账凭证应根据有关库存现金和银行存款等收款交易或事项的原始凭证填制。

例 5－1

盛达公司销售 M 产品一批，价款 300 000 元，同时向购货方收取增值税销项税额 48 000 元，款项已收到，并已存入银行。

会计确认：这是一笔收款交易，涉及资产要素（“银行存款”，增加）、收入要素（“主营业务收入”，增加）和负债要素（“应交税费”，增加）。原始凭证是企业开具的增值税专用发票和银行开具的进账单。根据该原始凭证应填制收款记账凭证。

会计计量：按实际成本计量。“银行存款”账户增加 348 000 元；“主营业务收入”账户增加 300 000 元；“应交税费”账户增加 48 000 元。

根据以上确认和计量结果在收款记账凭证上填制会计分录等内容，如图 5－13 所示。

内容扩展

收款记账凭证上的主体科目 收款记账凭证反映的是收款交易或事项内容，在编制的会计分录中，借方科目应是“银行存款”或“库存现金”等，反映货币资金的增加，体现了收款交易或事项的本质特征。因而，在收款记账凭证中，其借方科目称为主体科目。

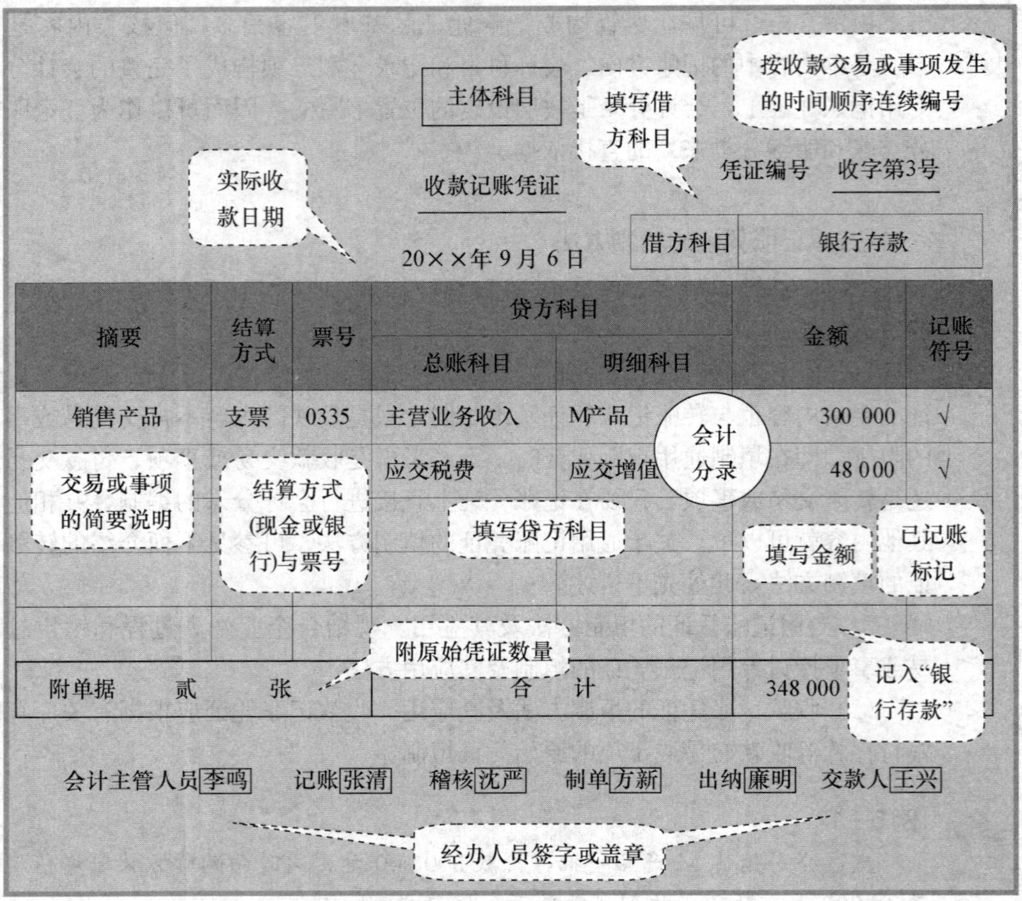

图5-13 收款记账凭证的填制方法

(2) 付款记账凭证的填制方法及其应用。付款记账凭证应根据有关库存现金和银行存款等支付交易或事项的原始凭证填制。

例5-2

盛达公司为促进产品的销售进行产品宣传，用银行存款支付广告费5 000元。

会计确认：这是一笔付款交易，涉及费用要素（"销售费用"，增加）和资产要素（"银行存款"，减少）。原始凭证是本企业开出的支票存根和广告公司开具的收款单据等。根据该原始凭证应填制付款记账凭证。

会计计量：按实际成本计量。"销售费用"账户增加5 000元；"银行存款"账户减少5 000元。

根据以上确认和计量结果在付款记账凭证上填制会计分录等内容，如图5-14所示。

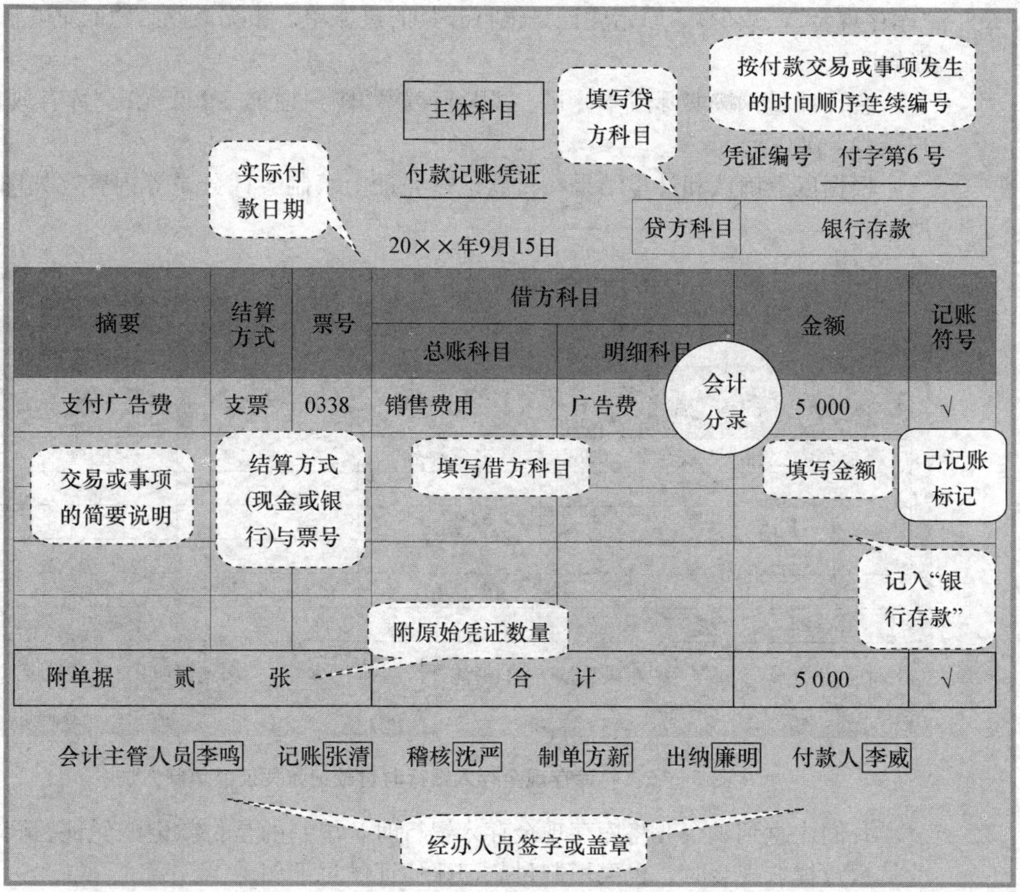

图 5－14　付款记账凭证的填制方法

内容扩展

付款记账凭证上的主体科目　付款记账凭证反映的是付款交易或事项内容，在编制的会计分录中，贷方科目应是"银行存款"或"库存现金"等，反映货币资金的减少，体现了付款交易或事项的本质特征。因而，在付款记账凭证中，其贷方科目称为主体科目。

一般而言，在收款或付款交易或事项发生以后，收款记账凭证和付款记账凭证的选择填制是比较容易的。但有些交易或事项属于收款和付款二者兼有，对这类交易或事项在记账凭证的填制上有特别的要求。

例 5－3

盛达公司将销售产品收到的现金 5 000 元存入银行。

会计确认：这是一笔属于库存现金和银行存款之间的存取交易，也称库存现金和银行存款之间相互划转交易，涉及资产要素的两个账户（"银行存款"，增加；

"库存现金"，减少)。原始凭证是银行开具的进账单。根据该原始凭证应填制付款记账凭证。

会计计量：按实际成本计量。"银行存款"账户增加5 000元；"库存现金"账户减少5 000元。

根据以上确认和计量结果在付款记账凭证上填制会计分录等内容，如图5-15所示。

付款记账凭证　　凭证编号　付字第7号

20××年9月15日　　贷方科目　库存现金

摘要	结算方式	票号	借方科目		金额	记账符号
			总账科目	明细科目		
现金存入银行	现金	0086	银行存款		5 000	√
附单据	壹	张	合　计		5 000	√

会计主管人员 李鸣　记账 张清　稽核 沈严　制单 方新　出纳 廉明　领款人 赵巍

图5-15　将库存现金存入银行时付款记账凭证的填制方法

我们注意到，企业将库存现金存入银行时，填制的是付款记账凭证。同样，企业从银行提取现金时，也要填制付款记账凭证。见下例。

例5-4

盛达公司从银行提取现金30 000元，准备支付产品展销费用。

会计确认：这是一笔属于库存现金和银行存款之间的存取交易，也称库存现金和银行存款之间相互划转交易，涉及资产要素的两个账户（"库存现金"，增加；"银行存款"，减少)。原始凭证是银行开具的付款通知。根据该原始凭证应填制付款记账凭证。

会计计量：按实际成本计量。"库存现金"账户增加30 000元；"银行存款"账户减少30 000元。

根据以上确认和计量结果在付款记账凭证上填制会计分录等内容，如图5-16所示。

从上述例5-3、例5-4交易的具体内容看，以上每一项交易都既具有收款性质，又具有付款性质。如将现金存入银行时，对于"库存现金"账户来说是付款，对"银行存款"账户来说则是收款；从银行提取现金时，对于"银行存款"账户来说是付款，对"库存现金"账户来说则是收款。虽然每笔交易中都有收款和付款两种情形，但没有必要既填制收款记账凭证，又填制付款记账凭证。这是因为，对于一项交易的账务处理只要填制一张记账凭证就可以满足记账需要了。

付款记账凭证

凭证编号　付字第8号

20××年9月17日

贷方科目　银行存款

摘要	结算方式	票号	借方科目		金额	记账符号
			总账科目	明细科目		
从银行提取现金	支票	0348	库存现金		30 000	√
附单据　壹　张			合计		30 000	√

会计主管人员 李鸣　记账 张清　稽核 沈严　制单 方新　出纳 廉明　交款人 赵巍

图 5-16　从银行提取现金时付款记账凭证的填制方法

那么，应当填制收款记账凭证和付款记账凭证的哪一种呢？由于这些交易均属于付款在先，收款在后，按照惯例，应统一按减少方填制付款记账凭证，而不再填制收款记账凭证。

（3）转账记账凭证的填制方法及其应用。转账记账凭证应根据企业发生的与货币资金收支无关的交易或事项的原始凭证填制。填制方法包括如下两种：一是由企业会计人员根据有关转账交易或事项发生后所取得的原始凭证填制。例如，企业生产产品消耗材料，购买设备或材料货款未付，销售产品后结转产品的成本等交易或事项发生以后，会计人员就应根据有关的原始凭证填制转账记账凭证。二是由会计人员根据账簿记录所提供的资料经过加工整理以后填制。例如，对于企业当月发生的制造费用需在月末时分配计入产品生产成本等事项，就是由会计人员根据重新编制的原始凭证而填制转账记账凭证的。转账记账凭证的格式和填制方法如图5-17所示。

例 5-5

盛达公司当月根据各种材料的领用单据编制的发出材料汇总表如表5-15所示。

表 5-15　　发出材料汇总表　　数量单位：千克

用途	甲材料			乙材料			金额合计
	数量	单价	金额	数量	单价	金额	
制造产品耗用							
M产品	20	4 000	80 000				80 000
N产品				7	5 000	35 000	35 000
制造部门一般耗用				1	5 000	5 000	5 000
合计	20	4 000	80 000	8	5 000	40 000	120 000

会计确认：这是一份汇总原始凭证，内容属于既不涉及货币资金收入，也不涉及货币资金付出的转账事项，涉及资产要素的三个账户（“生产成本”，增加；“制造费用”，增加；“原材料”，减少）。原始凭证是发出材料汇总表。依据该原始凭证应填制转账记账凭证。

会计计量：按实际成本计量。“生产成本”账户增加 115 000 元；“制造费用”账户增加 5 000 元；“原材料”账户减少 120 000 元。

根据以上确认和计量结果在转账记账凭证上填制会计分录等内容，参见图 5－17。

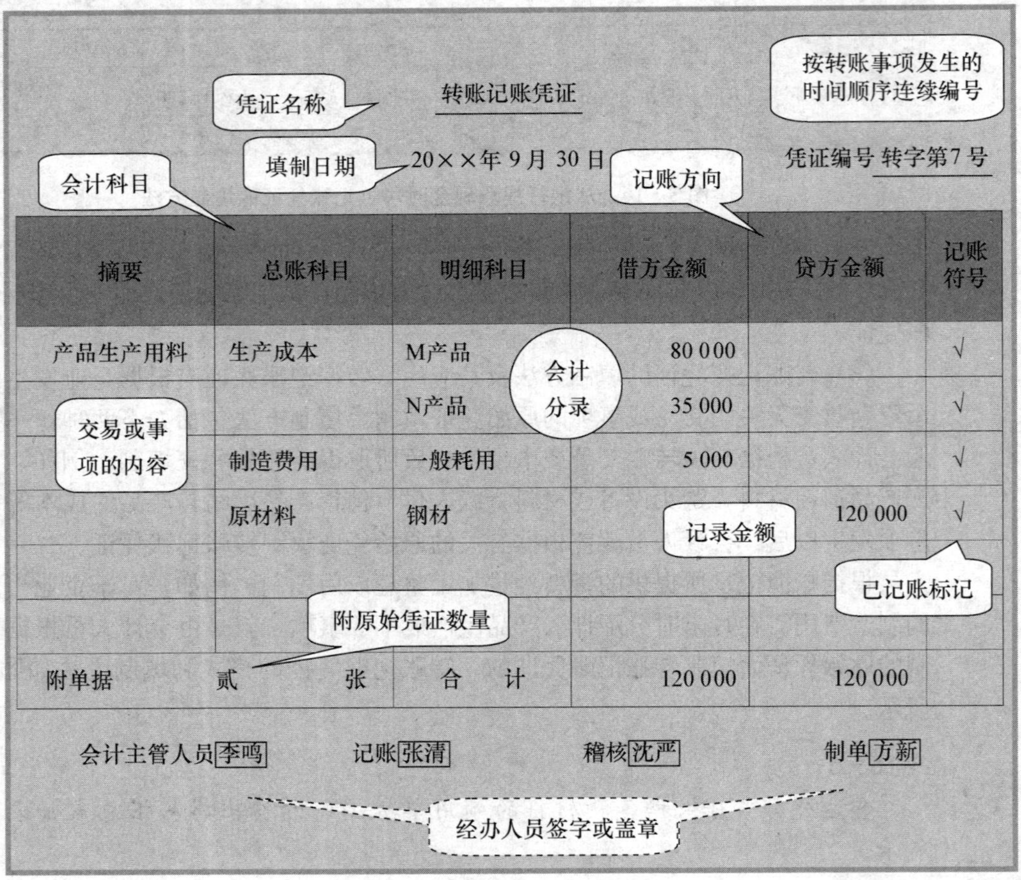

图 5－17 转账记账凭证的填制方法

例 5－6

盛达公司计算出本月应付职工工资 70 000 元。其中：生产 M 产品工人工资 50 000 元，生产 N 产品工人工资 15 000 元；产品生产车间管理人员工资5 000元。暂未支付。

会计确认：这是一个既不涉及货币资金收入，也不涉及货币资金付出的转账事项，一方面涉及资产要素的两个账户（“生产成本”，增加；“制造费用”增加）；另一方面涉及负债要素（“应付职工薪酬”，增加）。原始凭证是工资及福利费计算表。依据该原始凭证应填制转账记账凭证。

会计计量：按实际成本计量。“生产成本”账户增加65 000元；“制造费用”账户增加5 000元；“应付职工薪酬”账户增加70 000元。

根据以上确认和计量结果在转账记账凭证上填制会计分录等内容，具体填制方法如图5－18所示。

转账记账凭证

20××年9月30日　　　　凭证编号 转字第8号

摘要	总账科目	明细科目	借方金额	贷方金额	记账符号
工资分配	生产成本	M产品	50 000		√
		N产品	15 000		√
	制造费用	工资	5 000		√
	应付职工薪酬	工资		70 000	√
附单据	贰 张	合计	70 000	70 000	

会计主管人员 李鸣　　记账 张清　　稽核 沈严　　制单 方新

图5－18 工资分配事项转账记账凭证的填制方法

例5－7

盛达公司按各类与生产产品有关人员工资的14%计提福利费，计入成本。其中：生产M产品工人福利费7 000元，生产N产品工人福利费2 100元；产品生产车间管理人员福利费700元。

会计确认：这是一个既不涉及货币资金收入，也不涉及货币资金付出的转账事项，一方面涉及资产要素的两个账户（“生产成本”，增加；“制造费用”增加）；另一方面涉及负债要素（“应付职工薪酬”，增加）。原始凭证是工资及福利费计算表。依据该原始凭证应填制转账记账凭证。

会计计量：按实际成本计量。“生产成本”账户增加9 100元；“制造费用”账户增加700元；“应付职工薪酬”账户增加9 800元。

根据以上确认和计量结果在转账记账凭证上填制会计分录等内容，具体填制方法如图5－19所示。

例5－8

盛达公司按选用的折旧方法计算出产品生产车间本月使用生产设备折旧2 300元。

会计确认：这是一个既不涉及货币资金收入，也不涉及货币资金付出的转账事项，涉及资产要素的两个账户（“制造费用”，增加；“累计折旧”，增加）。原始凭证是固定资产折旧计算表。依据该原始凭证应填制转账记账凭证。

转账记账凭证

20××年9月30日　　凭证编号　转字第9号

摘要	总账科目	明细科目	借方金额	贷方金额	记账符号
福利费分配	生产成本	M产品	7 000		√
		N产品	2 100		√
	制造费用	福利费	700		√
	应付职工薪酬	福利费		9 800	√
附单据　壹　张		合计	9 800	9 800	

会计主管人员 李鸣　　记账 张清　　稽核 沈严　　制单 方新

图5-19　福利费分配事项转账记账凭证的填制方法

会计计量：按实际成本计量。“制造费用”账户增加2 300元；“累计折旧”账户增加2 300元。

根据以上确认和计量结果在转账记账凭证上填制会计分录等内容，具体填制方法如图5-20所示。

转账记账凭证

20××年9月30日　　凭证编号　转字第10号

摘要	总账科目	明细科目	借方金额	贷方金额	记账符号
提取折旧	制造费用	折旧费	2 300		√
	累计折旧			2 300	√
附单据　贰　张		合计	2 300	2 300	

会计主管人员 李鸣　　记账 张清　　稽核 沈严　　制单 方新

图5-20　固定资产折旧事项转账记账凭证的填制方法

例5-9

盛达公司本月发生制造费用13 000元，按规定方法计入所生产产品成本。其中：M产品应分摊10 000元，N产品应分摊3 000元。

会计确认：这是一个既不涉及货币资金收入，也不涉及货币资金付出的转账事项，涉及资产要素的两个账户（“生产成本”，增加；“制造费用”减少）。原始凭证是制造费用分配表。依据该原始凭证应填制转账记账凭证。

会计计量：按实际成本计量。“生产成本”账户增加 13 000 元；“制造费用”账户减少 13 000 元。

根据以上确认和计量结果在转账记账凭证上填制会计分录等内容，具体填制方法如图 5－21 所示。

转账记账凭证

20××年 9 月 30 日　　凭证编号　转字第 11 号

摘要	总账科目	明细科目	借方金额	贷方金额	记账符号
分配制造费用	生产成本	M 产品	10 000		√
		N 产品	3 000		√
	制造费用	折旧费等		13 000	√
附单据　贰　张		合计	13 000	13 000	

会计主管人员 李鸣　　记账 张清　　稽核 沈严　　制单 方新

图 5－21　制造费用分配事项转账记账凭证的填制方法

例 5－10

盛达公司本月生产的 M，N 两种产品于月末时全部完工，办理入库手续。假定 M 完工产品成本为 147 000 元，N 完工产品成本为 55 100 元。结转两种产品的完工产品成本。

会计确认：这是一个既不涉及货币资金收入，也不涉及货币资金付出的转账事项，涉及资产要素的两个账户（“库存商品”，增加；“生产成本”，减少）。原始凭证是完工产品成本计算表。依据该原始凭证应填制转账记账凭证。

会计计量：按实际成本计量。“库存商品”账户增加 202 100 元；“生产成本”账户减少 202 100 元。

根据以上确认和计量结果在转账记账凭证上填制会计分录等内容，具体填制方法如图 5－22 所示。

例 5－11

盛达公司本月生产的 M，N 两种产品本月全部销售。计算并结转销售成本计 202 100 元。其中：M 产品 147 000 元，N 产品 55 100 元。

会计确认：这是一个既不涉及货币资金收入，也不涉及货币资金付出的转账事项，涉及费用要素（“主营业务成本”，增加）和资产要素（“库存商品”，减少）。原

转账记账凭证

20××年 9 月 30 日　　凭证编号　转字第 12 号

摘要	总账科目	明细科目	借方金额	贷方金额	记账符号
结转完工产品成本	库存商品	M 产品	147 000		√
		N 产品	55 100		√
	生产成本	M 产品		147 000	√
		N 产品		55 100	√
附单据　贰	张	合　计	202 100	202 100	

会计主管人员 李鸣　　记账 张清　　稽核 沈严　　制单 方新

图 5-22　完工产品成本结转事项转账记账凭证的填制方法

始凭证是销售产品成本计算表。依据该原始凭证应填制转账记账凭证。

会计计量：按实际成本计量。“主营业务成本”账户增加 202 100 元；“库存商品”账户减少 202 100 元。

根据以上确认和计量结果在转账记账凭证上填制会计分录等内容，具体填制方法如图 5-23 所示。

转账记账凭证

20××年 9 月 30 日　　凭证编号　转字第 13 号

摘要	总账科目	明细科目	借方金额	贷方金额	记账符号
结转销售产品成本	主营业务成本	M 产品	147 000		√
		N 产品	55 100		√
	库存商品	M 产品		147 000	√
		N 产品		55 100	√
附单据　贰	张	合计	202 100	202 100	

会计主管人员 李鸣　　记账 张清　　稽核 沈严　　制单 方新

图 5-23　销售产品成本事项转账记账凭证的填制方法

特别提示

在转账记账凭证上编制会计分录的特别做法　从上面的举例可见，该做法完全不同于在收款记账凭证和付款记账凭证上编制会计分录，这是由转账记账凭证的特有格式所决定的。具体要求是按照先借后贷的顺序将会计分录中的记账方向、会计科目和金额等都填写在表格中的相应栏次，在表格上方不再设立主体科目的位置。

专用记账凭证是在传统的通用记账凭证基础上发展而来的一种记账凭证。其优点在于：记账凭证分工细化，可更为具体地反映企业发生的各类交易或事项的详细内容；在同一张记账凭证上能够编制出一笔交易或事项的完整分录，直接体现相关账户之间的对应关系，便于进行检查核对；有利于有关部门和人员之间相互牵制，便于在会计部门内部实行岗位责任制。其缺点在于：一是不便于汇总。编制汇总记账凭证和科目汇总表是以专用记账凭证上的会计科目为依据的，由于专用记账凭证上往往有两个或更多个会计科目，在汇总时对专用记账凭证要反复使用，容易造成汇总上的遗漏。二是制证工作量较大。采用专用记账凭证时，在一张记账凭证上只能反映一项交易或事项内容，因而，企业发生的交易或事项量越大，需要填制的专用记账凭证数量也就越多。特别是在手工记账的情况下，这方面的缺点尤为突出。三是如果根据专用记账凭证直接登记总分类账和明细分类账，会造成重复劳动，增加账簿登记的工作量。以上缺点在企业使用通用记账凭证时同样存在。因此，为减轻账簿登记的工作量，可以采用一定的方法对以上专用或通用记账凭证进行汇总，之后，根据汇总的结果登记总分类账，而专用或通用记账凭证只用来作为登记明细分类账的依据。

3. 科目汇总表的填制及其应用。科目汇总表是根据专用记账凭证或通用记账凭证经过一定的汇总过程形成的一种记账凭证。

（1）科目汇总表的基本填制方法。根据企业在一定会计期间发生的交易或事项所填制的所有记账凭证（专用记账凭证或通用记账凭证），按照相同会计科目加以归类，定期（每 10 天或 15 天，或每月一次）分别汇总记账凭证上的每一个科目的借方、贷方的发生额，并将汇总结果填列于科目汇总表的相应栏内，借以反映该汇总期间全部账户的借方、贷方发生额。汇总得到的各科目发生额合计数是登记相关总分类账户的依据，据其登记总分类账时，只需要将各科目的本期借方、贷方发生额的合计数分次或月末一次记入相应总分类账的借方或贷方即可。

（2）科目汇总表的填制应用举例。

例 5-12

假定某公司 2018 年 8 月 1—10 日发生如下交易或事项，据其所填制的专用记账凭证如图 5-24 所示。

观察这些记账凭证会发现，在记账凭证中编制的会计分录涉及若干会计科目，而有些会计科目在不同记账凭证上是重复出现的，只是发生额多少和记账方向有所不同而已，这为将相同会计科目的借方、贷方发生额分别进行汇总提供了可能。在实务中，对于各科目的发生额可利用科目汇总表工作底稿进行汇总。

①2日，收到投资者投资存入银行。（收1）
借：银行存款　800 000
　贷：股本　800 000

②3日，用现金购买办公用品。（付1）
借：管理费用　400
　贷：库存现金　400

③4日，购买材料款已付，尚未运达企业。（付2）
借：在途物资　50 000
　　应交税费　8 000
　贷：银行存款　58 000

④4日，销售产品，货款已存入银行。（收2）
借：银行存款　34 800
　贷：主营业务收入　30 000
　　　应交税费　4 800

⑤5日，生产产品耗用材料。（转1）
借：生产成本　20 000
　贷：原材料　20 000

⑥8日，收到投资者投入的房屋。（转2）
借：固定资产　100 000
　贷：股本　100 000

⑦8日，购买材料尚未验收入库，款未付。（转3）
借：在途物资　40 000
　　应交税费　6 400
　贷：应付账款　46 400

⑧8日，销售产品，货款已收到。（收3）
借：银行存款　23 200
　贷：主营业务收入　20 000
　　　应交税费　3 200

⑨9日，生产产品耗用材料。（转4）
借：生产成本　15 000
　贷：原材料　15 000

⑩10日，用银行存款购买办公用品。（付3）
借：管理费用　1 000
　贷：银行存款　1 000

图 5-24　根据某公司 2018 年 8 月 1—10 日发生的交易或事项编制的专用记账凭证

说明：图中虚线圈内的文字和数字表示专用记账凭证的连续编号。如果不考虑这些编号，也可将这些记账凭证视为通用记账凭证。

特别提示

填写科目汇总表工作底稿并不是记账　从该底稿采用的汇总形式的外表看酷似T形账户，但并不是在T形账户中记账，而是运用这种汇总形式对记账凭证上各个会计科目的发生额进行汇总，以便为编制科目汇总表提供数据。另外，科目汇总表可以根据账务处理需要定期分次编制，也可每月编制一次，例 5-12 假定按旬编制。

科目汇总表工作底稿的格式以及例 5-12 的汇总情况如图 5-25 所示。

根据以上汇总结果编制的科目汇总表如图 5-26 所示。

在科目汇总表上汇总的各会计科目在一定会计期间的汇总发生额，可以作为登记总分类账的依据，可大大减轻登记总分类账的工作量。在这一点上，科目汇总表

科目汇总表工作底稿

2018年8月1—10日

借方	库存现金		贷方
		②	400
		合计	400

借方	银行存款		贷方
①	800 000	③	58 000
④	34 800	⑩	1 000
⑧	23 200		
合计	858 000	合计	59 000

借方	在途物资		贷方
③	50 000		
⑦	40 000		
合计	90 000		

借方	原材料		贷方
		⑤	20 000
		⑨	15 000
		合计	35 000

借方	生产成本		贷方
⑤	20 000		
⑨	15 000		
合计	35 000		

借方	固定资产		贷方
⑥	100 000		
合计	100 000		

借方	应付账款		贷方
		⑦	46 400
		合计	46 400

借方	应交税费		贷方
③	8 000	④	4 800
⑦	6 400	⑧	3 200
合计	14 400	合计	8 000

借方	股本		贷方
		①	800 000
		⑥	100 000
		合计	900 000

借方	主营业务收入		贷方
		④	30 000
		⑧	20 000
		合计	50 000

借方	管理费用		贷方
②	400		
⑩	1 000		
合计	1 400		

图 5-25 科目汇总表工作底稿及对记账凭证的汇总过程

与汇总记账凭证具有相同的作用。

科目汇总表的优点在于：第一，格式简单，方便使用，编制方法易于掌握；第二，种类单一，成本较低；第三，汇总结果可用以检验记账凭证编制的正确性，进而保证账簿登记的准确性；第四，适用范围较广，不论是使用专用记账凭证的企业，还是使用通用记账凭证的企业均适用。

科目汇总表

2018年8月1—10日　　凭证编号　科汇字第1号

会计科目	本期发生额		总账页数
	借方	贷方	
库存现金		400	
银行存款	858 000	59 000	
在途物资	90 000		
原材料		35 000	
生产成本	35 000		
固定资产	100 000		
应付账款		46 400	
应交税费	14 400	8 000	
股本		900 000	
主营业务收入		50 000	
管理费用	1 400		
合计	1 098 800	1 098 800	

每一会计科目的汇总发生额可作为登记有关总账账户的依据，这样可减轻总账记录的工作量

一定会计期间所有会计科目发生额的借、贷双方的合计数必须相等；可用以检验记账凭证编制的正确性

图 5-26　科目汇总表的汇总结果

特别提示

科目汇总表上汇总金额之间的相等关系　由于专用或通用记账凭证是根据借贷记账法的记账规则编制的，因而，在科目汇总表上汇总得出的一定会计期间所有账户的借方发生额合计与其贷方发生额合计应相等。利用这种相等关系可以检查记账凭证填制的正确性，进而保证账户登记的准确性。

4. 汇总记账凭证的填制方法及其应用。汇总记账凭证是在填制各种专用记账凭证的基础上，按照一定的方法进行汇总完成的。

（1）汇总收款记账凭证的填制方法。按收款记账凭证上会计分录中的借方科目（也称主体科目）设置汇总收款记账凭证，按它们相应的贷方科目定期（如每5天或10天）汇总，每月填制一张。汇总时计算出每一个贷方科目的发生额合计数，填入汇总收款记账凭证的相应栏次。

填制汇总收款记账凭证应注意以下几点：第一，应确定是以收款记账凭证上的哪一个会计科目为主进行汇总。在填制汇总收款记账凭证时，应按“库存现金”或“银行存款”科目设置汇总凭证上的主体科目，以其为主进行汇总。第二，按相应的贷方科目汇总，即按收款记账凭证上分录中与“库存现金”或“银行存款”科目对应的贷方科目汇总。尽管在一定的会计期间内，企业可能会发生若干笔收款交易

或事项，但就同一类交易或事项而言，其贷方科目应是完全相同的。例如，企业每次销售产品收到货款存入银行，会计分录都是借记“银行存款”，贷记“主营业务收入”和“应交税费”，只是各次交易的发生额有所不同而已。这样，就可以按贷方科目对其在一定会计期间内若干同类交易发生额进行汇总。第三，汇总以后得到的各个贷方科目发生额的合计数，也就是主体科目的发生额合计数。例如，以“银行存款”为主体科目，按其对应的贷方科目进行汇总，可以得到一定会计期间内“银行存款”科目的发生额总额。经过汇总得到的汇总收款记账凭证上各个科目的发生额合计数，可以作为登记“银行存款”等账户的依据。

例 5-13

假定某公司按旬编制汇总记账凭证，2018 年 8 月 1—10 日发生了如图 5-24 所示的三笔收款交易，即①，④，⑧。在收款记账凭证上编制的会计分录见图 5-24。

在以上为银行存款收款交易编制的收款记账凭证中，会计分录的借方科目均为“银行存款”，涉及的贷方科目有三个。其中：涉及“股本”科目的有一份凭证，涉及“主营业务收入”和“应交税费”科目的有两份凭证。按借方科目设置汇总收款记账凭证，按贷方科目进行汇总，可以计算出该公司 8 月 1—10 日对应于“银行存款”科目的其他科目的发生额为：

“股本”科目发生额：800 000 元

“主营业务收入”科目发生额：30 000＋20 000＝50 000(元)

“应交税费”科目发生额：4 800＋3 200＝8 000(元)

由此也可汇总出：

“银行存款”科目发生额：800 000＋50 000＋8 000＝858 000(元)

根据以上汇总结果编制的汇总收款记账凭证如图 5-27 中“1—10 日凭证”栏所示。

按借方科目设置

汇总收款记账凭证

借方科目：银行存款

贷方科目	金额				总账页数	
	1—10日凭证 1～3号	11—20日凭证 4～10号	21—31日凭证 11～15号	合计	借方	贷方
股本	800 000			800 000		
主营业务收入	50 000	80 000	60 000	190 000		
应交税费	8 000	12 800	9 600	30 400		
合　计	858 000	92 800	69 600	1 020 400		

按贷方科目汇总

这两栏数字为假设

月终合计，记入有关总账

记入“银行存款”账户借方

图 5-27　汇总收款记账凭证的编制方法及用途

特别提示

填制汇总收款记账凭证时对收款记账凭证填制的特别要求 为便于填制汇总收款记账凭证，在日常填制收款记账凭证时，会计分录的形式最好是一借一贷、一借多贷，不宜多借一贷或多借多贷。由于汇总收款记账凭证是按借方科目设置的，多借一贷或多借多贷的会计分录容易造成账户之间的对应关系不清晰，也会给编制汇总收款记账凭证带来不便。

（2）汇总付款记账凭证的填制方法。按付款记账凭证上会计分录中的贷方科目（“库存现金”或“银行存款”等）设置汇总付款记账凭证，按它们相应的借方科目定期（如每5天或10天）汇总，每月填制一张。汇总时计算出每一个借方科目发生额合计数，填入汇总付款记账凭证的相应栏次。

例5-14

假定某公司按旬编制汇总记账凭证，2018年8月1—10日发生了如图5-24所示的两笔银行存款付款交易，即③和⑩。在付款记账凭证上编制的会计分录见图5-24。

在以上为银行存款付款交易填制的付款记账凭证中，会计分录的贷方科目均为“银行存款”，涉及的借方科目有三个。其中：涉及“在途物资”和“应交税费”科目的有一份凭证，涉及“管理费用”科目的有一份凭证。按贷方科目设置付款汇总记账凭证，按借方科目进行汇总，可以计算出该公司8月1—10日对应于“银行存款”科目的其他科目的发生额为：

“在途物资”科目发生额：50 000元
“应交税费”科目发生额：8 000元
“管理费用”科目发生额：1 000元

由此也可汇总出：

“银行存款”科目贷方发生额：58 000＋1 000＝59 000(元)

根据以上汇总结果填制的汇总付款记账凭证如图5-28中“1—10日凭证”栏所示。

特别提示

填制汇总付款记账凭证时对付款记账凭证填制的特别要求 为便于填制付款汇总记账凭证，在日常填制付款记账凭证时，会计分录的形式最好是一借一贷、多借一贷，不宜一借多贷或多借多贷。具体原因与汇总收款凭证类似。

（3）汇总转账记账凭证的填制方法。按转账记账凭证上会计分录中的贷方科目（如“原材料”“固定资产”等）设置汇总转账记账凭证，按相应的借方科目定期（如每5天或10天）汇总，每月填制一张。计算出每一个借方科目发生额合计数，之后填入转账汇总记账凭证的相应栏次。具体汇总过程与汇总付款记账凭证基本相

按贷方科目设置

汇总付款记账凭证

贷方科目：银行存款

借方科目	金额				总账页数	
	1—10日凭证2号、3号	11—20日凭证4～9号	21—30日凭证10～14号	合计	借方	贷方
在途物资	50 000	70 000	60 000	180 000		
应交税费	8 000	11 900	10 200	30 100		
管理费用	1 000	800	1 600	3 400		
合　计	59 000	82 700	71 800	213 500		

月终合计，记入有关总账

按借方科目汇总

这两栏数字为假设

记入“银行存款”账户贷方

图 5-28　汇总付款凭证的编制方法及用途

同，此处不再赘述。

特别提示

填制汇总转账记账凭证时对转账记账凭证填制的特别要求　为便于进行汇总转账记账凭证的填制，在日常填制转账记账凭证时，会计分录的形式最好是一借一贷、多借一贷，不宜一借多贷或多借多贷。具体原因与汇总收款记账凭证类似。

汇总记账凭证的最大优点是可以减轻登记总分类账的工作量。由于在汇总记账凭证上已经将本期所有账户的发生额进行了全面汇总，就可以定期或不定期地按其汇总金额登记有关总分类账，而不必再根据大量的专用记账凭证逐笔登记。因此可大大减轻登记总分类账的工作量。汇总记账凭证的缺陷是填制程序比较烦琐，进行各种专用记账凭证汇总时，不仅汇总的工作量大，而且容易产生汇总错误并且难以发现，因而这种汇总方法在实务中已很少采用。

第四节　记账凭证的填制与审核

一、记账凭证的填制要求

填制记账凭证时，除应遵守前述填制原始凭证的要求外，还应特别注意以下几点：

（一）摘要简明扼要

主要是指在专用、通用记账凭证上的“摘要”栏对交易或事项内容的文字说明应简练明确，抓住要点，既要防止简而不明，又要避免过于烦琐。反映财产物资变动内容的记账凭证，在“摘要”栏中应注明品种、数量和单价；反映库存现金和银行存款的账户，应注明结算凭证的种类及号码、收付款单位的名称等。这样做的目的是便于记账时登记有关的明细分类账户及填写相应栏次的内容。

（二）科目运用准确

在专用、通用记账凭证中编制会计分录，以及记账凭证汇总过程中所使用的会计科目，应按统一规范填写科目名称，不得随意简化或改动。在记账凭证上需要列示的二级或明细科目也要填列齐全。各种记账凭证上应借应贷的记账方向和账户对应关系应当清楚。编制复合会计分录时，应根据交易或事项的类型确定会计分录的种类，一般应是一借一贷、一贷多借或一借多贷。

（三）附单据应齐全

单据即填制记账凭证所依据的原始凭证，原始凭证应齐全完整，并应在记账凭证上用大写数字注明原始凭证的份数，防止人为抽换或损毁，也便于与记账凭证上的内容相互核对。有些交易或事项若有相应的合同、协议等可资证明文件，也应作为附件与记账凭证一并存放。需要说明的是，企业更正某些错账以及期末结账时也需填制必要的记账凭证，但这样的记账凭证是根据账户所提供的内容及金额或据以判断的金额填制的，并没有原始凭证，根据这样的事项填制的记账凭证可以不附原始凭证。

（四）凭证应连续编号

对编制完毕的专用、通用记账凭证应连续编号，以便登记账簿时使用。企业采用专用记账凭证时，可按各类凭证分类连续编号，具体有两种方法：

1. 三种凭证，三种编号。即分别按照收款记账凭证、付款记账凭证和转账记账凭证填制的时间顺序，每月从收字第 1 号、付字第 1 号和转字第 1 号编起，编至本月填制的最后一张记账凭证为止，如图 5－29 所示。

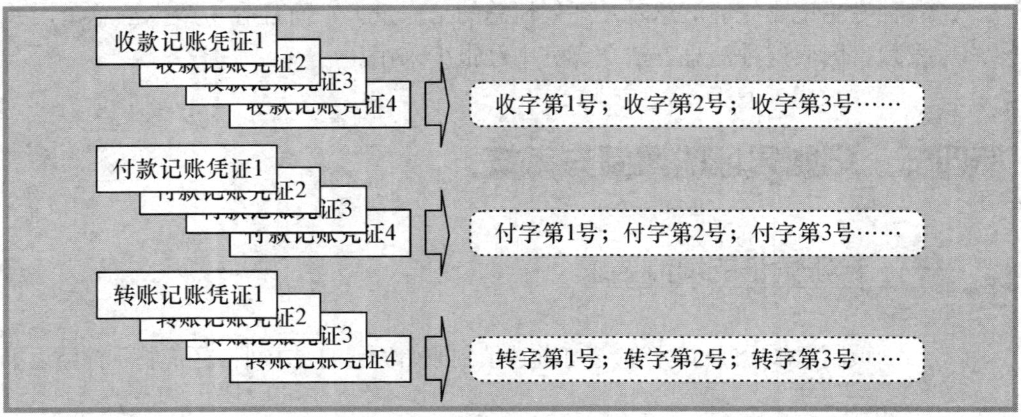

图 5－29　对专用记账凭证的三种编号方法

2. 三种凭证，五种编号。即将收款记账凭证和付款记账凭证分别按照收付款的方式再划分为库存现金收款凭证、银行存款收款凭证、库存现金付款凭证和银行存款付款凭证四类，对转账记账凭证仍单独编号，这样就形成了该种编号方法，如图 5－30 所示。

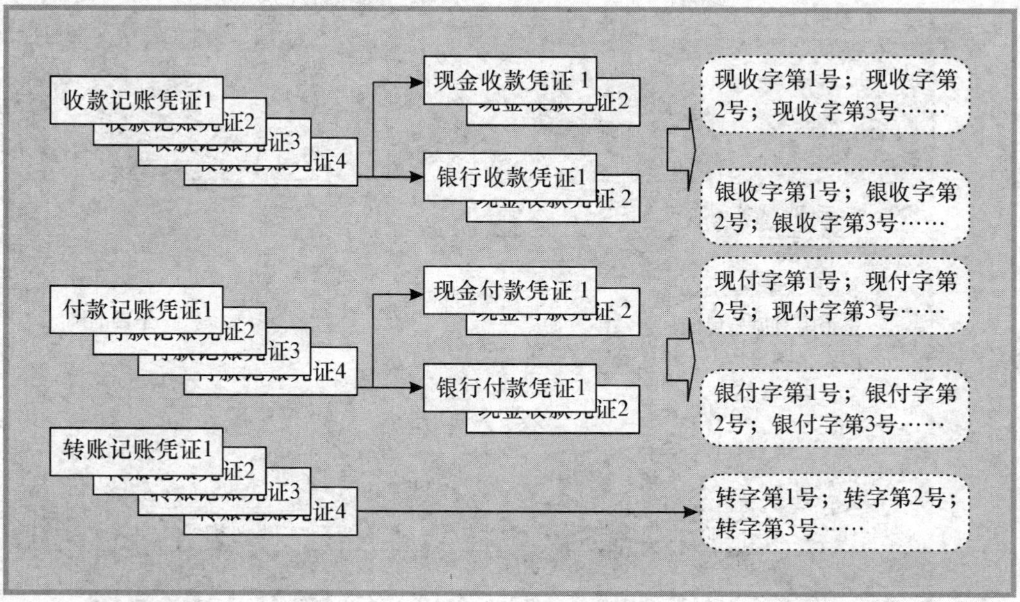

图 5－30　对专用记账凭证的五种编号方法

以上介绍的是专用记账凭证的编号方法，汇总记账凭证和科目汇总表的编号方法与专用记账凭证有所不同，应采用“汇收字第×号”、“汇付字第×号”、“汇转字第×号”和“科汇字第×号”字样按月连续编号。

二、记账凭证的审核

记账凭证是登记账簿的直接依据，收款记账凭证和付款记账凭证还是出纳人员收付款项的依据。为保证账簿登记的正确性，监督货币资金收支等交易或事项的合理性和合法性，对于填制完毕的记账凭证，除应由填制人员自行审核外，还应在会计部门建立必要的专人稽核制度。对记账凭证的审核可结合图 5－31 加以理解。

第五节　会计凭证的传递与保管

一、会计凭证的传递

会计凭证的传递是指会计凭证从取得、填制、使用到归档保管为止，在企业内部有关部门和人员之间传递的程序。

会计凭证是办理交易或事项的依据，这决定了会计凭证具有在相关的职能部门

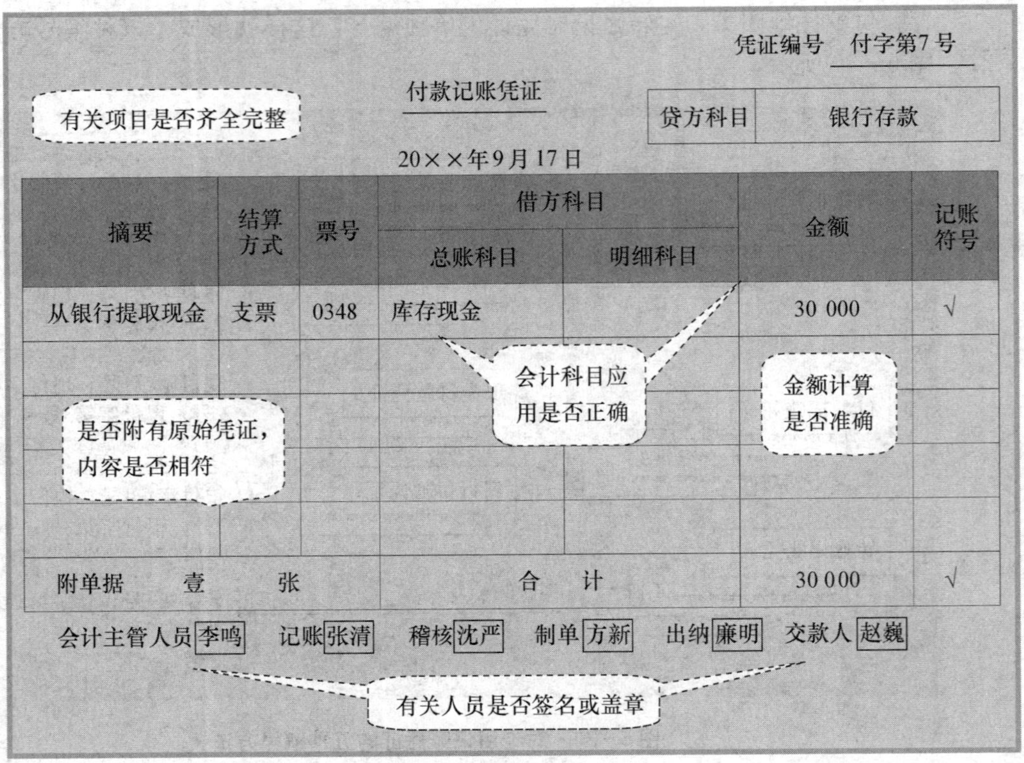

图5-31 记账凭证的审核

和有关人员之间传递流动的特性。会计凭证的传递程序如图5-32所示。

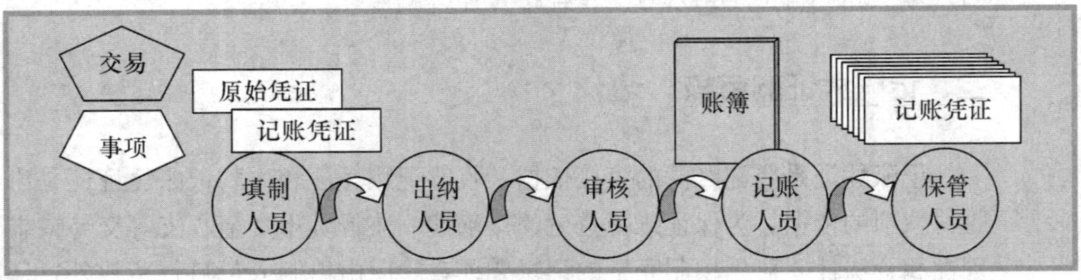

图5-32 会计凭证的传递程序

企业发生的交易或事项内容不同，会计凭证的传递程序也不尽相同，但在传递上都应注意以下几个方面。

1. 确定有序的传递路线。会计凭证的传递路线是指凭证的流经环节及先后次序。应根据交易或事项处理上的要求，确定合理有序的凭证传递路线，使会计凭证沿着最快捷、最合理的流向传递，既要保证经办人员能够及时进行交易或事项的处理和会计人员进行账务处理，又要避免凭证传递“越位”。

2. 明确合理的传递时间。传递时间是指会计凭证在有关部门或人员手中停留的时间。应根据各个环节处理交易或事项的需要，合理地确定会计凭证在有关部门或人员手中的停留时间，避免停留时间过长而影响下一个环节的处理。

3. 办理严密的传递手续。会计凭证的传递手续是指相关部门或人员在凭证的交接过程中应当办理的手续。为避免会计凭证的丢失或损坏，消除会计凭证在传递过程中的安全隐患，应在凭证交接的各个环节办理交接手续，明确各个环节及有关人员的责任。

二、会计凭证的保管

会计凭证的保管主要是指对各种会计凭证的保存与管理。会计凭证是企业的重要经济档案资料，应当采取措施妥善保管，特别应注意以下几个环节。

1. 整理归类，装订成册。企业在每个月末，一般应对本月已登记入账的记账凭证进行整理，按照编号顺序连同所附原始凭证装订成册，以防散失。对于数量过多的原始凭证，也可以单独装订保管。为便于日后进行查阅，应在装订成册的凭证上加具封面，注明单位名称，填制凭证的会计期间，标明会计凭证的种类及数量等，并由有关人员签名或盖章。会计凭证装订封面的基本格式如图5－33所示。

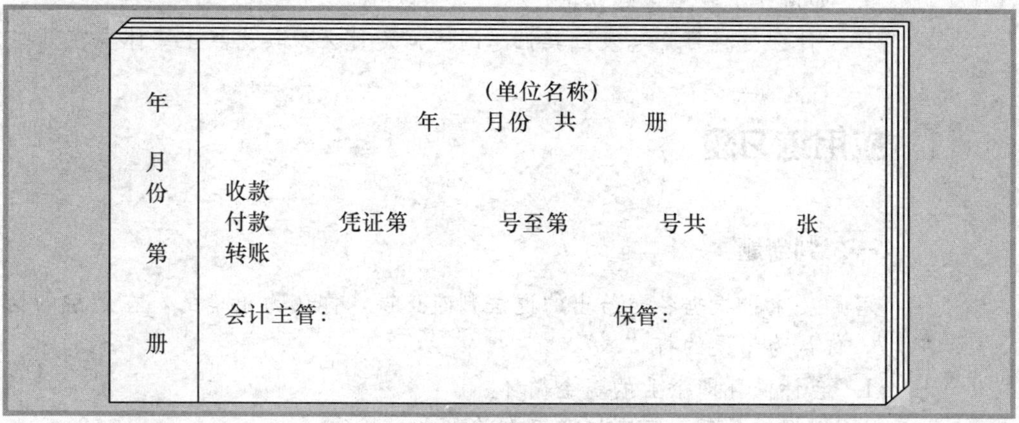

图5－33　会计凭证装订封面的基本格式

2. 编造清册，归档保管。会计年度终了时，由会计部门按照会计凭证归档的要求整理立卷。当年的会计凭证可以在年度终了后由会计部门保管一年，以便于对跨年度的交易或事项进行核对与接续处理。期满后应由会计部门编造清册，移交本单位档案部门，按档案保管的要求妥善保管。

3. 妥善保管，控制借阅。对处于保管过程中的会计凭证，既要防止自然环境等因素可能造成的损害，也要防止人为原因的损坏和丢失等，应采取得力措施严密保管。保管中的会计凭证原则上不得外借，如有特殊需要，须报经单位负责人批准，但不得拆散原卷册，并应限期归还。对外提供的原始凭证的复印件应在专设的登记簿上登记，并由提供人员和收取人员签名或盖章。

4. 保管期满，酌情处理。会计凭证的保管期限一般为15年。保管期未满时，任何人都不得私自随意销毁会计凭证。保管期满后，应按规定销毁。对按规定需要永久保存的会计凭证不得销毁。

□ 复习思考题

1. 什么是会计循环？会计凭证这种会计方法在会计循环中占有怎样的地位？
2. 会计凭证有哪些作用？包括哪些基本种类？
3. 什么是原始凭证？原始凭证有哪些种类？
4. 原始凭证的基本内容包括哪些？原始凭证的填制应遵循哪些要求？
5. 什么是记账凭证？记账凭证有哪些种类？
6. 按与记账凭证填制的关系，企业的交易或事项可以分为哪些类型？这种分类方法与填制专用记账凭证有什么关系？
7. 记账凭证的基本内容包括哪些？它与原始凭证的主要区别是什么？
8. 什么是通用记账凭证？其主要优点是什么？
9. 如何评价专用记账凭证？
10. 什么是科目汇总表？其汇总的依据是什么？其优点主要体现在哪些方面？

□ 应用练习题

一、判断题

答题要求：根据各题给出的说法判断正误，你认为正确的，在题后的括号中打“√”，你认为错误的打“×”。

1. 会计循环即企业的资金循环。（　　）
2. 根据原始凭证可直接登记有关账户。（　　）
3. 原始凭证都是直接根据实际发生的交易或事项填制的。（　　）
4. 企业在交易中取得的增值税专用发票属于外来原始凭证。（　　）
5. 企业的累计原始凭证可多次使用。（　　）
6. 科目汇总表也称记账凭证汇总表。（　　）
7. 单一记账凭证与专用记账凭证的组成内容是相同的。（　　）
8. 对库存现金与银行存款之间相互划转的业务应填制付款记账凭证。（　　）
9. 转账业务就是指库存现金和银行存款之间的相互划转业务。（　　）
10. 科目汇总表上反映的是若干项交易或事项的内容。（　　）

二、单项选择题

答题要求：在下面各题的备选答案中只有一个是正确答案，选择你认为正确的答案，在题尾的括号中顺序写出该备选答案的英文字母编号。

1. 当交易或事项发生以后，在会计上首先要做的是（　　）。

A. 进行会计确认　　　　B. 进行会计计量

C. 获取有关凭证　　D. 进行会计记录

2. 下列说法中，关于会计凭证的定义不正确的说法是（　　）。

A. 检验账户记录准确性的方法　　B. 用以明确经济责任的证明文件

C. 会计的方法之一　　D. 据以登记账簿的证明文件

3. 下列各项中，企业自制原始凭证与外来原始凭证共有的种类是（　　）。

A. 一次原始凭证　　B. 累计原始凭证

C. 汇总原始凭证　　D. 重编原始凭证

4. 在交易或事项发生时取得或填制的会计凭证是（　　）。

A. 原始凭证　　B. 记账凭证　　C. 汇总凭证　　D. 重编凭证

5. 根据账簿记录的结果对某些特定事项加以归类、整理、重新编制的原始凭证是（　　）。

A. 一次原始凭证　　B. 累计原始凭证

C. 汇总原始凭证　　D. 重编原始凭证

6. 下列各项中，不属于专用记账凭证的是（　　）。

A. 收款记账凭证　　B. 付款记账凭证

C. 通用记账凭证　　D. 转账记账凭证

7. 企业用库存现金购买了一批办公用品，对这项交易应填制的记账凭证是（　　）。

A. 收款记账凭证　　B. 付款记账凭证

C. 科目汇总表　　D. 转账记账凭证

8. 企业材料仓库发出材料一批用于产品生产，对该事项应填制的记账凭证是（　　）。

A. 收款记账凭证　　B. 付款记账凭证

C. 转账记账凭证　　D. 科目汇总表

9. 下列各项中，属于专用记账凭证的优点的是（　　）。

A. 会增加账簿登记的工作量　　B. 直接体现相关账户的对应关系

C. 填制记账凭证工作量较大　　D. 不便于进行记账凭证的汇总

10. 下列各项中，属于专用记账凭证的缺点的是（　　）。

A. 详细反映企业的各类交易或事项　　B. 直接体现相关账户的对应关系

C. 利于相关部门和人员相互牵制　　D. 增加账簿登记的工作量

三、多项选择题

答题要求：在下面各题的备选答案中至少有两个是正确答案，选择你认为正确的答案，在题尾的括号中顺序写出这些备选答案的英文字母编号。

1. 下列说法中，关于会计凭证的定义正确的说法有（　　）。

A. 用以记载交易或事项的证明文件　　B. 用以明确经济责任的证明文件

C. 据以登记账簿的证明文件　　D. 检验记录准确性的专门方法

E. 会计上的一种专门方法

2. 下列各项中，属于企业自制原始凭证的有（　　）。

A. 银行收款通知　　B. 领料单
C. 限额领料单　　D. 发出材料汇总表
E. 供应商开具的增值税专用发票

3. 按填制手续和内容不同分类，原始凭证可分为（　　）。
A. 一次原始凭证　　B. 累计原始凭证
C. 汇总原始凭证　　D. 外来原始凭证
E. 重编原始凭证

4. 下列各种凭证中，属于在交易或事项发生时不能直接取得或填制的原始凭证的有（　　）。
A. 一次原始凭证　　B. 累计原始凭证
C. 汇总原始凭证　　D. 收款记账凭证
E. 重编原始凭证

5. 下列各种原始凭证中，属于在交易或事项完成时由本企业经办人员填制的有（　　）。
A. 领料单　　B. 限额领料单　　C. 入库单　　D. 发出材料汇总表
E. 借款单

6. 下列各项中，属于原始凭证填制应遵循的要求的有（　　）。
A. 记录真实　　B. 手续完备　　C. 内容齐全　　D. 书写规范
E. 填制及时

7. 下列记账凭证中，属于专用记账凭证的有（　　）。
A. 收款记账凭证　　B. 付款记账凭证
C. 转账记账凭证　　D. 汇总记账凭证
E. 科目汇总表

8. 下列交易或事项中，应当填制收款记账凭证的有（　　）。
A. 收到投资者投资，存入银行　　B. 从银行提取现金
C. 收到投资者投入企业设备　　D. 收到货款及税金，存入银行
E. 购入材料，货款暂未支付给销售方

9. 下列交易或事项中，应当填制转账记账凭证的有（　　）。
A. 收到投资者投入企业材料　　B. 用银行存款支付购买材料货款
C. 将盈余公积金转为资本金　　D. 企业管理部门领用材料
E. 用现金支付材料运费

10. 下列各项中，属于专用记账凭证的缺点的有（　　）。
A. 详细反映企业的各类交易或事项　　B. 直接体现相关账户的对应关系
C. 不便于进行记账凭证的汇总　　D. 增加账簿登记的工作量
E. 填制记账凭证工作量较大

四、模拟实训题

模拟实训题（一）

1. 实训资料：会计凭证相关知识，特别是专用记账凭证的内容；假定鸿升公

司 2018 年 10 月发生如下交易或事项：

(1) 10 月 3 日，收到投资者投入的货币资金 200 000 元，已存入银行。原始凭证为银行存款通知单 1 张。

(2) 10 月 5 日，用银行存款购入不需要安装设备一台，价款 40 000 元，增值税进项税额 6 400 元。原始凭证为银行存款转账支票存根 1 张，销售设备企业增值税专用发票 1 张。

(3) 10 月 10 日，发出材料一批，实际成本 12 000 元，用于产品生产。原始凭证为领料单 1 张。

(4) 10 月 15 日，从银行提取现金 2 000 元。原始凭证为现金支票存根 1 张，银行付款通知单 1 张。

(5) 10 月 17 日，借入短期借款 20 000 元，已存入银行。原始凭证为借款合同 1 份，银行收款通知单 1 张。

(6) 10 月 18 日，用银行存款 35 000 元偿还应付账款。原始凭证为银行存款转账支票存根 1 张，银行付款通知单 1 张。

(7) 10 月 22 日，用银行存款 30 000 元偿还短期借款。原始凭证为银行存款转账支票存根 1 张，银行付款通知单 1 张。

(8) 10 月 24 日，从立发公司购入乙材料一批，价款 20 000 元，增值税进项税额 3 200 元，已用银行存款支付。材料暂未入库。原始凭证为银行存款转账支票存根 1 张，销售材料企业发票 1 张。

(9) 10 月 28 日，用现金 1 000 元购买企业管理部门使用的办公用品。原始凭证为销售商店发票 1 张。

(10) 10 月 30 日，用银行存款 20 000 元偿还应付账款。原始凭证为银行存款转账支票存根 1 张，银行付款通知单 1 张。

2. 实训目的：检验学习者对专用记账凭证填制方法的应用能力。

3. 实训要求：

(1) 根据所给交易或事项逐笔确定应当填制的专用记账凭证名称。

(2) 利用专用记账凭证填制各项交易或事项的记账凭证（按三种凭证五种编号方法编号）。

实训提示：(1) 收款记账凭证。专用记账凭证为：

收款记账凭证　　凭证编号　银收字第 1 号

借方科目　银行存款

2018 年 10 月 3 日

摘要	结算方式	票号	贷方科目		金额	记账符号
			总账科目	明细科目		
收到投资			实收资本		200 000	
附单据 壹 张			合 计		200 000	

会计主管人员　记账　稽核　制单　出纳　交款人

模拟实训题（二）

1. 实训资料：专用记账凭证相关知识内容；第四章中例4-1至例4-12。

2. 实训目的：检验学习者对专用记账凭证填制方法的应用能力。

3. 实训要求：第四章中例4-1至例4-12已采用借贷记账法记入了有关账户，但没有填制记账凭证。请为这些交易或事项补充填制专用记账凭证。

(1) 确定专用记账凭证的种类，并按交易或事项的发生顺序采用三种凭证三种编号的方法，为每一份专用记账凭证编号。

(2) 写出每个例题的会计分录。

实训提示：例4-1　收款记账凭证，收字第1号。会计分录：

借：银行存款　　2 000 000

　贷：实收资本　　2 000 000

模拟实训题（三）

1. 实训资料：会计凭证相关知识，特别是科目汇总表的内容；假定鸿升公司2018年10月发生的交易或事项同模拟实训题（一）。

2. 实训目的：检验学习者对科目汇总表编制方法的应用能力。

3. 实训要求：根据模拟实训题（一）填制的专用记账凭证编制科目汇总表工作底稿，并编制该公司2018年10月的科目汇总表（假定全月汇总一次）。

第六章

Chapter 6 账簿登记方法及其应用

本章内容导读

账簿是设立会计账户的载体，本章主要介绍会计账簿的定义及种类，账簿的登记规则，不同格式账簿的登记方法，错账的更正方法，对账、结账方法，以及账簿的应用与保管等相关知识。本章内容结构：

第一节　账簿的设置 →	学习内容：账簿的定义、种类及其作用
第二节　账簿的登记 →	学习内容：序时账簿、分类账簿的登记方法
第三节　账簿的登记规则与错账更正 →	学习内容：账簿的登记规则，错账的更正方法
第四节　账项调整与期末结账 →	学习内容：账项调整的方法，期末结账的方法
第五节　账簿的应用与保管 →	学习内容：账簿的应用方法，账簿的更换与保管
第六节　账簿与会计处理组织程序 →	学习内容：会计处理组织程序的定义、种类及其应用方法

第一节 账簿的设置

一、账簿的定义

账簿，俗称账本，由具有一定格式而又相互连接的账页组成，是用以连续、系统和全面地记录各项交易或事项，为会计报告存储信息数据的簿籍。设置和登记账簿是会计的一种专门方法。

理解账簿的定义应注意把握以下两点：

（一）账簿的基本构成及其功能

账簿一般由封面、封底、扉页和账页组成。封面和封底起保护扉页和账页的作用，在封面的背面一般印有登记账簿须知；扉页填写账簿启用及交接记录（见表6－1）和账户目录表（见表6－2）；账页是账簿的构成主体，也是专门用以记录交易或事项内容的载体。在手工记账条件下，账户就是在账簿中设立的。根据记录交易或事项的需要，在一个账簿中可以只设立一个账户，也可以设立若干账户。在只设立一个账户的情况下，账户的名称可印制或填写在封面上。在一个账簿中设立若干账户时，应在扉页填写账户目录表，标明各个账户所在的起页和止页，以便于查找和登记。账簿中的账页应连续编号，连接为一个整体。由于记录交易或事项的要求不同，账页的格式也往往各不相同。账页的格式参见本章后续内容。

表6－1　　　　账簿启用及交接记录　　　　贴印花处

<table>
<tr><td colspan="2">企业名称</td><td colspan="8"></td><td colspan="3">企业印章</td></tr>
<tr><td colspan="2">账簿名称</td><td colspan="4"></td><td colspan="2">账簿页数</td><td colspan="2"></td><td colspan="3" rowspan="6"></td></tr>
<tr><td colspan="2">账簿编号</td><td colspan="8">总　　册　　第　　册</td></tr>
<tr><td colspan="2">启用日期</td><td colspan="8">年　月　日至　　年　月　日</td></tr>
<tr><td rowspan="3">经管人员</td><td colspan="5">主管</td><td colspan="4">记账</td></tr>
<tr><td colspan="2">姓名</td><td colspan="3">签章</td><td colspan="2">姓名</td><td colspan="2">签章</td></tr>
<tr><td colspan="2"></td><td colspan="3"></td><td colspan="2"></td><td colspan="2"></td></tr>
<tr><td rowspan="6">交接记录</td><td colspan="3">日期</td><td colspan="3">监交</td><td colspan="3">移交</td><td colspan="3">接管</td></tr>
<tr><td>年</td><td>月</td><td>日</td><td>职务</td><td>姓名</td><td>签章</td><td>职务</td><td>姓名</td><td>签章</td><td>职务</td><td>姓名</td><td>签章</td></tr>
<tr><td></td><td></td><td></td><td></td><td></td><td></td><td></td><td></td><td></td><td></td><td></td><td></td></tr>
<tr><td></td><td></td><td></td><td></td><td></td><td></td><td></td><td></td><td></td><td></td><td></td><td></td></tr>
<tr><td></td><td></td><td></td><td></td><td></td><td></td><td></td><td></td><td></td><td></td><td></td><td></td></tr>
<tr><td></td><td></td><td></td><td></td><td></td><td></td><td></td><td></td><td></td><td></td><td></td><td></td></tr>
<tr><td>备注</td><td colspan="12"></td></tr>
</table>

表 6-2　　　　　　　　　　　　账户目录

科目代号	科目	子、细目	账页		科目代号	科目	子、细目	账页	
			起页	止页				起页	止页

（二）设立和登记账簿的目的

一是满足记录交易或事项的要求。在整个账户体系中，就某一特定账户来看，可用于连续记录某一特定方面的交易或事项，从设置的所有账户来看，可以对企业发生的全部交易或事项进行分门别类的全面记录。二是为会计报告存储信息，进而为会计期末编制会计报表提供依据，登记账簿是进行会计报告不可或缺的一个基础性环节。

对会计账簿的定义及组成内容可结合图 6-1 加以理解。

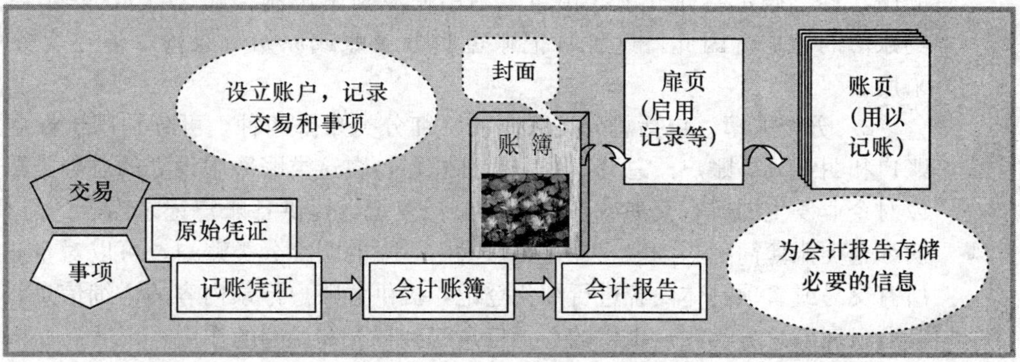

图 6-1　账簿的定义及组成内容

二、账簿的种类

企业的账簿很多，可采用不同方法对其进行分类。

（一）按账簿的主要用途分类

可分为序时账簿、分类账簿和备查账簿三种，参见图 6-2。

1. 序时账簿。也称日记账，是按照交易或事项发生的时间顺序逐日逐笔进行登记的账簿。按其记录交易或事项内容的不同分为特种日记账和普通日记账两类。特种日记账是专门用来登记某些重要的交易或事项，根据记账凭证逐日逐笔登记的序时账簿。在实务中应用较多的是库存现金日记账和银行存款日记账，对其

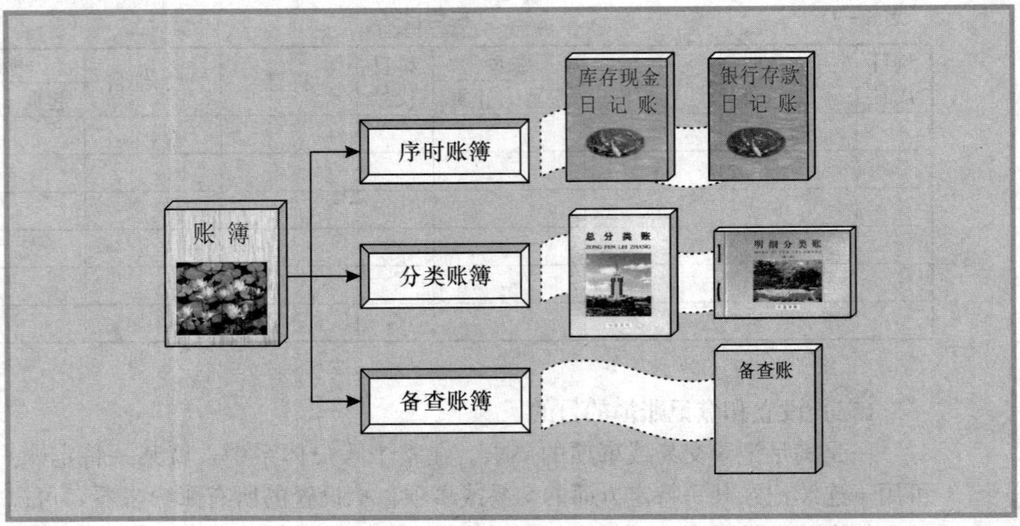

图 6-2 账簿按用途分类

他交易或事项则是设立明细分类账簿进行记录。普通日记账是可用来登记所有交易或事项的序时账簿。在普通日记账中，一般是根据每天交易或事项发生的先后顺序，逐笔确定会计分录（相当于利用账簿集中填制记账凭证），并作为登记分类账簿的依据。因此，这种日记账也叫分录账或原始分录簿，但在实务中较少采用。

2. 分类账簿。包括总分类账簿和明细分类账簿两种，可分别用于设立总分类账户和明细分类账户。总分类账簿简称总账，在这类账簿中设立的总分类账户，可以对企业发生的所有交易或事项进行总括登记，提供各账户记录内容的总括信息。明细分类账簿简称明细账，在这类账簿中设立的明细分类账户，可以对企业发生的所有交易或事项具体内容进行细化登记，提供各账户记录内容的详细信息，并能对其所隶属的总分类账户提供的总括信息起到补充和说明的作用。

3. 备查账簿。也称辅助账簿，是对序时账簿和分类账簿中未能记载但又与交易或事项关系密切的相关情况进行记载以备查考的账簿。例如，企业对于租入的固定资产应设立租入固定资产登记簿，这个账簿主要记录租入固定资产的时间、租赁期限、归还时间以及租金的支付时间和方式等。这些情况对租入固定资产的相关环节上的账务处理起到提示作用，但这些内容又不能在分类账簿中加以记录，就可以采用备查簿加以记载。会计人员每日翻阅备查账簿，就可以清楚地了解当日有哪些备忘交易或事项需要处理。企业设立的应收账款登记簿、应付账款登记簿以及各种借款登记簿等，都属于备查账簿。备查账簿不是根据会计科目设置的，与其他账户之间不存在账务处理上的直接关系，因而在登记过程中也不必遵循复式记账规则。另外，备查账簿没有规定的格式，一般可由企业根据备忘事项的记载需要自行选用。对某些重要的备忘事项也可以设立专门的备查簿。例如，对于支票的使用情况可以专门设立支票（转账、现金）使用销号登记簿，其参考格式见表 6-3。

表 6-3　　支票（转账、现金）使用销号登记簿

年		支票领用顺序号	金额	收款单位	用途（必须真实）	经手人签章	报销		
月	日						年	月	日

（二）按账簿的外表形式分类

可分为订本式账簿、活页式账簿和卡片式账簿三种，见图 6-3。

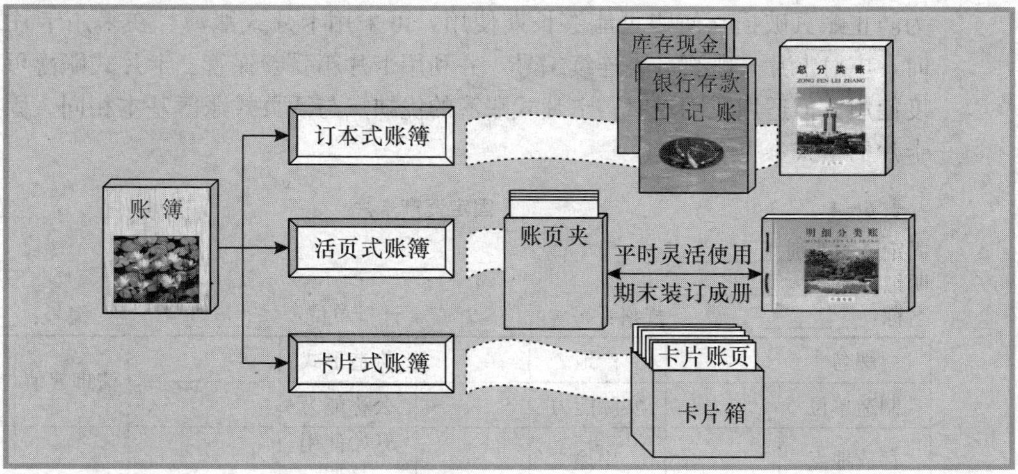

图 6-3　账簿按外表形式分类

1. 订本式账簿。简称订本账，这种账簿在启用前就把若干账页按顺序编号并装订成册。一些具有统驭作用的账簿，以及记录的交易或事项特别重要的账簿都应采用订本式账簿。例如，各种总分类账簿对明细分类账簿具有统驭和控制作用，库存现金日记账和银行存款日记账记录的交易或事项发生频次较高，且容易出现问题，需要在账务处理过程中给予特别重视，这些账簿均应采用订本式账簿。订本式账簿的优点是可以避免账页的散失，防止账页被人为抽换，保证账簿的安全完整。其缺点是使用起来不够灵活，因为在这种账簿中，账页数量固定且连续编号，不能根据交易或事项的记录需要而随时增减。如果需要在一个账簿中设置多个账户，很难确定究竟该为每个账户预留多少账页，留多了会造成浪费，留少了又不能满足需要。另外，采用这种账簿时，如果在一个账簿中设置了多个账户，且账户的登记又是由不同的会计人员分工负责的，会造成记账上的不便，即在同一时间里只能由一人记账，不能按记账人员的分工同时记账。

2. 活页式账簿。简称活页账，这种账簿在启用前不进行账页装订，而是放置在账页夹中，会计人员可根据设置的账户和记账的需要随时取用，当一页账页记满

时，可随时补充空白账页。明细分类账一般采用活页式账簿。其优点是账页使用灵活方便，可根据记账需要灵活选择账页用量的多少，避免账页使用上的浪费，同时也便于会计人员分工记账，提高交易或事项的账务处理效率。其缺点是账页平时散置，容易造成账页散失或被人为抽换，难以保证账簿的安全、完整。因此，对已经登记完的账页应按连续编号存放。在会计期末时，应将已记录交易或事项的账页装订成册，形成订本式账簿，并妥善保管。

3. 卡片式账簿。简称卡片账，这种账簿利用卡片式账页记录交易或事项。卡片式账簿主要适用于登记那些在企业的经营过程中长期存续，需要在多个会计期间连续进行账务处理的交易或事项。例如，企业的固定资产一旦形成，就会在较长的时间里为企业的经营活动所用，对于固定资产折旧等，企业每月都要确认计量一次，并进行相应的账务处理，登记有关账簿。账簿长期使用容易造成账页的磨损，为防止账页破损，使账页能够长期使用，可采用卡片式账簿。在采用卡片式账簿时，应对卡片式账页分类连续编号，并利用卡片箱妥善保管。卡片式账簿可以跨年度使用，但适用范围较窄。卡片式账簿的优缺点与活页式账簿基本相同。固定资产卡片的格式参见表6-4。

表6-4　　　　固定资产卡片

固定资产类别：________

明细分类：________

名称：________　　规格：________　　计量单位：________　　编号：________

<table>
<tr><td>牌名</td><td></td><td>产地</td><td></td><td>构造形式</td><td></td><td rowspan="2">清理残值</td><td rowspan="2"></td></tr>
<tr><td>制造单位</td><td></td><td>实际能力</td><td></td><td>公称能力</td><td></td></tr>
<tr><td>存放地点</td><td></td><td>用途</td><td></td><td>开始使用日期</td><td></td><td rowspan="2">清理费用</td><td rowspan="2"></td></tr>
<tr><td>使用年限</td><td></td><td>已使用年限</td><td></td><td>尚可使用年限</td><td></td></tr>
</table>

<table>
<tr><td colspan="4">原值或重置完全价值</td><td rowspan="2">年限</td><td colspan="3">折旧</td><td rowspan="2">净值</td></tr>
<tr><td>年</td><td>月</td><td>日</td><td>金 额</td><td>借方</td><td>贷方</td><td>余额</td></tr>
<tr><td></td><td></td><td></td><td></td><td></td><td></td><td></td><td></td><td></td></tr>
<tr><td></td><td></td><td></td><td></td><td></td><td></td><td></td><td></td><td></td></tr>
<tr><td></td><td></td><td></td><td></td><td></td><td></td><td></td><td></td><td></td></tr>
<tr><td colspan="5">年折旧率：
月折旧率：</td><td></td><td></td><td></td><td></td></tr>
<tr><td colspan="5">备注</td><td></td><td></td><td></td><td></td></tr>
</table>

三、账簿的作用

（一）设置账簿可以系统全面地积累会计信息资料

企业的交易或事项发生以后，其信息已经通过记账凭证的填制等进行了分类处理，但反映在会计凭证上的信息资料比较分散，也不够系统。只有将这些交易或事项在设立于账簿中的账户进行分类，系统地登记，才能使这些分散的信息按照其归属得以集中反映。利用完善的账簿系统，既可以对发生的交易或事项进行分门别类的记录，积累企业资产、负债和所有者权益等方面的局部信息，也可以通过对这些信息资料的进一步加工整理，提供企业的财务状况、经营成果和现金流量等方面的整体信息。

（二）设置账簿可为考核企业财务状况，评价经营者业绩等提供依据

企业的财务状况、经营成果和现金流量等信息，既是企业经营活动的成果体现，也是对企业经营者的业绩进行评价的重要依据。通过账簿的设置与登记，可以实际反映企业财务状况、经营成果和现金流量等的现实情况，并可将这些实际情况与预先制定的经营计划和财务预算等进行比较，进而分析、判断计划和预算的实施效果，总结经验与不足，不断提高管理水平，使企业的经营活动能够按照预期目标稳步发展。另外，这样的对比结果也可用于评价企业经营者业绩的提升或下降状况，为经营者的聘用等提供依据。

（三）设置账簿可以为企业财务报告的编制提供基础性数据资料

在会计期末，企业通过对本期账簿记录的资料进行加工整理，可以形成财务报表中有关项目的数据资料。一方面能够使日常发生的交易或事项以更加集中、系统和综合的形式体现出来；另一方面能够形成向投资者、债权人及其他财务报告使用者报送的有用信息。由此可见，账簿的设置和登记质量关系到会计报表能否及时编制，也关系到能否最终实现企业财务会计的目标。

对设置账簿的作用可结合图 6－4 加以理解。

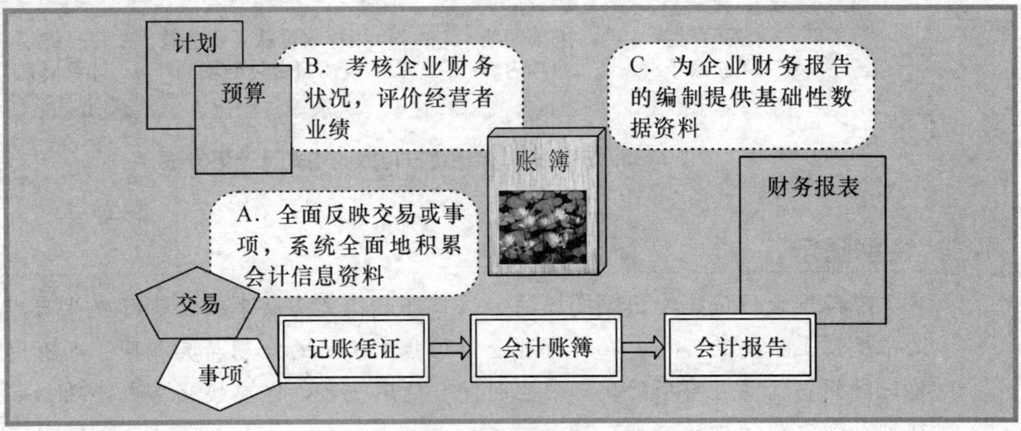

图 6－4　设置账簿的作用

第二节 账簿的登记

一、序时账簿的格式与登记方法

各种账簿的格式差异较大。本教材对序时账簿主要介绍三栏式特种日记账中的库存现金日记账和银行存款日记账和普通日记账的格式与基本登记方法。

（一）三栏式库存现金日记账的格式与登记方法

三栏式是指在这种库存现金日记账的账页中专门设置了借方、贷方和余额三栏，分别用于记录库存现金的增加额、减少额和余额。

三栏式库存现金日记账的基本登记方法是：由出纳员根据库存现金收款凭证和库存现金付款凭证，按照交易或事项发生的时间顺序逐日逐笔登记。登记时应依据记账凭证上的内容，按日记账上的项目逐项填写。每日业务终了，应结出当日余额，并与库存现金核对相符，即“日清”。三栏式库存现金日记账的格式及登记方法如图 6－5 所示。

填写收付款凭证上的日期

填写分录中“库存现金”科目的对方科目

库存现金日记账

20××年		凭证号	摘要	对方科目	借方	贷方	余额
月	日						
3	1		月初余额				500
		银付1	从银行提取现金	银行存款	2 000		
		现付2	李宏采购材料借款	其他应收款		900	
		现收1	李宏交回余款	其他应收款	100		
			本日合计		2 100	900	1 700

填写收付款凭证编号

简要说明事项内容

根据收付款凭证金额及本日合计数填列

每日终了计算填列

图 6－5 三栏式库存现金日记账的格式及登记方法

特别提示

库存现金日记账中日期的填写 该日期是指交易或事项的实际发生日期，也是记账凭证上填写的日期，在库存现金日记账中填写的日期与其相同。而有时账簿的登记时间与交易或事项的实际发生时间可能不一致，也应按交易或事项的实际发生日期（即记账凭证的日期）填写。

库存现金日记账中的对方科目是指在编制的会计分录中与“库存现金”科目所对应的会计科目。例如，根据“银付 1”记账凭证记录的交易是从银行提取现金，会计分录为：

借：库存现金　　2 000
　贷：银行存款　　2 000

在这笔会计分录中，“库存现金”科目的对方科目就是“银行存款”。为了清晰地反映每一笔交易或事项引起的库存现金增减变化，在该日记账中应将对应科目填写在对方科目栏。在这项交易中，该栏应填写“银行存款”。

库存现金日记账中的对方科目应根据交易或事项具体内容的变化而有所不同。例如，根据“现付 2”记账凭证记录的事项为员工李宏向企业借支现金，应登记“其他应收款”科目，反映企业债权的增加，同时登记“库存现金”科目，反映库存现金的减少。会计分录为：

借：其他应收款——李宏　　900
　贷：库存现金　　900

在以上分录中，“库存现金”科目的“对方科目”栏应填写“其他应收款”。

内容扩展

企业员工借用、报销借款的账务处理　企业员工借款用于办理公事，对借款后实际使用的部分，应根据报销单据记入有关的费用账户（如“管理费用”账户），同时冲销员工原借款数，反映其他应收款的减少，收回的余款借记“库存现金”账户。如果实际用款数大于原借款数，说明原借款不够用，员工在办理公事的过程中为企业垫付了现金。在报销时，会计部门应将其垫付部分补付给借款人。会计分录应为借记“管理费用”等账户，贷记“库存现金”账户，并贷记“其他应收款”账户，冲销原借款记录。

（二）三栏式银行存款日记账的格式与登记方法

与库存现金日记账一样，在这种格式的银行存款日记账中也专门设置了借方、贷方和余额三栏，分别用于记录银行存款的增加额、减少额和余额。

三栏式银行存款日记账的登记方法与库存现金日记账基本相同，即由出纳员根据银行存款收款凭证和银行存款付款凭证，按照交易或事项发生的时间顺序逐日逐笔登记。每日业务终了时应结出当日余额，并要将记录结果定期与银行之间核对相符。三栏式银行存款日记账的格式及登记方法如图 6－6 所示。

银行存款日记账中的“结算凭证”一栏登记的是企业通过银行办理收付款业务时所使用的凭证。与库存现金的收支形式不同，企业通过银行办理收付款业务时，往往要使用支票和汇票等结算凭证。在登记银行存款日记账时，相应地也要注明这些结算凭证的种类与号码，以便于定期或不定期与银行进行核对。

与库存现金日记账相同　　　　列示分录中“银行存款”科目的对方科目

银行存款日记账

20××年		凭证号	摘要	结算凭证		对方科目	借方	贷方	余额
月	日			种类	号数				
8	1		月初余额						600 000
		银付1	提取现金	现金支票	0356	库存现金		5 000	595 000
		银收1	销售收入	转账支票	2375	主营业务收入	34 800		629 800
		银付2	付材料款	转账支票	0431	在途物资		46 800	583 000
			本日合计				34 800	51 800	583 000

填写结算凭证的种类和号码　　　　登记方法与库存现金日记账相同

图6-6　三栏式银行存款日记账的格式及登记方法

(三) 普通日记账的格式与登记方法

普通日记账有两栏式和分栏式两种，登记的方法也有所不同。

1. 两栏式普通日记账。是指在日记账中主要设置借方和贷方两个基本栏次，用以登记有关会计科目发生额的增加或减少，并逐日逐笔登记。其格式及基本登记方法如图6-7所示。

登记依据不再是记账凭证　　　　过入分类账所在的账页

普通日记账（两栏式）

20××年		原始凭证	摘要	对应账户	分类账页	借方	贷方
月	日						
8	5	××号发票	购入材料	在途物资	28	10 000	
				应交税费	35	1 600	
				银行存款	20		11 600
		×号借款单	李海借款	其他应收款	30	1 000	
				库存现金	12		1 000

登记方法与特种日记账相同　　　　利用账页的有关栏次编制会计分录

图6-7　两栏式普通日记账的格式及登记方法

两栏式普通日记账把每一项交易或事项所应编制的会计分录以记账凭证的形式体现在账页上，并将其作为登记分类账的依据。这种日记账可以替代记账凭证的编制，登记这种格式的日记账的过程也是编制记账凭证的过程。事实上，这种普通日记账的产生时间要早于记账凭证。在会计发展的早期，会计人员每天都先根据发生的交易或事项逐笔登记这种日记账，再根据日记账中的分录登记各种分类账。在产生了记账凭证以后，这种格式的普通日记账已很少采用。

2. 分栏式普通日记账。是指在日记账中按常用会计科目分设专栏，对经常重复发生的交易或事项在各分设栏次中逐日逐笔登记的一种账簿。其格式及登记方法如图 6－8 所示。

登记方法同两栏式普通日记账

按发生的交易或事项经常使用的科目设置专栏，并按专栏登记

普通日记账（分栏式）

20××年		原始凭证	摘要	银行存款		在途物资		应交税费		（略）	
月	日			借方	贷方	借方	贷方	借方	贷方	借方	贷方
8	5	××发票	购材料		11 600	10 000		1 600			
	8	××支票	交税金		3 200			3 200			
			（略）								
	31		本月合计	5 678	21 560	20 000	9 000	6 500	6 500		

期末时汇总登记分类账

图 6－8 分栏式普通日记账的格式及登记方法

在这种账页上，将交易或事项的会计分录内容完整地体现在账页中的某一行，可以清晰地反映各账户之间增减变动的来龙去脉。但账页规格往往过大，既不便于登记，也不便于记账分工，因而在实务中很少采用。

二、分类账簿的格式与登记方法

分类账簿包括总分类账簿和明细分类账簿两类，格式差异较大，适用于对不同类别交易或事项的登记，登记方法也有很大的不同。

（一）三栏式总分类账簿的格式与登记方法

在三栏式总分类账簿的账页上设置借方、贷方和余额栏，分别登记账户的增加额、减少额和余额。

三栏式总分类账簿可采用两种登记方法：一种方法是根据专用记账凭证或通用记账凭证，按照交易或事项发生的时间顺序逐笔登记；另一种方法是将以上专用记账凭证或通用记账凭证定期汇总，根据汇总的金额登记。其格式及按专用记账凭证逐笔登记的方法如图 6－9 所示。

现假定对图 6－9 中登记内容改用月末编制科目汇总表，之后根据汇总金额一次进行登记的方法。其登记方法如图 6－10 所示。

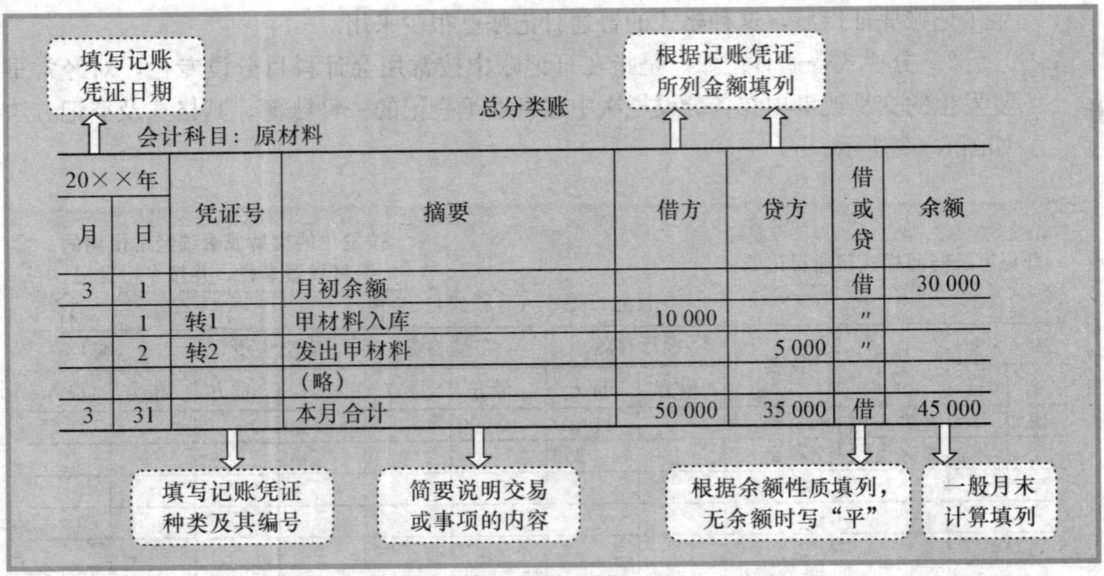

图6-9 三栏式总分类账的格式及逐笔登记方法

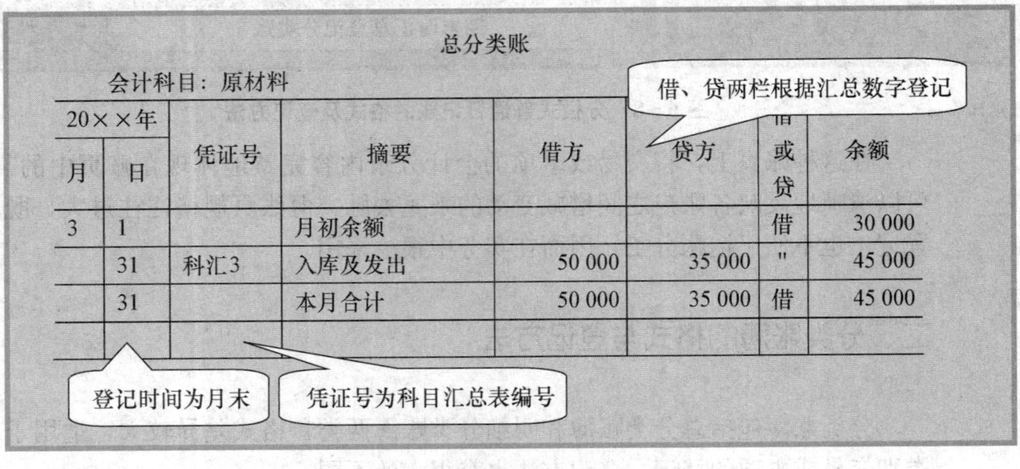

图6-10 三栏式总分类账的格式及汇总登记方法

（二）明细分类账簿的格式与登记方法

明细分类账簿的格式有三栏式、数量金额式和多栏式三种，具体采用哪一种账页格式，应根据交易或事项明细核算的要求而定。登记的基本要求是根据专用记账凭证或通用记账凭证，按照交易或事项发生的时间顺序逐笔登记。

1. 三栏式明细分类账簿。这种账簿的格式与上述总分类账簿相同，即在账页上设置借方、贷方和余额栏次，分别登记增减发生额及余额，并采取逐笔登记的方法。这种账簿适用于债权债务等只需要反映价值指标的交易或事项的记录。

2. 数量金额式明细分类账簿。这种明细分类账簿在账页上借方、贷方和余额三栏中，再分别设置数量、单价和金额栏。在登记过程中，既要登记金额，又要登记数量和单价。这类账簿适用于既需要反映价值指标，又需要反映实物指标的交易或事项的记录，如企业材料、设备和产品等资产的明细核算就应采用这种形式的明细分类账簿。数量金额式明细分类账簿的格式与登记方法如图 6-11 所示。

原材料明细分类账

20××年		凭证号	摘要	单价	借方		贷方		余额	
月	日				数量	金额	数量	金额	数量	金额
8	1		月初余额	1.50					4 000	6 000
	7	转 1	入库	1.50	1 000	1 500			5 000	7 500
	10	转 3	发出	1.50			2 000	3 000	3 000	4 500
	15	转 5	发出	1.50			1 000	1 500	2 000	3 000
	21	转 9	发出	1.50			1 500	2 250	500	750
	31		本月合计		1 000	1 500	4 500	6 750	500	750

填写方法同前　　根据入库单、出库单等填写　　计算填列

图 6-11　数量金额式明细分类账的格式及登记方法

3. 多栏式明细分类账簿。这种明细分类账簿在账页上的借方、贷方或借贷双方设置若干专栏，用于登记明细项目多、记账方向又比较单一的交易或事项。这种账簿虽然也要登记增加额和减少额，但通常多用来登记增加额，很少登记减少额，有的账户只在月末时才登记一次，因而其账页格式一般只按增加额一方（借方或贷方）设置，而不设置账户的对应方栏次。减少额可在登记增加额的栏次用红字登记。

(1) 借方多栏式。例如，企业的管理费用包括工资、福利费、折旧费和办公费等内容，日常发生又比较频繁。为详细反映这些费用的发生情况，就需要在账页上按费用项目在借方设置多个专栏，当费用发生以后，在预先设置的栏次中登记即可。这种账簿适用于费用类、成本类（如“在途物资”、“生产成本”和“制造费用”）等只需要提供价值量指标的交易或事项的记录。借方多栏式明细分类账簿的格式与登记方法如图 6-12 所示。

(2) 贷方多栏式。在实务中，有些总分类账户是利用贷方记录增加额的，在设置明细分类账簿时，就应在账页上的贷方设置多个专栏。例如，主营业务收入明细分类账簿的格式就是如此，借以登记各种收入的增加额，贷方多栏式明细分类账簿的格式与登记方法如表 6-5 所示。

预先按借方设计相应栏次，费用发生时按相应栏次登记

管理费用明细账
（按借方发生额设置专栏的多栏式）

20××年		凭证号	摘要	借方					合计
月	日			工资	福利费	办公费	折旧费	…	
3	5	转5	分配工资	8 500					8 500
	5	转6	提取福利费		1 190				9 690
	15	付7	购办公用品			500			10 190
	31	转33	提取折旧				6 000		16 190
	31	转34	月末结转	8 500	1 190	500	6 000		16 190

填写方法同前

月末结转管理费用时（减少），用红字登记

图6-12 借方多栏式明细分类账的格式及登记方法

表6-5 主营业务收入明细分类账

（按贷方发生额设置专栏的多栏式）

20××年		凭证号	摘要	贷方					
月	日			A产品	B产品	C产品	D产品	E产品	余额
9	5	收1	销售A产品	30 000					30 000
	7	收2	销售C产品			20 000			50 000
	18	收4	销售D产品				15 000		65 000
	25	收6	销售B产品		27 000				92 000
	30	收9	销售E产品					40 000	132 000
			合计	30 000	27 000	20 000	15 000	40 000	132 000

（3）借方、贷方多栏式。实务中，也有个别明细分类账簿在借方和贷方都设有多个专栏。例如，“应交税费——应交增值税”明细账簿的账页格式即如此，这种明细分类账簿的格式称为借方贷方多栏式，见表6-6。

表6-6 应交增值税明细分类账

（分别按借方、贷方发生额分别设置专栏的多栏式）

20××年		凭证号	摘要	借方			贷方				借或贷	余额
月	日			进项税额	已交税额	合计	销项税额	进项税额转出	出口退税	合计		
9	10	付2	购买材料	3 400		3 400					借	3 400
	5	收1	销售A产品				5 100			5 100	贷	1 700
	7	收2	销售C产品				3 400			3 400	"	5 100
	18	收4	销售D产品				2 550			2 550	"	7 650
	25	收6	销售B产品				4 590			4 590	"	12 240
	30	收9	销售E产品				6 800			6 800	"	19 040
			合计	3 400		3 400	22 440			22 440	贷	19 040

第三节　账簿的登记规则与错账更正

一、账簿的登记规则

账簿的登记规则是指会计人员在启用账簿和登记账簿过程中应当遵守的要求。账簿的登记是一项要求严谨、技术性很强的工作，会计人员应严格遵守规范要求。

（一）账簿的启用规则

在启用订本式账簿时，应在账簿扉页上填写账簿启用及交接记录（参见表6-1），包括企业名称、账簿名称、账簿编号和启用日期等内容；账簿的经管人员，包括主管人员和记账人员需签名盖章；账簿使用期间若发生经管人员变动，应做好交接记录，写明交接日期，监交、移交和接管人员均要签名盖章。在一个账簿中设置多个账户时，还应填写账户目录表（参见表6-2），注明账户名称及所在页数，以便于登记和查找。

（二）账簿记录规则

在账簿中记录交易或事项是会计工作的一个重要环节，会计人员应遵循会计基础规范要求，严格按照规定的要求记账。

1. 依据凭证登记。账簿必须根据审核无误的记账凭证及所附的原始凭证登记。应将记账凭证的日期、编号、交易或事项内容摘要、金额及其他有关资料逐项记入账户中。登记完毕后，记账人员应在记账所依据的记账凭证上签名或盖章，并在记账凭证上的“记账”栏做出“√”标记，表明该账户已记录完毕，以避免重复记账。对账簿必须依据会计凭证登记的要求可结合图6-13加以理解。

2. 内容登记齐全。应当逐项填列账页上的日期、会计凭证种类和编号、交易或事项内容摘要以及借方、贷方发生额等栏次。凡是需要登记会计科目的，必须填列会计科目的名称，或者同时填列会计科目的名称和代号，不得只填列会计科目的代号而不填列会计科目的名称。各栏次内容的登记应做到不漏不错，数字准确，摘要清楚，登记及时，字迹工整。

3. 书写适当留格。在账页上逐行登记账簿时，书写的文字和数字不要写满行，文字和数字一般占行高的1/2，在文字和金额上方要适当留有空距，以便在发生错账时在空白的位置填写正确的文字或金额。对账簿中文字和数字的书写要求可结合图6-14加以理解。

4. 使用蓝黑墨水。登记账簿时要使用蓝黑墨水或碳素墨水，不得使用圆珠笔或者铅笔书写。这是因为圆珠笔的笔油容易挥发，不利于账簿的长期保管；用铅笔记账容易被涂改，不利于保证账簿记录的准确性。

5. 红字限制使用。在账簿登记中，红字表示减少数，除规定可以使用红字外，一般不能随便使用。下列几种情况允许使用红字书写：（1）根据用红字编制分录

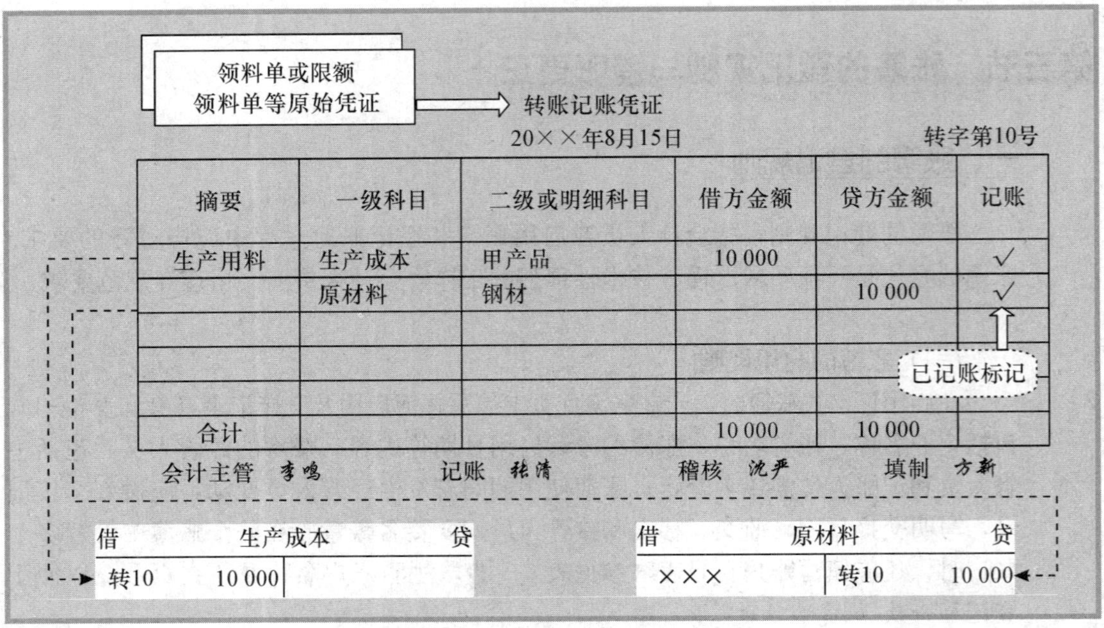

图 6－13　账簿必须依据会计凭证登记

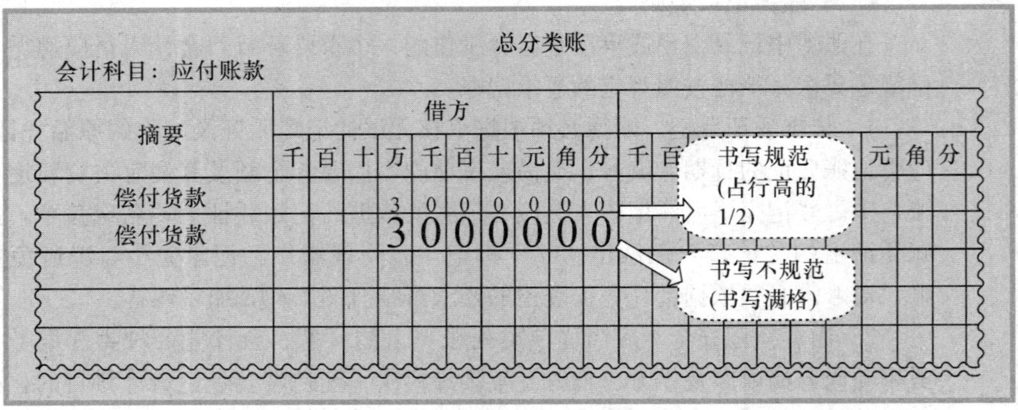

图 6－14　账簿登记中文字和数字的书写要求

的记账凭证在账页上冲销错账；(2) 在不设借方（或贷方）栏的多栏式账页中登记减少数（见图 6－12）；(3) 在三栏式账户的“余额”栏前，如果未印有“借或贷”表明余额性质栏次，在“余额”栏登记负数余额（见图 6－15）；(4) 根据会计规范要求可以用红字登记的其他方面。另外，在结账、改错和冲账时也允许用红色墨水画线，以突出体现有关内容。

6. 账页连续登记。登记账簿时，一般应按编定的页码顺序连续记录，不得跳行或隔页。如果不慎产生跳行或隔页，对账页不得随意涂改、撕毁或抽换。应当将空行或空页用红线对角划掉，并在“摘要”栏注明“此行空白”或“此页空白”字样，记账人员应在更正处签名或盖章，以示对所处理事宜负责。对跳行和跳页的处理方法可结合图 6－16 和图 6－17 加以理解。

总分类账

会计科目：本年利润

20××年		凭证号	摘要	借方	贷方	余额
月	日					
7	31	转18	转入销售收入		120 000	120 000
		转19	转入销售成本	100 000		20 000
		转19	转入营业费用	25 000	此为红字	5 000

图 6－15　在未印有“借或贷”栏次的账页上登记负数余额时可以使用红字

总分类账

会计科目：原材料

20××年		凭证号	摘要	借方	贷方	借或贷	余额
月	日						
8	1		月初余额			借	20 000
	5	转25	入库	10 000		〃	30 000
			此行空白 张清				
	7	转30	出库	此为红线	5 000	〃	25 000
	31		本月合计		5 000	借	25 000

图 6－16　登记账户时发生跳行的处理方法

总分类账

会计科目：原材料

年		凭证号	摘要	借方	贷方	借或贷	余额
月	日						
			此页空白 张清				
				此为红线			

图 6－17　登记账户时发生跳页的处理方法

7. 注明余额方向。凡是需结出余额的账户，结出余额后，应在“借或贷”栏内写明“借”或“贷”字样。账户没有余额时，应在“借或贷”栏内写“平”字，在余额栏内写“0”，在其上划一条波浪线或斜线，表示没有余额。具体方法可结合图 6－18 加以理解。

8. 账页结转处理。当一页账页记满前，应当在账页的最后一行结出本页发生额合计数及余额，并在“摘要”栏内注明“过次页”字样。然后，将本页发生额合计数及余额抄写在接续账页的第一行，并在该行的“摘要”栏内注明“承前页”字样。具体方法可结合图 6－19 和图 6－20 加以理解。

表明余额性质，有余额时写“借”或“贷”

总分类账

会计科目：原材料

20××年		凭证号	摘要	借方	贷方	借或贷	余额
月	日						
8	1		月初余额			借	20 000
	5	转25	入库	10 000		″	30 000
	7	转30	出库		5 000	″	25 000
	31		本月合计			借	25 000
						平	0

没有余额时写“平”

图 6－18　在“借或贷”栏中标明余额性质的方法

总分类账

会计科目：原材料

20××年		凭证号	摘要	借方	贷方	借或贷	余额
月	日						
8	3		承前页			借	20 000
		转12	入库	40 000		″	60 000
	5	转18	出库		35 000	″	25 000
			（略）				
	8		过次页	40 000	58 000	借	2 000

账页的最后一行

图 6－19　一张账页记满前的处理方法

总分类账

会计科目：原材料

20××年		凭证号	摘要	借方	贷方	借或贷	余额
月	日						
8	8		承前页	40 000	58 000	借	2 000

新账页的第一行

图 6－20　账页记满后转入新账页的处理方法

9. 规范更正错账。登记账簿时发生错误，不得刮擦、挖补、涂抹或用褪色药水更改字迹，也不准更换账页重新抄写。发生错误时，应按照规定的方法进行更正。对错账的更正方法将在下面专门介绍。

二、错账的更正方法

账簿记录应保持整齐清洁，记账时力求准确无误。如果在登记过程中不慎发生错误，应根据错账的具体情况，采用规定的方法进行更正。

（一）错账的基本类型

引起错账的原因是多方面的，从记账凭证的填制和账簿登记这两个环节考察，错账的类型主要有以下几种：

1. 记账凭证正确，但登记账簿时发生错误。记账凭证正确是指编制的会计分录正确无误，即会计科目、登记方向和金额等都没有问题。在登记账簿的过程中，登记的账户以及账户的登记方向也没有问题，只是将登记的金额写错，由此产生了错账。见例 6-1。

2. 记账凭证错误，引发账簿登记错误。具体有三种情况：

（1）记账凭证上会计科目用错引发的错账。即在记账凭证上编制会计分录时，搞错账户之间的对应关系，编制了与实际发生的交易或事项不相符的会计分录并已登记入账，从而产生错账。见例 6-2。

（2）在记账凭证上将金额写多引发的错账。即在记账凭证上编制会计分录时，会计科目的对应关系是正确的，只是所写金额多于实际发生额并已登记入账，在有关账户中登记的金额就会大于应当登记的金额而产生错账。见例 6-3。

（3）在记账凭证上将金额写少引发的错账。即在记账凭证上编制会计分录时，会计科目的对应关系是正确的，只是填写的金额少于实际发生额并已登记入账，在有关账户中登记的金额就会小于应当登记的金额而产生错账。见例 6-4。

对于错账的基本类型可结合图 6-21 加以理解。

（二）更正错账的具体方法

主要有划线更正法、红字更正法和补充登记法，这三种方法分别适用于对不同错账类型的更正。

1. 划线更正法。划线更正法适用于更正记账凭证正确但在登记账簿时发生的错账。具体更正方法为：如果在记账后、期末结账前即发现账簿记录有错误，可先在错误的金额或文字上划一条红线表示注销原来的错账，之后在划过线的金额或文字上端填写正确的金额或文字，并在更正处加盖更正人员的名章，以明确责任。经过以上处理，原来的错账就得到了更正。

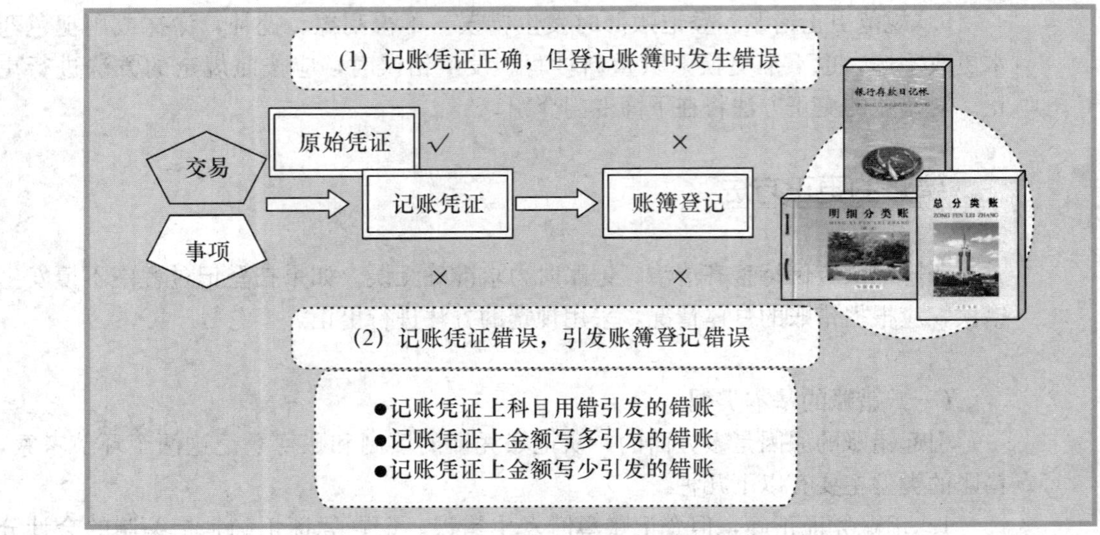

图6-21　在填制记账凭证和登记账簿环节发生错账的基本类型

例6-1

企业用银行存款2 425元购买企业管理部门使用的办公用品。在付款记账凭证上编制的分录如下，并已登记入账。

借：管理费用　　2 425

　贷：银行存款　　2 425

假定在登记账簿过程中，"银行存款"账户的登记没有问题，只是误将"管理费用"账户借方金额误登记为"2452"。这笔错账在记账后很快被发现。对这样的错账一般可采用划线更正法进行更正。

具体的更正方法如图6-22所示。

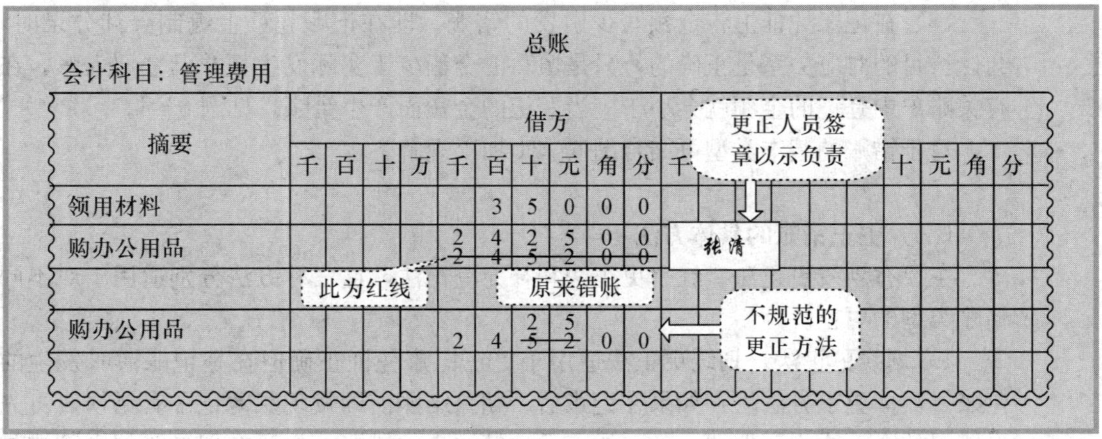

图6-22　划线更正法的应用

需要注意的是：对划线更正法应规范使用。利用划线更正法更正错账时，对于错误的数字或文字必须用红线全部划掉，不能只划掉数字或文字中的错误部分。如对于“2452”这个错误数字不能仅划去“52”两位数，而必须全部划掉。另外，被划掉的数字或文字应保持清晰可辨，以备查考。

特别提示

划线更正法的局限性 并不是所有记账上的笔误都可采用划线更正法进行更正，比如在期末结账后才发现，或者直到后续会计期间才发现的笔误，就不能采用划线更正法。在这种情况下，若再采用划线更正法来更正，就不仅仅是进行错账本身的更正了，连带还需修改账户中的其他记录内容和余额等，势必造成账簿登记上的混乱，因此应改用其他方法更正。

2. 红字更正法。又称红字冲销法，一般适用于更正在记账凭证上将会计科目用错和金额写多而引发的两种错账。

(1) 更正记账凭证上会计科目用错引发的错账的方法。如果在记账以后、结账之前发现记账凭证上的会计科目用错，应首先用红字填制一张与原来错误的记账凭证相同的记账凭证，并据以登记有关账户。由于红字在会计上表示减少数，用红字登记有关账户以后，就冲销了原来的错误记录。然后，用蓝字填制一张正确的记账凭证，重新登记有关账户，以正确记录实际发生的交易或事项。经过以上两个步骤的处理，原来的错账就可以得到更正。

例6-2

企业收到投资者货币资金投资150 000元，已存入银行。在收款记账凭证上编制的分录如下，并已登记入账。

借：固定资产　　150 000

　贷：实收资本　　150 000

企业收到投资者货币资金投资并存入银行，会计分录中的借方科目应为“银行存款”，而不应是“固定资产”。按照以上会计分录记账，就会形成错账。对这种错账的更正一般可采用红字更正法。

具体的更正方法为：发现这种错账以后，首先应用红字填制一张与原来错误的记账凭证内容完全相同的记账凭证，并用红字登记到原来已登记过的账户（“固定资产”和“实收资本”），原来的错误记录就被冲销了。新填制的收款记账凭证上的会计分录如下：

借：固定资产　　[150 000]

　贷：实收资本　　[150 000]

注意：□是在教材中表示红字的做法，在实务中并不使用。同学们在做作业或考试过程中需要写红字时也可以采用这种做法。

然后，用蓝字填制一张正确的收款记账凭证，并记入应予记录的账户。正确的会计分录为：

借：银行存款　　150 000

　　贷：实收资本　　150 000

现将由于记账凭证上的会计科目用错而产生的错账及其更正方法以T形账户简示如下，见图6－23。

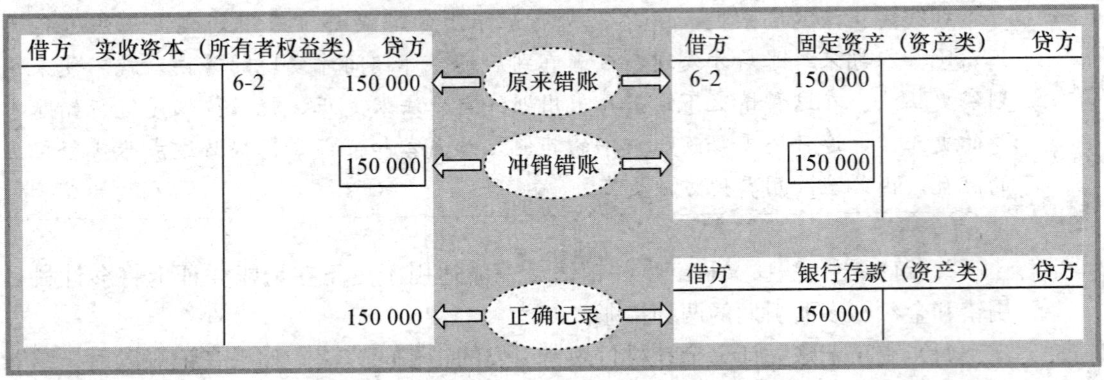

图6－23　采用红字更正法更正记账凭证上会计科目用错引发的错账

特别提示

没有记错的账户也要再次登记　在最初的账户登记中，“实收资本”账户的登记并没有错，但在更正错账的过程中也需要进行更正。因为红字更正法更正错账的基本做法是用红字编制会计分录，而会计分录的编制必须符合“有借必有贷，借贷必相等”的记账规则。如果在编制更正错账的红字分录时，只“借：固定资产”，而不“贷：实收资本”，显然是一个不完整的分录，因此须按借贷记账法的要求编制完整的会计分录，并用以更正错账。这样，“实收资本”账户也需要按更正错账的分录再次进行登记。

（2）更正记账凭证上金额写多引发的错账的具体方法。在记账以后，如果记账凭证上的会计科目和方向没有用错，但所填列金额大于正确金额，则应根据正确的会计科目和正确金额与错误金额二者之间的差额用红字填制一张记账凭证，并据以登记有关账户，将原来多记的金额冲销。经过以上处理，原来的错账就可以得到更正了。

例6－3

企业借入短期借款200 000元，已存入在银行开立的账户。在收款记账凭证上编制的分录如下，并已登记入账。

借：银行存款　　2 000 000

　　贷：短期借款　　2 000 000

以上分录中的会计科目和登记方向都是正确的，但金额有误，即将“200 000”写成“2 000 000”，比正确金额多写了1 800 000元。如果按照以上分录记账，会在“银行存款”和“短期借款”两个账户都多登记1 800 000元，进而造成错账。

具体的更正方法为：发现这种错账以后，应采用原来正确分录中的会计科目，根据正确金额与错误金额的差额（1 800 000 元）用红字重新填制一张收款记账凭证，并记入原来已经登记过的两个账户，原来多记的部分就会被冲销掉，错账也随之得以更正。更正错账的会计分录为：

借：银行存款　　　　1 800 000

　贷：短期借款　　　　1 800 000

由于记账凭证上的金额写多而产生的错账及其更正方法如图 6-24 所示。

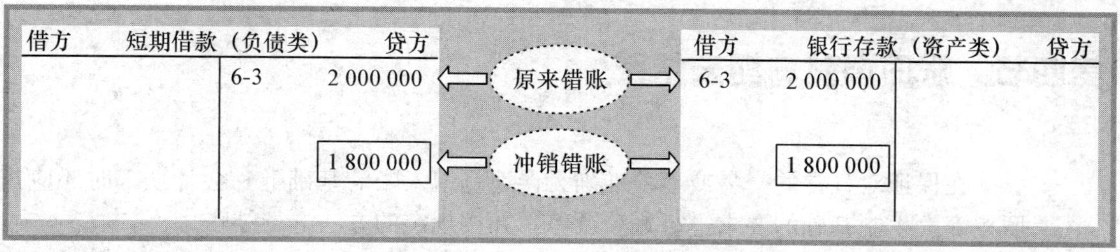

图 6-24　采用红字更正法更正记账凭证上金额写多引发的错账

经过上述处理，原来的错账即得到了更正，冲销后保留下来的两个账户的金额 200 000 元（2 000 000－1 800 000）即是两个账户应予登记的正确金额。

3. 补充登记法。补充登记法适用于更正记账凭证上金额写少而引发的错账。

具体的更正方法为：在记账以后，如果发现记账凭证上的会计科目没有用错，但所填列金额少于正确金额，应根据正确的会计科目和正确金额与错误金额二者之间的差额用蓝字填制一张记账凭证，并据以登记有关账户，将原来少记的金额加以补记。经过以上处理，原来的错账就可以得到更正。

例 6-4

企业用银行存款 100 000 元偿还应付账款。在付款记账凭证上编制的分录如下，并已登记入账。

借：应付账款　　　　10 000

　贷：银行存款　　　　10 000

以上会计分录中采用的会计科目及登记方向都是正确的，但金额有误，即将“100 000”写成“10 000”，比正确金额少记了 90 000 元。按照以上分录记账，两个账户都会少登记 90 000 元，进而造成错账。

具体的更正方法为：发现这种错账以后，应采用原来正确分录中的会计科目，根据正确金额与错误金额的差额“90 000”用蓝字填制付款记账凭证，并记入原来已经登记过的账户，原来少记的部分就被补充登记入有关账户，错账即被更正。更正错账的会计分录为：

借：应付账款　　　　90 000

　贷：银行存款　　　　90 000

由于记账凭证上的金额写少而产生的错账及其更正方法如图 6-25 所示。

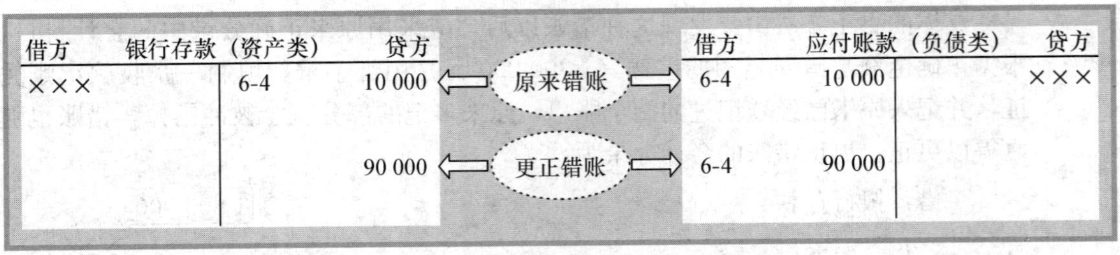

图6-25 采用补充登记法更正记账凭证上金额写少引发的错账

第四节 账项调整与期末结账

在保证对日常的交易或事项准确无误地登记入账的基础上，会计期末时还应按照权责发生制基础的要求进行账项调整，并按规定的方法进行结账。

一、账项调整的方法

（一）账项调整的定义

账项调整也称期末账项调整，是指企业按照权责发生制基础的要求，在会计期末时对应予确认的当期应计收入和应计费用所做的账务处理。

（二）期末账项调整的内容与方法

现结合第二章中的例2-2至例2-5探讨期末账项调整的方法。

1. 对企业当期应计未收收入的调整。

例6-5

（同例2-2）盛达公司购买鸿运公司发行的企业债券，本月应收利息为5 000元，但暂未收到发行方支付的利息款。

应填制以下转账记账凭证进行调整，见图6-26。

根据以上记账凭证登记“应收利息”和“投资收益”账户的情况如图6-27所示。

经过上述账务处理，就将应计入本会计期间的应计未收收入确认为本期收入，既对应计收入进行了调整，同时也对有关资产账户的记录进行了调整。通过这样的调整，可以更加完整地反映本期收入的全面实现情况，以及由于进行账项调整而引发的资产账户的变动情况。如果不进行这样的调整，将会产生一定的不良后果：（1）虚减当期资产，即属于资产性质的“应收利息”账户会由于未进行调整而得不到确认，从而虚减当期资产（债权）；（2）虚减当期收入，即属于收入性质的“投资收益”账户会由于未进行调整而得不到确认，从而虚减当期收入；（3）虚减当期利润，由于不进行应计未收收入的调整，相关的收入将得不到确认，在当期费用一定的情况下，当期的利润相应地会减少。

转账记账凭证

20××年 9 月 30 日　　　　凭证编号　转字第 14 号

摘要	总账科目	明细科目	借方金额	贷方金额	记账符号
应收购买债券利息	应收利息	鸿运公司	5 000		√
	投资收益	债券利息		5 000	√
附单据　壹　张		合计	5 000	5 000	

会计主管人员 李鸣　　记账 张清　　稽核 沈严　　制单 方新

图 6-26　应计未收收入账项调整记账凭证的填制

借方	投资收益（收入类）	贷方
6-5	5 000	

→

借方	应收利息（资产类）	贷方
6-5	5 000	

图 6-27　对应计未收收入进行账项调整的总分类账户记录

2. 对企业当期应计预收收入的调整。

例 6-6

（同例 2-3）盛达公司于本月向原已预付货款的通达公司供应产品一批，货款计 69 600 元。其中价款 60 000 元，增值税销项税额 9 600 元。

应填制以下转账记账凭证进行调整，见图 6-28。

转账记账凭证

20××年 9 月 30 日　　　　凭证编号　转字第 15 号

摘要	总账科目	明细科目	借方金额	贷方金额	记账符号
向通达公司提供产品	预收账款	通达公司	69 600		√
	主营业务收入			60 000	√
	应交税费	应交增值税		9 600	√
附单据　贰　张		合计	69 600	69 600	

会计主管人员 李鸣　　记账 张清　　稽核 沈严　　制单 方新

图 6-28　应计预收收入账项调整记账凭证的填制

根据以上记账凭证登记“预收账款”、“主营业务收入”和“应交税费”账户的情况如图 6-29 所示。

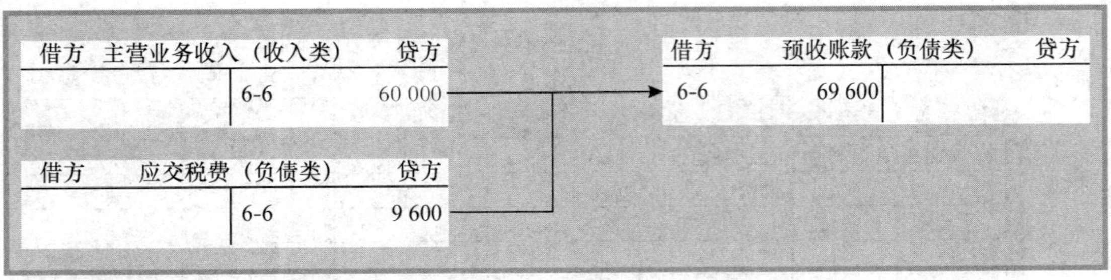

图 6－29　对应计预收收入进行账项调整的总分类账户记录

经过上述账务处理，就完成了对应计预收收入的调整过程。通过这样的调整，就能完整地反映本期收入的实现情况，以及本期由于进行账项调整而引发的负债类账户的变动情况等。如果不进行这样的调整，也会产生一定的不良后果：(1) 虚减当期收入，即属于收入性质的“主营业务收入”账户会由于未进行调整而得不到确认，从而虚减当期收入；(2) 虚增当期负债，即应当冲减的“预收账款”这种负债由于未进行调整而不能得以冲减，造成负债虚增；(3) 虚减当期负债，“应交税费”账户是负债类账户，其贷方登记的“应交增值税（销项税额）”是企业的应缴纳税款数，如果不进行相应调整，该账户的贷方就不能进行登记，因而虚减了负债；(4) 虚减当期利润，由于不进行应计预收收入的调整，当期相关的收入就不能得以确认，在当期费用一定的情况下，当期利润也会减少。

3. 对企业当期应计预付费用的调整。

例 6－7

（同例 2－4）鸿达公司本月应分摊企业在开办期间发生的筹建支出 4 500 元。

应填制以下转账记账凭证进行调整，见图 6－30。

转账记账凭证

20××年 9 月 30 日　　　　凭证编号　转字第 16 号

摘要	总账科目	明细科目	借方金额	贷方金额	记账符号
分摊筹建支出	管理费用	筹建费	4 500		√
	长期待摊费用	筹建支出		4 500	√
附单据　壹　张		合计	4 500	4 500	

会计主管人员 李鸣　　记账 张清　　稽核 沈严　　制单 方新

图 6－30　应计预付费用账项调整记账凭证的填制

根据以上记账凭证登记“管理费用”和“长期待摊费用”账户的情况如图 6－31 所示。

借方	长期待摊费用（资产类）	贷方
	6-7	4 500

借方	管理费用（费用类）	贷方
6-7	4 500	

图 6－31 对应计预付费用进行账项调整的总分类账户记录

特别提示

“长期待摊费用”账户 该账户的名称虽带有“费用”字样，但并不是费用类账户，而是资产类账户。由于这类支出在发生以后，能够为企业在超过一年的多个会计期间带来效益，符合资产定义的本质特征，因而属于企业资产要素的组成部分。只有这些支出在受益期间分摊计入有关费用（如例 6－7 计入管理费用）以后，才构成受益期间的费用。

经过上述账务处理，就完成了对应计预付费用的调整过程。通过这样的调整，能够完整地反映本期的费用发生情况，以及长期待摊费用（资产）的减少情况。如果不进行这样的调整，将会产生不良后果：(1) 虚增当期资产，即属于资产性质的“长期待摊费用”账户会由于未进行摊销而得不到冲减，从而虚增资产；(2) 虚减当期费用，即应当计入当期的费用由于未进行调整而未能记入有关费用账户，从而形成费用虚减；(3) 虚增当期利润，在当期收入一定的情况下，虚减了当期费用必然会虚增当期利润。

4. 对企业当期应计未付费用的调整。

例 6－8

（同例 2－5）盛达公司从银行借入短期借款的利息采用在借款期满时一次性支付方式，根据借款利率，月末时计算出本月应负担的短期借款利息为9 000元。

应填制以下转账记账凭证进行调整，见图 6－32。

根据以上记账凭证登记“财务费用”和“应付利息”账户的情况如图 6－33 所示。

特别提示

“财务费用”账户 该账户核算企业由于进行经营资金的筹集和使用而发生的费用，短期借款利息即为这类费用，该费用发生后应计入财务费用。企业使用长期借款应支付利息的会计处理按以下两种情况处理：在项目建设期间发生的长期借款利息应计入工程成本（记入“在建工程”账户）；在项目建成投入经营使用以后发生的长期借款利息应记入“财务费用”账户。

转账记账凭证

20××年 9 月 30 日　　　　凭证编号　转字第 17 号

摘要	总账科目	明细科目	借方金额	贷方金额	记账符号
本月应付借款利息	财务费用	借款利息	9 000		√
	应付利息	短期借款利息		9 000	√
附单据　壹　张		合计	9 000	9 000	

会计主管人员 李鸣　　记账 张清　　稽核 沈严　　制单 方新

图 6-32　应计未付费用账项调整记账凭证的填制

借方	应付利息（负债类）	贷方
	6-8	9 000

→

借方	财务费用（费用类）	贷方
6-8	9 000	

图 6-33　对应计未付费用进行账项调整的总分类账户记录

经过上述账务处理，就完成了应计未付费用的调整过程。通过这样的调整，可以完整地反映本期费用的发生情况，以及应付利息的增加情况。如果不进行这样的调整，将会产生不良后果：（1）虚减当期负债，即属于负债性质的“应付利息”账户会由于未进行调整而得不到确认，从而虚减负债；（2）虚减当期费用，即应当计入当期的费用由于未进行调整而未能记入有关费用账户（“财务费用”），造成费用虚减；（3）虚增当期利润，在当期收入一定的情况下，虚减了当期费用会虚增当期利润。

（三）进行期末账项调整的重要意义

由以上举例可见，在按照权责发生制基础进行期末账项调整的过程中，也影响到了资产和负债等要素的变化。由此可以认为，权责发生制基础是对所有会计要素进行确认和计量的基础，而不仅仅是收入和费用要素的确认和计量基础。

进行期末账项调整的重要意义在于：

1. 能够全面地确认本期的收入和费用。在权责发生制基础下，不仅将本期收款本期实现的收入计入了本期，也将应计未收收入、应计预收收入计入了本期；不仅将本期付款本月应予负担的费用计入了本期，也将应计预付费用、应计未付费用计入了本期，使企业的收入和费用得以全面确认。

2. 能够准确计算企业的经营成果。企业的经营成果主要是依据本期的收入和费用计算确定的。根据权责发生制基础进行期末账项调整后，使企业一定会计期间的收入和费用得以全面确认，在此基础上计算的企业经营成果将更为准确。

3. 能够准确确定企业的财务状况。在期末调整事项过程中，不仅涉及收入类和费用类账户的登记，而且涉及资产类和负债类账户的登记。而资产和负债是企业财务状况的重要组成部分，经过期末账项调整，能够更加真实地反映企业的财务状况。

二、期末结账的方法

（一）期末结账的定义与意义

1. 期末结账的定义。期末结账一般是指在会计期末时对一定期间内账簿记录所做的结束工作。期末结账时需计算出每个账户的本期发生额和期末余额（没有期末余额的账户除外），并将期末余额结转下一会计期间。

期末结账有别于日常结账。日常结账是指对序时账簿，即库存现金日记账和银行存款日记账必须按要求逐日结出余额，其中库存现金日记账上的当日余额还应与财会部门保管的现金实存数核对相符。期末结账是指对企业所设置的各种总分类账和明细分类账的记录所做的结束工作。

2. 期末结账的意义。在会计期末及时进行结账具有重要意义。一是可以按照会计分期的要求，通过结账计算企业在会计期末的财务状况和该会计期间的经营成果；二是可以为期末编制会计报表提供必要的数据资料。

对结账的定义与意义可结合图 6－34 加以理解。

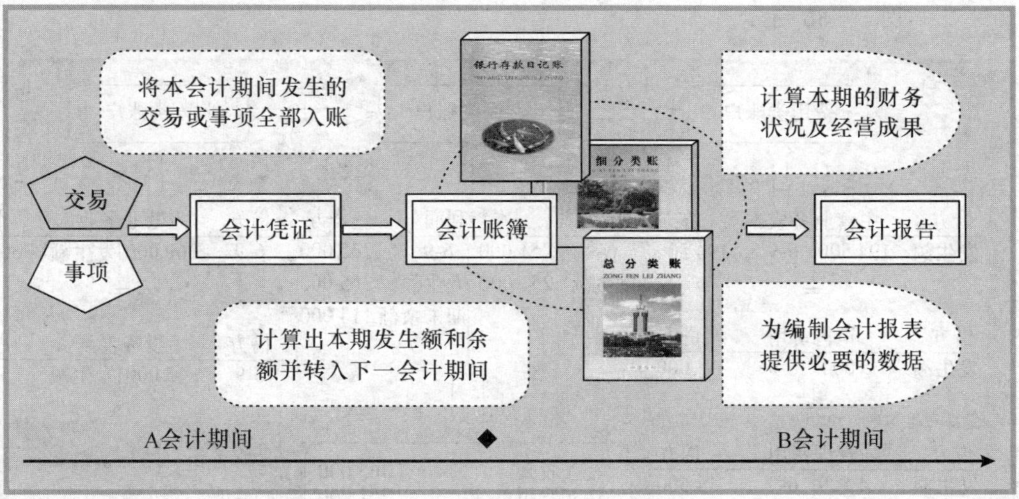

图 6－34　期末结账的定义及意义

（二）期末结账的内容

1. 将本期新发生的交易或事项全部入账。在期末结账前，应检查本期交易或事项是否已全部在当期的所有账户中进行了完整登记，即是否已经按照复式记账的要求记入了有关的总分类账，同时也按照平行登记的要求记入了有关明细分类账。对尚未记入本期账簿的交易或事项应及时补记，保证本期账簿登记的完整准确。前面的举例中，除账项调整外，大部分为新发生的交易或事项。

2. 对应计事项调整入账。应计事项的调整入账是指按照权责发生制的要求进行有关账项的调整，这些账项主要是对本期应计收入和应计费用的调整。关于权责发生制及账项调整的内容在前面已经介绍。

3. 结清收入费用账户发生额。这两类账户发生额的结清是指将本期账户中记录的全部收入和费用发生额结转至“本年利润”账户。这部分内容将在下面进行学习。

4. 计算结转账户的发生额及余额。这部分内容将在下面进行学习。

（三）结清收入费用账户

1. 结清收入费用账户的含义。

结清收入费用账户是指在期末结账过程中，对本期记入有关账户的收入和费用，通过填制记账凭证结转至“本年利润”账户，进而确定企业当期经营成果的过程。

在将当期实际收付款的收入和费用（在期末账项调整中确认的应计收入和应计费用）全部登记入账后，企业当期的收入和费用就在账户中得到了全面反映。在此基础上，可根据期末结账要求，通过填制记账凭证，将收入和费用类账户的发生额结转至“本年利润”账户，结转后这两类账户将不再有余额。为此，这一结转过程也称为结清收入费用账户。

2. 结清收入费用账户举例。

例 6－9

假定盛达公司本月末有关收入类账户和费用类账户的发生额、结转过程和结果如图 6－35 所示。

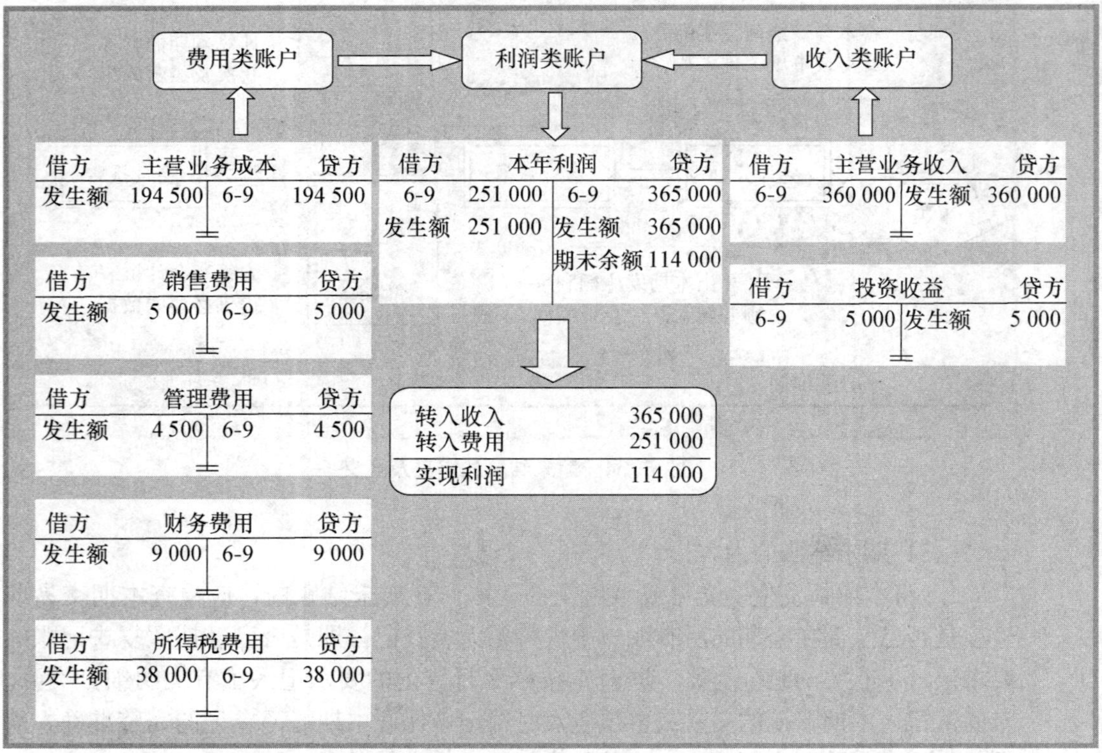

图 6－35 结清收入费用账户

期末结清有关收入类账户和费用类账户的发生额时，应先填制记账凭证，之后根据以上记账凭证登记入账。结清收入费用账户应填制转账记账凭证，编制的会计分录如下：

（1）结清收入类账户发生额的转账记账凭证，如图 6－36 所示。

转账记账凭证

20××年 9 月 30 日　　　　凭证编号　转字第 18 号

摘要	总账科目	明细科目	借方金额	贷方金额	记账符号
结转本月收入	主营业务收入		360 000		√
	投资收益		5 000		√
	本年利润			365 000	√
附单据　壹　张		合计	365 000	365 000	

会计主管人员 李鸣　　记账 张清　　稽核 沈严　　制单 方新

图 6－36　结清收入类账户发生额转账记账凭证的填制

（2）结清费用类账户发生额的转账记账凭证，如图 6－37 所示。

转账记账凭证

20××年 9 月 30 日　　　　凭证编号　转字第 19 号

摘要	总账科目	明细科目	借方金额	贷方金额	记账符号
结转本月费用	本年利润		251 000		√
	主营业务成本			194 500	√
	销售费用			5 000	
	管理费用			4 500	
	财务费用			9 000	
	所得税费用			38 000	
附单据　壹　张		合计	251 000	251 000	

会计主管人员 李鸣　　记账 张清　　稽核 沈严　　制单 方新

图 6－37　结清费用类账户发生额转账记账凭证的填制

经过上述结转并登记有关账户以后，可以在“本年利润”账户中将转入的收入和费用进行比较，借以确定当期的经营成果。当收入大于费用时为企业实现的利润；反之，则为企业发生的亏损。

3. 关于所得税费用。

（1）所得税费用及计算方法。所得税费用是指企业按照税法的规定，根据其经营所得而计算出来的应当上缴税金而产生的费用。企业应缴纳的所得税费用额按下列公式计算：

应缴纳所得税费用额＝应纳税所得额×适用税率

例 6-10

盛达公司本月实现的利润总额为152 000元（假定不再进行调整），按规定的税率25%计算应缴纳所得税费用额为：

152 000×25%＝38 000(元)

（2）账户设置。为进行所得税费用交易或事项的核算，主要应设置“所得税费用”总分类账户。该账户属于费用（损益）类账户，用以核算企业确认的应从当期利润总额中扣除的所得税费用。该账户的借方登记企业按照税法规定应缴纳的所得税费用额；贷方登记期末时结转入“本年利润”账户的所得税费用数。期末结转后，该账户应无余额。

（3）账务处理。现举例说明所得税费用的账务处理方法。

例 6-11

盛达公司本月根据实现的利润总额，按规定的税率计算出应缴纳所得税为38 000元。

应填制的转账记账凭证如图6-38所示。

转账记账凭证

20××年9月30日　　　凭证编号　转字第20号

摘要	总账科目	明细科目	借方金额	贷方金额	记账符号
计算应缴纳所得税	所得税费用		38 000		√
	应交税费	应交所得税		38 000	√
附单据　壹	张	合计	38 000	38 000	

会计主管人员 李鸣　　记账 张清　　稽核 沈严　　制单 方新

图6-38　计算应缴纳所得税转账记账凭证的填制

例 6-12

盛达公司用银行存款38 000元缴纳所得税。

应填制的付款记账凭证如图6-39所示。

所得税费用交易或事项在总分类账户中的记录情况如图6-40所示。

付款记账凭证　　凭证编号　付字第 9 号

贷方科目　银行存款

20××年 9 月 30 日

摘要	结算方式	票号	借方科目		金额	记账符号
			总账科目	明细科目		
缴纳所得税	支票	0146	应交税费	应交所得税	38 000	
附单据　贰　张			合计		38 000	

会计主管人员 李鸣　记账 张清　稽核 沈严　制单 方新　出纳 廉明　交款人 赵伟

图 6－39　缴纳所得税付款记账凭证的填制

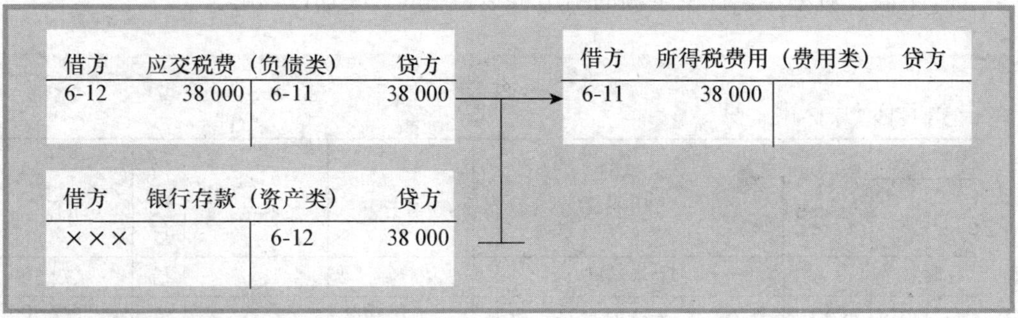

图 6－40　所得税费用交易或事项在总分类账户中的记录情况

（四）期末结账的方法

期末结账一般指月结、季结和年结。结账的时间不一，所要达到的目的各异，结账的方法也有所不同。

1. 月结。月结是指在每月末进行的结账。基本做法是在账页上本月最后一笔交易或事项记录的下面划一条通栏红线，在红线的下一行结出本月发生额和月末余额，在“摘要”栏内注明“本月合计”或“本月发生额及余额”字样。然后，在数字行的下方再划一条通栏红线，以便将本月记录的交易或事项和下月记录的交易或事项区分开来。之后，将本月计算出来的余额结转至下月该账户的第一行，即形成下月的月初余额。在月初余额的下一行即可接续登记下月新发生的交易或事项。对本月没有发生额的账户，可不进行月结。对月结的基本做法可结合图 6－41 加以理解。

总分类账

会计科目：原材料

20××年		凭证号	摘要	借方	贷方	借或贷	余额
月	日						
1	1		上年结转			借	12 500
	10	转8	购入	10 000		〃	22 500
	12	转10	领用		4 000	〃	18 500
	20	转10	购入	15 000		〃	33 500
	24	转18	领用		8 000	〃	25 500
	31		本月合计	25 000	12 000	借	25 500
2	1		上月结转			借	25 500

在本月最后一笔业务下一行计算出本期发生额和余额

均为红线

将余额结转下月

图 6-41　月结的基本做法

对于需要逐月结出本年累计发生额的账户，在结算出本月发生额和月末余额后，应在下一行增加“本年累计”，并计算出自年初起至本月末止该账户的累计发生额。对本年累计发生额的结出可结合图 6-42 加以理解。

总分类账

会计科目：原材料

20××年		凭证号	摘要	借方	贷方	借或贷	余额
月	日						
1	1		上年结转			借	12 500
	10	转8	购入	10 000		〃	22 500
	12	转10	领用		4 000	〃	18 500
	20	转10	购入	15 000		〃	33 500
	24	转18	领用		8 000	〃	25 500
	31		本月合计	25 000	12 000	〃	25 500
			本年累计	25 000	12 000	借	25 500
2	1		上月结转			借	25 500

在本月最后一笔业务下一行计算出本期发生额和余额

红线

将余额结转下月

图 6-42　月结中逐月结出本年累计发生额的基本做法

2. 季结。即在每个季度末所进行的结账。基本做法是在季度终了，结算出本季度 3 个月的发生额合计数及余额，写在月结数的下一行内，在“摘要”栏注明“第×季度季结”字样，并在下面划一条通栏红线。本季度 3 个月的发生额合计数可以根据季度内 3 个月发生额合计数计算求得，对季结可结合如图 6-43 加以理解。

总分类账

会计科目：原材料

20××年		凭证号	摘要	借方	贷方	借或贷	余额
月	日						
1	1		上年结转			借	12 500
	10	转8	购入	10 000			22 500
	12	转10	领用		4 000		18 500
	20	转10	购入	15 000			33 500
	24	转18	领用		8 000		25 500
	31		本月合计	25 000	12 000	借	25 500
2	1		上月结转			借	25 500
			（略）				
	28		本月合计	30 000	20 000	借	35 500
3	1		上月结转			借	35 500
			（略）				
	31		本月合计	40 000	65 500	借	10 000
			第一季度季结	95 000	97 500	借	10 000

在本季度最后一个月月结的下一行计算出本季度发生额和余额

红线

本季度3个月发生额合计

计算求得

图 6-43　季结的基本做法

3. 年结。即在年末所进行的年度结账。基本做法是在本年 12 月月结或有季结的第四季度季结的下一行，计算填列全年 12 个月的发生额合计数和年末余额，可根据各月份的发生额合计数或 4 个季度发生额合计数计算求得，并在“摘要”栏内注明“本年合计”或“本年发生额及余额”字样，在其下划双红线。

第五节　账簿的应用与保管

一、账簿的应用

通过前面的学习内容可见，企业对各种交易或事项的登记，以及进行财务报告的编制，都离不开账簿的设置与应用。下面进一步结合企业利润分配及资金退出交易或事项探讨账簿在会计上的应用方法。

（一）利润分配及资金退出的基本概念

利润分配是指企业在实现利润的情况下，对净利润按照规定的程序在有关方面所进行的分配。利润分配的内容主要包括：企业按规定提取公积金留存企业和向投资者分配等。

资金退出是指企业用现金向投资者支付利润（或向股东支付现金股利）和缴纳

税费等而引起的经营资金退出企业事项。

（二）利润分配与资金退出交易或事项的账户设置

为进行利润分配交易或事项的账务处理，应在账簿中设置“利润分配”、“盈余公积”和“应付利润”（股份企业为“应付股利”）等总分类账户。

1.“利润分配”账户。属于利润类账户，用以核算企业实现利润及其分配情况。该账户的贷方登记年终时从“本年利润”账户结转过来的全年实现的净利润（实现利润增加数），以及在年终时从“利润分配——提取法定盈余公积”“利润分配——提取任意盈余公积”“利润分配——应付现金股利（或利润）”等明细分类账户结转入“利润分配——未分配利润”明细分类账户借方的已分配利润数；借方登记按规定实际分配的利润数（可供分配利润的减少数），以及在年终时结转入“利润分配——未分配利润”明细分类账户借方的已分配利润数。期末结转后该账户如为贷方余额，则为企业历年积存的未分配利润。该账户应按“提取法定盈余公积”“提取任意盈余公积”“应付利润（或现金股利）”“未分配利润”等设置明细分类账户，进行明细分类核算。

“利润分配”总分类账户所属的明细分类账户的结构比较复杂，应特别注意掌握该总分类账户所设置的以下几个主要明细分类账户及其结构。

（1）“利润分配——提取法定盈余公积”。该明细分类账户核算企业法定盈余公积金的提取及其年末结转情况。借方登记年度中按规定提取的法定盈余公积金数；贷方登记年终时结转入“利润分配——未分配利润”明细分类账户的已提取的法定盈余公积金数。该明细分类账户平时应为借方余额，反映企业已经提取的法定盈余公积金数。年终结转后，该账户应无余额。

（2）“利润分配——应付利润”（在股份制企业可设置为“利润分配——应付现金股利”）。该明细分类账户核算企业应付现金股利（或利润）的分配及其年末结转情况。借方登记按规定在年度中已经分配给投资者的现金股利（或利润）数；贷方登记年末时结转入“利润分配——未分配利润”明细分类账户的已经分配给投资者的现金股利（或利润）数。该明细分类账户平时应为借方余额，反映企业已经分配给投资者的现金股利（或利润）。年末结转后，该账户应无余额。

（3）“利润分配——未分配利润”。该明细分类账户核算企业实现利润和已分配利润的转入，以及未分配利润的情况。这个明细分类账户只在年终时登记。贷方登记从“本年利润”账户结转来的本年实现的净利润数；借方登记从“利润分配——提取法定盈余公积”和“利润分配——应付利润（或现金股利）”等明细分类账户结转过来的已分配利润数。年终结转后，该账户为贷方余额，反映企业历年积存的未分配利润。

2.“盈余公积”账户。属于所有者权益类账户，用以核算企业从净利润中提取的盈余公积。该账户贷方登记企业从净利润中提取的盈余公积金；借方登记盈余公积金的减少数，如转增资本和弥补亏损等。该账户期末为贷方余额，反映企业提取的盈余公积金的实际结存数。该账户应分别设置“法定盈余公积”和“任意盈余公积”明细分类账户，进行明细分类核算。

3. “应付利润”（或“应付股利”）账户。属于负债类账户，用以核算企业分配的现金股利或利润。该账户的贷方登记根据股东大会或类似机构审议批准的利润分配方案，企业应支付给投资者的利润或现金股利；借方登记实际支付的利润或现金股利数。该账户期末为贷方余额，反映企业应付未付的利润（或现金股利）。该账户应按投资者设置明细分类账户，进行明细分类核算。

利润分配交易或事项的账务处理所设置的主要账户及其对应账户如图 6－44 所示。

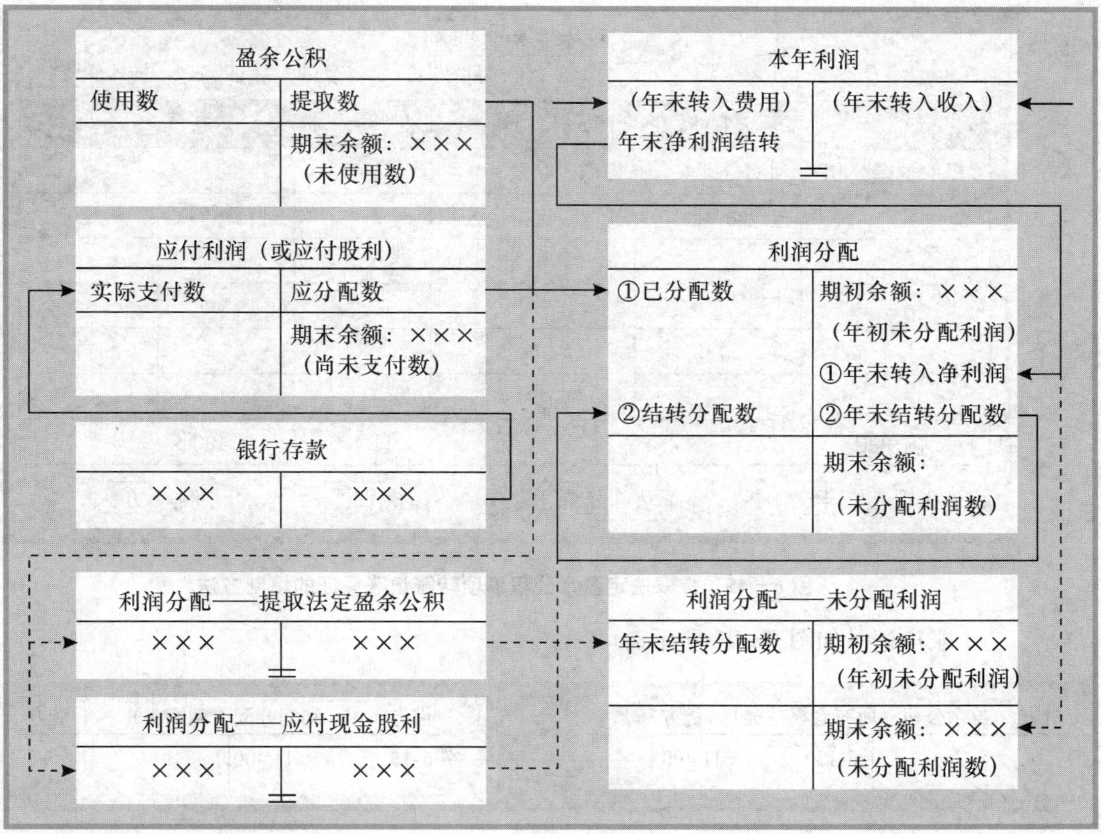

图 6－44　利润分配交易或事项账务处理所设置的主要账户及其对应账户

（三）利润分配与资金退出交易或事项的账务处理

例 6－13

盛达公司本年实现净利润 114 000 元，假定没有年初未分配利润。根据规定按净利润的 10%提取法定盈余公积金 11 400 元。

会计确认：这是一个既不涉及货币资金收入，也不涉及货币资金付出的转账事项，一方面涉及利润（所有者权益）要素（“利润分配”，增加）；另一方面涉及所有者权益要素（“盈余公积”，增加）。原始凭证是利润计算及分配表。依据该原始凭证应填制转账记账凭证。

提示：“利润分配”账户也是一个结构特殊的账户。这里表示利润分配数的增加，实质上是对实现利润的冲减。

会计计量：按实际成本计量。“利润分配”账户增加 11 400 元；“盈余公积”账户增加 11 400 元。

根据以上确认和计量结果在转账记账凭证上填制会计分录等内容，具体填制方法如图 6－45 所示。

转账记账凭证

20××年 9 月 30 日　　　　凭证编号　转字第 21 号

摘要	总账科目	明细科目	借方金额	贷方金额	记账符号
提取盈余公积	利润分配	提取盈余公积	11 400		√
	盈余公积	提取法定盈余公积		11 400	√
附单据　壹　张		合计	11 400	11 400	

会计主管人员 李鸣　　记账 张清　　稽核 沈严　　制单 方新

图 6－45　提取法定盈余公积事项转账记账凭证的填制方法

账户记录如图 6－46 所示。

借方	盈余公积（所有者权益类）	贷方
	6-13	11 400 →

借方	利润分配（利润类）	贷方
→ 6-13	11 400	

图 6－46

例 6－14

盛达公司按照批准的利润分配方案，向投资者分配利润 58 600 元，款项暂未支付。

会计确认：这是一个既不涉及货币资金收入，也不涉及货币资金付出的转账事项，一方面涉及利润（所有者权益）要素（“利润分配”，增加）；另一方面涉及负债要素（“应付利润”，增加）。原始凭证是利润计算及分配表。依据该原始凭证应填制转账记账凭证。

会计计量：按实际成本计量。“利润分配”账户增加 58 600 元；“应付利润”账户增加 58 600 元。

根据以上确认和计量结果在转账记账凭证上填制会计分录等内容，具体填制方法如图 6－47 所示。

转账记账凭证

20××年 9 月 30 日　　　　凭证编号　转字第 22 号

摘要	总账科目	明细科目	借方金额	贷方金额	记账符号
分配现金股利	利润分配	应付利润	58 600		√
	应付利润			58 600	√
附单据　壹　张		合计	58 600	58 600	

会计主管人员 李鸣　　记账 张清　　稽核 沈严　　制单 方新

图 6－47　分配现金股利事项转账记账凭证的填制方法

账户记录如图 6－48 所示。

借方	应付利润（负债类）	贷方
	6-14	58 600

借方	利润分配（利润类）	贷方
6-14	58 600	

图 6－48

例 6－15

年末，企业将已经提取的法定盈余公积金 11 400 元、已经分配的应付利润 58 600 元，分别从“利润分配——提取法定盈余公积”和“利润分配——应付利润”明细分类账户结转入“未分配利润”明细分类账户。

会计确认：这是一个既不涉及货币资金收入，也不涉及货币资金付出的转账事项，涉及利润（所有者权益）要素中的三个明细账户之间的相互结转（“提取法定盈余公积”和“ 应付利润”两个明细账户均为减少；“未利润分配”明细账户，增加）。依据账户中的原始记录应填制转账记账凭证。

会计计量：按实际成本计量。“利润分配——未分配利润”账户增加 70 000 元；“利润分配——提取法定盈余公积”和“利润分配——应付利润”账户各应减少 11 400 元和 58 600 元。

根据以上确认和计量结果在转账记账凭证上填制会计分录等内容，具体填制方法如图 6－49 所示。

转账记账凭证

20××年9月30日　　　凭证编号　转字第23号

摘要	总账科目	明细科目	借方金额	贷方金额	记账符号
利润分配账户结转	利润分配	未分配利润	70 000		√
	利润分配	提取法定盈余公积		11 400	√
	利润分配	应付利润		58 600	√
附单据　壹　张		合计	70 000	70 000	

会计主管人员 李鸣　　记账 张清　　稽核 沈严　　制单 方新

图 6-49　分配现金股利事项转账记账凭证的填制方法

账户记录如图 6-50 所示。

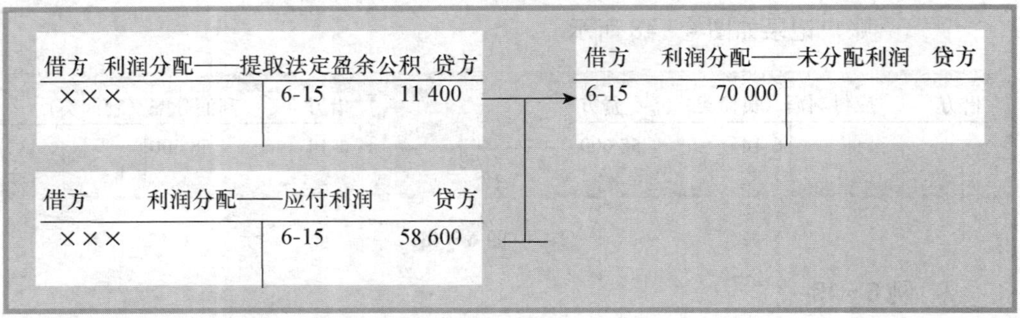

图 6-50

例 6-16

盛达公司用银行存款支付投资者应付利润 58 600 元。

会计确认：这是一笔付款交易，涉及负债要素（“应付利润”，减少）和资产要素（“银行存款”，减少）。原始凭证是本企业开出的支票存根等。根据该原始凭证应填制付款记账凭证。

会计计量：按实际成本计量。“应付利润”账户减少 58 600 元；“银行存款”账户减少 58 600 元。

根据以上确认和计量结果在付款记账凭证上填制会计分录等内容，如图 6-51 所示。

账户记录如图 6-52 所示。

付款记账凭证　　凭证编号　付字第 10 号

20××年 9 月 30 日　　贷方科目　银行存款

摘要	结算方式	票号	借方科目		金额	记账符号
			总账科目	明细科目		
支付利润	支票	0095	应付利润		58 600	√
附单据 壹 张			合计		58 600	

会计主管人员 李鸣　记账 张清　稽核 沈严　制单 方新　出纳 廉明　交款人 赵发

图 6－51　支付利润付款记账凭证的填制方法

借方	银行存款（资产类）	贷方
×××	6-16	58 600 →

借方	应付利润（负债类）	贷方
→ 6-16	58 600	×××

图 6－52

二、账簿的更换与保管

（一）账簿的更换

1. 账簿更换的定义。账簿的更换是指在会计年度终了时，将本年度的账簿更换为次年度新账簿的工作。

企业在每一新的会计年度开始时都需要建立新账，一般应将上年度已经登记过的账簿更换为新账簿，以满足在新的会计年度登记交易或事项的需要。但是，是否将所有账簿都进行更换，应根据实际情况而定。一般来说，总分类账簿、序时账簿和绝大多数明细分类账簿，应当每年度更换一次，而用以记录财产物资的卡片式明细分类账，由于其连续记录的要求比较强，可以跨年度使用。

2. 账簿更换的程序。账簿更换具体包括以下环节。

（1）检查本年度账簿记录在年终结账时是否全部结清，账户中借方、贷方合计数是否确实已经平衡相等，应结转下年的账户余额是否已结转下年。

（2）根据本年度有余额账户的“结转下年”数字直接记入新年度账户的第一行的“余额”栏，在日期栏注明“1 月 1 日”；在“摘要”栏注明“上年结转”字样；在“借或贷”栏注明余额方向。进行年度之间余额的结转时，不必填制记账凭证。因此，新年度登记余额行中的“凭证编号”栏、“借方”栏和“贷方”栏都空置不填。

账簿的更换程序如图6-53所示。

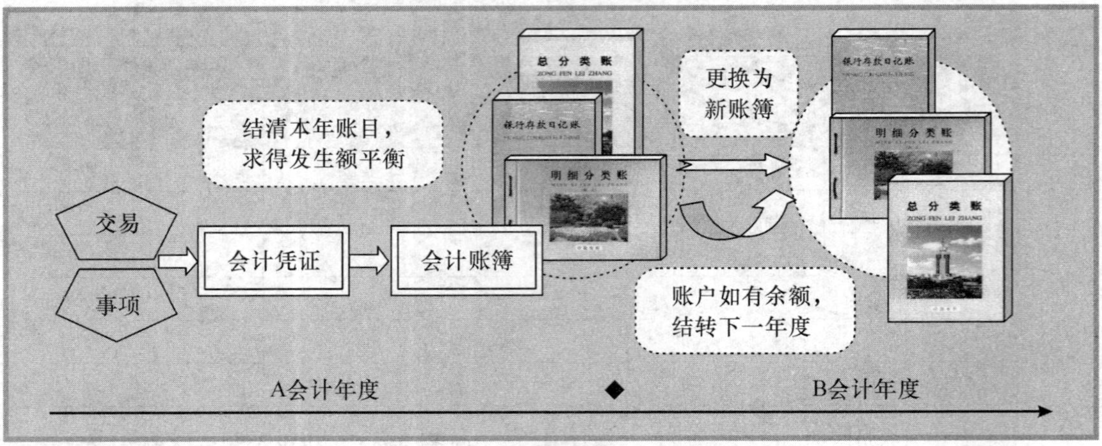

图6-53 账簿的更换程序

（二）账簿的保管

会计账簿是会计信息的主要载体，也是企业的重要经济档案资料，因此，必须建立账簿的保管制度，以确保账簿的安全与完整。

1. 账簿平时管理的要求。账簿的平时管理是指账簿在日常使用过程中的管理，具体应做到：

（1）专人管理，保证安全。对各种账簿应指定专人管理，做到分工明确，责任清楚。账簿的经管人员既要负责记账、对账和结账等工作，又要负责保证账簿的安全完整，防止任意涂改和毁坏账簿等问题的发生。

（2）查阅复制，须经批准。会计账簿未经会计部门负责人等批准，非经管人员不能随意翻阅查看、摘抄或复制。

（3）除非必要，不得外带。会计账簿除需要与其他单位进行核对外，一般不能携带外出。对需要携带外出的账簿，应指定专人负责。

2. 对使用过的账簿归档保管的要求。使用过的账簿是指年度终了时更换下来的账簿。虽然这些账簿不会再被用来登记新发生的交易或事项，但在这些账簿中记录了企业过去发生的交易或事项，是企业重要的经济档案资料，更应按要求归档保管。对使用过的账簿归档保管的要求如图6-54所示。

（1）归类整理，保证齐全。归档前应对更换下来的旧账簿进行分类整理，检查使用过的账簿是否收集齐全。

（2）装订成册，手续完备。对更换下来的账簿，应在归类整理的基础上分类捆扎，活页式账簿应分类装订成册。

（3）编制清单，归档保管。对更换下来的使用过账簿经过整理装订后，应填写移交清单，办理移交手续，及时交由单位档案管理部门归档保管。保管人员应按照档案管理办法的要求，编制索引、分类存储，以便日后查阅。

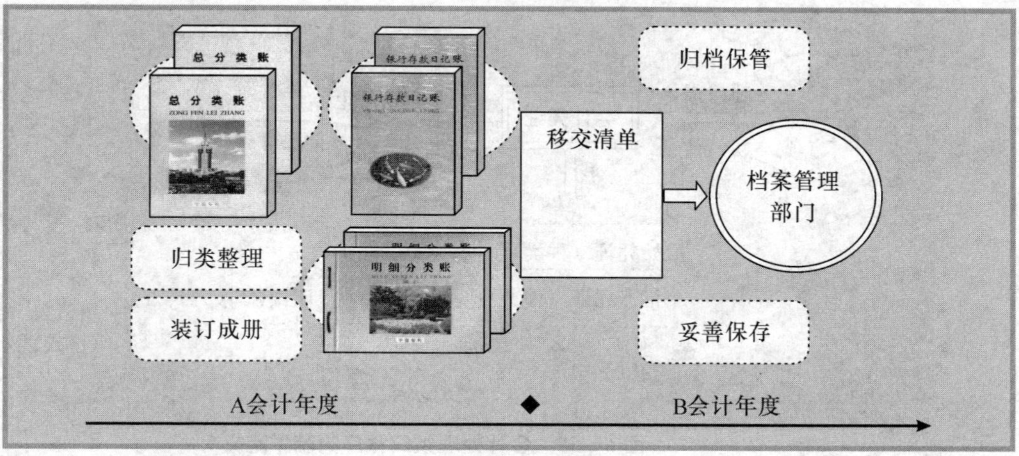

图 6－54 对使用过的账簿归档保管的要求

（4）妥善保存，期满销毁。对更换下来的旧账簿，应采取一定的安全措施妥善保存，不得任意销毁。保管期满后，应按照规定的审批程序，报经批准后方可销毁。根据规定需要永久保存的账簿不能销毁。

第六节 账簿与会计处理组织程序

一、会计处理组织程序的定义与种类

（一）会计处理组织程序的定义

会计处理组织程序是指应用会计凭证、账簿登记和财务报告等方法处理企业交易或事项的过程。

对会计处理组织程序的基本含义可结合图 6－55 加以理解。

从图 6－55 可见，对交易或事项的会计处理需要经过一定的处理程序才能完成。如前所述，交易或事项的处理是以会计的初始确认为起点的，经过会计计量，之后才能进入会计记录环节，记入有关账簿。在会计期末，经过再次确认和计量，将企业当期的交易或事项信息列报于财务报告文件之中并对外报告。以上是企业会计处理交易或事项的主要程序。在这一程序中，应用的会计方法主要是会计凭证、账簿登记和财务报告。这些方法是会计上用以记录、存储和报告会计信息的主要载体，也是处理交易或事项时必不可少的环节，以上三个载体的相互结合使用构成了企业一定会计期间完整的会计循环。

（二）会计处理组织程序的种类

会计处理组织程序主要有通用记账凭证会计处理组织程序、专用记账凭证会计处理组织程序、科目汇总表会计处理组织程序和汇总记账凭证会计处理组织程序。

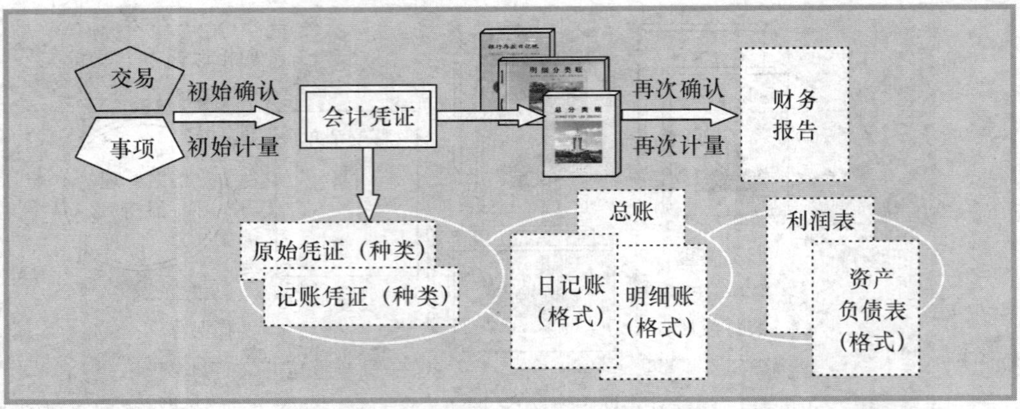

图6-55 会计处理组织程序的基本定义

在实务中，可供企业选择使用的会计凭证（特别是其中的记账凭证）、会计账簿和会计报表种类较多，格式也各不相同。各个企业应根据其自身经营活动的特点，考虑企业交易或事项的繁简、会计机构和会计人员设置的实际情况等，选择适用的会计凭证、会计账簿和会计报表，使之构成一个既相互独立又紧密联结的有机整体。在不同的企业，所采用的会计凭证、会计账簿和会计报表的种类及格式各不相同，利用这些载体对所发生的交易或事项进行处理的方法也有所不同，因而会形成各具特色的会计处理组织程序。

（三）各种会计处理组织程序的主要区别

各种会计处理组织程序的主要区别如图6-56所示。

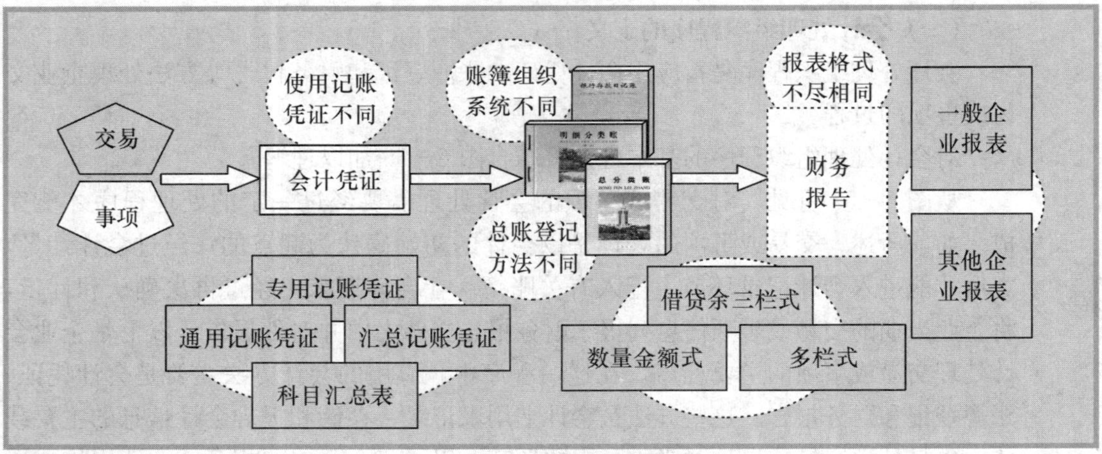

图6-56 各种会计处理组织程序的主要区别

1. 使用的记账凭证不同。一个特定的企业，只能采用一种会计处理组织程序。选用的记账凭证因会计处理组织程序的不同而有所不同。记账凭证包括通用记账凭证、专用记账凭证、科目汇总表和汇总记账凭证等。这些记账凭证只能根据本企业的会计处理组织程序选择使用。一般而言，通用记账凭证与专用记账凭证可以在企业的会计处理组织程序中独立使用，而不能在一种会计处理组织程序中同时使用。通用记账凭证和科目汇总表可以在一种会计处理组织程序中同时使用。专用记账凭证和科目汇总表（或汇总记账凭证）可以在一种会计处理组织程序中同时使用。

2. 账簿的组织系统不同。账簿的组织系统包括用以记录交易或事项的序时账簿（日记账）和分类账簿（总分类账、明细分类账）。各种账簿的格式是不同的。在借贷记账法下设置的以上账簿中，序时账、总分类账和一部分明细分类账的格式均为借、贷、余三栏式，而其他明细分类账的格式还有数量金额式和多栏式等。这是由账户对各种交易或事项的不同记录要求决定的。一般而言，借、贷、余三栏式的序时账、总分类账和部分明细分类账为企业必须设置的，另两种格式的明细分类账可根据企业记录交易或事项的需要选择使用。

3. 登记总分类账的方式不同。企业设置的分类账户包括总分类账和明细分类账两类（从一定意义上讲，序时账也是一种明细分类账）。其中，明细分类账要求根据专用（或通用）记账凭证逐笔登记（序时账是逐日逐笔登记），而总分类账既可采用逐笔登记的方法，也可采用汇总登记的方法。汇总登记又可分为根据科目汇总表或汇总记账凭证登记两种。总分类账登记的不同方式体现了各种会计处理组织程序的主要区别，也是区分各种会计处理组织程序的主要标志。

4. 采用的报表格式不同。尽管企业按要求都要编制资产负债表、利润表、现金流量表和所有者（股东）权益变动表等会计报表，但由于企业的组织形式、业务性质和主要经营活动内容不同，其报表格式及所包含的项目也有所不同。如一般企业的会计报表与商品流通企业的会计报表的组成内容就存在较大差别，与金融、保险等企业的会计报表的组成内容差别更大。各企业应按照规范的格式和使用要求与列报方法进行会计报表的编制。关于会计报表的内容将在第九章讲授，但这并不影响对会计处理组织程序内容的学习。

二、各种会计处理组织程序的应用及其特点

（一）通用记账凭证会计处理组织程序

1. 通用记账凭证会计处理组织程序的含义。通用记账凭证会计处理组织程序是根据企业发生的交易或事项填制通用记账凭证，之后根据通用记账凭证直接登记总分类账，并定期编制会计报表的一种会计处理组织程序。

2. 通用记账凭证会计处理组织程序使用的载体。在通用记账凭证会计处理组织程序下，需要设立完整的会计凭证、账簿和报表体系，具体使用的载体如图 6－57 所示。

3. 通用记账凭证会计处理组织程序的应用步骤。通用记账凭证会计处理组织程序的应用步骤如图 6－58 所示。

（1）交易或事项发生以后，根据有关的原始凭证或原始凭证汇总表填制通用记账凭证。

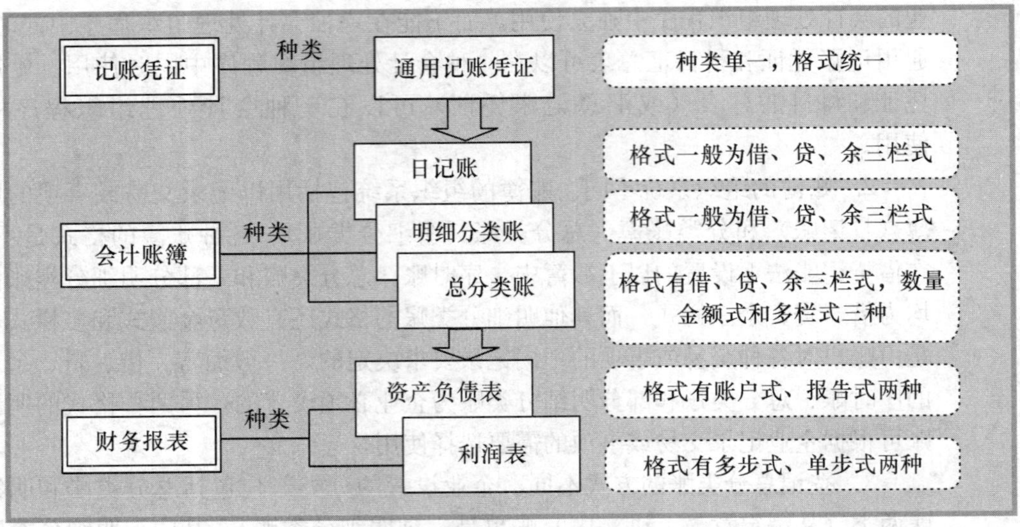

图6-57　通用记账凭证会计处理组织程序使用的载体

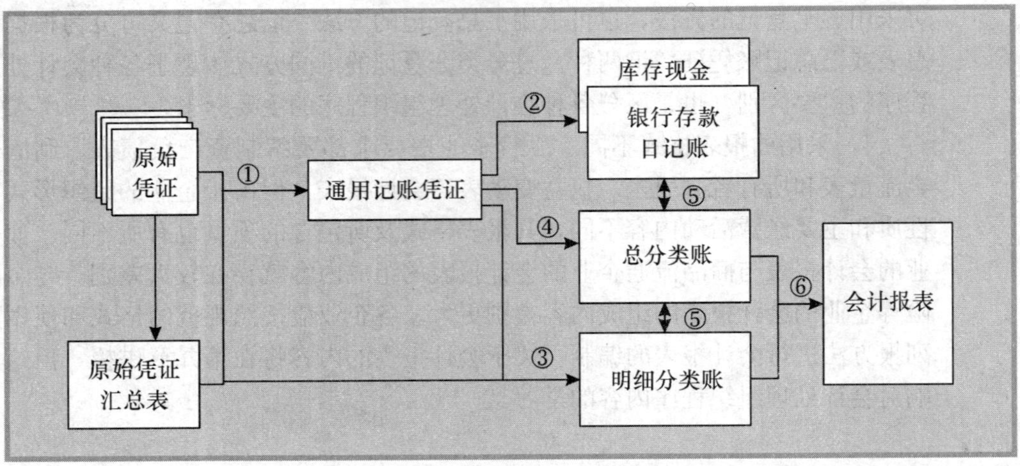

图6-58　通用记账凭证会计处理组织程序的基本步骤

（2）根据通用记账凭证逐笔登记库存现金日记账和银行存款日记账。

（3）根据通用记账凭证并参考原始凭证或原始凭证汇总表，逐笔登记各种明细分类账。

（4）根据通用记账凭证逐笔登记总分类账。

（5）月末，将日记账、明细分类账的余额分别与总分类账中相应账户的余额核对相符。

（6）月末，根据总分类账和明细分类账的记录编制会计报表。

4. 通用记账凭证会计处理组织程序的特点。通用记账凭证会计处理组织程序的特点是：直接根据通用记账凭证逐笔登记总分类账。这一做法与专用记账凭证会计处理组织程序相同。

5. 对通用记账凭证会计处理组织程序的评价。

（1）通用记账凭证会计处理组织程序的优点。

1）在通用记账凭证上能够清晰地反映账户之间的对应关系。在通用记账凭证会计处理组织程序下，当一笔交易或事项发生以后，利用一张通用记账凭证就可以编制出完整的会计分录，涉及几个会计科目就填写几个会计科目，账户对应关系一目了然。

2）在总分类账上能够比较详细地反映交易或事项的发生情况。在通用记账凭证会计处理组织程序下，对各种序时账（包括库存现金日记账、银行存款日记账等）和分类账（包括总分类账和明细分类账）都采取逐笔登记的方法，能够详细地反映所发生的交易或事项的整体情况。

3）总分类账登记方法简单，易于掌握。与根据其他会计凭证登记总分类账的做法相比，根据通用记账凭证直接登记总分类账是最简单的一种登记方法，也非常容易掌握和应用。

4）记账凭证种类单一，格式统一，方便使用。采用通用记账凭证会计处理组织程序在一定程度上可以节约会计处理成本，这一点是其他会计处理组织程序无法比拟的。

（2）通用记账凭证会计处理组织程序的缺陷。

1）总分类账登记工作量过大。对发生的每一笔交易或事项都要根据填制的通用记账凭证逐笔登记总分类账，这样的登记方法与登记序时账和明细分类账的做法相同，实际上是各种账簿在登记过程中的重复记录，势必增加登记总分类账的工作量，特别是在交易或事项数量比较多的企业，这种重复登记的工作量会更大。

2）账页耗用多，预留账页多少难以把握。由于对企业发生的所有交易或事项都要在总分类账和明细分类账及序时账中重复登记，势必需要设置更多的账簿，或耗用更多的账页，造成一定的账页浪费。特别是在一个订本式账簿中设置多个总分类账账户时，由于登记交易或事项的数量多少很难预先确定，对于每一个账户应预留多少账页很难把握，预留账页过多会造成账页浪费，预留过少又会不够用，影响账户登记上的连续性。

（3）通用记账凭证会计处理组织程序的适用范围。尽管通用记账凭证会计处理组织程序具有诸多优点，但登记总分类账工作量过大等缺陷也是显而易见的，这决定了这种会计处理组织程序一般只适用于规模较小、交易或事项数量比较少、记账凭证使用不多的小微企业。

（二）专用记账凭证会计处理组织程序

1. 专用记账凭证会计处理组织程序的含义。专用记账凭证会计处理组织程序是根据发生的交易或事项先填制专用记账凭证，之后根据各种专用记账凭证直接登记总分类账，并定期编制会计报表的一种会计处理组织程序。

2. 专用记账凭证会计处理组织程序使用的载体。同理，在专用记账凭证会计处理组织程序下，也需要设立完整的会计凭证、账簿和报表体系，具体使用的载体见图 6－59。

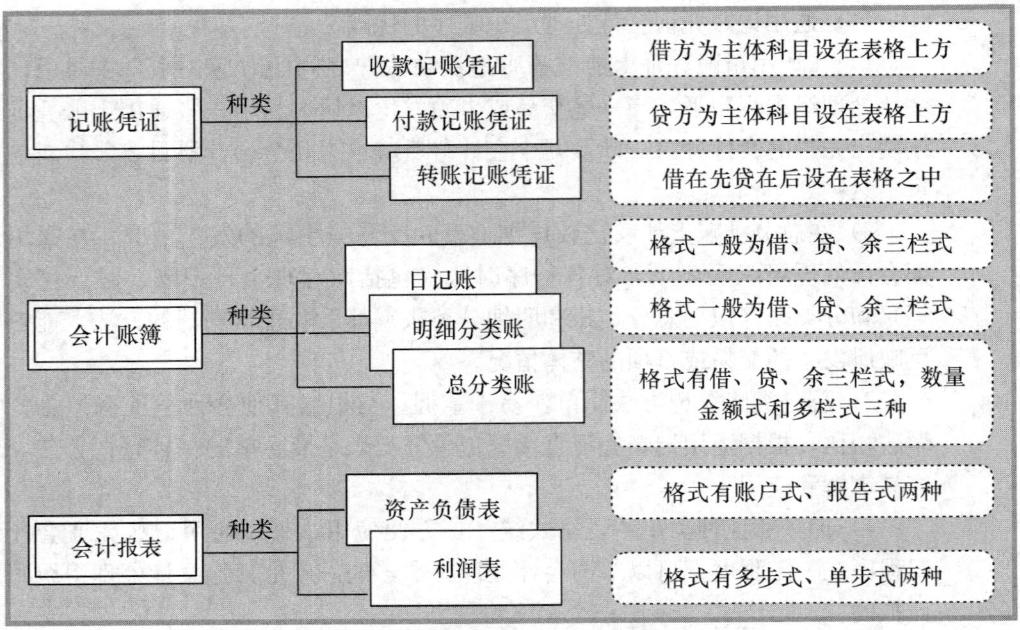

图 6-59　专用记账凭证会计处理组织程序使用的载体

3. 专用记账凭证会计处理组织程序的应用步骤。专用记账凭证会计处理组织程序的应用步骤如图 6-60 所示。

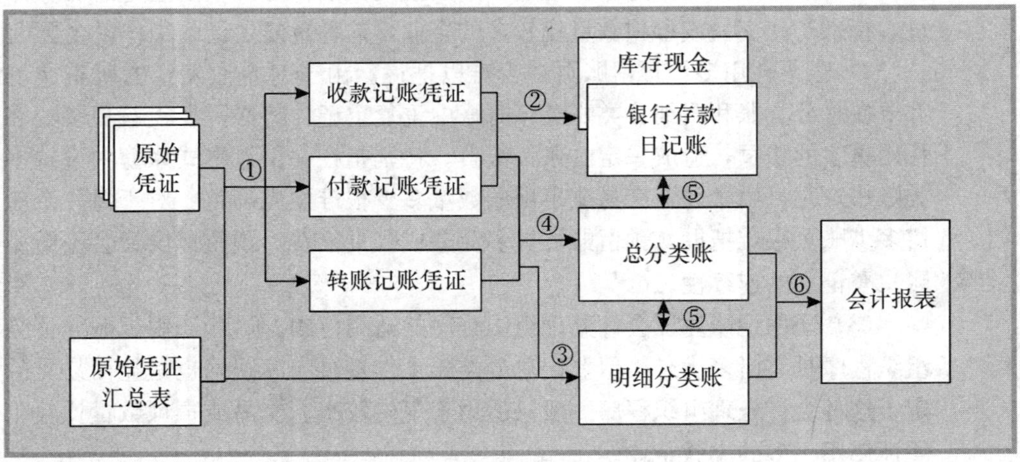

图 6-60　专用记账凭证会计处理组织程序的应用步骤

（1）交易或事项发生以后，根据有关的原始凭证或原始凭证汇总表填制各种专用记账凭证。

（2）根据收款记账凭证和付款记账凭证逐笔登记库存现金日记账和银行存款日记账。

（3）根据各种专用记账凭证并参考原始凭证或原始凭证汇总表，逐笔登记各种明细分类账。

（4）根据各种专用记账凭证逐笔登记总分类账。

(5) 月末，将日记账、明细分类账的余额分别与总分类账中相应账户的余额核对相符。

(6) 月末，根据总分类账和明细分类账的记录编制会计报表。

4. 专用记账凭证会计处理组织程序的特点。专用记账凭证会计处理组织程序的特点是：采用专用记账凭证，直接根据各种专用记账凭证逐笔登记总分类账。

将各种会计处理组织程序进行比较，它们之间的主要区别在于对总分类账的登记方法。直接根据各种专用记账凭证逐笔登记总分类账，是专用记账凭证会计处理组织程序的鲜明特点。

5. 对专用记账凭证会计处理组织程序的评价。

(1) 专用记账凭证会计处理组织程序的优点。与通用记账凭证会计处理组织程序的优点大体相同，即在记账凭证上能够清晰地反映账户之间的对应关系，在总分类账上能够比较详细地反映交易或事项的整体情况。另外，总分类账登记方法相对简单，易于掌握和应用。

(2) 专用记账凭证会计处理组织程序的缺陷。

1) 与通用记账凭证会计处理组织程序的缺陷基本相同，即采用这种会计处理程序时总分类账登记工作量过大，账页耗用过多等。

2) 记账凭证种类相对较多，不方便使用。在专用记账凭证会计处理组织程序，记账凭证要分为三种，会使会计凭证种类增多，一定程度上会增加会计处理成本，也带来使用上的不便。

(3) 专用记账凭证会计处理组织程序的适用范围。专用记账凭证会计处理组织程序的优点较多，适用于规模较大、交易或事项数量比较多、记账凭证使用量比较大的大中型企业。但受其缺陷所限，在实务中单纯采用这种程序的企业已不多见，因而是一种需要加以变革的会计处理组织程序。

(三) 科目汇总表会计处理组织程序

1. 科目汇总表会计处理组织程序的含义。科目汇总表会计处理组织程序是先根据发生的交易或事项填制通用（或专用）记账凭证，之后根据通用（或专用）记账凭证先定期汇总编制科目汇总表，再根据科目汇总表登记总分类账，并定期编制会计报表的一种会计处理组织程序。

在讨论以上两种会计处理组织程序的过程中我们可以看到，它们存在的共同缺陷是序时账和分类账登记上的重复记录，不仅造成了账户登记上的重复劳动，而且意义不是很大。为此，会计人员经过长期的实践探索，创造了一些能够克服以上两种会计处理组织程序缺陷的其他会计处理组织程序，科目汇总表会计处理组织程序即为其中之一，也是目前实务中常用的一种会计处理组织程序。

2. 科目汇总表会计处理组织程序使用的载体。与以上两种会计处理组织程序相比，科目汇总表会计处理组织程序所采用的记账凭证有其特点。除使用通用（或专用）记账凭证外，还需要同时使用科目汇总表这种记账凭证。科目汇总表是根据通用（或专用）记账凭证汇总编制的一种记账凭证。科目汇总表会计处理组织程序使用的载体如图 6－61 所示。

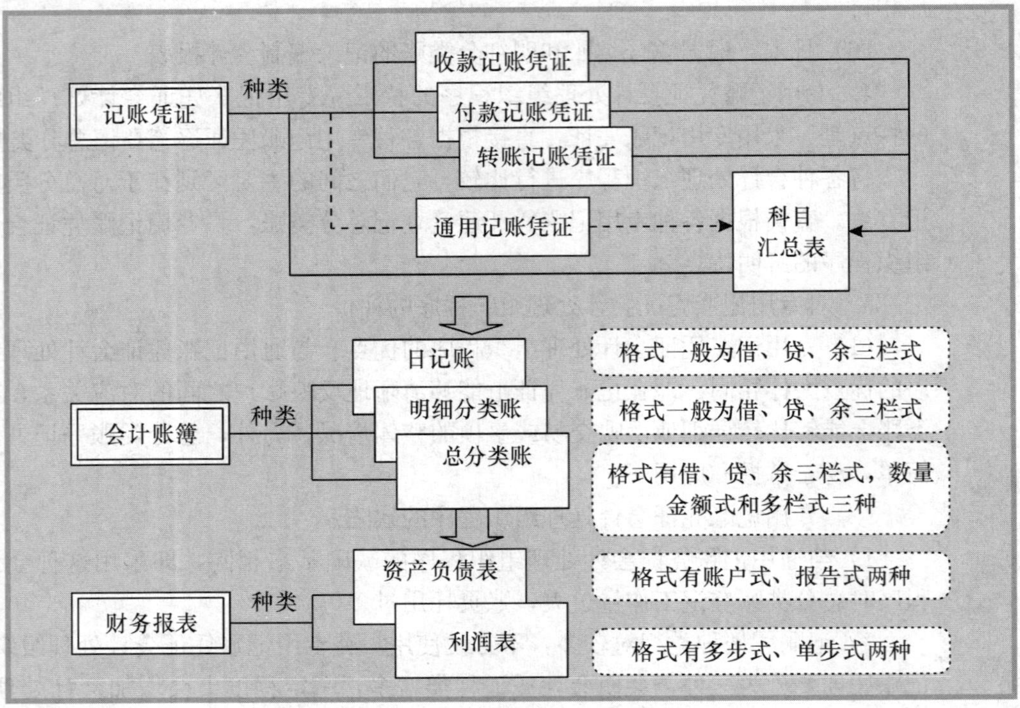

图 6－61　科目汇总表会计处理组织程序使用的载体

3. 科目汇总表会计处理组织程序的应用步骤。科目汇总表会计处理组织程序的应用步骤如图 6－62 所示。

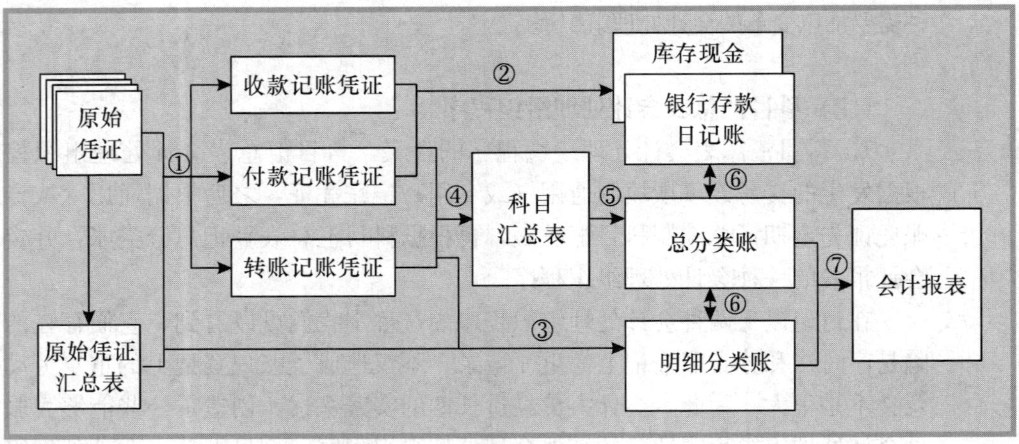

图 6－62　科目汇总表会计处理组织程序的应用步骤

（1）交易或事项发生以后，根据有关的原始凭证或原始凭证汇总表填制各种专用记账凭证（在采用通用记账凭证的企业为填制通用记账凭证）。

（2）根据收款记账凭证和付款记账凭证（或通用记账凭证）逐笔登记库存现金日记账和银行存款日记账。

（3）根据各种专用记账凭证（或通用记账凭证）并参考原始凭证或原始凭证汇总表，逐笔登记各种明细分类账。

（4）根据各种通用记账凭证（或各种专用记账凭证）汇总编制科目汇总表。

（5）根据科目汇总表登记总分类账。

（6）月末，将序时账、明细分类账的余额分别与总分类账中相应账户的余额核对相符。

（7）月末，根据总分类账和明细分类账的记录编制会计报表。

4. 科目汇总表会计处理组织程序的特点。科目汇总表会计处理组织程序的特点是：定期根据通用（或专用）记账凭证汇总编制科目汇总表，之后根据科目汇总表上的汇总数字登记总分类账。

特别提示

汇总记账凭证会计处理组织程序　为达到减轻登记总分类账工作量的目的，也可根据汇总记账凭证上的汇总数字登记总分类账，这是汇总记账凭证会计处理组织程序的做法。但与科目汇总表的汇总过程相比，汇总记账凭证的汇总过程要麻烦得多，容易出错且难以检验，在实务中已极少采用，故对汇总记账凭证会计处理组织程序不再展开探讨。

5. 对科目汇总表会计处理组织程序的评价。

（1）科目汇总表会计处理组织程序的优点。

1）可以进行账户发生额的试算平衡。科目汇总表上的汇总结果体现了企业一定会计期间内所有总分类账户的借方发生额合计与贷方发生额合计之间的相等关系，利用这种相等关系，利用科目汇总表可以对一定会计期间编制的全部记账凭证上所有账户的发生额进行试算平衡。

2）可以保证总分类账登记的正确性。在科目汇总表会计处理组织程序下，总分类账是根据科目汇总表上的汇总数字登记的。在登记总分类账之前能够通过科目汇总表的汇总结果对所填制的通用（或专用）记账凭证准确与否进行验证，在一定程度上能够保证总分类账记录的正确性。

3）可以大大减少登记总分类账的工作量。在科目汇总表会计处理组织程序下，可根据科目汇总表上有关账户的汇总发生额，在月中分次或月末一次登记总分类账，可以使登记总分类账的工作量大为减轻。

（2）科目汇总表会计处理组织程序的缺陷。

1）编制科目汇总表的工作量比较大。在科目汇总表会计处理组织程序下，对发生的交易或事项首先要填制通用记账凭证（或各种专用记账凭证），在此基础上，需要定期对这些记账凭证进行汇总，编制科目汇总表，增加了记账凭证汇总的工作量。

2）不能清晰地反映账户之间的对应关系。科目汇总表是按各个会计科目归类汇总其发生额的，汇总以后，账户的对应关系被掩盖起来，在科目汇总表中不能清楚地体现各账户之间的对应关系和交易或事项的来龙去脉。

（3）科目汇总表会计处理组织程序的适用范围。科目汇总表会计处理组织程序具有能够进行账户发生额的试算平衡、减少总账登记工作量等优点，不论规模大小、交易或事项繁简的各类企业都可以采用。

复习思考题

1. 什么是会计账簿？账簿各组成部分的作用是什么？
2. 账簿按不同分类方法可分为哪些种类？各种账簿的适用性如何？
3. 总分类账簿与其他账簿相比在登记方法上有什么不同？目的是什么？
4. 明细分类账簿有哪些格式？其适用性如何？
5. 登记账簿应遵守哪些基本规则？
6. 更正错账的具体方法有哪些？各适用于对哪种类型错账的更正？
7. 权责发生制在期末账项调整中主要应用于对哪些会计要素的确认？其意义是什么？
8. 什么是结清收入费用账户？结清的目的是什么？
9. 什么是账簿的保管？账簿保管应注意哪些方面？
10. 什么是会计处理组织程序？如何评价专用记账凭证会计处理组织程序？

应用练习题

一、判断题

答题要求：根据各题给出的说法判断正误，你认为正确的，在题后的括号中打“√”，你认为错误的打“×”。

1. 序时账簿是按照交易或事项发生的时间顺序逐日逐笔登记的账簿。（　　）
2. 库存现金日记账只能根据现金收款凭证和现金付款凭证登记。（　　）
3. 库存现金日记账中的对方科目是指会计分录中与“银行存款”相对应的会计科目。（　　）
4. 账簿登记完毕，应在会计账簿上做出已记账标志。（　　）
5. 对在记账凭证上用错会计科目产生的错账应当用划线更正法更正。（　　）
6. 结账是指在会计期末对一定时期内账簿记录所做的核对工作。（　　）
7. 结账就是在期末计算每个账户的发生额。（　　）
8. 在结清收入费用账户时，应填制记账凭证。（　　）
9. 对本月没有发生额的账户，可不进行月结。（　　）
10. 科目汇总表是记账凭证的一种。（　　）

二、单项选择题

答题要求：在下面各题的备选答案中只有一个是正确答案，选择你认为正确的答案，在题尾的括号中写出该备选答案的英文字母编号。

1. 由具有一定格式而又相互联结的账页组成的簿籍称为（　　）。

A. 会计科目　B. 会计凭证　C. 会计账户　D. 会计账簿

2. 下列各项中，属于订本式账簿优点的是（　　）。

A. 便于为多个账户预留账页　B. 保证账簿的安全完整

C. 便于记账人员的分工记账　D. 使用起来不够灵活

3. 以下各种账簿中，可以根据汇总金额登记的账簿是（　　）。

A. 总分类账簿　B. 序时账簿　C. 备查账簿　D. 明细分类账簿

4. 三栏式明细分类账簿一般适用于登记（　　）。

A. 只进行价值量核算的交易或事项　B. 费用或收入增减交易或事项

C. 只进行实物量核算的交易或事项　D. 材料物资类增减交易或事项

5. 下列各种情形中，适用划线更正法更正错账的是（　　）。

A. 在记账凭证上将科目用错　B. 在记账凭证上金额写少

C. 在记账凭证上金额写多　D. 记账凭证正确但记账发生笔误

6. 下列各种情形中，适用补充登记法更正错账的是（　　）。

A. 在记账凭证上将科目用错　B. 在记账凭证上金额写少

C. 在记账凭证上金额写多　D. 记账凭证正确但记账发生笔误

7. 在登记账户时，将一项交易或事项的借方和贷方方向记反，试算表上的借贷方合计数（　　）。

A. 仍然相等　B. 肯定不相等

C. 可能相等也可能不相等　D. 在存在其他错账的情况下相等

8. 下列各项中，不属于期末结账的内容的是（　　）。

A. 将在本期发生的交易或事项全部入账

B. 计算账户的上期发生额及余额

C. 按照权责发生制基础对应计事项调整入账

D. 结清收入费用账户，结转入“本年利润”账户

9. 下列各项中，不属于在权责发生制基础上于期末调整的内容的是（　　）。

A. 应计未收收入　B. 应计已收收入　C. 应计未付费用　D. 应计预收收入

10. 进行年度之间账户余额的结转时，应（　　）。

A. 填制收款记账凭证　B. 填制付款记账凭证

C. 填制转账记账凭证　D. 不需填制记账凭证

三、多项选择题

答题要求：在下面各题的备选答案中至少有两个是正确答案，选择你认为正确的答案，在题尾的括号中顺序写出这些备选答案的英文字母编号。

1. 下列各项中，属于设立和登记账簿目的的有（　　）。

A. 满足记录交易或事项的要求　　B. 解决交易或事项的记录方法

C. 为交易或事项的记录提供依据　　D. 为会计报告进行信息存储

E. 为评价经营者业绩等提供依据

2. 下列各项中，属于会计账簿按外表形式分类包含的账簿种类有（　　）。

A. 订本式账簿　B. 活页式账簿　C. 卡片式账簿　D. 序时账簿

E. 备查账簿

3. 总分类账簿一般为（　　）。

A. 借、贷、余三栏式　　B. 活页式账簿

C. 订本式账簿　　D. 备查账簿

E. 卡片式账簿

4. 下列账户中，可设置为多栏式明细分类账簿的有（　　）。

A. 生产成本　B. 制造费用　C. 在途物资　D. 管理费用

E. 实收资本

5. 启用订本式账簿时，一般应在账簿扉页上填写的内容有（　　）。

A. 账簿启用登记表　　B. 交易或事项的发生时间

C. 交易或事项的内容　　D. 账户目录

E. 交易或事项的增减金额

6. 在由下列原因引起的错账中，可采用红字更正法更正的有（　　）。

A. 在记账凭证上将科目用错　　B. 在记账凭证上将金额写少

C. 在记账凭证上将金额写多　　D. 在记账凭证上将编号写错

E. 记账凭证正确只是记账时笔误

7. 如果企业在会计期末不进行应计未收收入的调整，将会（　　）。

A. 虚减当期资产　　B. 虚减当期收入

C. 虚增当期收入　　D. 虚减当期负债

E. 虚减当期利润

8. 在采用权责发生制基础确认收入和费用时，下列内容中应于本期期末确认的费用有（　　）。

A. 应计未收收入　　B. 应计预收收入

C. 应计预付费用　　D. 应计未付费用

E. 应计已付费用

9. 下列各项中，属于企业的期末结账的内容一般有（　　）。

A. 日结　B. 月结　C. 旬结　D. 季结

E. 年结

10. 下列各项中，属于科目汇总表会计处理组织程序优点的有（　　）。

A. 能够清晰反映账户之间的对应关系

B. 可在登记总分类账前进行试算平衡

C. 可以减轻登记明细账的工作量

D. 能够减轻登记序时账的工作量

E. 能够减轻登记总分类账的工作量

四、模拟实训题

模拟实训题（一）

1. 实训资料：假定鸿韵公司10月1日库存现金日记账的余额为800元。当日发生如下与现金收付有关的交易或事项：

（1）支付购买材料运费150元（假定不考虑税金的处理）。（提示：借方科目为“在途物资”。）

（2）公司工作人员张磊报销差旅费2 400元，出差前借款为2 000元，垫付部分400元已付给张磊本人。

（3）从银行提取现金15 000元，备发工资。

（4）用现金15 000元向员工发放工资。（提示：借方科目为“应付职工薪酬”。）

（5）公司职员王雷报销差旅费2 250元，出差前借款为3 000元，剩余款750元交回财会部门。

（6）处理积压材料收入现金1 800元（假定不考虑税金的处理）。（提示：贷方科目为“其他业务收入”。）

（7）将库存现金1 000元存入银行。

2. 实训目的：检验学习者对库存现金日记账及其总分类账登记方法的应用能力。

3. 实训要求：

（1）根据资料确认应填制专用记账凭证的名称，并按五种编号方法为记账凭证编号；编制会计分录。

（2）根据编制的专用记账凭证逐笔登记库存现金日记账，计算当日余额。

（3）逐笔登记“库存现金”总分类账，计算当日余额。

模拟实训题（二）

1. 实训资料：

（1）假定鸿韵公司10月1日部分账户的余额如下：

库存现金	1 500元	固定资产	320 000元	银行存款	215 000元
管理费用	8 000元	在途物资	10 000元	短期借款	40 000元
原材料	30 000元	应付账款	60 000元	生产成本	16 000元
实收资本	500 500元				

（2）本月发生的交易或事项见第五章模拟实训题（一）。

2. 实训目的：检验学习者对总分类账逐笔登记方法的应用能力。

3. 实训要求：根据所给资料开设并逐笔登记所涉及的所有总分类账户（可采用T形账户形式），并计算其月末余额。

模拟实训题（三）

1. 实训资料：

（1）假定鸿韵公司10月1日部分账户的余额见模拟实训题（二）。

(2) 第五章模拟实训题（三）中的科目汇总表（假定编号为：科汇字第10号）。

2. 实训目的：检验学习者对总分类账汇总登记方法的应用能力。

3. 实训要求：根据上述科目汇总表中的汇总数字汇总登记所涉及的所有总分类账户（可采用T形账户形式），并计算月末余额。

第七章 成本计算方法及其应用

Chapter 7

本章内容导读

成本计算是企业的一项重要工作，在其经营活动中，无论是材料物资的采购或发出，还是产品的生产或销售，大都涉及材料或产品的成本计算问题。本章主要介绍成本计算方法的定义、成本计算的原理及一般程序，以及不同计算对象的成本计算方法。本章内容结构：

第一节　成本计算原理及程序 → 学习内容：成本计算的定义，成本计算的原理与程序

第二节　成本计算方法的应用 → 学习内容：材料采购、完工产品等成本计算方法及其应用

第一节　成本计算原理及程序

一、成本计算原理及其应用

（一）成本计算的定义

成本计算是指在会计上采用一定的方法归集某一特定成本计算对象发生的全部费用，借以确定该计算对象的总成本和单位成本。对成本计算的定义可结合例 7－1

加以理解。

例7-1

某公司本月生产R产品5件，发生直接材料费用8000元，直接人工费用2000元，制造费用1000元。其账务处理及成本计算过程如图7-1所示。

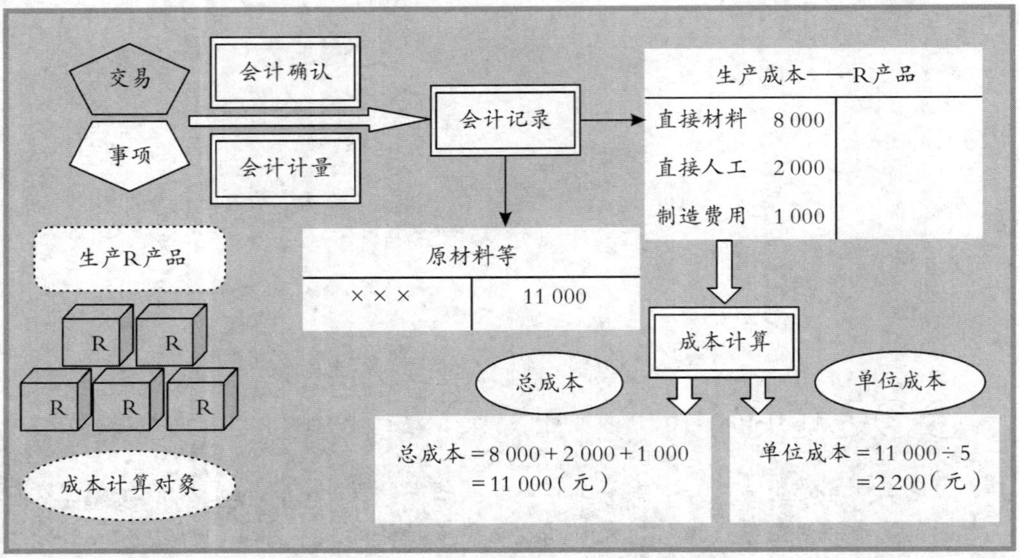

图7-1 某公司的账务处理及成本计算过程

从企业供、产、销过程有关交易或事项的账务处理可见，对于发生的材料采购支出和产品生产费用等，可以利用账户设置和账簿登记等方法，记入有关的总分类账户和明细分类账户。例如，发生的材料采购支出记入“在途物资”账户，发生的产品生产费用记入“生产成本”账户。成本计算就是在对上述费用进行账务处理的基础上，采用一定的方法对相关的费用支出在有关的成本计算对象之间进行归集和分配的过程。成本计算对象是指应具体负担这些费用支出的材料或产品。通过归集和分配，可以计算出各成本计算对象的总成本。在此基础上，根据某一特定成本计算对象的总成本与其数量之间的关系，可以进一步计算出该成本计算对象的单位成本，如每单位重量或每件的成本等。这一过程即为成本计算过程。

（二）成本计算的原理

1. 成本计算原理的定义。成本计算原理是指在计算各种成本对象的成本时应当共同遵守的基本原则，也是对成本计算的共同要求。

2. 成本计算原理的内容。对成本计算原理的内容可结合图7-2加以理解。

（1）直接受益直接分配原理。企业发生的与成本有关的各种费用支出往往有着很强的目的性。例如，企业支付材料采购费用是为了获取材料物资，支付生产费用是为了取得产成品。可见，各种费用支出的发生可以为企业带来一定的业务

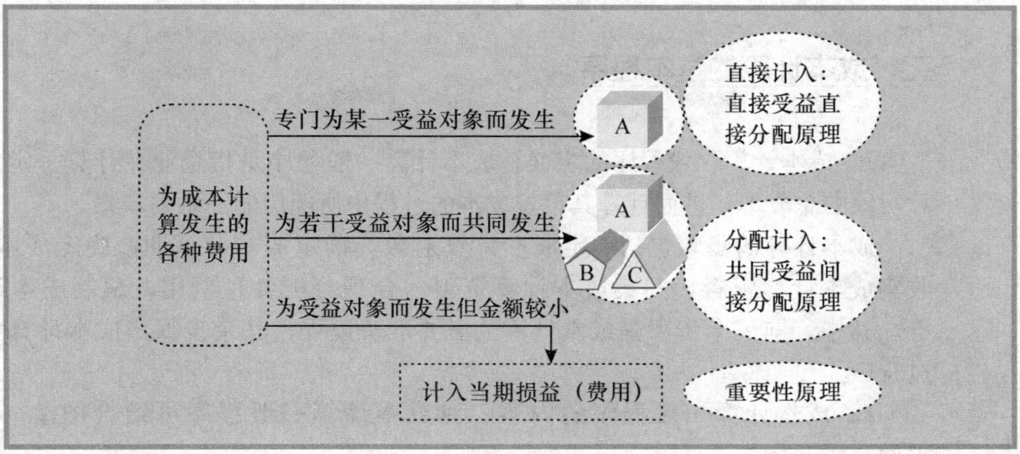

图 7-2 成本计算原理的内容

成果，即形成企业新的资产，这些新形成的资产就是企业发生的费用支出的受益对象。而某些费用支出总是发生在特定的受益对象上的。例如，企业在生产产品的过程中发生的直接材料和直接人工，受益的对象就是所生产的该种产品，发生的费用支出就应当由所生产的该产品负担，直接计入该受益对象的成本。将某一受益对象发生的费用支出直接计入其成本的做法，体现的就是直接受益直接分配原理。

（2）共同受益间接分配原理。企业的某些费用支出有时是为若干受益对象而共同发生的。例如，企业在同一供应商处一次采购的若干种材料发生的共同性运费，以及为生产多种产品而共同发生的制造费用等，都属于为若干受益对象而共同发生的费用，称为共同性费用。共同性费用由受益的若干成本计算对象共同负担，应采用客观、公允的标准将其在各受益对象之间进行合理分配。将共同性费用采用分配方法计入若干受益对象成本的做法，体现的就是共同受益间接分配原理。

（3）重要性原理。为成本计算对象发生的主要费用支出必须计入其成本。例如，采购材料支付的买价和发生的采购费用，构成了材料采购支出的主体，对材料采购成本的计算影响极大，并且易于区分采购对象，因而必须计入材料采购成本。而某些费用虽然与一定的成本计算对象有关，但这些费用金额较小，不易确定客观的分配方法，或者分配计算比较烦琐，且是否计入受益对象的成本对其成本影响不是很大，可不计入受益对象的成本，可以作为期间费用处理。例如，企业供应部门或材料仓库发生的经常性费用、采购人员的差旅费，以及市内零星运输费等，由于发生额比较小，分配起来又比较麻烦，且对材料成本的计算影响不大，可以计入当期的管理费用。这样的处理方法体现的就是重要性原理。同理，销售费用也不计入产品的销售成本。

二、成本计算的基本程序

1. 成本计算一般程序的定义。成本计算一般程序是指企业在计算一定成本计算对象的总成本，进而计算其单位成本的过程中所经历的一系列步骤。

成本计算的步骤包括确定成本计算对象，确定成本计算期，确定成本项目，收集成本计算资料，归集成本计算资料，合理分配各种费用，编制成本计算表等。其中，前三个步骤是成本计算的必要准备过程，其余步骤是成本计算的具体过程。

2. 成本计算一般程序的内容。对成本计算一般程序可结合图7－3加以理解。

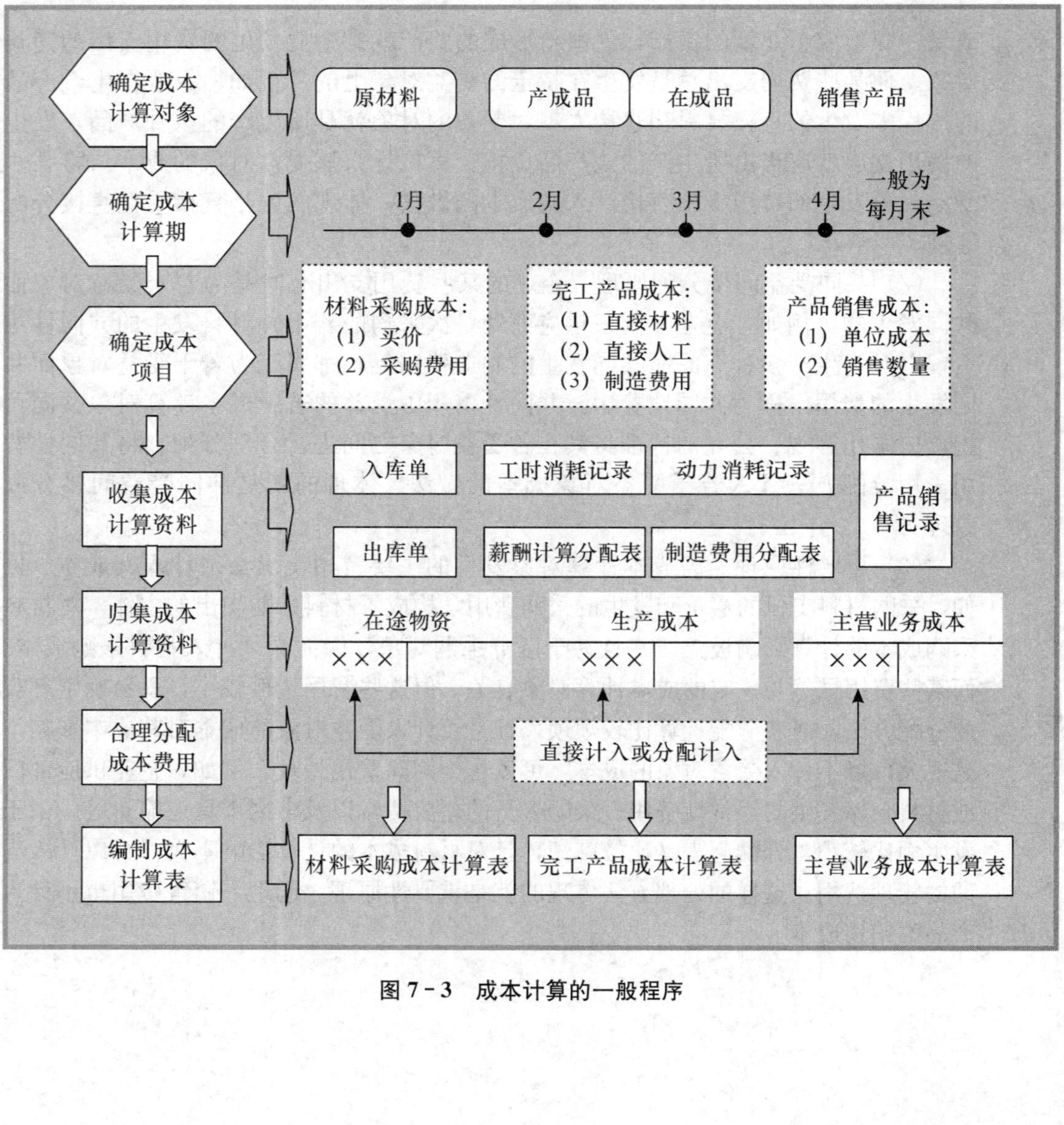

图7－3 成本计算的一般程序

（1）合理确定成本计算对象。成本计算对象是指负担和归集费用的对象，即各种费用支出的受益对象。对于产品生产企业而言，其产品成本计算对象可以只包括一种产品，也可以包括若干种不同产品；可以是一个独立的产品或项目，也可以是一组相似的产品或一批相同的项目；可以是已经完成了生产过程的最终产品，也可以是加工到一定程度的半成品。对于成本计算，也可以先按各个责任环节确定成本计算中心，再按上述方法确定成本计算对象，进行产品生产成本的计算。

（2）正确确定成本计算期。确定成本计算期是指确定进行成本计算的时间。以产品生产企业为例，对生产周期短，在每个月可进行多批次生产的产品，可以以一个月作为成本的计算周期；对于生产周期长，需要几个月甚至一年以上才能生产出来的产品，也可以以该产品的生产周期作为成本计算期。

（3）准确确定成本项目。将应计入受益对象成本的费用支出按其构成内容进行分类所形成的项目，在会计上称为成本项目。不同成本计算对象的成本构成内容各不相同，例如，材料采购的成本项目包括买价和采购费用两个部分；产品生产的成本项目包括直接材料、直接人工和制造费用三个部分等。为正确进行各种受益对象的成本计算，必须明确规范成本计算对象的成本项目。在成本计算中，必须按照规定的成本项目进行有关费用的归集。

（4）收集成本计算资料。收集和整理成本计算资料是进行成本计算的基础。因此，对企业各种材料的购入和领用、发生的工时和动力（水、电）等方面的消耗、产成品的入库和出库等事项，应分别填制相应的原始凭证及时加以记录，以便为进行成本计算提供必要的原始依据。

（5）归集成本计算资料。归集成本计算资料是对所收集的相关资料采用会计处理方法使之系统化的过程。具体的做法是，通过填制记账凭证，将发生的各种费用按其归属记入有关账户，包括总分类账和明细分类账。其中，记入有关的明细分类账对成本计算特别重要。因而，为全面系统地归集各种费用，应按成本计算对象和成本项目设置有关明细分类账，对发生的费用和成本进行完整登记，以便为进行相关计算对象的成本计算提供可靠的数据资料。

（6）合理分配各种费用。正确地归集各种费用是进行成本计算的前提，通过费用的归集所确定的各种费用应当按照受益对象进行合理分配，以使成本计算准确合理。在费用的分配过程中，应遵循成本计算的一般原理，遵守国家规定的成本开支范围和费用开支标准，遵循权责发生制基础的要求，正确地确定各种费用的受益期限，正确地确定在产品和产成品的成本界限等。

（7）编制成本计算表。成本计算表是计算一定成本计算对象的总成本和单位成本所采用的表格。应根据账户提供的资料，按照不同的成本计算对象编制相应的成本计算表，借以确定各种成本计算对象的总成本和单位成本。

第二节　成本计算方法的应用

一、材料采购与发出成本的计算方法与应用

（一）材料采购成本的计算方法与应用

材料采购成本的计算包括材料采购总成本和单位成本计算两个方面。

1. 材料采购总成本的计算。材料采购总成本是指某种材料在采购过程中发生的全部支出。可利用下面的公式进行计算：

某种材料采购总成本＝买价＋采购费用

式中，买价和采购费用两项是计算材料采购总成本的成本项目。为准确计算材料采购总成本，必须按照这些成本项目收集和整理有关的成本计算资料。例如，在采购材料过程中取得的增值税专用发票、运费单据和材料的入库单等，这些原始凭证详细记载了材料买价和采购费用等内容，是计算材料采购成本的原始资料和重要依据。

需要注意的是，对于在材料采购过程中多种材料发生的共同性运费，应根据共同受益间接分配原理分配计入受益对象的成本，可利用以下公式进行计算：

$$\text{多种材料发生的共同性运费分配率}=\frac{\text{发生的共同性运费总额}}{\text{购入材料的买价(或数量等)之和}}\times 100\%$$

$$\text{某种材料应分摊的共同性运费}=\text{该种材料的买价(或数量等)}\times\text{共同性运费分配率}$$

例7-2

某企业2018年10月采购甲、乙两种材料发生共同性运费4 800元。买价分别为40 000元和60 000元；重量分别为2 000千克和6 000千克。对共同性运费假定按重量进行分配。

根据以上公式计算如下：

共同性运费分配率＝4 800÷(2 000＋6 000)×100%＝6%

两种材料应分配的共同性运费：

甲材料：2 000×6%＝1 200(元)

乙材料：6 000×6%＝3 600(元)

2. 材料采购单位成本的计算。材料采购单位成本是指购入某一实物单位（如件、种等）或某一重量单位（如千克、克等）的材料所发生的支出。可利用以下公式进行计算：

某种材料采购单位成本＝该种材料采购总成本÷分配标准

式中，分配标准可以是采购材料的数量或重量等。

计算材料采购单位成本，有利于正确确定材料发出成本，为产品生产、车间一般消耗或其他方面领用材料等的成本计算提供依据。

企业对于购入的材料，一般应按一定的品种进行成本计算，这样便于分清受益对象。材料采购的成本一般在每月末计算一次。

为收集和整理以上有关资料，应设置“在途物资”账户（采用计划成本法进行材料核算的企业应设置“材料采购”账户），进行有关材料采购费用支出的归集，并为材料采购成本的计算积累资料。为详细反映各种材料的成本费用情况，还应按照品种在“在途物资”（或“材料采购”）总分类账户下设置明细分类账户，以便对各种材料的采购费用进行分类归集和整理。

3. 材料采购成本计算方法应用举例。在实务中，材料采购的成本是根据“在途物资”明细分类账户所记录的有关资料计算的。

例 7-3

某企业 2018 年 10 月采购甲、乙两种材料发生的买价和采购费用情况如表 7-1 和表 7-2 所示。

表 7-1　“在途物资——甲材料”明细分类账

材料名称：甲材料

2018 年		凭证号	摘要	借方			贷方
月	日			买价	采购费用	合计	
10	×	银付×	买价（2 000 千克）	40 000		40 000	
	×	转×	分配运输费		1 200	1 200	

表 7-2　“在途物资——乙材料”明细分类账

材料名称：乙材料

2018 年		凭证号	摘要	借方			贷方
月	日			买价	采购费用	合计	
10	×	银付×	买价（6 000 千克）	60 000		60 000	
	×	转×	分配运输费		3 600	3 600	
	×	转×	买价等（3 000 千克）	30 000	1 800	31 800	

表中的两个明细分类账户所登记的是甲材料和乙材料在采购过程中发生的买价和采购费用资料。根据这些资料，运用材料采购成本的计算方法，既可以计算出它们的总成本，又可以计算出它们的单位成本。

（1）甲、乙两种材料的总成本。

甲材料：40 000＋1 200＝41 200(元)

乙材料：60 000＋3 600＋31 800＝95 400(元)

(2) 甲、乙两种材料的单位成本。

甲材料：41 200÷2 000＝20.60(元)

乙材料：95 400÷(6 000＋3 000)＝10.60(元)

4. 材料采购成本计算表的编制方法。在实务中，材料采购成本的计算是通过编制材料采购成本计算表完成的。通过该表的编制，可以分别计算出成本计算对象的总成本和单位成本。材料采购成本计算表的基本格式及编制方法如图7-4所示。

填写材料采购成本项目

成本计算对象及其数量

材料采购成本计算表

2018年10月

成本项目	甲材料（2 000千克）		乙材料（9 000千克）		成本合计
	总成本	单位成本	总成本	单位成本	
买价	40 000	20.00	90 000	10.00	130 000
采购费用	1 200	0.60	5 400	0.60	6 600
材料采购成本	41 200	20.60	95 400	10.60	136 600

根据“在途物资”明细账填列

根据总成本与材料数量计算填列

各相应行（列）总成本的数字之和

图7-4 材料采购成本计算表的基本格式及编制方法

材料采购成本计算表是会计上的重要原始凭证。根据该表的计算结果，即可办理材料验收入库手续，并记入有关账户。根据图7-4中的计算结果，可编制转账记账凭证如图7-5所示。

转账记账凭证

2018年10月31日 凭证编号 转字第21号

摘要	总账科目	明细科目	借方金额	贷方金额	记账符号
材料入库	原材料	甲材料	41 200		√
		乙材料	95 400		√
	在途物资	甲材料		41 200	√
		乙材料		95 400	√
附单据	壹 张	合计	136 600	136 600	

会计主管人员 冯鸣 记账 李清 稽核 张严 制单 洪新

图7-5

根据上述记账凭证，可分别登记“原材料”和“在途物资”总分类账及其所属的明细分类账。原材料明细账的登记情况如表7-3和表7-4所示。

表7-3　　原材料明细账

材料名称：甲材料

2018年		凭证号	摘要	借方			贷方
月	日			买价	采购费用	合计	
10	×	银付×	买价（2 000千克）	40 000		40 000	
	×	转×	分配运输费		1 200	1 200	
	31	转20	验收入库				41 200

表7-4　　原材料明细账

材料名称：乙材料

2018年		凭证号	摘要	借方			贷方
月	日			买价	采购费用	合计	
10	×	转×	买价（6 000千克）	60 000		60 000	
	×	转×	分配运输费		3 600	3 600	
	×	转×	买价等（3 000千克）	30 000	1 800	31 800	
	31	转20	验收入库				95 400

（二）材料发出成本的计算方法与应用

1. 发出材料成本的再确定及其必要性。企业购入的各种材料要用于企业生产经营和管理的各个方面，既包括产品生产领用，也包括产品生产车间一般耗用，还包括企业管理部门的耗用等，因而必然存在发出材料的成本计算，以及根据发出材料的不同用途进行账务处理的问题。例如，对于产品生产领用的材料，根据直接受益直接分配原理可直接计入所生产产品的成本；对于产品生产车间一般耗用的材料，根据共同受益间接分配原理可分配计入所生产产品的成本；对于企业管理部门等耗用的材料，应计入管理费用或销售费用等。在一般情况下，发出材料成本的确定是较为容易的。例如，购入甲材料单位成本为每千克20.60元，且没有月初余额，本月发出150千克，那么，发出材料的总成本应为3 090元（20.60×150）。但在一些特殊情况下，例如，某种材料为多批次购入（包括本月购入及上月结余等），且每次购入的单位成本各不相同时，在这种情况下，计算发出材料成本时就需要考虑发出材料的购买批次，以及不同批次材料的单位成本等，即需要对发出材料的单位成本重新加以确认。

例7-4

假定盛达公司本月“原材料——甲材料”明细分类账的记录情况如表7-5所示。

表7-5　　原材料明细账

材料名称：甲材料　　数量单位：千克

2018年		凭证号	摘要	单价	借方		贷方		余额	
月	日				数量	金额	数量	金额	数量	金额
10	1		月初余额	19.40					4 000	77 600
	15	转×	本月购入	20.60	2 000	41 200				
	17	转×	本月发出				1 500			
	25	转×	本月发出				4 000			
	31		合计		2 000	41 200	5 500			

在上例中，月初结存的甲材料单位成本与本月购入该材料的单位成本不一致。本月发出甲材料两批，共计5 500千克（1 500+4 000）。在这种情况下，采用什么方法确定这两个批次的单位成本，进而计算发出材料的总成本，就成为发出材料成本计算的关键。

2. 发出材料的计价方法及其应用。发出材料的计价方法即确定发出材料单位成本，并在此基础上计算发出材料总成本的方法。根据我国现行《企业会计准则》的规定，企业发出材料的计价方法有先进先出法、全月一次加权平均法和个别计价法等。

（1）先进先出法。先进先出法是假设某种材料中先入库的批次被先发出，以先入库材料的单位成本作为计算发出材料的单位成本，并根据发出数量计算发出材料全部成本的一种方法。在先进先出法下，假设每次发出的都是库存的多批次同一种材料中入库时间最早的那批材料，发出材料的全部成本是按最先入库的那批材料的单位成本计算的。当先入库批次的材料发完后，再按该材料下一批次入库的单位成本计算，即发出材料单位成本的确定按照材料入库的时间顺序从前向后以此类推。在这种假设下，材料的发出顺序与入库的顺序是一致的，如图7-6所示。

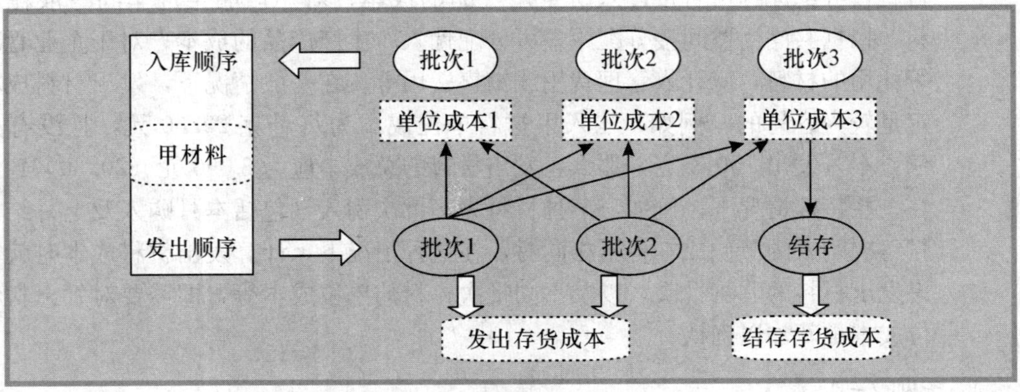

图7-6　先进先出法的基本做法

例 7-5

根据表 7-5 提供的资料，采用先进先出法计算该公司本月甲材料的发出成本。

从“原材料”明细账户登记情况可知：本月库存的甲材料有两批，从入库的时间顺序来看，月初结存的甲材料应当是以前月份购入的，与本月购入的甲材料相比，应当属于先入库的批次。与之相比，本月购入的甲材料则属于后入库的批次。按照先进先出法的要求，本月 17 日第一次发出甲材料 1 500 千克的单位成本就应按月初结存（第 1 批次入库）甲材料的单位成本 19.40 元计算确定；本月 25 日第二次发出甲材料 4 000 千克时，由于月初结存的甲材料还有结余 2 500 千克，因而其中的 2 500 千克的单位成本仍应按 19.40 元计算确定。至此，第 1 批次入库的甲材料被全部发完，其余 1 500 千克的单位成本应按第 2 批次入库（即本月 15 日新购入）甲材料的单位成本 20.60 元计算确定，进而计算出本月发出甲材料的全部成本。计算过程及结果如下：

12 月 17 日发出甲材料成本：19.40×1 500＝29 100(元)

12 月 25 日发出甲材料成本：19.40×2 500＋20.60×1 500＝79 400(元)

本月发出甲材料全部成本：29 100＋79 400＝108 500(元)

在先进先出法下，本月发出甲材料成本的账户登记情况如表 7-6 所示。

表 7-6

材料名称：甲材料　　　　数量单位：千克

2018 年		凭证号	摘要	单价	借方		贷方		余额	
月	日				数量	金额	数量	金额	数量	金额
10	1		月初余额	19.40					4 000	77 600
	15	转×	本月购入	20.60	2 000	41 200				
	17	转×	本月发出				1 500	29 100		
	25	转×	本月发出				4 000	79 400		
	31		合计		2 000	41 200	5 500	108 500		

在采用先进先出法时，发出材料的成本计算工作可以在发出材料时随时进行，也可以在月末一次进行，与下面要介绍的全月一次加权法相比，这种做法可以减轻月末时计算发出材料成本及其结存成本的工作量，并且可随时计算出材料在月中结存的数量及成本，便于进行材料收发和结存数量的控制。另外，在先进先出法下，并不一定是实际按照材料的入库顺序进行材料的发出，先进先出法要解决的关键问题是发出材料的单位成本确定问题，而实际发出的可以是任意一个批次入库的材料。

(2) 全月一次加权平均法。在这种方法下，发出材料成本的计算是在月末一次进行的。其基本做法是：当企业同一种材料各批次入库的单位成本不一致时，月末时先根据该材料的月初结存成本和本月入库成本与该种材料的月初结存数量和本月入库数量的关系，计算出该种材料的全月加权平均单价；之后，根据加权平均单价及发出数量计算本月发出材料的全部成本。如图7-7所示。

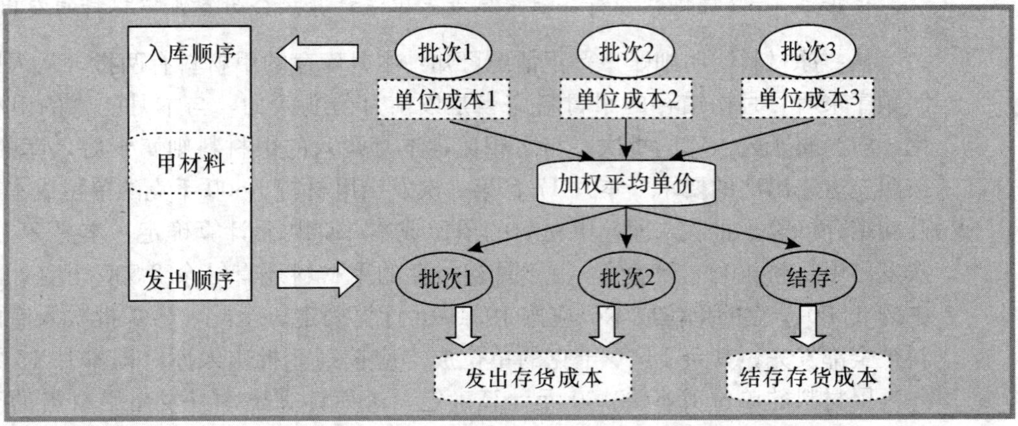

图7-7　全月一次加权平均法的基本做法

加权平均单价及某种材料本月发出成本的基本计算公式为：

$$\text{某种材料全月一次加权平均单价}=\frac{\text{该材料月初结存成本}+\text{该材料本月入库成本}}{\text{该材料月初结存数量}+\text{该材料本月入库数量}}$$

该种材料本月发出成本＝加权平均单价×该材料本月发出数量

例7-6

假定甲材料月初结存、本月购入和本月发出资料同表7-5。按全月一次加权平均法计算本月发出甲材料成本和月末结存成本。

从明细账户的登记可以看出，本月入库的甲材料有两批，即月初结存一批，本月购入一批。采用全月一次加权平均法时，应在月末首先计算出两批甲材料的加权平均单价，计算过程及结果为：

(77 600＋41 200)÷(4 000＋2 000)＝19.80(元)

之后，可根据加权平均单价和发出数量计算求得本月两次发出甲材料的全部成本。发出甲材料的全部成本为：

19.80×(1 500＋4 000)＝108 900(元)

在全月一次加权平均法下，甲材料本月发出成本的账户登记情况如表7-7所示。

表7-7

材料名称：甲材料　　　　数量单位：千克

2018年		凭证号	摘要	单价	借方		贷方		余额	
月	日				数量	金额	数量	金额	数量	金额
10	1		月初余额	19.40					4 000	77 600
	15	转×	本月购入	20.60	2 000	41 200				

续前表

2018年		凭证号	摘要	单价	借方		贷方		余额	
月	日				数量	金额	数量	金额	数量	金额
	17	转×	本月发出				1 500			
	25	转×	本月发出				4 000	108 900		
	31		合计		2 000	41 200	5 500	108 900		

全月一次加权平均法计算过程比较简单，计算出来的本月发出材料成本比较均衡。但在这种方法下，对发出材料的成本计算集中在月末进行，工作量比较大，平时在材料的明细分类账户中不能及时反映各种材料的数量和成本，不便于对材料进行日常管理和控制。另外，在全月一次加权平均法下，无论是计算发出材料成本，还是计算期末结存材料的成本，都采用统一的单位成本，不必像先进先出法那样需要考虑各入库批次材料的单位成本，能够在一定程度上减少材料成本计算的工作量。

内容扩展

移动加权平均法　在移动加权平均法下，每当某种材料有入库且其单位成本与该批入库前材料的单位成本不相同时，就要重新计算确定一个新的单位成本，作为其后计算发出材料成本的依据。在这种方法下，发出材料的成本可在发出材料时随时计算确定，并且更为精准；在明细分类账户中也可以随时计算其结存数量和结存成本，有利于对材料进行数量和金额上的日常控制。但在这种方法下，计算单位成本的频次较高，显得比较烦琐，并且实际意义不大，因而在实务中较少采用。

（3）个别计价法。也称个别认定法。在这种方法下，当库存的某种材料各批次的单位成本不一致时，发出材料的单位成本是通过个别认定加以确定的，即在计算本期发出材料成本前，需要逐一确认所发出材料的入库批次及单位成本，并按实际确认的入库批次材料的单位成本作为依据计算本期发出材料的全部成本。

例7-7

假定甲材料月初余额、本月购入和本月发出资料同表7-6。经实际确认，在本月发出的5 500千克甲材料中，有3 800千克为上月结存的甲材料（17日发出1 000千克，25日发出2 800千克），另1 700千克是本月购入的甲材料（17日发出500千克，25日发出1 200千克）。根据以上资料，按照个别计价法计算本月发出甲材料的成本。

12月17日发出甲材料的成本：19.40×1 000＋20.60×500＝29 700(元)

12月25日发出甲材料的成本：19.40×2 800＋20.60×1 200＝79 040(元)

本月发出甲材料的全部成本：29 700＋79 040＝108 740(元)

在个别计价法下，甲材料本月发出成本的账户登记情况如表7-8所示。

表7-8

材料名称：甲材料　　　　　　　　　　　　　　　　　　　　　数量单位：千克

2018年		凭证号	摘要	单价	借方		贷方		余额	
月	日				数量	金额	数量	金额	数量	金额
10	1		月初余额	19.40					4 000	77 600
	15	转×	本月购入	20.60	2 000	41 200				
	17	转×	本月发出				1 500	29 700		
	25	转×	本月发出				4 000	79 040		
	31		合计		2 000	41 200	5 500	108 740		

个别计价法是按照实际发出的材料具体批次的单位成本和发出数量进行成本计算的，计算结果能够更真实地反映发出材料的实际成本。在这种方法下，发出材料的成本计算可以放在平时进行，也可以在月末时一次进行。如果在平时进行，也可随时计算出材料在月中结存的数量及成本，便于对材料收发和结存数量及成本加以管理和控制。个别计价法的缺点是发出存货单位成本分辨的工作量繁重，只适用于容易辨认、品种数量不多，且单位成本较高的存货发出计价。

特别提示

关于发出存货计价方法的应用　先进先出法、全月一次加权平均法和个别计价法也称发出存货计价方法。这三种方法不仅适用于企业发出材料成本的计算，也适用于发出库存商品成本的计算。在讨论产品销售成本计算问题时，还将用到以上介绍的这些方法。

3. 对采用发出存货计价方法的特别要求。企业在选用上述发出存货的计价方法时，应遵循会计信息质量的可比性要求。我国现行《企业会计准则》规定："同一企业不同时期发生的相同或者相似的交易或者事项，应当采用一致的会计政策，不得随意变更。"企业对发出存货计价方法的选用属于对会计政策的选择，也应当严格遵守这一要求。这是由于在采用不同的发出存货计价方法时，无论是当期发出存货的成本还是期末结存存货的成本，其计算结果都有较大差别。例如，在上述举例中，依据相同资料采用不同的计价方法计算出来的本月发出甲材料的成本分别为108 500元、108 900元和108 740元。在实务中，发出材料的成本一般应计入当期产品生产成本进而影响当期库存商品成本和已销售产品成本；或计入期间费用，这对企业当期的资产（如库存商品等）和费用（如主营业务成本）以及经营成果的确认等会产生直接影响。不仅如此，发出存货的成本也决定了企业期末结存存货成本的高低。当发出材料成本较少时，期末结存材料成本必然较多；当前者较多时，后者必然较少。这关系到企业期末的资产状况能否得到真实反映。有鉴于此，企业在发出存货计价方法的选用上，应当严格遵守可比性要求。

二、完工产品成本的计算方法与应用

（一）完工产品成本的计算方法

完工产品是指按照预定的产品生产方案已经完成了全部生产工序，并已具备对外销售条件的产品。完工产品成本计算是将与完工产品的生产费用在一定计算对象上进行归集和分配的过程。前已述及，与完工产品的生产有关的费用包括直接材料、直接人工和制造费用，这些费用项目也是在产品成本计算中设立的成本项目，完工产品成本的计算过程就是根据这些成本项目对相关费用进行归集、分配和汇总的过程。在实务中，完工产品成本的计算一般在月末进行，其计算公式为：

$$\text{本月完工产品成本}=\text{直接材料}+\text{直接人工}+\text{制造费用} \tag{7-1}$$

在完工产品成本的计算中，除应考虑所发生的上述三项费用外，还应考虑完工产品的投产时间和完工时间等因素。在考虑这两个因素的情况下，完工产品成本的计算公式一般应表示为：

$$\begin{matrix}\text{本月完工}\\\text{产品成本}\end{matrix}=\begin{matrix}\text{该产品月初}\\\text{在产品成本}\end{matrix}+\begin{matrix}\text{本月新发生}\\\text{的费用}\end{matrix}-\begin{matrix}\text{月末在产品}\\\text{成本}\end{matrix} \tag{7-2}$$

需要注意的是，在该式的各个项目中都应包含直接材料、直接人工和制造费用内容，对该公式应根据实际情况灵活应用。因为在完工产品的投产时间和实际完工时间不一致的情况下，会有以下几种情形。

1. 本月投产本月全部完工。如果某种产品为本月投产并在本月全部完工的，说明没有月初在产品成本，也没有月末在产品成本，本月所发生的全部费用就是该产品的全部完工成本，计算公式为：

$$\text{本月完工产品成本}=\text{本月新发生的费用} \tag{7-3}$$

2. 本月投产本月部分完工。如果某种产品是本月投产但只是部分完工，本月投产说明没有在月初在产品成本，本月部分完工说明月末时仍有在产品成本。那么，该产品在本月生产过程中发生的各种费用就不能全部由完工产品承担，而应在完工产品和在产品之间进行分摊，即应将月末在产品所占用的那部分费用从全部费用中扣除，余下的部分才是完工产品应当负担的成本。在这种情况下，本月完工产品成本的计算公式应为：

$$\text{本月完工产品成本}=\text{本月新发生的费用}-\text{月末在产品成本} \tag{7-4}$$

3. 以前月份投产本月全部完工。如果某种产品是在以前月份投产而在本月全部完工的，说明该产品有月初在产品成本（即该产品在以前月份的生产中发生的费用），在本月的生产过程中，会有新的生产费用发生；产品已经全部完工，说明月末不存在在产品成本。在这种情况下，本月完工产品成本应采用下列公式计算：

$$\text{本月完工产品成本}=\text{该产品月初在产品成本}+\text{本月新发生的费用} \tag{7-5}$$

4. 以前月份投产本月部分完工。如果某种产品是以前月份投产而本月只是部分完工的，说明该产品既有月初在产品成本，也有在本月生产过程中新发生的费用，还存在月末在产品成本。在这种情况下，本月完工产品的成本应按式（7-2）进行计算。

企业对生产完工的产品一般应按一定的品种进行成本计算，这样便于分清受益对象，也便于进行成本归集。完工产品的成本一般在每月末进行一次，个别生产周期比较长的产品，也可以按照产品的生产周期计算完工产品成本。

为收集和整理以上有关成本资料，应设置“生产成本”和“制造费用”等总分类账户，用以归集有关产品发生的生产费用。为详细反映各种产品的成本情况，还应按照所生产的产品品种在“生产成本”总分类账户下设置有关明细分类账户进行明细核算。

（二）完工产品成本计算方法应用举例

例7-8

某公司2018年10月M产品和N产品月初在产品及本月发生的各种费用的资料如表7-9和表7-10所示。

表7-9　“生产成本——M产品”明细分类账

产品名称：M产品

2018年		凭证号	摘要	借方			
月	日			直接材料	直接人工	制造费用	合计
10	1		月初余额	150 000	40 000	5 000	195 000
		转×	材料费用	80 000			80 000
		转×	生产工人工资		50 000		50 000
		转×	生产工人福利费		7 000		7 000
		转×	分配制造费用			10 000	10 000

表7-10　“生产成本——N产品”明细分类账

产品名称：N产品

2018年		凭证号	摘要	借方			
月	日			直接材料	直接人工	制造费用	合计
10	1		月初余额	68 000	30 000	2 000	100 000
		转×	材料费用	35 000			35 000
		转×	生产工人工资		15 000		15 000
		转×	生产工人福利费		2 100		2 100
		转×	分配制造费用			3 000	3 000

根据这些资料，具体考虑完工产品的投产和完工时间，采用完工产品成本的计算公式，即可计算出M，N两种完工产品的总成本和单位成本。

从以上两个明细分类账户的登记情况可以看出，M，N两种产品都属于在以前月份投产，在本月接续生产的产品，因为两个明细分类账户都有月初余额。如果到月末时这两种产品全部完工，那么，两种产品的完工成本分别将其月初在产品成本加本月新发生的费用即可；如果到月末时M产品或N产品仍有在产品，就需要考虑在产品的成本有多少，并将在产品的成本从该产品在生产过程中发生的全部费用中扣除，之后才能计算出已经完工的那部分产品的成本。

例7-9

假定某公司2018年10月生产M产品75件，到月末时全部完工；生产N产品60件，到月末时完工50件，另有10件尚未完工。根据测算，未完工N产品每件占用直接材料800元，直接人工400元，制造费用150元。两种产品的月初在产品成本和本月发生的生产费用资料同表7-9和表7-10。计算两种产品的完工成本。

1. 完工M产品成本。由于该企业本月生产的75件M产品到月末时全部完工，其完工产品的成本可根据“生产成本——M产品”明细账户所提供的资料，采用公式“本月完工产品成本＝该产品月初在产品成本＋本月新发生的费用”直接计算。

（1）本月完工M产品总成本。

直接材料：150 000＋80 000＝230 000(元)
直接人工：40 000＋57 000＝97 000(元)
制造费用：5 000＋10 000＝15 000(元)
合计：342 000元

（2）本月完工M产品单位成本。

342 000÷75＝4 560(元)

2. 完工N产品成本。由于该企业本月生产的60件N产品到月末时没有全部完工，因而需要先计算确定月末在产品的成本，然后才能利用账户提供的资料，计算完工的N产品的成本。即已经完工的那部分N产品的成本要利用公式“本月完工产品成本＝该产品月初在产品成本＋本月新发生的费用－月末在产品成本”进行计算，应将“生产成本——N产品”明细账户中的月初在产品成本与本月新发生的各种费用相加，再减去月末在产品成本。

（1）N产品月末在产品成本。

直接材料：800×10＝8 000(元)
直接人工：400×10＝4 000(元)
制造费用：150×10＝1 500(元)

（2）月末完工N产品总成本。

直接材料：68 000＋35 000－8 000＝95 000(元)
直接人工：30 000＋17 100－4 000＝43 100(元)
制造费用：2 000＋3 000－1 500＝3 500(元)
合计：141 600元

（3）本月完工N产品单位成本。

141 600÷50＝2 832(元)

（三）完工产品成本计算表的编制方法

在实务中，完工产品成本的计算是通过编制完工产品成本计算表完成的。完工产品成本计算表的基本格式及编制方法如图 7－8 所示。

填写成本项目具体内容

完工产品成本计算表
2018 年 10 月

成本项目	M 产品（75 件）		N 产品（50 件）		成本合计
	总成本	单位成本	总成本	单位成本	
直接材料	230 000	3 066.67	95 000	1 900	325 000
直接人工	97 000	1 293.33	43 100	862	140 100
制造费用	15 000	200.00	3 500	70	18 500
产品生产成本	342 000	4 560.00	141 600	2 832	483 600

根据“生产成本”明细账填列

根据发生的总成本与产品的数量计算填列

各相应行（列）中的总成本的合计数

图 7－8　完工产品成本计算表的基本格式及编制方法

完工产品成本计算表是会计上重要的原始凭证。根据该表的计算结果，即可办理完工产品的验收入库手续，并记入有关账户。根据表 7－9 的计算结果，可编制转账记账凭证，如图 7－9 所示。

转账记账凭证

2018 年 10 月 31 日　　凭证编号　转字第 21 号

摘要	总账科目	明细科目	借方金额	贷方金额	记账符号
产品入库	库存商品	M 产品	342 000		√
		N 产品	141 600		√
	生产成本	M 产品		342 000	√
		N 产品		141 600	√
附单据	壹　张	合计	483 600	483 600	

会计主管人员 李鸣　　记账 李清　　稽核 张严　　制单 洪新

图 7－9

根据上述会计分录，可分别登记“库存商品”和“生产成本”总分类账及其所属的明细分类账。"生产成本"明细分类账的登记情况如表 7－11 和表 7－12 所示。

表 7－11　　"生产成本——M 产品"明细分类账

产品名称：M 产品

2018 年		凭证号	摘要	借方			
月	日			直接材料	直接人工	制造费用	合计
10	1		月初余额	150 000	40 000	5 000	195 000
		转×	材料费用	80 000			80 000
		转×	生产工人工资		50 000		50 000
		转×	生产工人福利费		7 000		7 000
		转×	分配制造费用			10 000	10 000
		转×	验收入库	230 000	97 000	15 000	0

表 7－12　　"生产成本——N 产品"明细分类账

产品名称：N 产品

2018 年		凭证号	摘要	借方			
月	日			直接材料	直接人工	制造费用	合计
10	1		月初余额	68 000	30 000	2 000	100 000
		转×	材料费用	35 000			35 000
		转×	生产工人工资		15 000		15 000
		转×	生产工人福利费		2 100		2 100
		转×	分配制造费用			3 000	3 000
		转×	验收入库	95 000	43 100	3 500	13 500

特别提示

登记多栏式明细分类账过程中的红字应用及余额情况　由于在这种明细分类账账页上没有设"贷方"栏，因而在该账页"验收入库"行结转完工产品成本时用红字记录，表示生产成本的减少。M 产品本月全部完工，结转成本后，该账户应无余额。N 产品在本月只是部分完工，结转成本后，该账户仍应有余额，即月末在产品成本。

三、主营业务成本的计算方法与应用

（一）主营业务成本的计算方法

对于生产和销售产品的企业而言，主营业务成本是指其已经销售的那部分商品的成本，基本的计算方法用公式表示为：

主营业务成本＝销售商品单位成本×销售数量　　（7－6）

根据直接受益直接分配原理，主营业务成本一般采用直接计入的方法，即具体销售的是哪一种商品，就直接根据该商品的单位生产成本和销售数量计算其销售成本。

从实质上看，商品的销售成本就是被销售商品在其生产过程中发生的生产成本。企业对于销售的商品，应按一定的商品种类进行主营业务成本计算，这样便于分清受益对象。主营业务成本计算一般在每月末进行一次。企业用于主营业务成本计算的有关资料，可从“库存商品”总分类账户下设置的有关明细分类账户的记录中获取。

（二）主营业务成本计算对发出存货计价方法的应用

企业进行商品销售就是将库存商品提供给购买商品的客户。销售的商品可能是一个批次生产出来的，其单位成本完全相同，在这种情况下，主营业务成本的计算比较容易，直接利用式（7－6）计算即可。

例 7－10

假定某公司本月销售 M，N 两种产品各 20 件，且均为本月生产。其中，M 产品的单位成本为 4 569 元，N 产品的单位成本为 2 832 元。那么，两种产品的销售成本分别为：

M 产品销售成本：4 560×20＝91 200(元)

N 产品销售成本：2 832×20＝56 640(元)

但在实务中，当月销售的某种产品可能是多批次生产出来的，并且可能还有以前月份生产的产品，它们的单位成本也各不相同，这就给主营业务成本的计算带来了一定的困难。在这种情况下，首先需要采用一定的方法确定发出商品的单位成本，之后才能计算主营业务成本。确定发出商品单位成本的方法即发出存货的计价方法，包括先进先出法、全月一次加权平均法和个别计价法（详见本章相关部分）。企业所采用的发出存货的计价方法不同，计算出来的主营业务成本也会不同。应特别注意的是，主营业务成本属于企业当期发生的主要费用，采用不同的计价方法计算出来的主营业务成本也会有所不同，并且会直接影响企业当期利润的计算，进而影响企业当期经营成果的确定。

（三）主营业务成本计算方法应用举例

例 7－11

假定某公司本月 M，N 两种产品的月初余额和本月入库和销售情况如表 7－13 和表 7－14 所示。

表 7－13　　“库存商品——M 产品”明细分类账

商品名称：M 产品　　数量单位：件

2018 年		凭证号	摘要	单价	借方		贷方		余额	
月	日				数量	金额	数量	金额	数量	金额
10	1		月初余额	4 480					200	896 000
		转×	入库	4 560	75	342 000				
		转×	销售	4 480			200	896 000		

续前表

2018年		凭证号	摘要	单价	借方		贷方		余额	
月	日				数量	金额	数量	金额	数量	金额
		转×	销售	4 560			50	228 000		
	31		合计		75	342 000	350	1 124 000		114 000

表 7-14　　“库存商品——N产品”明细分类账

商品名称：N产品　　　　数量单位：件

2018年		凭证号	摘要	单价	借方		贷方		余额	
月	日				数量	金额	数量	金额	数量	金额
10	1		月初余额	2 780					50	139 000
		转×	入库	2 832	50	141 600				
		转×	销售	2 780			40	111 200		
		转×	销售	2 780			10	27 800		
		转×	销售	2 832			50	141 600		
	31		合计		50	141 600	100	280 600		0

以上两个明细分类账户所登记的是M，N两种产品的验收入库及销售情况，验收入库的成本就是这些商品在生产过程中发生的生产成本；销售商品的成本就是以这些商品的生产成本为基础计算的。

但是，观察这两个明细分类账户，我们会发现，该企业的库存商品是多批次入库的，其单位成本也各异。例如，M产品月初余额为200件，单位成本为4 480元；N产品月初余额为50件，单位成本为2 780元。显然，两种产品的月初余额部分是企业在本月之前生产并验收入库的。账户资料还显示，本月生产入库的M产品为75件，单位成本为4 560元；N产品为50件，单位成本为2 832元。由此可见，即使是同一种库存商品，其单位成本也不一样。那么，计算销售商品成本时应以哪一个单位成本为准呢？在实务中，应视企业选用的发出存货的计价方法而定。以上账户的登记是假定该公司采用先进先出法计算发出存货的成本的记录情况。采用全月一次加权平均法时，发出存货单位成本的计算及本月发出存货的成本计算见下面的举例。

例 7-12

现假定某公司按全月一次加权平均法确定销售商品单位成本。M，N两种产品的本月销售情况分别见表7-13和表7-14。销售M，N两种产品的单位成本和销售总成本分别计算如下：

1. 全月一次加权平均单位成本。

M产品：(896 000＋342 000)÷(200＋75)＝4 501.82(元)

N产品：(139 000＋141 600)÷(50＋50)＝2 806(元)

2. 全月销售两种产品成本。

M 产品：4 501.82×250=1 125 455(元)

N 产品：2 806×100=280 600(元)

(四) 主营业务成本计算表的编制方法

在实务中，主营业务成本的计算是通过编制主营业务成本计算表完成的。主营业务成本计算表的基本格式及编制方法如图 7-10 所示。

本月销售产品名称

主营业务成本计算表

2018 年 10 月

产品名称	本月销售数量（件）	单位成本	总成本
M产品	250	4 501.82	1 125 455
N产品	100	2 806.00	280 600
合计	350		1 406 055

可从“主营业务收入”明细账户获取

可直接或根据发出存货计价方法计算确定

以上各行的合计数

图 7-10 主营业务成本计算表的基本格式及编制方法

说明：该图中 M，N 两种产品的单位成本是采用全月一次加权平均法计算确定的。

主营业务成本计算表是会计上的重要原始凭证。根据该表的计算结果，即可办理销售产品的成本结转手续，并记入有关账户。根据图 7-10 的计算结果，可编制转账记账凭证，如图 7-11 所示。

转账记账凭证

2018 年 10 月 31 日　　凭证编号 转字第 23 号

摘要	总账科目	明细科目	借方金额	贷方金额	记账符号
结转销售产品成本	主营业务成本	M 产品	1 125 455		√
		N 产品	280 600		√
	库存商品	M 产品		1 125 455	√
		N 产品		280 600	√
附单据 壹	张	合计	1 406 055	1 406 055	

会计主管人员 冯鸣　　记账 李清　　稽核 张严　　制单 洪新

图 7-11

根据上述会计分录，可分别登记“主营业务成本”和“库存商品”总分类账及其所属的明细分类账。“库存商品”明细分类账的登记情况如表7-15和表7-16所示。

表7-15　“库存商品——M产品”明细分类账

商品名称：M产品　　数量单位：件

2018年		凭证号	摘要	单价	借方		贷方		余额	
月	日				数量	金额	数量	金额	数量	金额
10	1		月初余额	4 480					200	896 000
		转×	入库	4 560	75	342 000				
		转×	销售	4 501.82			250	1 125 455		
	31		合计		75	342 000	250	1 125 455	25	112 545.50

表7-16　“库存商品——N产品”明细分类账

商品名称：N产品　　数量单位：件

2018年		凭证号	摘要	单价	借方		贷方		余额	
月	日				数量	金额	数量	金额	数量	金额
12	1		月初余额	2 780					50	139 000
		转×	入库	2 832	50	141 600				
		转×	销售	2 806			100	280 600		
	31		合计		50	141 600	100	280 600		0

□ 复习思考题

1. 什么是成本计算？
2. 成本计算的基本原理有哪些？如何理解这些原理？
3. 什么是成本计算的程序？包括哪些内容？
4. 我国现行《企业会计准则》规定的发出存货计价方法有哪些？基本计算方法是什么？
5. 企业在采用发出存货计价方法时，应遵循哪一项会计信息质量要求？为什么？
6. 如何编制材料采购成本计算表？其主要作用是什么？
7. 如何编制完工产品成本计算表？其主要作用是什么？
8. 如何编制主营业务成本计算表？其主要作用是什么？

□ 应用练习题

一、判断题

答题要求：根据各题给出的说法判断正误，你认为正确的，在题后的括号中打“√”，你认为错误的打“×”。

1. 成本计算是计算确定各计算对象总成本的一种专门方法。（　）
2. 成本计算对象是指具体负担相应费用的材料和产品等。（　）
3. 与材料采购有关的费用都要计入材料采购的成本。（　）
4. 将有关费用计入成本的方法有直接计入和间接计入两种。（　）
5. 企业只能以月份为单位作为成本计算的周期。（　）
6. 材料采购过程中发生的共同性费用应分配计入材料采购成本。（　）
7. 产品生产过程中发生的制造费用应直接计入产品的生产成本。（　）
8. 完工产品成本计算表是会计上的重要原始凭证。（　）
9. 当月末结转完工产品成本以后，“生产成本”账户不应再有余额。（　）
10. 主营业务成本是指企业在销售过程中发生的销售费用。（　）

二、单项选择题

答题要求：在下面各题的备选答案中只有一个是正确答案，选择你认为正确的答案，在题尾的括号中写出该备选答案的英文字母编号。

1. 下列各种说法中，关于成本计算不正确的说法是（　）。

A. 确定相关计算对象总成本的专门方法
B. 对交易或事项进行双重平衡登记的方法
C. 确定相关计算对象单位成本的一种专门方法
D. 会计的一种专门方法

2. 下列各项要求中，不属于企业成本计算原理内容的是（　）。

A. 直接受益直接分配原理　　B. 共同受益间接分配原理
C. 重要性原理　　D. 借贷必相等的平衡原理

3. 将发生的与某受益对象直接有关的费用直接计入其成本当中，体现的是（　）。

A. 直接受益直接分配原理　　B. 借贷必相等的平衡原理
C. 重要性原理　　D. 共同受益间接分配原理

4. 在账务处理过程中，将由所受益的若干个成本计算对象共同承担的有关费用分配计入各受益对象，体现的是（　）。

A. 直接受益直接分配原理　　B. 共同受益间接分配原理
C. 借贷必相等的平衡原理　　D. 重要性原理

5. 对个别与成本有关的费用不计入受益对象成本而是确认为期间费用，体现的是（　）。

A. 直接受益直接分配原理　　B. 共同受益间接分配原理

C. 重要性原理　　D. 借贷必相等的平衡原理

6. 下列各项中，不属于成本计算一般程序的内容的是（　）。

A. 确定成本计算对象　　B. 确定成本计算期

C. 确定成本计算人员　　D. 编制成本计算表

7. 下列各成本项目中，不属于产品生产成本项目内容的是（　）。

A. 直接材料　B. 直接人工　C. 采购费用　D. 制造费用

8. 对于产品生产车间一般耗用材料，根据共同受益间接分配原理，应当（　）。

A. 直接计入所生产产品的成本　　B. 分配计入所生产产品的成本

C. 直接计入管理费用　　D. 直接计入销售费用

9. 下列各种发出存货的计价方法中，不属于我国现行《企业会计准则》规定的方法的是（　）。

A. 先进先出法　B. 加权平均法　C. 个别计价法　D. 后进先出法

10. 如果某种产品属于在本月投产本月部分完工，其完工产品成本的计算公式应为（　）。

A. 本月新发生的费用

B. 本月新发生的费用－月末在产品成本

C. 月初在产品成本＋本月新发生的费用

D. 月初在产品成本＋本月新发生的费用－月末在产品成本

三、多项选择题

答题要求：在下面各题的备选答案中至少有两个是正确答案，选择你认为正确的答案，在题尾的括号中顺序写出这些备选答案的英文字母编号。

1. 下列各种说法中，关于成本计算的正确说法有（　）。

A. 归集一定计算对象的全部费用的专门方法

B. 分类反映交易或事项的一种专门方法

C. 确定各计算对象总成本的专门方法

D. 确定各计算对象单位成本的一种专门方法

E. 会计的一种专门方法

2. 下列各项要求中，属于企业成本计算原理的内容的有（　）。

A. 直接受益直接分配原理　　B. 共同受益间接分配原理

C. 借贷必相等的平衡原理　　D. 重要性原理

E. 会计等式的平衡原理

3. 根据直接受益直接分配原理，下列各项中可直接计入成本计算对象的有（　）。

A. 某种材料发生的买价　　B. 某种产品的生产成本

C. 某种材料发生的运输费用　　D. 若干种材料发生的共同性运费

E. 若干种产品发生的制造费用

4. 根据重要性原理，下列各项中可不计入材料采购成本的有（　）。

A. 某种材料发生的买价　　B. 材料仓库所发生的经常性费用

C. 若干种材料发生的共同性运费　　D. 采购人员的差旅费

E. 市内零星运输费

5. 下列各项中，属于成本计算一般程序的内容的有（　）。

A. 确定成本计算对象　　B. 确定成本计算期

C. 确定成本项目　　D. 归集成本计算资料

E. 合理分配各种费用

6. 下列各项内容中，属于材料成本项目内容的有（　）。

A. 材料买价　　B. 直接材料　　C. 直接人工　　D. 采购费用

E. 制造费用

7. 下列各项内容中，属于产品生产成本项目内容的有（　）。

A. 直接材料　　B. 材料买价　　C. 直接人工　　D. 采购费用

E. 制造费用

8. 下列各项内容中，可以为成本计算提供原始依据的内容的有（　）。

A. 领料单　　B. 工时消耗记录　C. 产品入库单　　D. 动力消耗记录

E. 薪酬计算分配表

9. 下列材料耗用的情形中，应计入产品生产成本的有（　）。

A. 产品生产领用材料　　B. 生产车间一般耗用材料

C. 企业管理部门领用材料　　D. 产品销售部门领用材料

E. 项目建设领用材料

10. 下列各项中，属于发出存货计价方法中先进先出法的特点的有（　）。

A. 假设先入库的存货被先发出

B. 假设后入库的存货被先发出

C. 按先入库存货的单位成本计算发出存货的成本

D. 按加权平均单价计算发出存货的成本

E. 按后入库存货的单位成本计算发出存货的成本

四、模拟实训题

模拟实训题（一）

1. 实训资料：成本计算基本原理与材料采购成本计算方法等知识内容；假定鸿韵公司某年10月发生如下材料采购交易或事项：

(1) 10月5日，采购H材料5 000千克，买价20 000元，增值税进项税额3 200元，已用银行存款支付。材料暂未运达企业。

(2) 10月12日，采购Y材料1 000千克，买价15 000元，增值税进项税额2 400元，全部款项暂未付。尚未办理验收入库手续。

(3) 10月12日，采购H材料3 000千克，买价12 000元，增值税进项税额1 920元，已用银行存款支付。尚未办理验收入库手续。

(4) 10月12日，将以上第(2)~(3)中采购的两种材料一同运回企业，共发生运输费800元，已用银行存款支付，按材料重量进行分配。

(5) 10月18日，采购Y材料3 000千克，买价45 000元，增值税进项税额7 200元，销售方代垫运费400元。向对方开出面额为52 600元的商业汇票一张。材料尚在运输途中。

(6) 10月31日，计算材料采购成本，办理材料验收入库手续。

2. 实训目的：检验学习者对材料采购成本计算方法的应用能力。

3. 实训要求：

(1) 根据所给资料编制记账凭证（或会计分录），注意写出明细科目。

(2) 根据编制的会计凭证（或会计分录），利用数量金额式明细账登记H，Y两种材料的明细分类账。

(3) 编制材料采购成本计算表。

模拟实训题（二）

1. 实训资料：

(1) 成本计算基本原理与完工产品成本计算方法等知识内容。

(2) 假定鸿韵公司2018年10月生产成本明细账中的“月初余额”及本月新发生费用的登记情况如下表所示。

“生产成本——A产品”明细分类账

产品名称：A产品

2018年		凭证号	摘要	借方			
月	日			直接材料	直接人工	制造费用	合计
10	1	（略）	月初余额	4 000	2 280	1 720	8 000
	31		材料费用	30 000			
			生产工人工资		10 000		
			生产工人福利费		1 400		

“生产成本——B产品”明细分类账

产品名称：B产品

2018年		凭证号	摘要	借方			
月	日			直接材料	直接人工	制造费用	合计
10	1	（略）	月初余额	20 000	9 120	1 880	30 000
	31		材料费用	54 000			
			生产工人工资		12 500		
			生产工人福利费		1 750		

(3) 本月共发生制造费用6 750元。按生产工人工资总额为标准进行分配。

(4) 本月生产的A产品50台，月末完工40台，有10台尚处在生产过程中。

根据完工程度估算：每台A在产品占用直接材料300元、生产工人工资100元、福利费14元、制造费用30元；B产品25件月末全部完工。

2. 实训目的：检验学习者对完工产品成本计算方法的应用能力。

3. 实训要求：

(1) 根据所给资料，按生产工人工资总额分配制造费用，编制分配制造费用的记账凭证（或会计分录），注意写出明细科目。

(2) 计算完工产品成本；编制结转完工产品成本的记账凭证（或会计分录）。

(3) 根据编制的记账凭证（或会计分录），利用数量金额式明细账登记A，B两种产品的明细分类账。

(4) 编制完工产品成本计算表。

第八章
Chapter 8 财产清查方法及其应用

本章内容导读

财产清查是财务会计的一种主要方法。本章主要介绍财产清查的定义、种类及基本方法；各种财产等清查结果的基本含义、清查结果的账务处理方法及其应用。本章内容结构：

第一节　财产清查的定义与方法 → 学习内容：财产清查的定义、种类与清查方法

第二节　财产清查结果的账务处理方法及其应用 → 学习内容：财产清查结果的定义、账务处理方法及应用

第一节　财产清查的定义与方法

一、财产清查的定义

财产清查是对企业的货币资金、存货和固定资产等实物资产以及债权债务等进行清查盘点，并将清查盘点的结果与相关的账簿记录资料进行核对，据以查明各项财产的实际结存数量与其账面结存数量以及与债权债务的实际状况是否相符的一种专门方法。

对财产清查的定义可结合图 8－1 加以理解。

在实务中，企业对发生的所有交易或事项都要采用专门的会计方法进行账务处

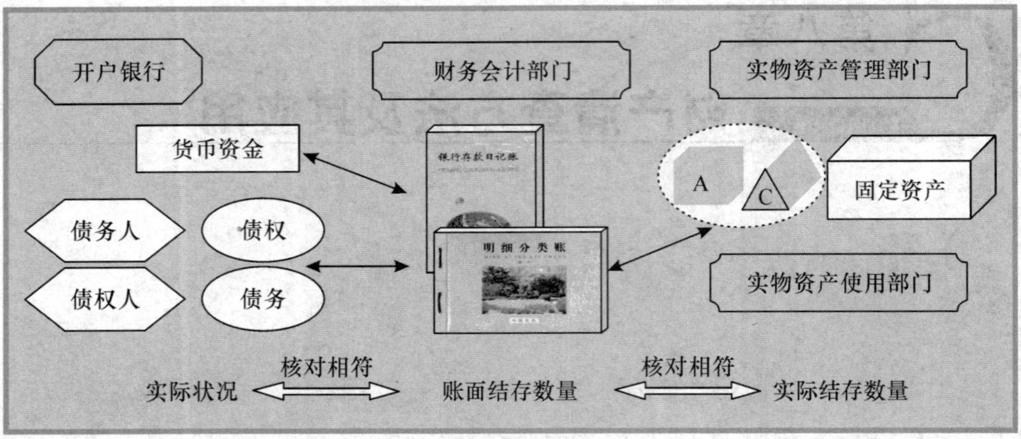

图8-1 财产清查的定义

理，并记入有关的账簿（账户）。对发生的货币资金、原材料和设备等实物资产的增减变动，以及债权债务的产生与结算等重要交易或事项，更要采用严密的方法及时进行账务处理，以确保账簿记录准确反映以上交易或事项的增减变动和余额的真实情况。在企业内部，账簿的记录与货币资金和各种实物资产的保管及使用是由不同部门分工负责的，为保证会计部门的账簿记录情况与企业各种财产物资的实际情况一致，就需要采用一定的方法，定期或不定期地对各种财产进行清查，并将清查结果与账簿的记录情况进行核对，借以查明账实是否相符。从财会部门内部来看，为确认其所管理的货币资金与账面记录情况是否相符，也需要与企业开户的银行以及在内部有关部门之间进行核对。此外，企业为确认债权债务情况，也应定期或不定期地与债务人和债权人进行核对，以确保债权债务的实际情况与账面的记录相符。以上做法在会计上称为财产清查。分析可见，财产清查是保证账簿所提供的资料更为真实客观的一种方法，也是保证企业报告的会计信息完整可靠的一种方法。

二、财产清查的种类

根据清查的范围、时间和执行单位的不同，可以对财产清查采用不同的方法进行分类。对财产清查的种类可结合图8-2加以理解。

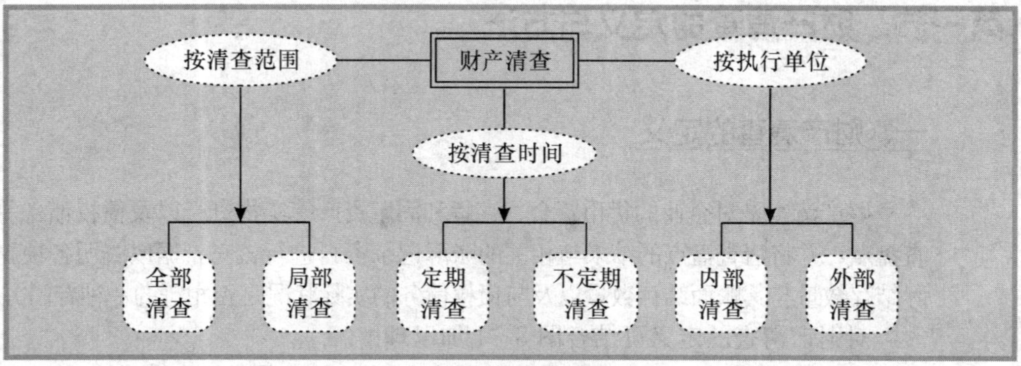

图8-2 财产清查的种类

1. 按照清查范围的不同，财产清查可分为全部清查和局部清查。(1) 全部清查是指对企业的所有财产，包括货币资金、实物资产和债权债务等毫无遗漏地逐项进行的清查。(2) 局部清查是指根据需要对企业的一部分财产进行的清查。

2. 按照清查时间的不同，财产清查可分为定期清查和不定期清查。(1) 定期清查是指根据预先计划安排的时间对企业财产进行的清查。例如，按照要求，企业在期末编制财务报告前，应先进行财产清查。为此，财产清查必须按月或按年定期进行。(2) 不定期清查是指根据需要对企业财产进行的临时清查。如企业的资产保管或使用人员调离原岗位时，需要对其保管或使用的资产进行清查盘点。这种清查盘点一般是临时发生的。

3. 按照清查执行单位的不同，财产清查可分为内部清查和外部清查。(1) 内部清查是指企业组织内部有关人员对本企业财产进行的清查。(2) 外部清查是指由企业外部的有关部门或人员根据有关规定对本企业财产进行的清查。例如，企业的上级管理部门和保险公司等由于某些方面的需要而对企业资产进行的清查。

三、财产清查的方法与应用

(一) 货币资金清查的方法与应用

货币资金清查具体包括库存现金的清查和银行存款的清查。

1. 库存现金的清查。库存现金的清查是指企业对存放于财会部门，可随时用于日常交易或事项支付的货币资金的清查。

(1) 清查方法。库存现金的清查主要采用实地盘点法。每日业务终了，会计人员应当计算库存现金日记账当日的现金收入合计数、现金支出合计数和结余数，之后，配合清查人员对其保管的库存现金进行盘点确定其实有数，并将库存现金日记账上的结余数与库存现金实有数进行核对，做到账实相符。如果库存现金日记账的账面结余数与现金的实有数之间有差异，则说明库存现金的保管存在问题。

(2) 清查手续。对库存现金进行盘点并核对后，如果账实不符，应根据核对结果填写库存现金盘点报告表，并由清查人员和出纳员共同签名或盖章。库存现金盘点报告表是进行库存现金清查结果处理的重要原始凭证，其格式及内容如表 8-1 所示。

表 8-1　库存现金盘点报告表

年　月　日

实存金额	账存金额	实存金额与账存金额对比		备注
		盘盈（长款）	盘亏（短款）	
盘点后得到的实际结存金额	企业库存现金日记账金额	实存金额多于账存金额	实存金额少于账存金额	

对库存现金清查中发现的盘盈（长款）、盘亏（短款），清查人员应认真查明原因，财会部门应按规定进行相应的账务处理，并将清查结果及时报告给企业有关部门负责人，等待对清查结果的批准意见。

2. 银行存款的清查。银行存款清查是指对企业存放在银行存款户的货币资金的清查，因而，企业清查银行存款时应与其开户银行之间进行核对。

（1）清查方法。银行存款清查的基本方法是将企业银行存款日记账的记录情况与其开户银行转来的对账单逐笔核对，进而确定双方的记录是否相符。

银行对账单是开户银行对企业存款的收支和结余情况的账户记录，应由银行定期或不定期地转给企业。企业接到对账单后，就可以将其银行存款日记账的记录与对账单的记录逐笔进行核对，据以确认双方记录的完整性和准确性。在正常情况下，对账单与企业的银行存款日记账的记录情况应当是一致的。

（2）清查手续。经过核对，如果企业的银行存款日记账与银行对账单双方记录一致，说明不存在问题；如果双方记录不一致，则应查明原因。双方记录不一致的原因主要有：其一，可能在银行或企业的某一方存在错账，如方向记错或金额写错等，企业应及时与开户银行沟通并加以更正；其二，可能存在未达账项。如果存在未达账项，企业应编制银行存款余额调节表进行调节，借以确认双方的记录是否相符。

（3）未达账项的概念与类型。未达账项是指企业与其开户银行之间由于结算凭证传递时间上的差异，导致双方记账时间不一致，对于双方都应登记的同一项交易或事项，一方已经登记入账，另一方由于没有接到有关结算凭证而暂未登记入账的款项。

例如，假定盛荣公司委托其开户银行向购货方收取的货款已经收回，银行已记入企业开立的存款户。开给企业的入账通知（结算凭证）也已发出，但由于凭证的传递需要一定的时间，盛荣公司暂未接到入账通知。这时就会出现银行已收款记账，而企业暂未登记银行存款日记账的情况，从而形成"银行已收款记账，企业未收款记账"这种未达账项，如图8-3所示。

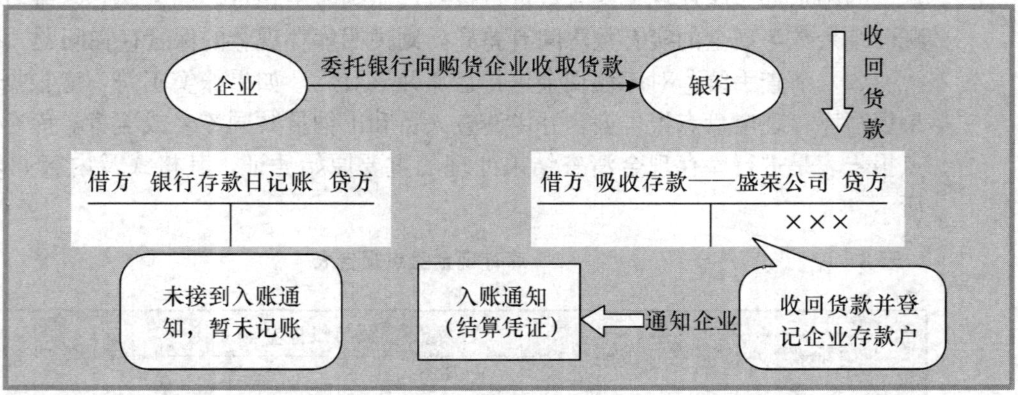

图8-3 银行已收款记账，企业未收款记账的未达账项

内容扩展

"吸收存款"账户 该账户是银行开设的账户，用以核算企业存款的存入与支付等情况。银行吸收的企业存款既是银行的一种经营资金来源，也相当于银行对企业的一种负债。因此，对银行来说，该账户属于负债类账户。在借贷记账法下，该账户的基本结构是：在贷方登记增加数（存入数），在借方登记减少数（支付数）。但在一般企业交易或事项的账务处理过程中不会用到该账户。

从企业和银行双方来看，未达账项可分为如下两类：一类是企业已经入账而银行尚未入账的款项；另一类是银行已经入账而企业尚未入账的款项。具体包括以下四种类型（如图 8－4 所示）。

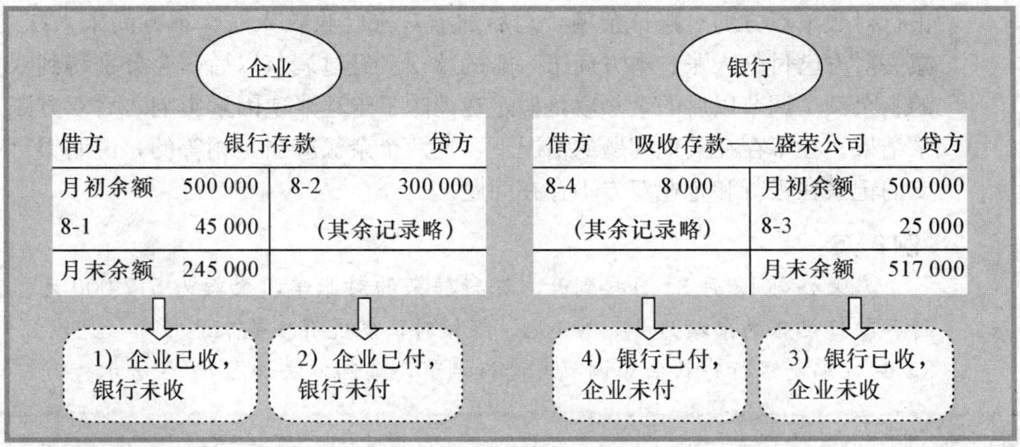

图 8－4　未达账项的类型

1）企业已收，银行未收。即企业已收款入账，而银行尚未收款入账的款项。

例 8－1

12 月 29 日，盛荣公司收到购货方开具的用于支付货款 45 000 元的转账支票一张。企业已记银行存款增加，但银行尚未记企业存款增加。

2）企业已付，银行未付。即企业已付款记账，而银行尚未付款记账的款项。

例 8－2

12 月 29 日，盛荣公司开出转账支票 300 000 元支付购料款，但持票人尚未到银行办理转账手续。企业已记银行存款减少，但银行尚未记企业存款减少。

3）银行已收，企业未收。即银行已收款入账，而企业尚未收款入账的款项。

例 8－3

12 月 30 日，银行受盛荣公司委托收回某购货企业汇来的购货款 25 000 元。银行已记企业存款增加，但企业尚未记银行存款增加。

4）银行已付，企业未付。即银行已付款记账，而企业尚未付款记账的款项。

例 8－4

12 月 31 日，根据企业与银行达成的协议，银行从盛荣公司的存款中支付企业应缴纳的水电费 8 000 元给水电管理部门，但企业尚未收到付款通知。银行已记企业存款减少，但企业尚未记银行存款减少。

除以上未达账项的四种情况外，其他账项的登记在企业与银行双方是相同的，也不应存在其他方面的错账。

存在未达账项时，企业与银行双方的账面记录都是不完整的。通过核对，可以发现哪些账项在一方已经登记入账，而在另一方尚未登记入账。此外，双方账户的月末余额也肯定不相等。这时需编制银行存款余额调节表进行调节。

（4）银行存款余额调节表的编制方法。先在该表中抄入企业银行存款日记账和银行对账单双方的对账日余额，之后加上对方已收款入账、本方尚未入账的款项，减去对方已付款入账、本方尚未入账的款项。经过调节以后，会分别得到双方账户的新余额。调节以后的余额就是假定在消除了未达账项因素影响之后双方账户的记录结果。在不存在其他问题的情况下，这两个余额应当是相等的，说明银行存款收支的记录在银行和企业双方不存在问题。

例8-5

盛荣公司12月31日接到开户银行转来的对账单，余额为517 000元；当日银行存款日记账的余额为245 000元。经核对，发现有4笔未达账项（见例8-1至例8-4），编制银行存款余额调节表进行调节，编制方法如图8-5所示。

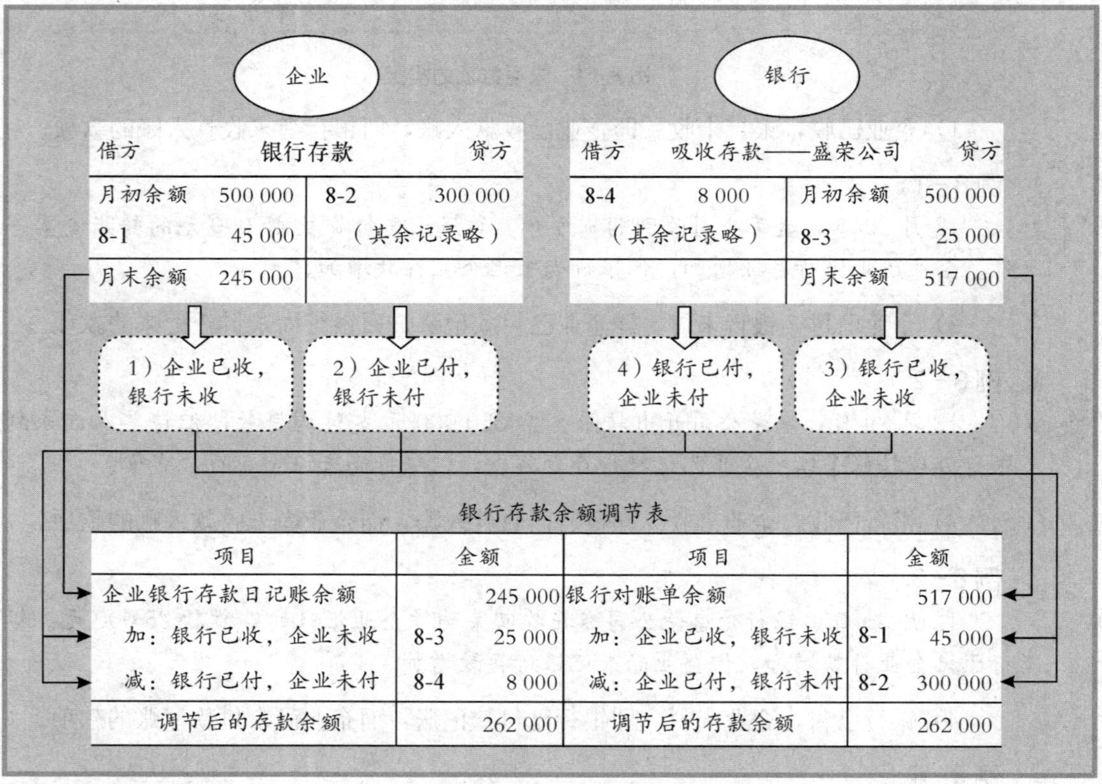

图8-5　银行存款余额调节表的基本编制方法

（5）关于银行存款余额调节表的注意要点。第一，银行存款余额调节表不能作为调整账户记录的原始凭证。编制该调节表只是进行存款记录完整性核对的一种技术方法，只能起到对账的作用，不能根据该表调整企业银行存款日记账的账面记录。对于未达账项，应在以后实际收到有关结算凭证时，再据其登记银行存款日记账。第二，调节后的存款余额是企业可以使用银行存款的最高额度。在银行存款余额调节表上尽管有几个余额指标，但在调节前双方的账面余额都不是企业银行存款的真实余额，只有经过调节后的余额才是企业可以实际动用银行存款的真实余额。

（二）各种存货的清查方法与应用

1. 存货清查的内容。存货清查是指对企业购入的准备用于产品生产的原料及材料（原材料），处于生产过程中的在产品（生产成本），以及生产完工但暂未销售的产成品（库存商品）的清查。对存货进行清查的目的主要是查明各种存货的实际结存数量与其账面结存数量是否相符。进行存货资产的清查时，首先应对各种存货进行清查盘点确定其实有数，之后才可能将所清查存货的实有数与记录这些存货的账户余额进行核对，进而查明账实是否相符。存货实际结存数量的确定方法因企业采用的存货盘存制度不同而有所不同。

2. 存货盘存制度。存货盘存制度是指企业用以确定原材料和库存商品等在会计期末时实际结存数量的方法。企业存货的数量品种较多，收发频繁，由于各种因素的影响也容易发生流失或毁损，应采用科学的方法对存货在会计期末时的结存数量加以确定。在实务中，存货结存数量的盘存制度主要有永续盘存制和实地盘存制两种。

（1）永续盘存制。永续盘存制也称账面盘存制，是一种通过设置存货明细分类账，逐笔登记存货的收入数量和发出数量，并可随时结出存货结存数量的方法。

1）永续盘存制下期末存货结存数量的确定。采用这种方法时，对存货的收入（增加）或发出（减少），平时都要在账簿中连续记录，根据账簿记录可以随时计算出各类存货的账面结存数量。这种做法的主要特点是：通过账面记录反映和控制存货的结存数量。在永续盘存制下，对各种存货的结存数量不仅在平时可以随时结出，而且在会计期末也很容易计算求得，在财产清查中要了解存货的账面结存数量是非常容易的。见图 8-6。

当然，由于各种因素的影响，即使是采用永续盘存制，存货的账面结存数量与其实际结存数量之间也有可能存在不符。因此，在采用永续盘存制的企业，也需要对各种存货进行定期或不定期的清查，借以查明账实是否相符，以及账实不符的原因，并按照规定的方法进行处理，以确保账实完全相符。

2）永续盘存制下期末结存存货成本的确定。对存货进行实物数量方面的核算固然十分重要，但会计管理的性质决定了对存货还要进行价值量方面的核算。企业在会计期末确定了存货结存数量的基础上，还应采用一定方法确认结

材料名称：甲材料　　　　数量单位：千克

2018年		凭证号	摘要	单价	借方		贷方		余额	
月	日				数量	金额	数量	金额	数量	金额
10	1		月初余额	19.40					4 000	77 600
	15	转×	本月购入	20.60	2 000	41 200			6 000	
	17	转×	本月发出				1 500		4 500	
	25	转×	本月发出				4 000		500	
	31		合计		2 000	41 200	5 500		500	

可随时结出存货的结存数量

或在期末时采用下列公式计算：
期末存货结存数量＝账面期初结存数量＋本期增加合计数－本期减少合计数

图8-6　在永续盘存制下确定期末存货结存数量的基本做法

存存货的成本。在实务中，期末结存存货实际成本的计算应区别以下两种情况进行。

a. 同一种存货各入库批次的单位成本一致。这种情况是指某种存货（如购入的某种原材料，或生产的某种库存商品），虽然其验收入库的时间有先有后，但各批次的单位成本（如该种材料各批次的单位采购成本，或该种库存商品各批次的单位生产成本）是一样的。在这种情况下，不论是本期发出的存货，还是期末结存的存货，在单位成本上是没有差异的。因此，期末结存存货的实际成本就可以按照下列公式计算：

某种期末存货成本＝该存货单位成本×该存货数量

b. 同一种存货各入库批次的单位成本不一致。这种情况是指同一种存货由于采购或生产的时间不同，各批次的单位成本也不完全一样。例如，同样是甲材料，由于采购时间、地点和运输方式的不同，各批次的单位成本可能会有一定差别，这种情况直接影响期末结存存货成本的确定。在这种情况下，应采用以下公式计算确定存货的期末结存成本，如图8-7所示。

某种存货期末结存成本＝该存货的期初结存成本＋该存货的本期增加成本－该存货的本期减少成本

相关资料可从“原材料”“库存商品”等账户的明细账户获取

即本期发出存货成本，应视企业所采用的发出存货计价方法计算确定

图8-7　同一种存货各批次单位成本不一致时计算其期末结存成本的基本方法

从图8-7中的计算公式可见，存货本期减少成本的计算是至关重要的一环，而这一环节又与企业所采用的发出存货计价方法有直接关系，因此会用到在上一章中已经学习的发出存货的计价方法，即先进先出法、全月一次加权平均法和个别计

价法等。我们知道，在不同的计价方法下，计算出来的本期发出存货的成本是各不相同的，因而期末存货的结存成本也会有所不同。

例 8-6

根据第七章中采用不同计价方法计算出来的本月发出甲材料成本的举例资料（分别见表 7-6、表 7-7 和表 7-8）计算期末结存成本。计算结果分别见表 8-2、表 8-3 和表 8-4“余额”栏中的“金额”栏数字。

表 8-2　先进先出法下甲材料月末结存成本的计算确定

材料名称：甲材料　　　　数量单位：千克

2018 年		凭证号	摘要	单价	借方		贷方		余额	
月	日				数量	金额	数量	金额	数量	金额
10	1		月初余额	19.40					4 000	77 600
	15	转×	本月购入	20.60	2 000	41 200				
	17	转×	本月发出				1 500	29 100		
	25	转×	本月发出				4 000	79 400		
	31		合计		2 000	41 200	5 500	108 500	500	10 300

表 8-3　全月一次加权平均法下甲材料月末结存成本的计算确定

材料名称：甲材料　　　　数量单位：千克

2018 年		凭证号	摘要	单价	借方		贷方		余额	
月	日				数量	金额	数量	金额	数量	金额
10	1		月初余额	19.40					4 000	77 600
	15	转×	本月购入	20.60	2 000	41 200				
	17	转×	本月发出				1 500			
	25	转×	本月发出				4 000	108 900		
	31		合计		2 000	41 200	5 500	108 900	500	9 900

表 8-4　个别计价法下甲材料月末结存成本的计算确定

材料名称：甲材料　　　　数量单位：千克

2018 年		凭证号	摘要	单价	借方		贷方		余额	
月	日				数量	金额	数量	金额	数量	金额
10	1		月初余额	19.40					4 000	77 600
	15	转×	本月购入	20.60	2 000	41 200				
	17	转×	本月发出				1 500	29 700		
	25	转×	本月发出				4 000	79 040		
	31		合计		2 000	41 200	5 500	108 740	500	10 060

对比以上账户的记录可见，采用一定的发出存货计价方法计算确定的本月发出存货成本越高，期末结存存货的成本越低；反之则越高。足见发出存货计价方法的选用对期末存货结存成本的重要影响。

特别提示

由于在先进先出法下是假定先入库的材料先发出，因而在期末时后入库的材料就会结存下来，期末结存材料的成本也应当是后入库材料的成本。由表8-2可见，月末结存的500千克就是本月新购入批次的甲材料；月末结存成本10 300元恰好是库存的本月新购入批次的甲材料500千克的实际成本：20.60×500=10 300元。而在全月一次加权平均法下，期末结存材料的成本则不受材料入库批次的影响（见表8-3）。

3）永续盘存制的优缺点及适用范围。永续盘存制的优点是：第一，便于随时掌握各种财产的拥有情况及其动态。在存货明细分类账户中，可以随时反映各种存货的收入、发出和结存情况，并能进行数量和金额的双重控制。第二，有利于企业加强对财产物资的管理。明细分类账户的结存数量可以与实际盘存数进行核对，如发现差异可以及时查明原因并予以纠正。第三，有利于实施对存货的即时控制。可将存货明细分类账户的结存数量与其预定储备限额进行比较，及时反映库存不足或积压等信息，便于及时采取相应的解决措施。这种方法的缺点是存货明细分类核算工作量较大，需要较多的人力和费用。在实务中，永续盘存制为绝大多数企业所采用。

（2）实地盘存制。实地盘存制也是确定期末存货结存数量的基本方法之一，其具体做法与永续盘存制有较大区别。

1）实地盘存制下存货期末结存数量的确定。实地盘存制是在会计期末时通过实地盘点确定存货结存数量，并据以计算本期发出存货成本和期末结存存货成本的一种方法。采用实地盘存制时，也要设置有关存货的明细分类账户，但在明细分类账户中，只登记其月初结存数量，平时也只登记存货的收入数（增加数），不登记存货的发出数（减少数），月末先通过实地盘点确定存货的实存数量，再采用倒推的方法计算确定本月存货的发出数。对实地盘存制的基本方法可结合图8-8加以理解。

材料名称：甲材料　　　　数量单位：千克

2018年		凭证号	摘要	单价	借方		贷方		余额	
月	日				数量	金额	数量	金额	数量	金额
10	1		月初余额	19.40					4 000	77 600
	15	转×	本月购入	20.60	2 000					
	17	转×	本月发出							
	25	转×	本月发出							
	31		合计				5 200		800	

A.平时只登记增加数，不登记减少数

B.月末时，先通过实地盘点确定实际结存数量

C.月末，利用倒推方法计算确定本月发出数量

显然，在实地盘存制下，存货的结存数量并不是通过账簿的记录计算求得的，只有到月末进行实地盘点后才能够确定。另外，存货的发出数也不是通过账簿的记录及时反映的，而是在月末时根据月初结存数量和本月收入数之和减去经过实地盘点得到的结存数量倒推出来的。

2）实地盘存制下发出存货成本和期末结存成本的确定。在实地盘存制下，由于各种存货的结存数量和当月发出数量只有在月末时才能得以确认，因而发出存货成本的计算也只能放在月末时进行。虽然实地盘存制确认结存存货数量的方法不同于永续盘存制，但其对发出存货成本的计算同样取决于企业所采用的发出存货的计价方法。在计算确定本期发出存货成本的基础上，期末存货的结存成本采用图 8-7 中的公式进行计算即可，此处不再赘述。

3）实地盘存制的优缺点及适用范围。实地盘存制的优点是可以减轻平时登记账户的工作量，存货成本计算的工作量也会大大减少，这种方法比较简单，易于掌握。缺点是不能随时反映存货的增减变动情况和结存数量及结存成本，对财产物资的减少缺乏严密的手续。另外，采用倒推方法计算出来的存货减少数中可能存在一些非正常因素，不利于加强对存货资产的管理与控制。由于实地盘存制存在以上弊端，其适用范围受到了一定限制，一般只应用于对那些品种多、价值低、收发比较频繁、数量不稳定、损耗大且难以控制的存货的盘点。

3. 存货清查的方法。进行存货清查的基本做法是实地盘点法。由于存货的实物形态和存放或使用方式等各不相同，因此对其进行实地盘点的做法也有所不同。具体的方法有以下四种：

（1）全面盘点法。就是对企业的所有存货通过点数、过磅和丈量等方法确定其实有数量。这种方法一般适用于原材料、包装物、在产品和库存商品等存货的清查。

（2）技术推算法。是指利用技术推断方法确定存货实有数量的一种方法。这种方法一般适用于零散堆放的大宗材料等存货的清查。

（3）抽样盘存法。是指采用抽取一定数量样品的方式确定存货实有数量的一种方法。这种方法一般适用于数量比较多、重量和体积等都比较均衡的存货的清查。

（4）函证核对法。是指采用向对方发函的方式对存货的实有数进行确定的一种方法。这种方法一般适用于委托外单位加工或保管存货的清查。将实地盘点或核对的结果分别与其账面的结存数量进行核对，可以确定存货的账实是否相符。

4. 存货清查的手续。进行存货的清查应填写盘存单和实存账存对比表。盘存单是在存货清查过程中填写的单据，反映的是存货的实存数量，填写盘存单是为与各种存货的账面数量进行核对提供依据，不能作为调整账面记录的依据。实存账存对比表是在将盘存单上的实存数量与账面数量核对以后，根据存货账实不符的情况填制的单据，是进行存货清查结果处理的重要原始凭证，可作为调整有关存货账面记录的依据。盘存单和实存账存对比表的一般格式及内容如表 8-5

和表 8－6 所示。

表 8－5 **盘存单**

单位名称： 盘点时间： 编 号：

财产类别： 存放地点：

序号	名称	规格型号	计量单位	实存数量	单价	金额	备注

表 8－6 **实存账存对比表**

单位名称： 年 月 日

财产名称	实存数量	账存数量	实存与账存对比		备注
			盘盈	盘亏	
清查财产名称	盘点后确认的实际数量	账面现有数量	实存数量大于账面数量	实存数量小于账面数量	

盘点人签章： 保管人员签章：

（三）固定资产清查方法的应用

固定资产的清查是指企业对其购建的用于产品生产或经营管理的房屋、建筑物以及各种设备等的清查。清查的目的是保证各种固定资产的实际结存数量与其账面结存数量完全相符。

1. 固定资产清查的方法。固定资产清查的基本方法是实地盘点法，一般采用全面盘点法。将通过实地盘点得到的各种固定资产的实有数量分别与其账面的结存数量进行核对，以确定账实是否相符。

2. 固定资产清查的手续。进行固定资产清查也应填写盘存单和实存账存对比表。盘存单是在固定资产清查过程中填写的单据，反映的是固定资产的实存数量，填写目的是为与各种固定资产的账面数进行核对提供依据。实存账存对比表是将盘存单上的实存数量与账面数量核对以后，根据固定资产账实不符的情况填制的单据，其格式可参见表 8－5 和表 8－6。

（四）往来款项清查方法的应用

往来款项的清查是指企业对其各种应收款项、预付款项、应付款项和预收款项等的清查，其中前两项属于对企业债权的清查，后两项属于对企业债务的清查。对往来款项进行清查的目的主要是保证各种往来款项的实际状况与其账面记录完全相符。

1. 往来款项清查的方法。对各种往来款项的清查一般应采用询证核对法。即由企业根据有关账户记录的情况，开具往来款项对账单，寄发或派人送交对方，与债务人或债权人进行核对，以确定账面记录与实际情况是否相符。

2. 往来款项清查的手续。对各种往来款项进行清查时，应根据企业的债权和债务情况，填写往来款项对账单，交由对方进行核对，并由核对方提出确认或不确认的意见。往来款项对账单的基本格式及内容如表8-7所示。

表8-7　　往来款项对账单的基本格式及内容

往来款项对账单
通达公司：
你单位2018年8月购入我单位M产品20件，货款总额为232 000元，已付200 000元，尚有32 000元未付，请核对后将回联单寄回。
盛达公司（盖章）
2018年10月15日
沿此虚线裁开，将以下回联单寄回。
往来款项对账单（回联）
盛达公司：
你单位寄来的往来款项对账单已收到，经核对无误。
通达公司（盖章）
2018年10月30日

第二节　财产清查结果的账务处理方法及其应用

一、财产清查结果及其处理步骤

（一）财产清查结果的基本含义

财产清查结果一般是指企业在经过清查以后所确认的各种财产的账面结存数量与其实际结存数量之间的差别，即盘盈或盘亏，体现为账实不符。债权债务的清查结果是指在清查中发现的无法收回的应收账款或无法支付的应付账款等，体现为这些款项的账面记录与其实际状况不符。财产清查结果处理是指从账务处理的角度对以上清查结果进行的处理。对财产清查结果的基本含义可结合图8-9加以理解。

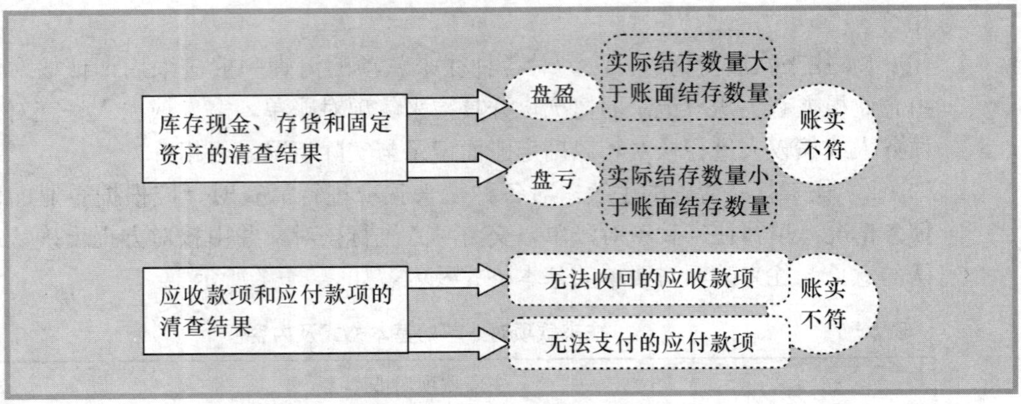

图 8-9 财产清查结果的基本含义

货币资产和实物资产的清查结果具体包括对企业的库存现金、库存材料、库存商品和房屋及设备等进行清查的结果，不包括在银行存款清查过程中发现的未达账项。债权和债务的清查结果是指企业在财产清查中确认的债务人所拖欠的应收账款发生的坏账，以及企业应当偿还但由于收款方原因而无法向债权人支付的款项。对债权和债务的清查结果，需采用不同于货币资产和实物资产清查结果的账务处理方法。

（二）财产清查结果处理的基本原则

财产清查结果的处理是指对在财产清查中发现的盘盈或盘亏等，按照有关规定报请批准后进行的处理。财产清查结果的处理应遵循以下基本原则：

1. 对财产清查中盘盈资产的处理原则。对于流动资产的盘盈，应冲减清查当期的管理费用；对于固定资产的盘盈，应作为前期差错进行以前年度损益调整。

2. 对财产清查中盘亏资产的处理原则。对于流动资产的盘亏，属于自然损耗产生的定额内合理损耗的，应计入企业本期的管理费用（增加）；属于超定额短缺的，如能确定过失人的应由过失人赔偿，属于保险责任范围的应向保险公司索赔，扣除过失人赔偿、保险赔款和残料价值后的其余部分，应计入清查当期的管理费用（增加）；属于非常损失造成的实物资产的毁损等，属于保险责任范围的应向保险公司索赔，扣除保险赔款和残料价值后的其余部分，计入清查当期的营业外支出。对于固定资产的盘亏应计入清查当期的营业外支出。

3. 对财产清查中发现的坏账及无法支付款项的处理原则。对于确实无法收回的应收账款，应冲减已经提取的坏账准备；对于确实无法支付给债权人的应付款项，应转作企业的营业外收入。

（三）处理财产清查结果的主要步骤

对在财产清查中发现的盘盈和盘亏，应按以下步骤进行处理：

1. 核准盈亏金额，提出处理意见。财产清查结束以后，清查人员要核准盈亏金额，查明盈亏的性质和原因，据实提出处理意见，并报告给部门负责人或单位负责人。

2. 调整账簿记录，做到账实相符。会计人员应根据财产清查的有关原始凭证填制记账凭证，用以调整账簿记录，达到账实相符。同时，等待单位负责人等对财产清查结果处理的批准意见。

3. 经过批准以后，核销清查结果。会计人员应根据单位负责人或有关部门的批准意见，将待处理的盘盈和盘亏等予以转销。

二、财产清查结果账务处理方法的应用

（一）货币资金清查结果的账务处理方法及其应用

1. 库存现金清查结果的账务处理。

（1）账户设置。库存现金清查结果的账务处理，主要通过“待处理财产损溢”账户进行。此外，库存现金清查结果的账务处理还要涉及“库存现金”和“其他应收款”等账户。这里重点介绍“待处理财产损溢”账户。

“待处理财产损溢”账户属于资产类账户，用以核算企业在财产清查过程中查明的各种财产的盘盈、盘亏和毁损的价值及其处理情况。该账户借方登记各项财产的盘亏或毁损数和各项盘盈财产报经批准后的转销数；贷方登记各项财产（固定资产以外的其他资产）的盘盈和各项盘亏或毁损报经批准后的转销数。按照我国《企业会计准则——应用指南》的规定，对于企业的待处理财产损溢应及时查明原因，在期末结账前处理完毕，处理后该账户应无余额。该账户应分别按盘盈、盘亏资产的种类和项目设置明细分类账户，进行明细分类核算。

特别提示

“待处理财产损溢”账户的重要作用 该账户是对货币资产和实物资产清查结果进行账务处理时采用的一个非常重要的账户，不仅在库存现金清查结果的账务处理过程中要用到，而且在库存材料和库存商品以及固定资产等清查结果的账务处理中也要用到。但应收款项和应付款项清查结果的账务处理不通过该账户。

进行库存现金盘盈、盘亏处理的基本做法是：当库存现金盘盈时，应增加“库存现金”账户的记录，以保证账实相符，同时记入“待处理财产损溢”账户的贷方，等待批准处理；当库存现金盘亏时，应冲减“库存现金”账户，以保证账实相符，同时记入“待处理财产损溢”账户的借方，等待批准处理。经批准后，对库存现金盘盈和盘亏，应根据其产生的原因采取不同的处理方法。一般来说，对于无法查明原因的库存现金盘盈，经批准后可记入“营业外收入”账户；对于已经查明原因应付给其他单位或个人的库存现金盘盈，应记入“其他应付款”账户；对于库存现金的盘亏，如果应由责任人（一般为出纳员）

赔偿的，应记入“其他应收款”账户。同时，记入“待处理财产损溢”账户的借（或贷）方。

为对库存现金清查结果进行账务处理设置的账户及有关账户之间的对应关系如图8-10所示。

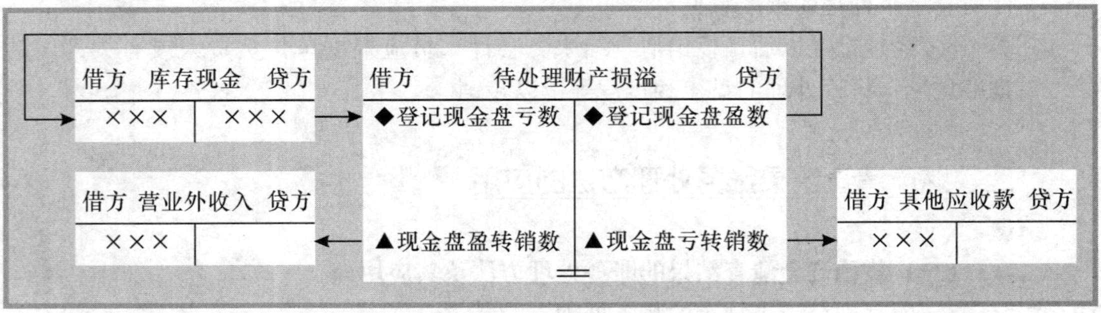

图8-10　库存现金清查结果账务处理的账户设置及其对应关系

特别提示

“待处理财产损溢”账户的双重性质　该账户的核算内容具有盘盈和盘亏两种截然不同的经济性质，决定了该账户是一个双重性质账户。在对财产清查结果进行账务处理过程中，大多要用到这个账户。在后续内容中涉及这个账户时，对其结构不再详述，只介绍与该账户有关的变化内容。待将所有财产清查结果交易或事项账务处理的内容学完以后，学习者应当对“待处理财产损溢”账户有一个总体上的把握。

（2）账务处理。现举例说明库存现金清查结果的账务处理方法。

例8-7

盛达公司在库存现金清查中发现长款（盘盈）200元。反复核查未查明原因，经批准转作企业的营业外收入。

1）对发现的库存现金盘盈首先应调整账簿记录，做到账实相符。应填制收款记账凭证，编制的会计分录为：

借：库存现金　　200
　　贷：待处理财产损溢　　200

2）经批准后转作企业的营业外收入，对盘盈进行转销。应填制转账记账凭证，编制的会计分录为：

借：待处理财产损溢　　200
　　贷：营业外收入　　200

例8-8

盛达公司在库存现金清查中发现短款（盘亏）300元。经查，属于出纳员的保管责任，应由出纳员赔偿。

1）对发现的库存现金盘亏首先应调整账簿记录，做到账实相符。应填制付款记账凭证，编制的会计分录为：

借：待处理财产损溢　　300

　贷：库存现金　　300

2）经批准后由出纳员赔偿。应填制转账记账凭证，编制的会计分录为：

借：其他应收款　　300

　贷：待处理财产损溢　　300

库存现金清查结果在总分类账户中的记录情况如图 8－11 所示。

借方	待处理财产损溢		贷方
8-7	200	8-7	200
8-8	300	8-8	300

借方	库存现金		贷方
	×××	8-8	300
8-7	200		

借方	营业外收入		贷方
		8-7	200

借方	其他应收款		贷方
8-8	300		

图 8－11　库存现金清查结果在总分类账户中的记录情况

2. 存货清查结果的账务处理方法及其应用。对存货清查结果需要处理的情况主要包括在财产清查中发现的库存材料和库存商品的盘盈和盘亏。

（1）账户设置。存货清查结果的账务处理也主要通过“待处理财产损溢”账户进行，此外还涉及“原材料”和“库存商品”等账户。为对存货清查结果进行账务处理设置的账户及有关账户之间的对应关系如图 8－12 所示。

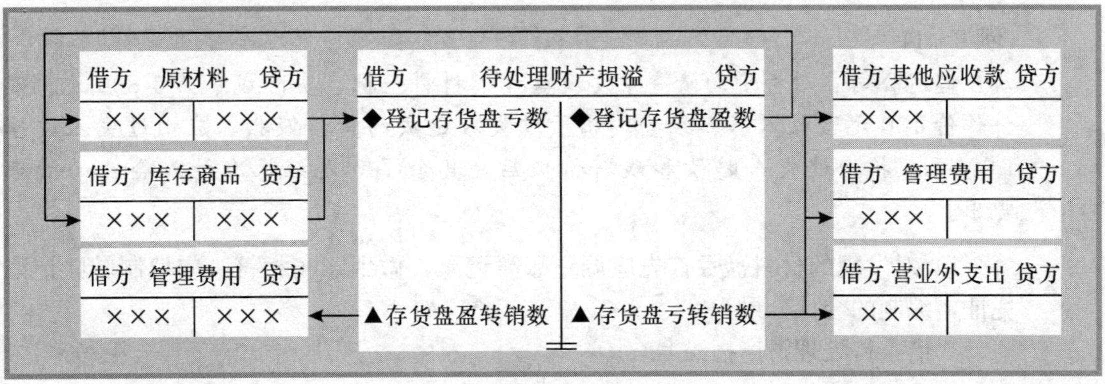

图 8－12　存货清查结果账务处理的账户设置及其对应关系

（2）账务处理。现举例说明存货清查结果的账务处理。

例 8－9

盛达公司在对存货的清查中，发现盘盈钢材 1 000 千克，实际成本为 2 000 元。经查，是由收发材料时量具不准确造成的。经批准，冲减企业的管理费用。

1）对发现的材料盘盈首先应调整账簿记录，做到账实相符。应填制转账记账凭证，编制的会计分录为：

借：原材料 2 000

贷：待处理财产损溢 2 000

2）经批准，冲减企业的管理费用。应填制转账记账凭证，编制的会计分录为：

借：待处理财产损溢 2 000

贷：管理费用 2 000

例 8－10

盛达公司在对存货的清查中，发现盘亏丙材料 10 千克，实际成本为 500 元。经查，属于定额内的合理损耗。经批准，增加企业的管理费用。

1）对发现的材料盘亏首先应调整账簿记录，做到账实相符。应填制转账记账凭证，编制的会计分录为：

借：待处理财产损溢 500

贷：原材料 500

2）经批准，增加企业的管理费用。应填制转账记账凭证，编制的会计分录为：

借：管理费用 500

贷：待处理财产损溢 500

特别提示

存货跌价准备和应交增值税进项税额转出的处理　在实务中，通常涉及对存货已计提的存货跌价准备和应交增值税进项税额转出的处理。为讨论问题简便起见，例 8－10 的账务处理未涉及这两方面内容的处理方法。

例 8－11

盛达公司在对存货的清查中发现盘亏丁材料一批，实际成本为 1 800 元。残料作价 100 元验收入库。经查，属于过失人造成的材料毁损，应由过失人赔偿 1 000元。扣除过失人赔偿和残料价值后，其余 700 元经批准计入企业的管理费用。

1）对发现的材料盘亏首先应调整账簿记录，做到账实相符。应填制转账记账凭证，编制的会计分录为：

借：待处理财产损溢 1 800

贷：原材料 1 800

2）对残料验收入库部分，应填制转账记账凭证，编制的会计分录为：

借：原材料 100

贷：待处理财产损溢 100

3）经批准后，对由过失人赔偿部分，应填制转账记账凭证，编制的会计分录为：

借：其他应收款　　1 000

　贷：待处理财产损溢　　1 000

4）经批准后，对净损失部分计入企业的管理费用。应填制转账记账凭证，编制的会计分录为：

借：管理费用　　700

　贷：待处理财产损溢　　700

例 8－12

盛达公司在对存货的清查中发现盘亏丙材料一批，实际成本为 9 000 元。经查明是属于自然灾害造成的毁损。假定没有残料收回。经批准，计入企业的营业外支出。

1）对发现的材料盘亏首先应调整账簿记录，做到账实相符。应填制转账记账凭证，编制的会计分录为：

借：待处理财产损溢　　9 000

　贷：原材料　　9 000

2）经批准后，计入企业的营业外支出。应填制转账记账凭证，编制的会计分录为：

借：营业外支出　　9 000

　贷：待处理财产损溢　　9 000

存货清查结果在总分类账户中的记录情况如图 8－13 所示。

借方	待处理财产损溢		贷方
8-9	2 000	8-9	2 000
8-10	500	8-10	500
8-11	1 800	8-11	100
8-12	9 000	8-11	1 000
		8-11	700
		8-12	9 000

借方	管理费用		贷方
8-10	500	8-9	2 000
8-11	700		

借方	原材料		贷方
8-9	2 000		×××
8-11	100	8-10	500
		8-11	1 800
		8-12	9 000

借方	其他应收款		贷方
8-11	1 000		

借方	营业外支出		贷方
8-12	9 000		

图 8－13　存货清查结果在总分类账户中的记录情况

3. 固定资产清查结果的账务处理方法及其应用。固定资产清查结果的账务处理主要包括处理固定资产在清查中发现的盘亏和盘盈。

（1）账户设置。进行固定资产盘亏的账务处理，应通过“待处理财产损溢”账户进行。根据我国《企业会计准则——应用指南》的规定，固定资产的盘盈应作为前期差错处理（对这部分内容本书不展开探讨），而不再记入“待处理财产损溢”账户。

在固定资产盘亏的账务处理中，还会涉及盘亏固定资产已提折旧额等的处理问题，即在进行有关账户的账面调整时，一方面要按盘亏固定资产的原价记入“固定资产”账户的贷方（减少数）；另一方面要按该固定资产已提取的折旧额记入“累计折旧”等账户的借方（减少数），以转销已经在企业中消失的盘亏固定资产的所有账面记录资料。

固定资产盘亏账务处理设置的账户及有关账户之间的对应关系如图8-14所示。

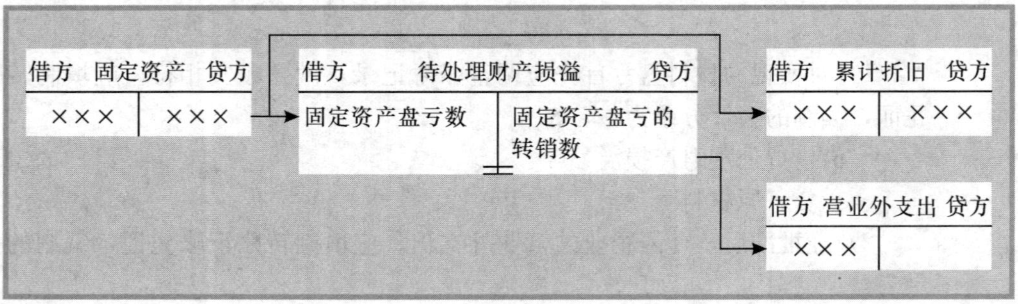

图8-14 固定资产盘存账务处理的账户设置及对应关系

（2）账务处理。下面举例说明固定资产清查结果的账务处理。

例8-13

盛达公司在对固定资产的清查中发现设备盘亏一台，其账面原价为100 000元，累计折旧为30 000元。经查明属于非人为原因所致。盘亏净额为70 000元，其中65 000元应由保险公司赔付，另5 000元经批准转为营业外支出。

1）对发现的固定资产盘亏首先应调整账簿记录。应填制转账记账凭证，编制的会计分录为：

借：待处理财产损溢	70 000	
累计折旧	30 000	
贷：固定资产		100 000

2）对应由保险公司赔付和经批准转为营业外支出的部分，应填制转账记账凭证，编制的会计分录为：

借：其他应收款	65 000	
营业外支出	5 000	
贷：待处理财产损溢		70 000

特别提示

“累计折旧”账户余额的转销　提取固定资产折旧时贷记“累计折旧”账户，即累计折旧额的增加。当固定资产盘亏时，一方面应将固定资产原值从“固定资产”账户转销；另一方面对该固定资产的已提折旧额也应一并转销，借记“累计折旧”账户。

另外，在对固定资产的盘亏进行账务处理时，也涉及对已计提固定资产减值准备的处理。为简便起见，举例中假定不涉及这方面的内容。

例 8－14

盛荣公司在对固定资产的清查中发现盘亏设备一台，其账面原价为 210 000 元，累计折旧为 40 000 元。经查明属于自然灾害造成的毁损，假定没有残值。经批准，转作企业的营业外支出。

1）对发现的固定资产盘亏首先应调整账簿记录，做到账实相符。应填制转账记账凭证，编制的会计分录为：

借：待处理财产损溢　　170 000
　　累计折旧　　40 000
　贷：固定资产　　210 000

2）经批准转作企业的营业外支出。应填制转账记账凭证，编制的会计分录为：

借：营业外支出　　170 000
　贷：待处理财产损溢　　170 000

固定资产盘亏处理在总分类账户中的记录情况如图 8－15 所示。

借方	待处理财产损溢		贷方
8-13	70 000	8-13	70 000
8-14	170 000	8-14	170 000

借方	其他应收款		贷方
8-13	65 000		

借方	营业外支出		贷方
8-13	5 000		
8-14	170 000		

借方	固定资产		贷方
	×××	8-13	100 000
		8-14	210 000

借方	累计折旧		贷方
8-13	30 000		
8-14	40 000		

图 8－15　固定资产盘亏处理在总分类账户中的记录情况

4. 往来款项清查结果的账务处理方法及其应用。往来款项清查结果的账务处理主要是指应收账款清查结果的账务处理和应付账款清查结果的账务处理。

（1）应收账款清查结果的账务处理。企业在财产清查中发现债务人已经破产清算，或确实没有还债能力，存在违约风险，对方所欠的款项就有可能全部或部分收不回来，由此会给企业造成损失，这种损失在会计上称为应收账款信用损失（或坏账损失）。应收账款清查结果的处理主要是对应收账款信用损失进行的账务处理。

1）处理方法。企业对发生的应收账款信用损失应采用备抵法进行处理。在备抵法下，应按期（一般在每年年末）根据应收账款余额和预期信用损失率估计可能发生的应收账款信用损失，提取坏账准备，并计入当期信用减值损失；当在接续年度发生应收账款信用损失时，根据确认的实际应收账款信用损失金额冲减上一年度已经提取的坏账准备。企业估计应收账款信用损失的方法有应收账款余额百分比法和账龄分析法。

2）账户设置。采用备抵法对企业发生的应收账款信用损失进行处理时，应设置“坏账准备”账户。该账户属于资产类账户，用以核算企业坏账准备的提取和转销情况，贷方登记按企业择定的方法提取的坏账准备（增加数），借方登记根据已经确认的应收账款信用损失金额转销的坏账准备（减少数，抵补数）。该账户的期末余额在年末调整前具有不确定性。在年度中（1—11月）如为借方余额，反映企业多转销的坏账准备，表明上一年度提取的坏账准备不足，未能满足抵补应收账款信用损失的需要；贷方余额为已提取但尚未使用的坏账准备。在年末经过冲销或补提处理以后，该账户应为贷方余额，反映为下一年度提取的坏账准备。

核算应收账款信用损失，需设置“信用减值损失”账户。该账户属于费用类账户，用来核算企业计提金融工具减值准备所形成的预期信用损失。借方登记企业在资产负债表日，按照有关企业会计准则规定计提各项金融工具减值准备所形成的预期信用损失，贷方登记结转至“本年利润”账户的金额，结转后无余额。

采用备抵法对企业发生的应收账款信用损失进行账务处理设置的账户及有关账户之间的对应关系如图8-16所示。

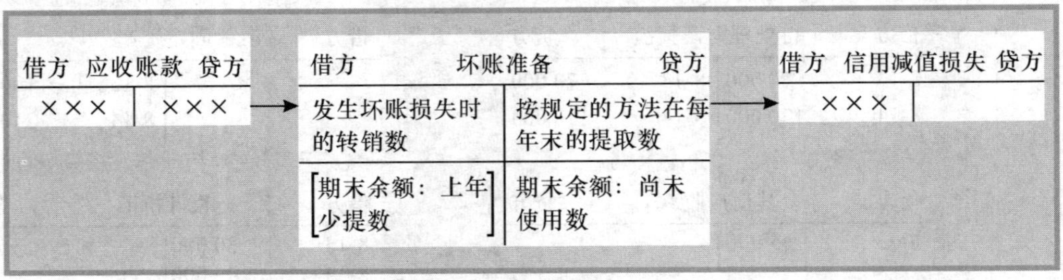

图8-16 采用备抵法处理应收账款信用损失的账户设置及其对应关系

特别提示

“坏账准备”账户结构的特殊性 与“累计折旧”账户一样，“坏账准备”账户也是一个结构非常特殊的账户。虽然属于资产类账户，但由于会计核算的特殊需要，该账户应先有贷方发生额（提取数，增加数），后有借方发生额（转销数，减少数）。另外。该账户的余额方向在年中的各个月份具有不确定性，可能是贷方余额，也可能是借方余额。

提取坏账准备是根据会计信息质量的谨慎性要求，针对可能发生的应收账款信用损失而采取的一种措施。采用这种方法处理应收账款信用损失，一方面可以做到未雨绸缪，对可能发生的应收账款信用损失事先有所准备，以便实际发生坏账时能从容处理；另一方面，更为重要的是，可以通过在各年年末提取坏账准备，将可能由应收账款信用损失引发的费用比较均衡地计入各个年度的损益，避免因应收账款信用损失产生费用的多少而对各年度的利润计算产生不利影响。

备抵法不同于过去在应收账款信用损失处理时采用的直接转销法。在直接转销法下，企业对发生坏账的损失全部计入发生坏账的年度，即借记“管理费用”账户，贷记“应收账款”账户。由于各年度企业发生的应收账款信用损失多少是不同的，因此采用直接转销法确认的由应收账款信用损失而产生的费用在各年度也会多少不一，其后果是：在发生应收账款信用损失多的年度，费用会因此猛增；在发生应收账款信用损失少的年度，费用会相对较少。而费用的多少会直接影响企业各年度的利润计算，并给企业的生产经营带来风险。采用备抵法处理可能发生的应收账款信用损失，可以克服直接转销法的这些弊端。

3）账务处理。下面举例说明应收账款清查结果的账务处理。

例 8 - 15

盛达公司从 2017 年起采用应收账款余额百分比法提取坏账准备，提取比例为 5%。当年年末“应收账款”账户余额为 800 000 元。

当年应提取的坏账准备为：

800 000×5%＝40 000(元)

对于提取的坏账准备，应填制转账记账凭证，编制的会计分录为：

借：信用减值损失　　40 000

　贷：坏账准备　　40 000

例 8 - 16

盛达公司 2018 年 10 月在财产清查中确认，有 30 000 元货款无法收回。经批准作为应收账款信用损失予以转销。应填制转账记账凭证，编制的会计分录为：

借：坏账准备　　30 000

　贷：应收账款　　30 000

以上是采用备抵法处理应收账款信用损失的基本做法。在实务中，各年年末提取坏账准备时，既要考虑提取的基数和提取的比例等，也应考虑“坏账准备”账户年末的结余情况。例如，从例 8 - 15 和例 8 - 16 的账务处理结果可以判断：2018 年年末时，该企业“坏账准备”账户有贷方余额 10 000 元（40 000－30 000），说明企业 2017 年提取的坏账准备未用完。当然，也可能会出现相反的情况。例如，假定该企业 2017 年实际发生的应收账款信用损失为 48 000 元，“坏账准备”账户在 2018 年年末就会出现借方结余额 8 000 元（40 000－48 000），这说明企业上年提取的坏账准备不够用。在以上两种情况下，企业在 2018 年年末提取坏账准备时，应充分考虑“坏账准备”账户余额的不同情况，采用以下公式确定当年应提取的坏账准备金额：

$$\text{自第2年起应提取坏账准备金额}=\text{应收账款的余额}\times\text{坏账准备提取比例}\pm\text{坏账准备的结余额}$$

如果“坏账准备”账户为贷方余额，反映的是企业多提取的坏账准备，表明上一年度提取的坏账准备过多，不仅满足了抵补应收账款信用损失的实际需要，而且还有结余。在年末计提本年的坏账准备时，应在计算确定的本年提取坏账准备金额中减去上一年度结余部分，以二者差额提取当年的坏账准备。

例8-17

假定盛达公司2018年年末应收账款余额为700 000元，提取比例仍为5%，“坏账准备”账户有贷方结余10 000元。计提2018年的坏账准备。

2018年年末应提取的坏账准备为：

$$700\ 000\times5\%-10\ 000=25\ 000(\text{元})$$

应填制转账记账凭证，编制的会计分录为：

借：信用减值损失　　25 000

　贷：坏账准备　　25 000

这样，2018年年末新提取的25 000元与原来“坏账准备”账户贷方余额10 000元共计35 000元，这个数字应为2018年度所提取的坏账准备总额，即700 000×5%=35 000元。在本年度提取坏账准备时减去“坏账准备”账户上一年贷方余额的做法称为坏账准备的冲销。

如果2018年年末“坏账准备”账户为借方余额，说明上一年度提取的坏账准备有“欠账”，则应按本年应提取数与“坏账准备”账户借方结余额之和提取当年的坏账准备。这样，一方面使上一年度未提足的部分得以弥补，另一方面又提取了用于应付下一年度可能发生的应收账款信用损失部分，使坏账准备始终处于能够满足需要的状态。

例8-18

假定盛达公司2018年年末时，“应收账款”账户的余额为850 000元，提取比例仍为5%，“坏账准备”账户为借方余额，为8 000元。计提2018年的坏账准备。

2018年年末应提取的坏账准备为：

$$850\ 000\times5\%+8\ 000=50\ 500(\text{元})$$

应填制转账记账凭证，编制的会计分录为：

借：信用减值损失　　50 500

　贷：坏账准备　　50 500

这样，2018年年末新提取的50 500元，除了应为2019年度准备的坏账准备42 500元以外，也使2017年坏账准备的“欠账”8 000元得到了弥补。在本年度提取坏账准备的过程中，将坏账准备的上一年借方结余数加在本年提取数上一并进行坏账准备提取的做法称为坏账准备的补提。

（2）应付账款清查结果的账务处理。应付账款清查结果主要是指由于债权人单位已经撤销等原因，导致企业无法支付给对方的应付款项。对这种确实无法支付的应付款项，经批准后应转作企业的营业外收入，直接借记“应付账款”账户，贷记“营业外收入”账户。

例 8-19

盛达公司 2018 年 10 月在财产清查中确认，有 5 000 元应付款无法偿还给债权人。经批准转作企业的营业外收入。

应填制转账记账凭证，编制的会计分录为：

借：应付账款　　5 000

　贷：营业外收入　　5 000

特别提示

对应付账款清查结果的账务处理不通过“待处理财产损溢”账户，这一点与应收账款清查结果的处理相同。另外，对在清查中发现的应收账款信用损失和企业无法支付的应付账款，只有在经批准后才进行账务处理，批准前不做任何账务处理，这与货币资产和实物资产清查结果的处理方法不同。

往来款项清查结果在总分类账户中的记录情况如图 8-17 所示。

借方	坏账准备		贷方
8-16	30 000	8-15	40 000
		8-17	25 000
		8-18	50 500

借方	信用减值损失		贷方
8-15	40 000		
8-17	25 000		
8-18	50 500		

借方	应收账款		贷方
	×××	8-16	30 000

借方	应付账款		贷方
8-19	5 000		

借方	营业外收入		贷方
		8-19	5 000

图 8-17　往来款项清查结果在总分类账户中的记录情况

复习思考题

1. 什么是财产清查？对财产清查可按哪些方法进行分类？各包括哪些内容？
2. 什么是未达账项？未达账项具体包括哪几种情况？
3. 未达账项与银行存款余额调节表的编制有什么关系？

4. 可否将银行存款余额调节表作为会计上的原始凭证？为什么？

5. 什么是永续盘存制？该做法的主要特点及优缺点各是什么？

6. 什么是实地盘存制？该做法的主要特点及优缺点各是什么？

7. 存货与固定资产的清查需办理哪些手续？这些手续与账务处理有什么关系？

8. 什么是财产清查结果处理？其处理上的基本步骤如何？

9. “待处理财产损溢”账户的结构如何？财产清查结果的账务处理都要通过这个账户吗？

10. 采用备抵法对应收账款信用损失进行账务处理的基本做法是什么？有什么意义？

□ 应用练习题

一、判断题

答题要求：根据各题给出的说法判断正误，你认为正确的，在题后的括号中打“√”，你认为错误的打“×”。

1. 财产清查就是指对各种实物资产的清查。（　）

2. 对库存现金清查的基本方法是将库存现金日记账与银行对账单进行核对。（　）

3. 企业对银行存款的清查应在企业内部进行。（　）

4. 未达账项是指企业与其客户或供应商之间对于同一项交易或事项，一方已经登记入账，另一方由于没有接到有关结算凭证而暂时尚未登记入账的款项。（　）

5. 银行存款余额调节表可以作为调整账户记录的原始凭证。（　）

6. 在采用永续盘存制的企业，可以不再进行存货的实地盘点。（　）

7. 在会计上需要处理的财产清查结果只是盘盈和盘亏两个方面。（　）

8. 在财产清查过程中所确认的企业无法支付的款项，是指企业应当支付，但由于各种原因而无法向债务人支付的款项。（　）

9. 在将财产清查结果报经批准前，会计人员可以调整账簿记录，核销盘盈盘亏。（　）

10. 财产清查结果的账务处理都必须利用“待处理财产损溢”账户。（　）

二、单项选择题

答题要求：在下面各题的备选答案中只有一个是正确答案，选择你认为正确的答案，在题尾的括号中写出该备选答案的英文字母编号。

1. 下列各项中，属于财产清查按清查范围分类的内容的是（　）。

A. 外部清查　B. 定期清查　C. 局部清查　D. 内部清查

2. 下列各项中，不属于企业进行财产清查意义的内容的是（　　）。

A. 保证凭证记载真实准确　　B. 确保账实相符

C. 真实反映企业的财务状况　　D. 确保财务报告质量

3. 下列各项中，不属于货币资金清查和存货清查的内容的是（　　）。

A. 库存现金清查　　B. 银行存款清查

C. 库存材料清查　　D. 固定资产清查

4. 对在库存现金清查中发现的实存金额少于其账存金额的情况，可称为（　　）。

A. 费用　　B. 长款　　C. 盘盈　　D. 盘亏

5. 在财产清查中，若发现存在未达账项时，应编制（　　）。

A. 发生额及余额试算表　　B. 材料采购成本计算表

C. 银行存款余额调节表　　D. 完工产品成本计算表

6. 下列各项中，属于银行未达账项内容的是（　　）。

A. 企业与银行均已收付款项　　B. 银行已收企业未收款项

C. 企业已付银行未付款项　　D. 银行已付企业未付款项

7. 下列各项中，不属于企业存货的内容的是（　　）。

A. 库存现金　　B. 库存商品　　C. 库存材料　　D. 在产品

8. 在财产清查中，通过设置存货明细账，可随时结出存货结存数量的盘存方法称为（　　）。

A. 权责发生制　　B. 永续盘存制　　C. 收付实现制　　D. 实地盘存制

9. 下列各项中，不属于货币资产和实物资产财产清查结果的内容的是（　　）。

A. 库存现金清查结果　　B. 库存材料清查结果

C. 库存商品清查结果　　D. 发现的未达账项

10. 根据财产清查结果的处理原则，对在财产清查中发现的坏账部分，应（　　）。

A. 增加企业的管理费用　　B. 减少企业的坏账准备

C. 增加企业的其他应收款　　D. 增加企业的营业外支出

三、多项选择题

答题要求：在下面各题的备选答案中至少有两个是正确答案，选择你认为正确的答案，在题尾的括号中顺序写出这些备选答案的英文字母编号。

1. 下列单位和部门中，企业进行财产清查可能涉及的有（　　）。

A. 企业内部的财会部门　　B. 企业内部的财产使用部门

C. 企业的开户银行　　D. 企业内部的财产保管部门

E. 企业的债务人

2. 财产清查按清查时间分类，可分为（　　）。

A. 全部清查　　B. 定期清查

C. 局部清查　　D. 不定期清查

E. 内部清查

3. 下列各项中，属于货币资金清查的具体内容的有（　　）。

A. 库存现金清查　　B. 银行存款清查

C. 库存材料清查　　D. 固定资产清查

E. 债权债务清查

4. 对在库存现金清查中发现的实存金额多于其账存金额的情况，可称为（　　）。

A. 长款　　B. 短款　　C. 盘盈　　D. 收入

E. 盘亏

5. 从企业的角度看，属于未达账项的内容的有（　　）。

A. 企业已收银行未收款项　　B. 银行已收企业未收款项

C. 银行已付企业未付款项　　D. 企业已付银行未付款项

E. 银行与企业均未收付款项

6. 下列做法中，企业可以用来进行期末存货盘存的做法有（　　）。

A. 权责发生制　　B. 永续盘存制

C. 收付实现制　　D. 实地盘存制

E. 应收应付制

7. 在财产清查中所采用的永续盘存制做法的主要特点有（　　）。

A. 设置有关存货明细分类账　　B. 逐笔登记存货的收入数量

C. 逐笔登记存货的发出数量　　D. 平时不登记存货发出数量

E. 可随时结出存货结存数量

8. 下列各种方法中，适用于企业存货采用的清查方法有（　　）。

A. 全面盘点法　　B. 技术推算法

C. 抽样盘存法　　D. 与对账单核对法

E. 函证核对法

9. 下列各项中，不属于存货财产清查结果的内容有（　　）。

A. 库存现金清查结果　　B. 库存材料清查结果

C. 未收款的未达账项　　D. 未付款的未达账项

E. 固定资产清查结果

10. 下列各项中，可作为会计上的原始凭证的有（　　）。

A. 库存现金盘点报告表　　B. 财产物资盘存单

C. 银行存款余额调节表　　D. 银行对账单

E. 账存实存对比表

四、模拟实训题

模拟实训题（一）

1. 实训资料：

假定鸿韵公司某年 10 月发生如下交易或事项：

(1) 在库存现金清查中发现长款（盘盈）80 元，未查明原因，经批准转作企业的营业外收入。(提示：按批准前后两个环节处理。)

(2) 在库存现金清查中发现短款（盘亏）200 元，经查明属于出纳员的保管责任，应由出纳员赔偿。(提示：按批准前后两个环节处理。)

(3) 10 月 31 日接到开户银行转来的对账单，余额为 148 000 元；当日银行存款日记账的余额为 112 000 元。经核对发现有四笔未达账项：

1) 10 月 28 日，企业收到购货方开出的用于支付货款 4 000 元的转账支票一张。企业已记银行存款增加，但银行尚未记企业存款增加。

2) 10 月 29 日，企业开出转账支票支付购料款 36 000 元，持票人尚未到银行办理转账手续。企业已记银行存款减少，但银行尚未记企业存款减少。

3) 10 月 29 日，银行代企业收到某购货企业汇来的购货款 20 000 元。银行已记企业存款增加，但企业尚未记银行存款增加。

4) 10 月 30 日，银行从企业的存款中代企业支付水电费 16 000 元。银行已记企业存款减少，但企业尚未记银行存款减少。

2. 实训目的：检验学习者对货币资金清查方法的应用能力。

3. 实训要求：

(1) 根据资料 (1)，(2) 填制专用记账凭证（或编制会计分录)，登记有关账户。

(2) 根据资料 (3) 编制银行存款余额调节表。指出可供企业使用的银行存款的最高额度是多少。

模拟实训题（二）

1. 实训资料：假定鸿达公司某年 10 月发生如下交易或事项：

(1) 在对存货的清查中发现盘盈钢材 20 千克。经查明是由于收发材料时量具不准确造成的，按每千克 5 元入账。经批准，冲减企业的管理费用。

(2) 在对存货的清查中发现盘亏 N 产品 10 千克，实际成本为 1 000 元。经查明属于定额内的合理损耗。经批准，增加企业的管理费用。

(3) 在对存货的清查中发现盘亏甲材料一批，实际成本为 1 100 元。经查明属于过失人造成的材料毁损，应由过失人赔偿 800 元，残料验收入库作价 100 元。扣除过失人赔偿和残料价值后其余 200 元经批准计入企业的管理费用。

(4) 在对存货的清查中发现盘亏 B 材料一批，实际成本为 8 000 元。经查明属于非常事故造成的材料毁损。经批准，计入企业的营业外支出。

(5) 在对固定资产的清查中发现盘亏设备一台，其账面原价为 100 000 元，累计折旧为 80 000 元。经批准，转作企业的营业外支出。

2. 实训目的：检验学习者对实物资产清查结果账务处理方法的应用能力。

3. 实训要求：

(1) 根据资料填制专用记账凭证（或编制会计分录)，登记有关账户。

(2) 试说明“待处理财产损益”账户在实物资产清查中的作用及其具体的使用方法。

第九章

Chapter 9 财务报告方法及其应用

本章内容导读

财务报告编制是财务会计最具影响力的一种方法。这种方法的应用是建立在其他会计方法应用成果的基础上的，也是最终实现财务会计目标的主要手段。本章主要介绍财务报告中的资产负债表和利润表列示方法的应用。本章内容结构：

第一节　财务报告概述	学习内容：财务报告的定义，财务报表的种类、列报要求等
第二节　资产负债表的列示方法与应用	学习内容：资产负债表的定义、内容、列示方法的应用等
第三节　利润表的列示方法与应用	学习内容：利润表的定义、内容、列示方法的应用等

第一节　财务报告概述

一、财务报告的定义及构成

（一）财务报告的定义

财务报告又称财务会计报告，是指企业对外提供的反映企业某一特定日期的财务状况和某一会计期间的经营成果、现金流量等会计信息的文件。

“财务报告”是国际上通用的术语，但在我国现行有关法律、行政法规中使用的是“财务会计报告”一词，为了保持法规体系上的一致性，我国《企业会计准则》(2014) 在基本准则中仍沿用“财务会计报告”的提法，同时也引入了“财务报告”这一国际通用概念，指出“财务会计报告”又称“财务报告”，并在所有具体准则中统一使用“财务报告”术语。

对财务报告的定义可结合图 9-1 加以理解。

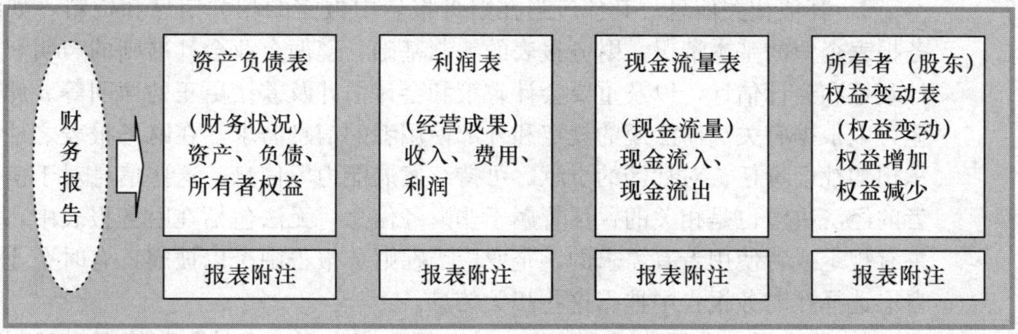

图 9-1 财务报告的定义

财务报告至少包括以下几层含义：

1. 财务报告应当是对外报告，其服务对象主要是投资者、债权人等外部使用者，专门为满足企业内部管理的需要而形成的报告不属于财务报告的范畴。对外报告的目的是在企业管理层与外部信息使用者存在信息不对称的情况下，通过向外部会计信息使用者提供有用的信息，帮助财务报告使用者作出相关经济决策。承担这一信息的载体和功能的便是企业编制的财务报告，它是财务会计确认和计量的最终成果，是沟通企业管理层与外部信息使用者的桥梁和纽带。

2. 财务报告应当综合反映企业的生产经营状况，包括企业某一时点的财务状况和某一时期的经营成果与现金流量等信息，能够从整体上勾画企业财务状况和经营成果的全貌。财务报表是企业财务报告的重要组成部分，主要包括资产负债表、利润表和现金流量表等。其中，资产负债表反映的是企业在某一特定日期的资产、负债和所有者权益，从总体上反映企业的财务状况；利润表反映企业某一会计期间的收入、费用和利润（或亏损），从总体上反映企业的经营成果；现金流量表反映企业某一会计期间的现金流入和现金流出，从某一方面反映企业的财务状况。

3. 财务报告必须形成一套系统的文件，能够提供系统完整的信息。财务报告是在一定会计期末由会计人员根据本期间账簿记录所提供的数据资料，按照规范的列报要求进行汇总和加工编制而成的，既是会计工作的定期总结，也是为了向财务报告使用者提供系统完整的信息。

(二) 财务报告的构成

企业的财务报告包括财务报表及其附注和其他应当在财务报告中披露的相关信息和资料。

1. 财务报表。财务报表也称会计报表，是形成财务报告信息的主要载体。上述财务报表中的每一份报表都能够从不同方面提供与信息使用者进行经济决策相关的信息。例如，所有者权益变动表主要提供年末时企业的所有者权益增减变动及余额情况的信息。

2. 财务报表附注。是指每一份财务报表所附的、对财务报表中列示项目的详细情况等所作的进一步说明。附注是财务报表的重要组成部分。

3. 其他相关信息。其他应当在财务报告中披露的相关信息和资料，如编报财务报表企业的基本情况、财务报表的编制基础、遵循企业会计准则的声明、重要会计政策和会计估计，以及重要会计政策和会计估计及差错更正的声明等。此外，企业可以根据有关法律法规的规定和外部使用者的信息需求，在财务报表之外披露其承担的社会责任、对社区的贡献、可持续发展能力等信息。这些信息对于信息使用者的经济决策也是相关的，尽管属于非财务信息，无法包括在财务报表中，但是如果有规定或者使用者有需求的，企业应当在财务报告中予以披露，有时企业也可以自愿选择在财务报告中披露这些相关信息。

《中华人民共和国公司法》规定，公司应当在每一会计年度终了时编制财务会计报告，并依法经会计师事务所审计。财务会计报告应当依照法律、行政法规和国务院财政部门的规定制作。

二、财务报表的种类

（一）按财务报表编报时间不同，可分为中期财务报表和年度财务报表

财务报表按编报时间不同分类的组成内容如图9-2所示。

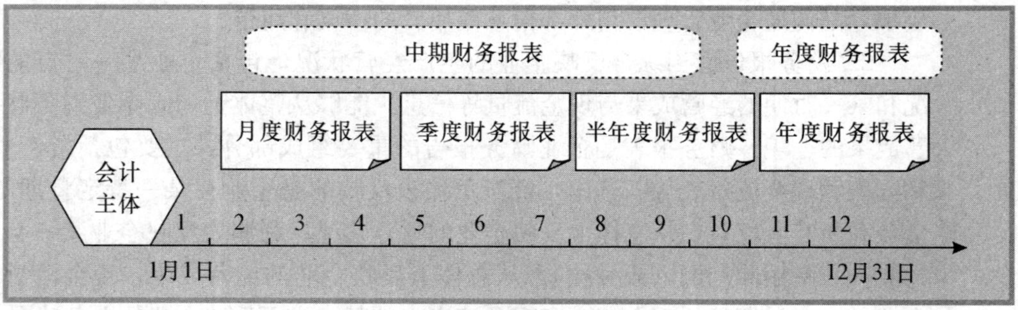

图9-2 财务报表按编报时间不同分类的组成内容

中期财务报表是以短于一个完整的会计年度的报告期间为基础编制的财务报表，包括月报、季报和半年报等。中期财务报表至少应包括资产负债表、利润表、现金流量表和附注。其中，中期资产负债表、利润表、现金流量表应当是完整报表，其格式和内容应当与年度财务报表相一致。与年度财务报表相比，中期财务报表中的附注披露可适当简略。年度财务报表是指年度终了时由企业编报的财务报表。年度财务报表应当包括资产负债表、利润表、现金流量表、所有者（股东）权益变动表和附注。

(二) 按财务报表编报主体不同，可分为个别财务报表和合并财务报表

财务报表按编报主体不同分类的组成内容如图 9－3 所示。

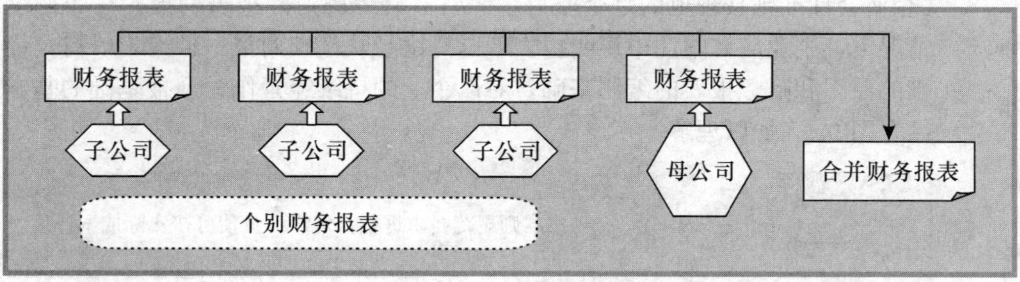

图 9－3 财务报表按编报主体不同分类的组成内容

个别财务报表是由企业在自身交易或事项的会计处理基础上，对账簿记录进行加工和整理而编制的财务报表，主要反映企业自身的财务状况、经营成果和现金流量等。合并财务报表是以母公司和子公司组成的企业集团为会计主体，根据母、子公司的财务报表，由母公司编制的综合反映企业集团财务状况、经营成果和现金流量的财务报表。

三、财务报表的列报要求

财务报表列报是指将企业发生的交易或事项在报表中的列示和在附注中的披露。列示通常是指利用资产负债表、利润表、现金流量表和所有者（股东）权益变动表等报表提供有关信息，披露通常是指利用会计报表附注提供有关信息。财务报表列报应遵循如下要求：

(一) 遵循各项会计准则进行确认和计量

企业应当根据实际发生的交易或事项，遵循各项具体会计准则的规定进行确认和计量，并在此基础上编制财务报表，还应在附注中对遵循企业会计准则编制的财务报表做出声明。对遵循准则进行财务报表列报的基本要求可结合图 9－4 加以理解。

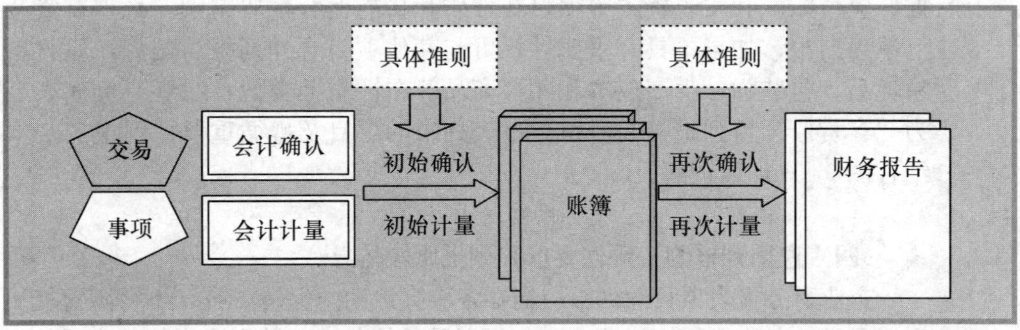

图 9－4 遵循准则进行财务报表列报的基本要求

（二）以企业的持续经营作为列报基础

持续经营是会计的基本前提，是会计确认、计量及编制财务报表的基础。我国《企业会计准则》规范的是企业持续经营基础下的财务报表列报。在非持续经营的情况下，企业应在附注中声明报表未以持续经营基础列报、披露未以持续经营为基础的原因和财务报表的编制基础。对以企业的持续经营作为列报基础的基本要求可结合图9-5加以理解。

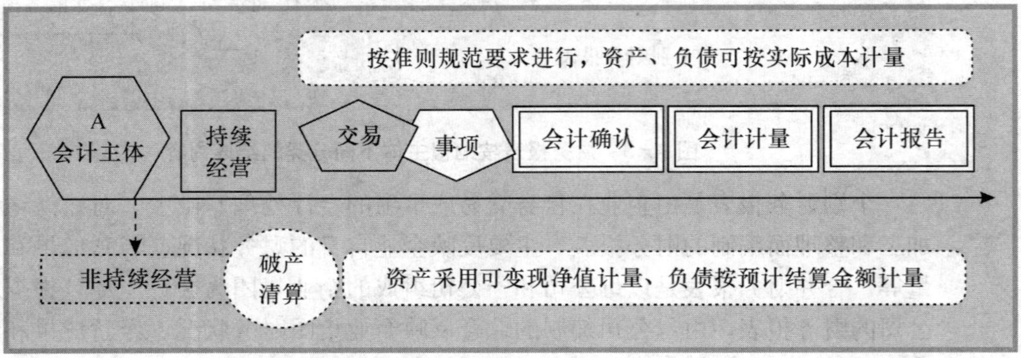

图9-5　以企业的持续经营作为列报基础的基本要求

（三）遵循重要性要求进行财务报表项目的列报

财务报告是通过对大量交易或事项的账务处理结果进行整理加工而生成的，这些交易或事项按其性质或功能汇总归类，形成财务报表中的项目。对这些项目在财务报表中是单独列报还是合并列报，应当根据会计信息质量要求的重要性加以判断。判断项目重要性的基本标准为：如果财务报表某项目的省略或错报会影响使用者据此作出经济决策，该项目就具有重要性。具体标准为：（1）应当考虑项目的性质。即该项目是否属于企业日常活动，是否对企业的财务状况和经营成果具有较大影响。（2）应当考虑金额的大小。应通过单项金额占资产总额、负债总额、所有者权益总额和营业收入总额等直接相关项目金额的比重加以确定。如果某项目单独看具有重要性，则应当单独列报。例如，交易性金融资产、应收票据、应付账款和实收资本等项目在性质和功能上有本质差别，必须在资产负债表上单独列报；如果不具有重要性，可与其他项目合并列报。例如，原材料、低值易耗品、包装物、生产成本和库存商品等在性质上类似，在资产负债表上可合并为“存货”项目列报等。对财务报表列报的项目及遵循重要性列报的基本要求可结合图9-6加以理解。

（四）遵循列报的一致性要求并列报比较信息

企业财务报表项目的列报应当在各个会计期间保持一致，不得随意变更。不仅列报项目的名称应保持一致，财务报表项目的分类、排列顺序等也应保持一致。列报比较信息的目的是为财务报表使用者提供对比数据，反映企业财务状况、经营成果和现金流量的变动趋势，更有利于进行经济决策分析。对遵循列报的一致性和列

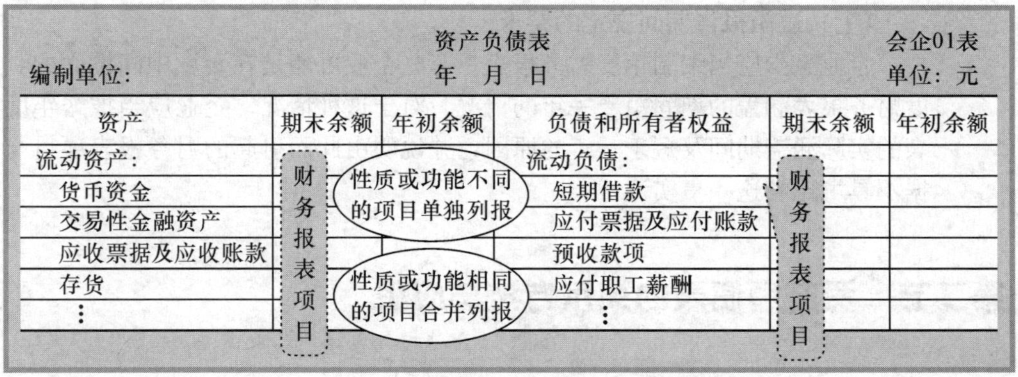

图 9-6 财务报表的项目及遵循重要性列报的基本要求

报比较信息的基本要求可结合图 9-7 加以理解。

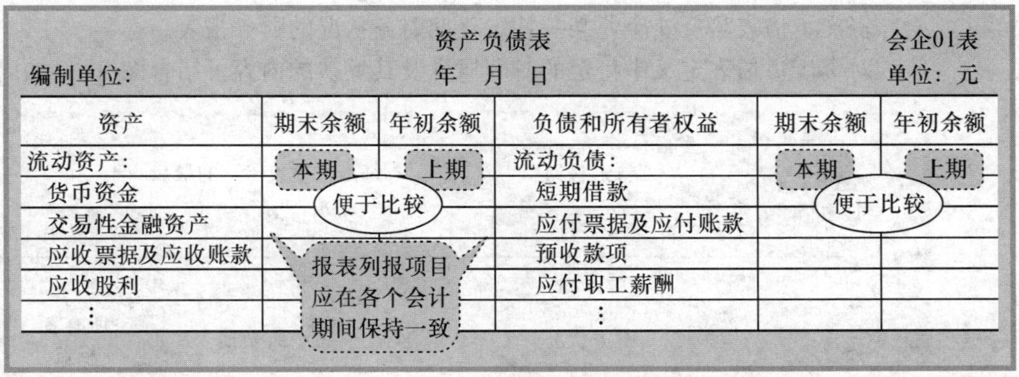

图 9-7 遵循列报的一致性和列报比较信息的基本要求

(五) 遵循财务报表项目金额间不得相互抵销列报要求

财务报表项目应当以总额列报，资产和负债、收入和费用不能相互抵销，即不得以净额列报，但企业会计准则另有规定的除外。这是因为，如果以上项目相互抵销列报，所提供的信息就不完整，信息的可比性也会大大降低，财务报表使用者很难根据金额间相互抵销后的信息做出正确判断。例如，如果将企业的应收款项（资产）和应付款项（负债）相互抵销列报，就掩盖了交易的经济实质，报表使用者也难以据其作出正确判断。例如，在图 9-7 中，“应收票据及应收账款”和“应付票据及应付账款”，交易的经济性质完全相反，在资产负债表上都是单独列报的。

(六) 遵循财务报表表首的列报要求

财务报表一般分为表首、正表两部分。在表首部分，企业应当概括说明下列基本信息：(1) 披露编报企业的名称。(2) 标明报表的列报时限。(3) 披露货币名称和单位。(4) 财务报表是合并财务报表的，应当予以说明。

（七）遵循报告期间规定的要求

企业至少应当编制年度财务报表。有些企业可能是在年度中间设立的，存在年度财务报表涵盖的期间短于一年的情况。对于这种情况，企业应当披露年度财务报表的实际涵盖期间及短于一年的原因，并说明由此而引起的财务报表项目与比较数据不具可比性这一事实。

第二节 资产负债表的列示方法与应用

一、资产负债表的定义与列示要求

（一）资产负债表的定义

资产负债表是反映企业某一特定日期财务状况的财务报表。

对资产负债表定义中特定的时间概念及其反映的内容可结合图9-8加以理解。

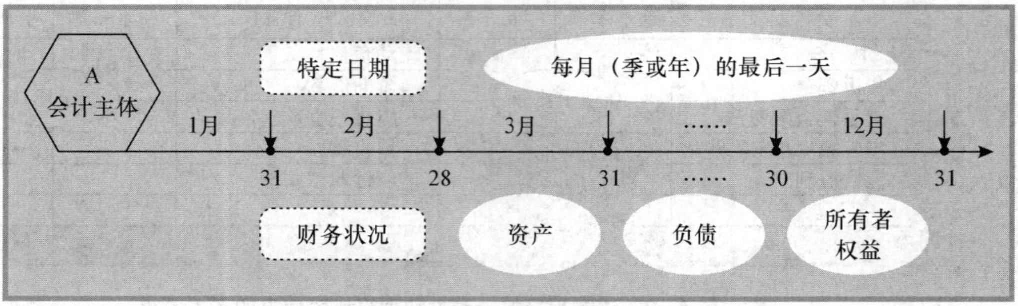

图9-8 资产负债表定义中特定的时间概念及其反映的内容

对资产负债表定义的理解应特别注意两点：

1. 资产负债表特指的时间概念。定义中的“特定日期”是指编制的资产负债表所涵盖的一定会计期间的某一日，一般是指该会计期间（月度、季度和年度等）的最后一天。强调特定日期是有实际意义的。对一个持续经营的企业而言，其资金运动在每一个时点上都会呈现出不同的状态，说明企业在各个时日都具有各不相同的财务状况。但企业一般并不需要每天都对其财务状况进行反映，只有在按要求的编报时间编制资产负债表时才有这种必要。因而，所编制的资产负债表究竟反映的是该会计期间哪一天的财务状况就必须清楚地界定。如编制某一月度的资产负债表时，特定日期就是该月的最后一日；而在编制某一年度的资产负债表时，特定日期就是该年度的最后一日，等等。这一特定日期也称资产负债表日。

2. 资产负债表反映的主要内容。前已述及，资产负债表是专门用来反映企业财务状况的报表。财务状况即企业的资金状况，具体包括资金的存在形态和资金的来源方式两个方面。在资产负债表上，“资产”部分提供企业资产的分布形态等方面的信息；“负债”和“所有者权益”两个部分则提供企业资产的来源渠道方面的信息。资产负债表上列示的资产、负债和所有者权益的数据资料，从资金的两个不同侧面全面反映了企业的财务状况。

（二）资产负债表的作用

资产负债表主要提供有关企业财务状况方面的信息，反映某一特定日期关于企业资产、负债和所有者权益的具体内容及其关系。资产负债表的主要作用有：

1. 可以提供企业某一特定日期的资产总额及其结构信息。资产总额及其结构信息表明企业拥有和控制的经济资源总量及其分布情况，报表使用者可以一目了然地从该表了解企业在某一特定日期掌控的资产总量及其结构，是会计信息使用者分析企业经营能力的重要资料。

2. 可以提供企业某一特定日期的负债总额及其结构信息。负债总额及其结构信息表明企业未来需要多少资产或劳务清偿债务和分布情况及清偿时间，是会计信息的使用者分析企业的负债状况及债务清偿能力的重要资料。

3. 可以提供企业某一特定日期的所有者权益总额及其结构信息。所有者权益总额及其分布情况表明所有者投入的资本和盈余公积等在所有者权益中所占的比重，是会计信息使用者判断企业资本保值增值情况以及对负债的保障程度的主要资料。

4. 可以提供进行财务分析的有关数据资料。通过编制资产负债表，能够利用该表的有关数据计算资产负债率、流动比率和速动比率等财务分析指标，据以评价企业的偿债能力和资金周转能力等。例如，会计信息使用者可以将资产负债表中的资产总额与负债总额进行比较，分析企业目前的偿债能力；也可以根据二者的对比确定企业的资产负债率，并将其与该企业其他年度的资产负债比率进行比较，分析企业资产负债率的升降情况和变动趋势等。

（三）资产负债表列示的总体要求

1. 分类别列示。资产负债表列示的根本目的在于如实反映企业在资产负债表日拥有的资源、负担的债务及所有者拥有的权益，因此，资产负债表应当按照资产、负债和所有者权益三大类分类列示。

2. 资产和负债按流动性列示。资产负债表中的资产反映由过去的交易或事项形成并由企业在某一特定日期拥有或控制的、预期会给企业带来经济利益的资源。资产应当按照流动资产和非流动资产两大类在资产负债表中列示，再进一步按性质分项列示。资产负债表中的负债反映企业在某一特定日期应承担的、预期会导致经济利益流出企业的现时义务。负债应当按照流动负债和非流动负债在资产负债表中列示，再进一步按其性质分项列示。

3. 所有者权益按组成项目列示。资产负债表中的所有者权益是企业资产扣除负债后的剩余权益总额，反映企业在某一特定日期所有者（股东）拥有的净资产的总额。资产负债表中的所有者权益类一般按照净资产的不同来源和特定用途进行分类，应当按照实收资本（或股本）、资本公积、盈余公积和未分配利润等项目分别列示。

二、资产负债表的列示格式和内容

（一）一般企业资产负债表的列示格式

1. 账户式资产负债表的基本列示格式。资产负债表正表的列示格式一般有报告式和账户式两种。其中，报告式资产负债表是上下结构，上半部分列示资产，下半部分列示负债和所有者权益。具体排列方式又有两种：一种是按“资产＝负债＋所有者权益”的原理排列；另一种是按“资产－负债＝所有者权益”的原理排列。

账户式资产负债表是左右结构，左方列示资产，右方列示负债和所有者权益，按“资产＝负债＋所有者权益”的原理排列。根据财务报表列示准则的规定，企业的资产负债表采用账户式格式，即左方列示资产项目，一般按资产的流动性大小排列；右方列示负债和所有者权益项目，一般根据清偿时间的长短按顺序列示。账户式资产负债表中资产各项目的总计数应等于负债与所有者权益各项目的总计数，即资产负债表左方和右方的总计数平衡相等。因此，账户式资产负债表能够直接体现资产、负债和所有者权益之间的内在联系，即“资产＝负债＋所有者权益”。一般企业的资产负债表（适用于已执行新金融准则或新收入准则的企业）① 的简化格式的列示如表9－1所示。

表9－1 **资产负债表（账户式）**

会企01表

编制单位： 年 月 日 单位：元

资产	期末余额	年初余额	负债及所有者权益（或股东权益）	期末余额	年初余额
流动资产：			流动负债：		
货币资金			短期借款		
交易性金融资产			交易性金融负债		
应收票据及应收账款			应付票据及应付账款		
预付款项			预收款项		
其他应收款			应付职工薪酬		
存货			应交税费		
持有待售资产			其他应付款		

① 2018年7月，财政部发布《关于修订印发2018年度一般企业财务报表格式的通知》（财会〔2018〕15号），针对2018年1月1日起分阶段实施的四项新金融准则和新收入准则，对一般企业财务报表格式进行了修订，颁布了两套报表格式，分别适用于尚未执行新金融准则和新收入准则的企业和已执行新金融准则或新收入准则的企业。基于两套报表格式中存在差异的项目主要为金融资产项目及与收入准则相关的合同资产、合同负债等，属于后续财务会计课程内容，在本教材中并不做讲解，而且从2021年1月1日起，所有执行企业会计准则的公司都将执行新金融准则和新收入准则，因此，本教材仅选用了一般企业财务报表格式（适用于已执行新金融准则或新收入准则的企业）讲解资产负债表和利润表编制的基本原理和方法。

续前表

资产	期末余额	年初余额	负债及所有者权益（或股东权益）	期末余额	年初余额
一年内到期的非流动资产			持有待售负债		
其他流动资产			一年内到期的非流动负债		
流动资产合计			其他流动负债		
非流动资产：			流动负债合计		
债权投资			非流动负债：		
其他债权投资			长期借款		
长期应收款			应付债券		
长期股权投资			非流动负债合计		
固定资产			负债合计		
在建工程			所有者权益（或股东权益）：		
无形资产			实收资本（或股本）		
开发支出			资本公积		
长期待摊费用			盈余公积		
其他非流动资产			未分配利润		
非流动资产合计			所有者权益（或股东权益）合计		
资产总计			负债及所有者权益（或股东权益）总计		

账户式资产负债表因其外表与T形账户相似而得名。该表由表首和表格两个部分组成。其中，表首部分填写编制单位、编制时间，以及表中数据的计量单位等内容；表格部分可分为左右两方，其中左方用来反映企业的资产项目，右方用来反映企业的负债和所有者权益项目。最后，可计算出左右两方各自的总计数。由于账户式资产负债表是按照“资产＝负债＋所有者权益”会计等式的基本原理设计的，因而双方的总计数应当是相等的。

2. 列示资产负债表的比较信息。根据财务报表列示准则的规定，企业编报的年度、半年度财务报表至少应当反映两个年度或者相关两个会计期间的比较数据。因此，资产负债表还应就各项目再分为“年初余额”和“期末余额”两栏分别填列。这种格式的资产负债表称为比较资产负债表。编制比较资产负债表的目的是为会计信息使用者提供更为全面的会计信息，以便于报表使用者通过比较不同时点的资产负债表的数据，判断企业财务状况的变动情况及发展趋势。

（二）资产负债表的基本内容

资产负债表主要反映以下三个方面的财务状况：

1. 资产的结构状况。即企业在一定日期的资产总额及其分布情况。这方面的信息反映在资产负债表的左方，具体项目分流动资产和非流动资产两个部分顺序排列。

2. 负债的结构状况。即企业在一定日期的负债总额及其构成情况。这方面的信息反映在资产负债表右方的上半部分，具体项目分别按流动负债和非流动负债两个部分顺序排列。

3. 所有者权益结构状况。即企业在一定日期的所有者权益总额及其构成情况。这方面的信息反映在资产负债表右方的下半部分，分别按所有者权益的组成内容实收资本、资本公积、盈余公积和未分配利润等顺序排列。

三、一般企业资产负债表的基本列示方法

资产负债表的列示主要是填列该表中有关项目的数据，包括“年初余额”和“期末余额”两栏的数字指标。

（一）各项目“年初余额”的列示方法

相对于本年而言，资产负债表中的“年初余额”就是上一年的“年末余额”。应根据上年年末资产负债表中的“期末余额”栏内所列数字填列，即可以将上年年末资产负债表中“期末余额”栏的数字按照项目的对照关系直接抄入本年资产负债表的“年初余额”栏各相应行次。如果上年度资产负债表规定的各个项目的名称和内容与本年不一致，则应对上年年末资产负债表有关项目的名称和数字按照本年度的规定进行调整，并按照调整后的数字填入本年资产负债表的“年初余额”栏。

（二）各项目“期末余额”的列示方法

资产负债表中各项目的“期末余额”实质上反映的是资产、负债和所有者权益三类账户在编制资产负债表的会计期末的余额。观察可见，资产负债表中的大多数项目名称与此前讲过的会计账户名称是一致的，这表明了资产负债表中的项目内容与账户内容的一致性。因而，资产负债表中各项目的“期末余额”可以根据资产负债表日有关账户的期末余额直接列示。但资产负债表上的有些项目与账户的名称及反映的内容并不完全一致，例如“货币资金”和“存货”等，这些项目就不能根据同期有关账户的余额直接列示，而应采用其他方法列示。概括起来，资产负债表中各项目“期末余额”的列示方法有如下七种：

1. 根据有关总账账户期末余额直接填列。如资产负债表左方的“长期待摊费用”项目的数字，应根据“长期待摊费用”总账账户的期末借方余额直接填列。如资产负债表右方的“短期借款”“实收资本”“资本公积”等项目的数字，可以分别

根据“短期借款”“实收资本”“资本公积”等总账账户的期末贷方余额直接填列。具体的列示方法如图 9－9、图 9－10 所示。

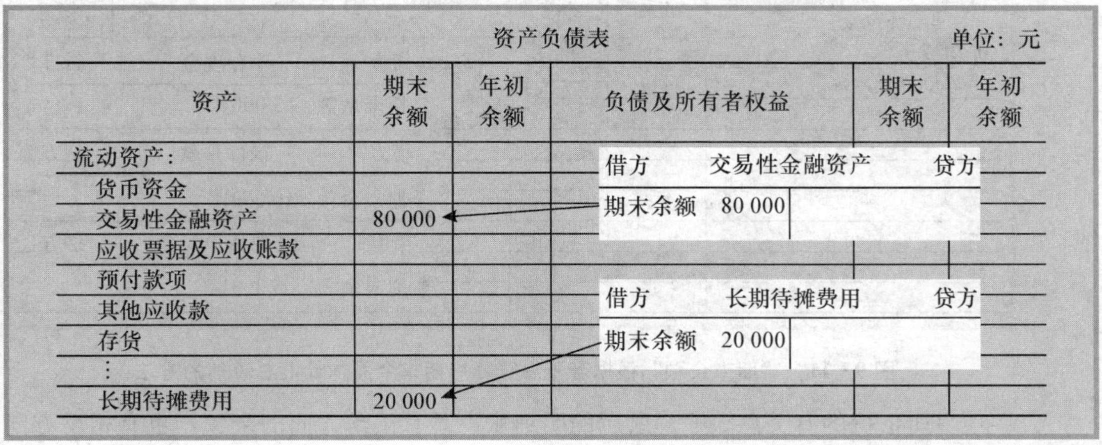

图 9－9　“期末余额”根据有关总账账户期末借方余额直接填列的方法

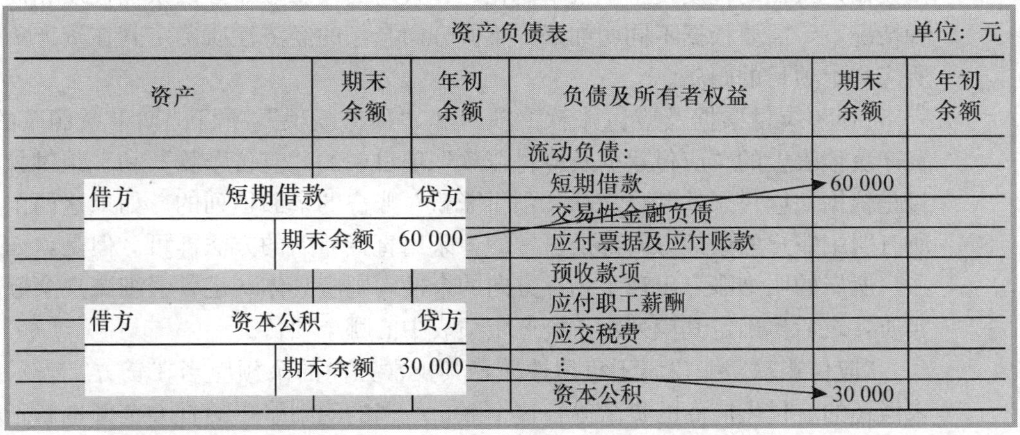

图 9－10　“期末余额”根据有关总账账户期末贷方余额直接填列的方法

2. 根据若干有关总账账户期末余额加计汇总填列。与上述情况不同，资产负债表上有些项目的数字在总账账户中是无法直接查到的，主要是由于这类项目内容的记录往往分散在若干总账账户中。因此，必须根据若干总账账户的余额进行加计汇总后，才能确定填列资产负债表有关项目的数额，如资产负债表左方的“货币资金”和“存货”等项目的填列方法就是如此。这是由于用来反映企业货币资金的账户有“库存现金”和“银行存款”等，资产负债表上的“货币资金”项目应根据这些账户的期末余额合计数填列。用来反映企业存货的账户有“原材料”、“生产成本”（在产品）、“库存商品”等，资产负债表上的“存货”项目也应根据这些账户的余额合计数填列。具体的列示方法如图 9－11 所示。

3. 根据有关明细账户的期末余额计算填列。这种方法是填列资产负债表上某些项目的数字时采用的一种特殊方法。之所以要采用这种方法，往往是因为填列这

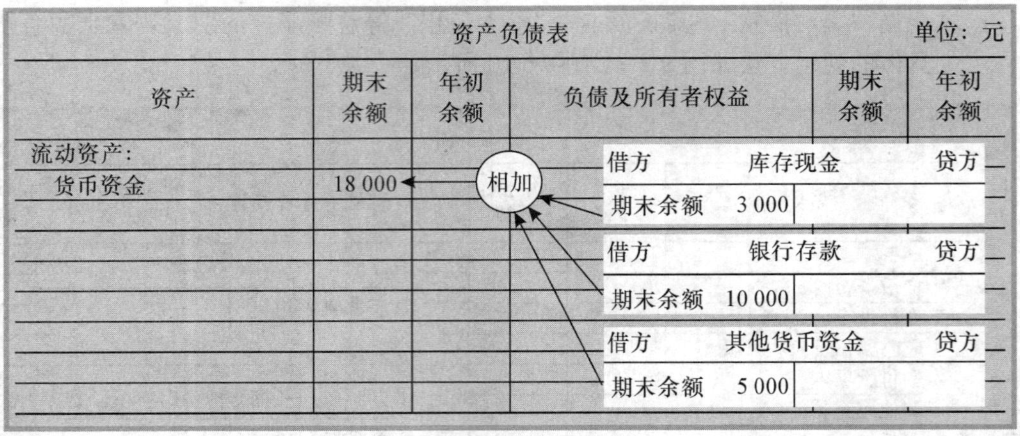

图9-11 "期末余额"根据若干总账账户期末余额加计汇总填列的方法

些项目所依据的有关总账账户所属的明细账户既有正常方向的余额，也有相反方向的余额。明细账户正常方向的余额体现了其所隶属的总账账户的性质，反方向余额则使账户余额的性质发生了根本变化，并且与其他总账账户的余额性质相同。在这种情况下，需要根据不同明细账户不同方向余额的经济性质确定其在资产负债表上所应列示项目的归属。

(1)"应付票据及应付账款"项目和"预付款项"项目"期末余额"的填列。资产负债表上的"应付票据及应付账款"项目中的"应付账款"和"预付款项"项目是依据"应付账款"账户和"预付账款"账户的余额填列的。如果这两个账户的所有明细账户的余额方向都是正常的，采用直接填列的方法即可。但是，如果两个账户所属的明细账户出现了相反方向的余额，则应具体认定各明细账户余额的经济实质，之后再确定其应列示于资产负债表中的哪个项目。

"应付账款"账户属于负债性质，其正常方向的余额应当在贷方，表示企业尚未偿还的应付供应商的货款等，这个账户所属的明细账户的贷方余额也属于这种性质。但在个别情况下，该账户所属的明细账户可能会出现借方余额。例如，企业采用赊购方式从供应商那里购货，在向某供应商偿还原欠货款的同时，又向其预付了一笔货款准备购买另一批商品，连同偿还的货款一并支付给供应商，并记入了"应付账款"账户的借方，这时"应付账款"所属的明细账户就会出现借方余额。但这种余额已不再是应付账款性质（负债），而是演变成了预付账款的性质（资产）。在这种情况下，对"应付账款"明细账户相反方向（借方）的余额在资产负债表上就应填入"预付款项"项目，而不应再填入"应付票据及应付账款"项目。反之，如果"预付账款"所属的明细账户出现了相反方向（贷方）的余额，其性质也不再属于资产性质，而属于负债性质（应付账款）。在以上两种情况下，需要根据各明细账户余额的经济实质确定其在资产负债表上所应列示的项目。

例9-1

某企业本月末"应付账款"和"预付账款"总账账户及有关明细账户的余额情况如下：

“应付账款”总账账户余额	38 000 元（贷方）
“应付账款——F 企业”明细账户余额	20 000 元（贷方）
“应付账款——H 企业”明细账户余额	12 000 元（借方）
“应付账款——W 企业”明细账户余额	30 000 元（贷方）
“预付账款”总账账户余额	3 000 元（借方）
“预付账款——D 企业”明细账户余额	4 000 元（借方）
“预付账款——E 企业”明细账户余额	1 000 元（贷方）

由于以上两个总账账户所属的明细账户都存在相反方向的余额，因此资产负债表上的“应付票据及应付账款”项目中的“应付账款”和“预付款项”项目“期末余额”不能直接按这两个总账账户的月末余额填列，而应根据其所属明细账户余额的性质填列。分析可知，“应付账款——H 企业”借方余额 12 000 元为相反方向的余额，具有预付账款的性质，应与“预付账款”正常方向的余额一起填入资产负债表的“预付款项”项目；“预付账款——E 企业”贷方余额 1 000 元为相反方向的余额，具有应付账款的性质，应与“应付账款”正常方向的余额一起填入资产负债表的“应付票据及应付账款”项目。具体的列示方法如图 9-12 所示。

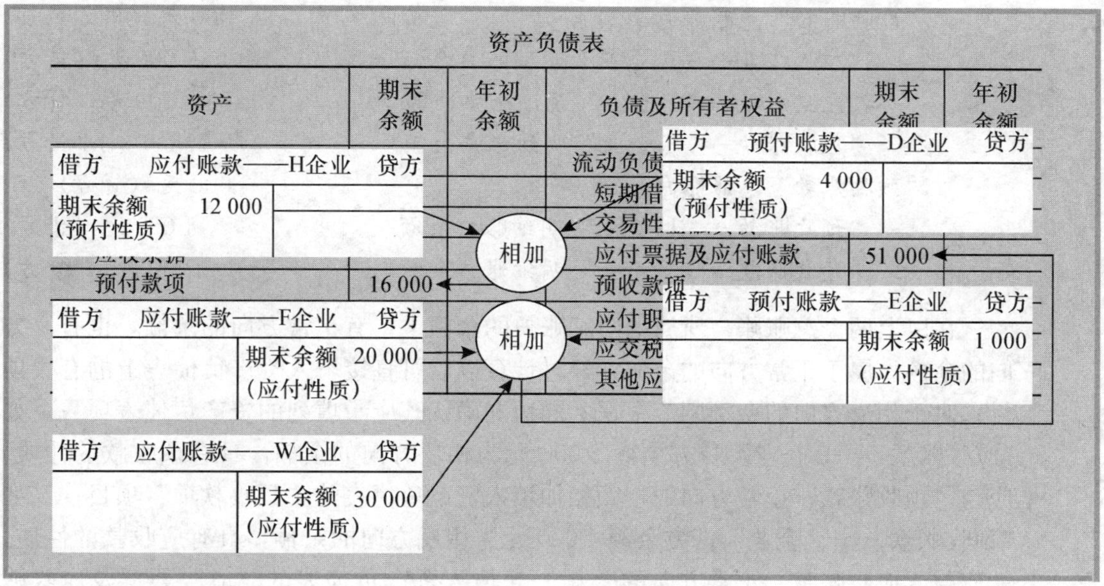

图 9-12　“应付票据及应付账款”项目中的“应付账款”和“预付款项”项目“期末余额”的填列方法

（2）“应收票据及应收账款”项目和“预收款项”项目“期末余额”的填列。资产负债表上的“应收票据及应收账款”项目中的“应收账款”和“预收款项”项目是依据“应收账款”账户和“预收账款”账户的余额填列的。如果这两个账户的所有明细账户的余额方向都是正常的，采用直接填列的方法即可。但是，如果两个账户所属的明细账户出现了相反方向的余额，则应具体认定各明细账户余额的经济实质，之后再确定其应列示于资产负债表中的哪个项目。

“应收账款”账户及其所属的有关明细账户，其正常方向的余额应当在借方，表示企业尚未收回的应收账款。但在个别情况下，“应收账款”账户所属的有些明细账户可能会产生贷方余额。例如，企业在收到某客户原欠货款的同时，一并收到了该客户交来的订购下一批产品的货款，且一并记入了“应收账款”账户的贷方，从而使“应收账款”账户的某些明细账户出现贷方余额，这种明细账户的余额则不再有应收账款的资产性质，而具有预收账款的负债性质。在这种情况下，就需要根据已经变化的余额性质，具体确定其在资产负债表上应填列的项目，如对上述“应收账款”账户下在性质上已经改变的明细账户，应填入资产负债表中的“预收款项”项目，而不应再填入“应收票据及应收账款”项目。同理，如果“预收账款”账户所属的明细账户出现了借方余额，也就不再具有负债的性质，而是演变为应收（资产）性质，应填入资产负债表中的“应收票据及应收账款”项目，而不应再填入“预收款项”项目。

例9-2

某企业本月末“应收账款”和“预收账款”总账账户及其有关明细账户的余额情况如下：

“应收账款”总账账户余额	23 000元（借方）
“应收账款——A企业”明细账户余额	10 000元（借方）
“应收账款——B企业”明细账户余额	2 000元（贷方）
“应收账款——C企业”明细账户余额	15 000元（借方）
“预收账款”总账账户余额	3 000元（贷方）
“预收账款——U企业”明细账户余额	4 000元（借方）
“预收账款——V企业”明细账户余额	7 000元（贷方）

在以上两个总账账户所属的明细账户的余额中，有正常方向的余额，也有反方向的余额。属于正常方向的余额，经过计算以后可直接填入资产负债表上的有关项目；对于相反方向的余额则应根据不同情况确认其应予填列的资产负债表项目。如“应收账款——B企业”贷方余额2 000元为相反方向的余额，具有预收款的性质，应与“预收账款”正常方向的余额相加填入资产负债表的“预收款项”项目；又如“预收账款——U企业”借方余额4 000元为相反方向的余额，具有应收款的性质，就应与“应收账款”正常方向的余额一起填入资产负债表的“应收票据及应收账款”项目。具体的列示方法如图9-13所示。

4. 根据有关总账账户及其所属明细账户期末余额分析计算填列。如资产负债表右方的“长期借款”项目，应根据“长期借款”账户余额扣除该账户所属明细账户中将在资产负债表日起一年内到期、企业不能自主地将清偿义务展期的长期借款后的金额填列。另外，资产负债表右方的“应付债券”和“长期应付款”等项目，也应考虑与长期借款同样的情况，根据有关总账账户及其所属明细账户期末余额分析计算后填列。具体的列示方法如图9-14所示。

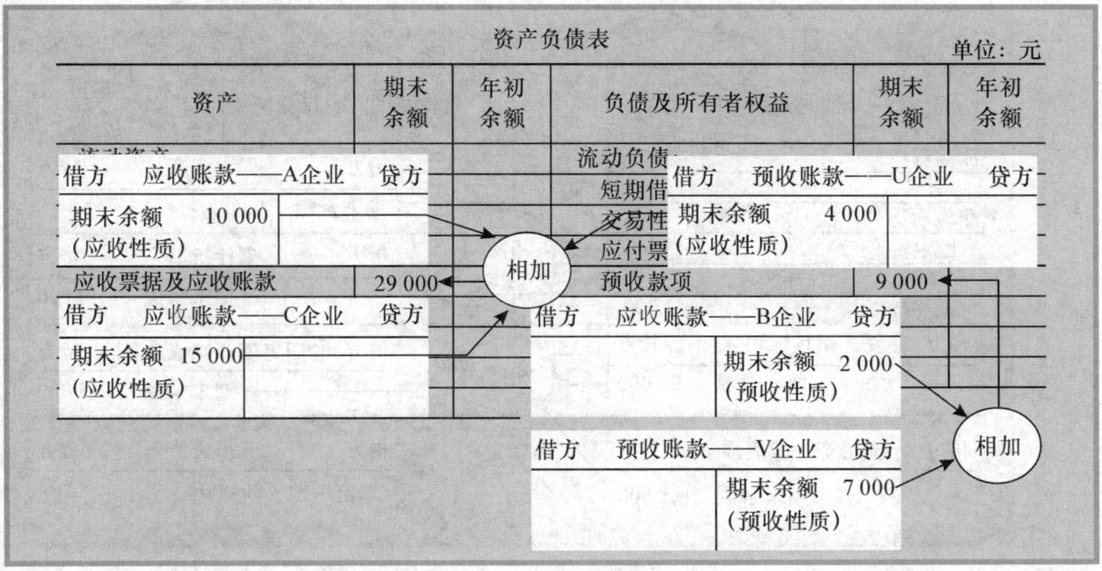

图 9-13 “应收票据及应收账款”项目中的“应收账款”和“预收款项”项目“期末余额”的填列方法

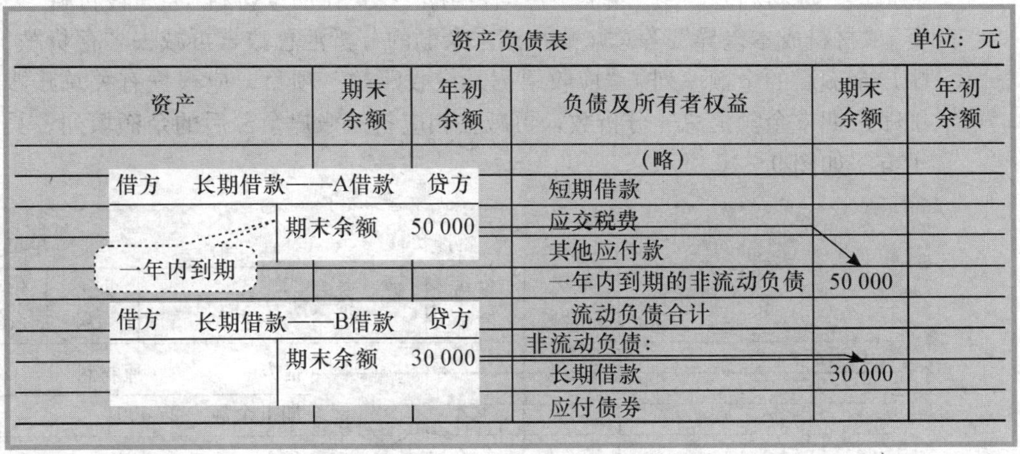

图 9-14 “期末余额”根据有关总账账户及其所属明细账户期末余额分析计算填列的方法

5. 根据有关账户余额减去其备抵账户余额后的净额填列。如资产负债表中的“应收票据及应收账款”“长期股权投资”项目应根据“应收票据”“应收账款”“长期股权投资”账户的期末余额减去“坏账准备”“长期股权投资减值准备”等账户余额后的净额填列；“固定资产”项目应根据“固定资产”账户的期末余额减去“累计折旧”“固定资产减值准备”账户余额后的净额填列；“无形资产”项目应根据“无形资产”账户的期末余额减去“累计摊销”“无形资产减值准备”账户余额后的净额填列。具体的列示方法如图 9-15 所示。

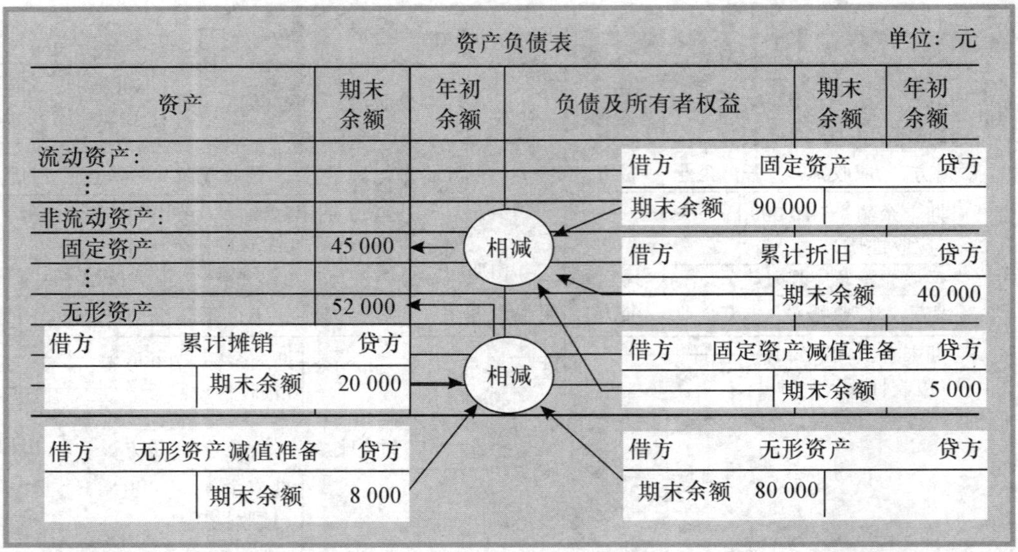

图 9-15 “期末余额”根据有关账户余额减去其备抵账户余额后的净额填列的方法

6. 综合运用上述各种填列方法分析填列。如资产负债表中的“存货”项目，应根据“原材料”“生产成本”“库存商品”“委托加工材料”“周转材料”“在途物资”“材料成本差异”等总账账户期末余额的分析汇总数，再减去“存货跌价准备”账户余额后的金额填列。“应收票据及应收账款”项目，应根据有关总账账户、明细账户期末余额汇总、分析数，再减去相应备抵账户余额后的余额填列。具体的列示方法如图 9-16 所示。

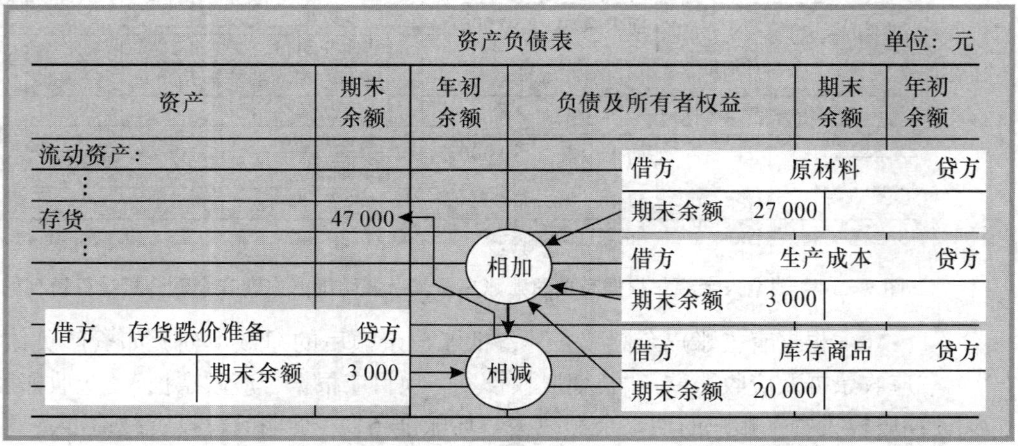

图 9-16 “期末余额”综合运用各种填列方法分析填列的方法

7. “合计”数和“总计”数等的填列方法。资产负债表中的“合计”数是对该表中所反映的某一部分项目的数据所进行加计汇总得到的。例如，资产负债表左方的“流动资产合计”就是对该表中流动资产各个项目余额进行的加计汇总，“非流动资产合计”则是对该表中非流动资产各个项目余额进行的加计汇总。同理，资产负债表右方的“负债合计”和“所有者权益合计”也分别是对该表中相关项目的余额所进行的加计汇总；资产负债表最后一行的两个“总计”数是分别对表中某一方所反映的全部项目数字的加计汇总，应分别根据资产负债表左右两方的项目数字计算填列。该表中的“总计”数可分别按反映其内容的相应各部分的“合计”数加计汇总填列。具体的列示方法如图 9－17 所示。

资产负债表　　单位：元

资产	期末余额	年初余额	负债及所有者权益	期末余额	年初余额
流动资产：			流动负债：		
货币资金			短期借款		
⋮			⋮		
流动资产合计			流动负债合计		
长期股权投资			长期借款		
固定资产			⋮		
无形资产			非流动负债合计		
长期待摊费用			实收资本（或股本）		
⋮			⋮		
非流动资产合计			所有者权益合计		
资产总计			负债及所有者权益（或股东权益）总计		

各合计数：按所包含项目计算填列

各总计数：可按以上各合计数计算填列

图 9－17　“合计”数和“总计”数等的填列方法

四、资产负债表列示方法的应用举例

例 9－3

假定盛达公司 2018 年有关总分类账户的年初余额和 12 月 31 日的余额情况如表 9－2 所示。根据所给资料编制该企业 2018 年 12 月的资产负债表。

表 9－2　　盛达公司 2018 年总分类账户年初余额及 12 月末余额　　单位：元

账户名称	年初余额		12 月末余额	
	借方	贷方	借方	贷方
库存现金	3 000		1 350	
银行存款	2 000 000		11 817 930	
交易性金融资产	200 500		688 500	
应收票据			234 000	
应收账款	10 000			
预付账款	5 000			
应收股利	3 000			
应收利息	2 500			
其他应收款	20 000		400 000	
在途物资	12 500			
原材料	50 000		57 600	

续前表

账户名称	年初余额		12月末余额	
	借方	贷方	借方	贷方
周转材料	8 000			
库存商品	32 500			
生产成本			20 900	
长期股权投资	500 000		12 589 950	
固定资产	8 910 000		6 644 400	
累计折旧		21 000		56 500
无形资产	100 000		600 000	
累计摊销		29 000		75 000
短期借款				120 000
应付账款		20 000		600 000
预收账款				70 200
应付职工薪酬				141 600
应交税费				333 900
应付利息				7 500
长期借款		110 000		4 870 500
应付债券				549 125
实收资本		11 113 500		24 524 500
资本公积		470 000		210 000
盈余公积		93 500		865 700
利润分配				630 105
合　计	11 857 000	11 857 000	33 054 630	33 054 630

根据上述资料和资产负债表“期末余额”的列示要求，编制盛荣公司2018年12月的资产负债表，如表9-3所示。

表9-3　　　　资产负债表

编制单位：盛达公司　　　　2018年12月31日　　　　单位：元

资产	期末余额	年初余额	负债及所有者权益	期末余额	年初余额
流动资产：			流动负债：		
货币资金	11 819 280	2 003 000	短期借款	120 000	
交易性金融资产	688 500	200 500	应付票据及应付账款	600 000	20 000
应收票据及应收账款	234 000	10 000	预收款项	70 200	
预付款项		5 000	应付职工薪酬	141 600	
其他应收款	400 000	25 500	应交税费	333 900	

续前表

资产	期末余额	年初余额	负债及所有者权益	期末余额	年初余额
存货	78 500	103 000	其他应付款	7 500	
流动资产合计	13 220 280	2 347 000	流动负债合计	1 273 200	20 000
非流动资产：			非流动负债：		
长期股权投资	12 589 950	500 000	长期借款	4 870 500	110 000
固定资产	6 587 900	8 889 000	应付债券	549 125	
在建工程			非流动负债合计	5 419 625	110 000
无形资产	525 000	71 000	负债合计	6 692 825	130 000
非流动资产合计	19 702 850	9 460 000	所有者权益：		
			实收资本	24 524 500	11 113 500
			资本公积	210 000	470 000
			盈余公积	865 700	93 500
			未分配利润	630 105	
			所有者权益合计	26 230 305	11 677 000
资产总计	32 923 130	11 807 000	负债及所有者（股东）权益总计	32 923 130	11 807 000

特别提示

资产负债表中的“总计”数与表 9-2 有关账户余额的“合计”数之间并不相等 例如，2018 年 12 月该企业所有资产类账户的余额合计数为 33 054 630 元，但在资产负债表上，其余额只有 32 923 130 元。其原因在于在资产负债表上反映的是固定资产、无形资产等资产的净额，即固定资产的累计折旧（56 500 元）和无形资产的累计摊销（75 000 元）已经做了相应扣除。另外，表中“未分配利润”项目应根据“利润分配”账户的贷方余额填列。

资产负债表项目列示的主要依据 以上各项目的余额是资产类、负债类、所有者权益类账户的余额，不包括收入类和费用类账户的余额。可见，资产类、负债类、所有者权益账户的余额是列示资产负债表有关项目的余额时必须依据的资料。

第三节 利润表的列示方法与应用

一、利润表的定义与作用

（一）利润表的定义

利润表是反映企业一定会计期间经营成果的财务报表。对利润表定义中特定时间的概念及其反映的内容可结合图 9－18 加以理解。

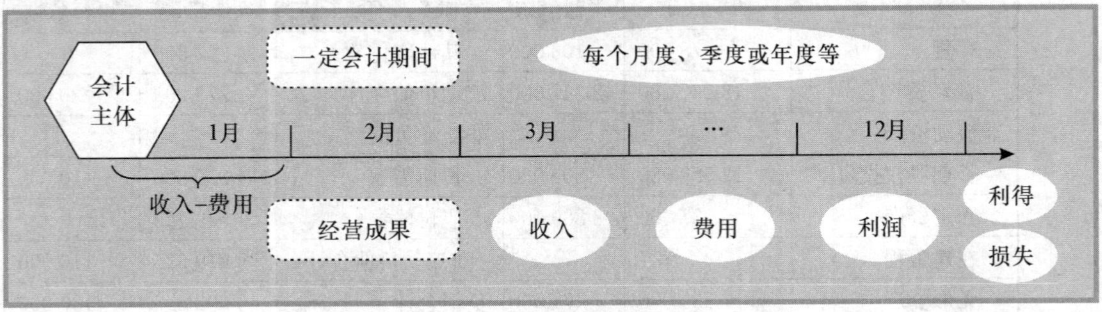

图 9－18　利润表定义中特定的时间概念及其反映的内容

对利润表定义的理解应特别注意以下两点：

1. 利润表特指的时间概念。定义中强调的“一定会计期间”是指一个时间过程，而非一个特定的时间点。这是由于为进行经营成果的确定而在利润表中列示的收入是在一定的会计期间内陆续实现的，所列示的费用也是在一定的会计期间内陆续发生的，收入和费用都是企业在一定的会计期间内（如一个月）多次发生额的累积结果，并不是在某个时间点上一次性实现或发生的。

2. 利润表反映的主要内容。利润表是专门用来反映企业经营成果的财务报表。经营成果主要是指企业在利润表上将一定会计期间内取得的收入与其同一会计期间发生的相关费用之间进行配合比较的结果。如果收入大于费用，即实现了利润；反之，则发生了亏损。至于直接列入利润表的利得和损失，对企业利润额的确定会产生一定影响。如果利得大于损失，会增加企业的利润额；反之，则会减少企业的利润额。

（二）利润表的作用

利润表的列示应充分反映企业经营业绩的主要来源和构成，有助于报表使用者判断净利润的质量及其风险，有利于使用者预测企业实现净利润的持续性，进而作出正确的决策。利润表的主要作用有：

1. 可以提供企业一定会计期间的收入和费用信息。在利润表上计算并确认企业在一定会计期间的经营成果，是以企业确认的该期间实现的各种收入（包括利得）和发生的各种费用（包括损失）为基础的。利用利润表计算企业一定会计期间的经营成果时，应将其该会计期间的收入和费用资料从有关账户抄入利润表的有关项目栏。财务报表使用者通过阅读报表就可以清楚地了解企业在一定会计期间内收入实现和费用发生的具体情况。如营业收入、实现的投资收益等有多少，产生的营业外收入有多少，发生的营业成本、税金及附加、销售费用、管理费用和财务费用等各有多少，以及发生的营业外支出有多少，等等。

2. 可以提供企业一定会计期间的经营成果信息。计算企业在一定会计期间的经营成果是编制利润表的基本目的。按照规定的计算步骤将抄入该表的有关收入和费用资料进行一定加工，即可计算出企业在一定会计期间的经营成果，并能够清晰地反映企业利润的构成情况。如企业的日常活动实现的经营成果有多少，非日常活动的营业外收入和营业外支出计入当期利润的情况怎样，等等。对财务报表使用者而言，既可以掌握企业收入与费用对比产生的净额信息，也可以掌握由于利得和损失的发生对企业经营成果的影响，据以判断企业资本的保值和增值等情况。

3. 可以提供分析企业盈利能力的有关数据资料。利用利润表提供的数据，会计报表使用者可以将企业在不同会计期间取得的收入、发生的费用和实现的利润之间进行对比，也可以与同行业其他企业的利润水平进行对比，进而分析和预测企业现实和未来的盈利能力，并据以进行相关的经济决策。也可以将利润表信息与资产负债表提供的信息相结合，对企业的财务状况进行深入分析。如将赊销收入净额与应收账款平均余额进行比较，可计算出应收账款周转率；将销货成本与存货平均余额进行比较，可计算出存货周转率；将净利润与资产总额进行比较，可计算出资产收益率等。这些指标都可以从某个侧面反映企业的资金周转情况及盈利水平，据以判断企业未来的发展趋势，作出相应的经济决策。

（三）费用在利润表列示中的特别要求

根据财务报表列报准则的规定，企业对于费用的列示应当采用功能法，即按照费用在企业中发挥的功能进行分类列示，通常分为从事经营业务发生的成本、销售费用、管理费用和财务费用等，并且将营业成本与其他费用分开列示。就一般企业而言，其活动通常可以划分为生产、销售、管理和融资等，在每一种活动上发生的费用所发挥的功能并不相同。因此，按照费用功能法将各种费用分开列示，有助于报表使用者了解费用发生的活动领域。例如，企业为销售产品发生了多少费用，为一般行政管理发生了多少费用，为筹措资金发生了多少费用，等等。功能法通常能够向报表使用者提供结构性的费用信息，更加清晰地揭示企业经营业绩的主要来源和构成，提供的信息与报表使用者进行经济决策更为相关。

对企业的费用除按功能法进行分类，还可按其性质进行分类。按性质分类是指将费用按其性质分为耗用的原材料、职工薪酬费用和折旧费等。关于费用性质的信息有助于预测企业未来现金流量，企业可以在利润表的附注中披露费用按照性质分类的补充资料。

二、利润表的列示格式和基本内容

（一）一般企业利润表的列示格式

1. 利润表格式的种类。利润表的格式一般有单步式和多步式两种。单步式利润表是在报表中先将当期所有的收入列在一起，然后将当期发生的所有费用列在一起，再将两者分别合计并相减得出当期净损益（净利润或净亏损）的一种结构形式。多步式利润表是通过对当期的收入、费用等项目按性质加以归类，按利润形成的主要环节列示一些中间性利润指标，分步计算出当期净损益（净利润或净亏损）

的一种结构形式。

单步式利润表的内容与多步式相同，只是在格式的设计上不同于多步式利润表。单步式利润表是将收入与费用项目自上而下集中顺序排列：先列示企业在当期所有收入项目的发生额，并计算出所有收入的合计数；再列示所有费用项目的发生额，并计算出所有费用的合计数；之后从收入合计数中减去费用合计数。这样，通过一次性比较即可计算出企业的经营成果（利润或亏损）。这种利润表编制程序比较简单，但收入与费用之间缺乏配比性。

我国财务报表列报准则规定，企业应当采用多步式利润表，将不同性质的收入和费用类别进行对比，从而得出一些中间性的利润指标数据，便于报表使用者理解企业经营成果的不同来源。

2. 利润表比较信息的列示。根据财务报表列报准则的规定，企业需要提供比较利润表，以使报表使用者通过比较企业不同期间实现利润的情况，判断企业未来实现经营成果的发展趋势。因此，利润表还应就表中的各个项目再分为“本期金额”和“上期金额”两栏分别填列有关信息数据。

多步式利润表的列示格式如表9-4所示。为方便起见，对该表的项目内容作了一定的简化处理。

表9-4 **利润表（多步式）** 会企02表

编制单位： 年 月 单位：元

项目	本期金额	上期金额
一、营业收入		
减：营业成本		
税金及附加		
销售费用		
管理费用		
研发费用		
财务费用		
其中：利息费用		
利息收入		
资产减值损失		
信用减值损失		
加：投资收益（损失以“－”号填列）		
公允价值变动收益（损失以“－”号填列）		
资产处置收益（损失以“－”号填列）		
二、营业利润（亏损以“－”号填列）		
加：营业外收入		

续前表

项目	本期金额	上期金额
减：营业外支出		
三、利润总额（亏损总额以“一”号填列）		
减：所得税费用		
四、净利润（净亏损以“一”号填列）		

内容扩展

利润表的其他项目 除以上四项外，现行利润表还包括每股收益、其他综合收益和综合收益总额三项。后两项分别反映企业根据《企业会计准则》规定未在当期损益中确认的各项利得和损失扣除所得税影响后的净额，以及净利润与其他综合收益扣除所得税影响后的净额相加后的合计数额。

（二）利润表的基本内容

多步式利润表主要反映以下三个利润指标：

1. 营业利润。营业利润是根据企业一定会计期间的营业收入与营业成本等之间的关系经过计算而确认的。其中，“营业收入”是指企业所确认的一定会计期间的主营业务收入和其他业务收入之和；“营业成本”是企业确认的与以上收入相关的各种成本，即主营业务成本和其他业务成本之和。主营业务和其他业务都属于企业在日常活动中发生的业务，这些业务实现的收入与发生的相关费用之间存在密切的配比关系。营业利润是以营业收入为基数，减去与之相关的营业成本，减税金及附加、销售费用、管理费用、财务费用、资产减值损失和信用减值损失，再加投资收益（或减投资损失）等而最终计算出来的。营业利润是企业利润的主要构成部分。

特别提示

营业利润的内涵 营业利润实质上包含了企业的主营业务利润和其他业务利润以及对外投资活动产生的利润。在现行的利润表格式下，主营业务利润和其他业务利润指标并不在利润表上单独列示，而是包含在营业利润之中。这是因为在企业多元化经营的情况下，究竟哪些业务属于企业的主营业务，哪些业务属于企业的其他业务，在实务中已经难以区分。为此，现行《企业会计准则》只要求企业提供营业利润指标。另外，从营业利润的构成内容可以判定：企业的主营业务、其他业务和对外投资业务都应属于企业的营业业务。

2. 利润总额。利润总额是在营业利润的基础上加营业外收入，减营业外支出以后的结果。与企业的主营业务和其他业务所实现的收入和发生的费用不同，营业外收入和营业外支出是企业在非日常活动中形成的，而且两者之间不存在相互配比关系。按照我国现行《企业会计准则》的规定，营业外收入和营业外支出应直接计入企业的利润。

3. 净利润。净利润是从利润总额中减所得税费用以后得到的结果，也称税后利润（相应地，利润总额称为税前利润）。所得税费用也是企业的一种费用，但这种费用是以利润总额为基础计算确定的，并应在利润总额中减除。

三、一般企业利润表的基本列示方法

编制利润表主要是填列该表中有关项目的数据。应采用不同的列示方法填列利润表上“本期金额”和“上期金额”的数据。

（一）各项目“上期金额”的列示方法

对利润表中的“上期”概念应特别注意。在月度利润表中，“上期金额”是相对于“本期金额”的一个概念。“上期”不是本月的上一个月，而是指上一年度的同一月份。因此，本期利润表中的“上期金额”应根据上年同期编制的利润表中“本期金额”栏内所列金额填列。如果上年该期利润表规定的各个项目的名称和内容与本期不一致，则应将上年该期利润表各项目的名称和数字按本期的规定进行调整，填入本期利润表的“上期金额”栏内。对于某一年度的利润表，那么，“本期”即指本年，表中的“上期”就是指上一个年度。在这种情况下，表中的“上期金额”就应根据上年年末所编制的利润表相同项目的数字填列。“上期金额”一般可采用直接抄列的方法。

（二）各项目“本期金额”的列示方法

1. 根据当期有关账户发生额直接填列。利润表中需要填列的“本期金额”即这些项目在本期的发生额，其填列的依据应是与该项目反映的内容相关的账户提供的本期发生额。相关账户是指与利润表的编制有关的收入类和费用类账户，而与资产类、负债类和所有者权益类账户无关。利润表中的大多数项目名称与在日常交易或事项处理过程中所采用账户的名称是一样的，如“税金及附加”“销售费用”“财务费用”“投资收益”“营业外收入”“营业外支出”“所得税费用”等项目就是如此，这表明利润表项目与有关账户所反映的经济内容上的一致性。因而，对以上这些项目都可以采用按有关账户发生额直接填列的方法，将相关账户的本期发生额直接抄列于相同项目的“本期金额”栏即可。相关账户的本期发生额一般是指这些账户的本期增加发生额。如果这些账户在本期只有增加发生额，没有减少发生额，就可以将这些账户的增加发生额直接抄列于利润表中相应项目的“本期金额”栏。如果账户有相反方向的余额，例如，企业当期没有实现投资收益而只发生了投资损失，或当期的投资损失大于投资收益，则应在利润表上以“－”号填列。利润表中“本期金额”根据当期有关账户发生额直接填列的方法如图 9－19 所示。

利润表

项目	本期金额
一、营业收入	
减：营业成本	
税金及附加	75 000
销售费用	60 000
管理费用	0
研发费用	0
财务费用	10 000
其中：利息费用	0
利息收入	0
资产减值损失	0
信用减值损失	0
加：投资收益（损失以“－”号填列）	140 000
公允价值变动收益(损失以“－”号填列)	0
资产处置收益(损失以“－”号填列)	0
二、营业利润（亏损以“－”号填列）	
加：营业外收入	30 000
减：营业外支出	7 500
三、利润总额（亏损总额以“－”号填列）	
减：所得税费用	75 625
四、净利润（净亏损以“－”号填列）	

借方 税金及附加 贷方
发生额 75 000

借方 销售费用 贷方
发生额 60 000

借方 财务费用 贷方
发生额 10 000

借方 投资收益 贷方
期末余额 140 000

借方 营业外收入 贷方
期末余额 30 000

借方 营业外支出 贷方
发生额 7 500

借方 所得税费用 贷方
发生额 75 625

图 9－19 “本期金额”根据当期有关账户发生额直接填列的方法

特别提示

列示“投资收益”项目的特殊情况 有时在“投资收益”账户可能会既有贷方发生额，也有借方发生额，应按双方的差额列示。投资收益大于投资损失时直接列示，反之则以“－”号填列。

在采用直接填列方法时应当注意：当以上两类账户中的某些账户在本期既有借方发生额又有贷方发生额时，应对账户发生额的具体情况进行分析以后，再确定列示于利润表有关项目的数字。例如，正常发生的财务费用应记在“财务费用”账户的借方，但由于某些原因（如银行存款利息收入等）而冲减财务费用时，就应记在该账户的贷方，该账户的借方、贷方都产生了发生额，在这种情况下，就不能直接根据其借方发生额填列利润表的“财务费用”项目，而应按照该账户的借方、贷方发生额之差列示。

2. 根据有关总账账户和明细账户的发生额分析填列。利润表中的“管理费用”项目，需要根据“管理费用”账户的发生额减去“管理费用”账户下的“研发费用”明细账户的发生额后的金额填列。

3. 根据有关明细账户的发生额分析填列。利润表中的“利息费用”项目，反映企业为筹集生产经营所需资金而发生的应予费用化的利息支出。应根据“财务费用”账户下的相关明细的发生额分析填列。“利息收入”项目反映企业确认的利息收入，应根据“财务费用”科目的相关明细科目的发生额分析填列。

4. 根据有关账户发生额加计汇总填列。如“营业收入”和“营业成本”项目在现有的账户中是不能直接选取有关数据的，应将反映该项目内容的有关账户的发生额相加，求得该项目应填列金额的合计数之后再填列。如“营业收入”项目填列的金额应为“主营业务收入”和“其他业务收入”账户的发生额之和；“营业成本”项目填列的金额应为“主营业务成本”和“其他业务成本”账户的发生额之和。利润表中“本期金额”根据当期有关账户发生额计算填列的方法如图 9－20 所示。

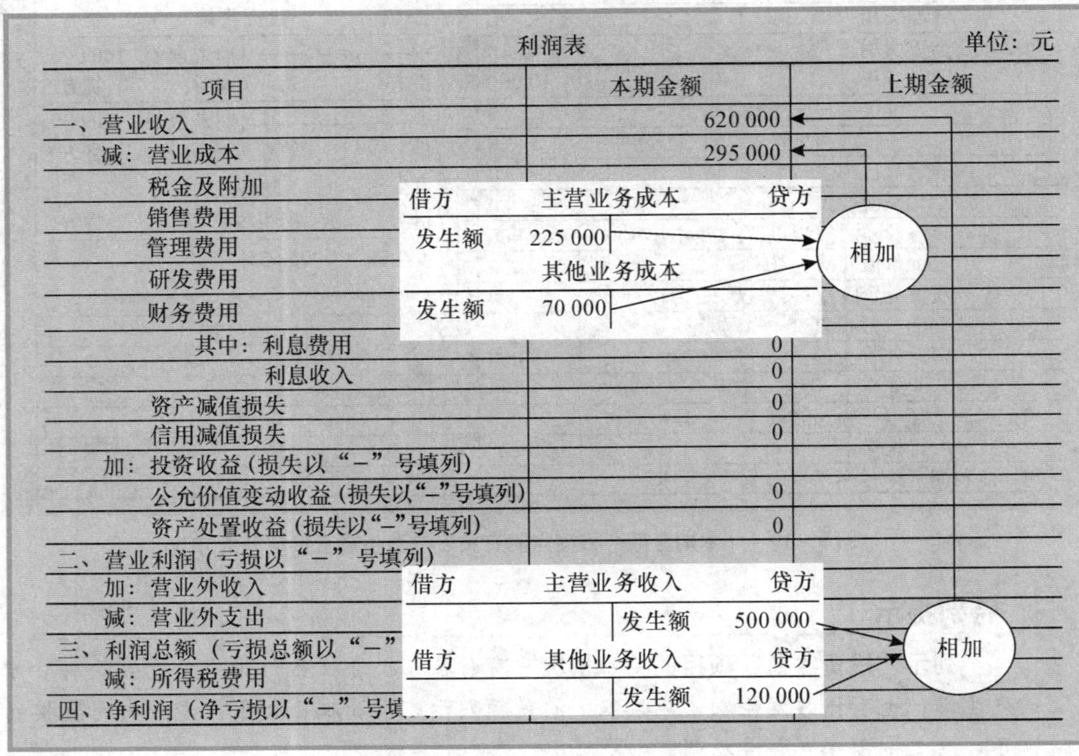

图 9－20 “本期金额”根据当期有关账户发生额计算填列的方法

在采用加计汇总方法时应特别注意：如果某一账户在本会计期间借方、贷方都有发生额，有关项目就不能直接根据该账户的某一方的发生额直接计算合计数，而应以在某一方的发生额中相应地扣除另一方的发生额以后的差额作为加计的基数。例如，当企业销售产品并确认收入后，应记入“主营业务收入”账户的贷方，但之后发生了客户退货，并已从当期确认的收入中扣除，即记入了“主营业务收入”账户的借方。计算“营业收入”项目的数据时，就应扣除退货部分所确认的收入，根据本期确认收入的总额减退货部分所确认的收入之差作为计算“营业收入”项目数额的基数。同理，对“主营业务成本”账户的记录也应考虑已经扣除的退货成本等。“其他业务收入”和“其他业务成本”账户如果存在类似情况，也应按相同的方法进行处理。

5. 根据本表有关数据计算填列。利润表上的“营业利润”“利润总额”“净利润”等项目数字是按照一定计算程序的要求，将表中的有关数据相加或相减而计算出来的。计算的结果为盈利时应直接填列，不必加任何标志；如果计算的结果为亏损，则应以“－”号填列。表中各利润指标根据本表有关数据计算填列的方法如图

9－21 所示。

利润表		单位：元
项目	本期金额	上期金额
一、营业收入	620 000	
减：营业成本	295 000	
税金及附加	75 000	相减
销售费用	60 000	
管理费用	40 000	
研发费用	0	
财务费用	10 000	
其中：利息费用	0	
利息收入	0	
资产减值损失	0	
信用减值损失	0	相加
加：投资收益（损失以“－”号填列）	140 000	
公允价值变动收益（损失以“－”号填列）	0	
资产处置收益（损失以“－”号填列）	0	
二、营业利润（亏损以“－”号填列）	280 000	
加：营业外收入	30 000	相加
减：营业外支出	7 500	相减
三、利润总额（亏损总额以“－”号填列）	302 500	
减：所得税费用	75 625	相减
四、净利润（净亏损以“－”号填列）	226 875	

图 9－21　各利润指标根据本表有关数据计算填列的方法

四、利润表列示方法的应用举例

例 9－4

盛达公司 2017 年 12 月编制的利润表和 2018 年 12 月的收入和费用情况如下：

1. 该企业 2017 年 12 月编制的利润表如表 9－5 所示。

表 9－5　利润表

编制单位：盛达公司　　2017 年 12 月　　单位：元

项目	本期金额	上期金额
一、营业收入	5 500 000	（略）
减：营业成本	3 700 000	
税金及附加	200 000	
销售费用	500 000	
管理费用	450 000	
研发费用	0	
财务费用	90 000	
其中：利息费用	0	
利息收入	0	

续前表

项目	本期金额	上期金额
资产减值损失	0	
信用减值损失	0	
加：投资收益（损失以“－”号填列）	300 000	
公允价值变动收益（损失以“－”号填列）	0	
资产处置收益（损失以“－”号填列）	0	
二、营业利润（亏损以“－”号填列）	860 000	
加：营业外收入	200 000	
减：营业外支出	70 000	
三、利润总额（亏损总额以“－”号填列）	990 000	
减：所得税费用	247 500	
四、净利润（净亏损以“－”号填列）	742 500	

2. 该企业2018年12月有关收入类账户和费用类账户的发生额资料如表9－6所示。

表9－6　　盛达公司2018年12月收入类、费用类账户的发生额　　单位：元

账户名称	本期发生额	
	借方	贷方
主营业务收入		8 500 000
其他业务收入		230 000
投资收益	53 000	
营业外收入		52 300
主营业务成本	4 314 450	
其他业务成本	172 000	
税金及附加	100 000	
销售费用	4 300	
管理费用	15 750	
财务费用	17 100	
营业外支出	20 000	
所得税费用	1 021 425	

要求：根据上述资料编制盛达公司2018年12月的利润表。

以上盛达公司2017年12月的利润表中各项目的“本期金额”是填列2018年12月的利润表中各项目“上期金额”的依据；而该企业2018年12月有关收入类账户和费用类账户的发生额则是填列2018年12月的利润表各项目“本期金额”的依据。

根据上述资料和利润表的列示要求所编制的盛达公司2018年12月的利润表参见表9－7。

表 9－7 利润表

编制单位：盛达公司 2018 年 12 月 单位：元

项目	本期金额	上期金额
一、营业收入	8 730 000	5 500 000
减：营业成本	4 486 450	3 700 000
税金及附加	100 000	200 000
销售费用	4 300	500 000
管理费用	15 750	450 000
研发费用	0	
财务费用	17 100	90 000
其中：利息费用	0	
利息收入	0	
资产减值损失	0	
信用减值损失	0	
加：投资收益（损失以“－”号填列）	－53 000	300 000
公允价值变动收益（损失以“－”号填列）	0	
资产处置收益（损失以“－”号填列）	0	
二、营业利润（亏损以“－”号填列）	4 053 400	860 000
加：营业外收入	52 300	200 000
减：营业外支出	20 000	70 000
三、利润总额（亏损以“－”号填列）	4 085 700	990 000
减：所得税费用	1 021 425	247 500
四、净利润（亏损以“－”号填列）	3 064 275	742 500

在表 9－7 中，大部分项目的“本期金额”是根据账户记录的本月收入和费用资料直接填列的，“营业收入”和“营业成本”这两个项目则是采用加计汇总方法填列的。有些项目额方向是相反的，如“投资收益”项目就是根据“投资收益”账户的借方余额（53 000 元）填列的。如果“销售费用”“管理费用”和其他收入类账户存在这种情况，也应按其借方或贷方余额或发生额的具体情况填列。此外，“营业利润”“利润总额”“净利润”等项目是根据本表的有关数据，按规定的方法计算求得的。

□ 复习思考题

1. 什么是财务报告？其含义有哪些？
2. 企业的财务报告可分为哪些种类？
3. 财务报表的列报主要应遵循哪些要求？

4. 如何理解财务报告的主要作用？
5. 什么是资产负债表？其主要作用有哪些？
6. 列示资产负债表中各项目“期末余额”的方法有哪些？
7. 什么是利润表？利润表主要有哪些作用？
8. 利润表的列示格式和内容如何？
9. 如何理解利润表中的“上期金额”这一概念？
10. 如何填列利润表中各项目的“本期金额”？

□ 应用练习题

一、判断题

答题要求：根据各题给出的说法判断正误，你认为正确的，在题后的括号中打“√”，你认为错误的打“×”。

1. 财务报告应当是对内报告。（　）
2. 财务报表附注不属于财务报表的组成部分。（　）
3. 企业编制财务会计报告以后可直接报送给报告使用者。（　）
4. 所谓中期财务报表是指每半年度终了的时候编制的财务报表。（　）
5. 我国《企业会计准则》规范的是企业持续经营基础下的财务报表列报。（　）
6. 资产负债表是反映企业某一特定日期经营成果的财务报表。（　）
7. 资产负债表中的“期末余额”应根据有关账户的发生额填列。（　）
8. 在资产负债表上没有“原材料”和“库存商品”项目。（　）
9. 利润表中的“本期金额”应根据有关账户的发生额填列。（　）
10. 企业的利润表应提供的利润指标有主营业务利润、利润总额和净利润。（　）

二、单项选择题

答题要求：在下面各题的备选答案中只有一个是正确答案，选择你认为正确的答案，在题尾的括号中写出该备选答案的英文字母编号。

1. 对企业对外提供相关会计信息的文件，目前在国际上通用的概念是（　）。

A. 财务会计报告　B. 财务报告　C. 财务报表　D. 会计报告

2. 根据财务报告的定义，下列各项中不属于财务报告的内容的是（　）。

A. 资产负债表　B. 利润表

C. 库存现金盘点报告表　D. 股东权益变动表

3. 下列各项中，属于企业以短于一个完整的会计年度的报告期间为基础编制的财务报表的是（　）。

A. 中期财务报表　B. 个别财务报表

C. 合并财务报表　　D. 年度财务报表

4. 下列各项中，由企业在本身交易或事项的会计处理基础上编制的财务报表是（　　）。

A. 中期财务报表　　B. 个别财务报表

C. 合并财务报表　　D. 年度财务报表

5. 下列各项中，根据母子公司的财务报表编制的财务报表是（　　）。

A. 中期财务报表　　B. 个别财务报表

C. 合并财务报表　　D. 年度财务报表

6. 资产负债表定义中的"某一特定日期"是指编制的资产负债表所涵盖的会计期间的（　　）。

A. 开始那一天　B. 任意一天　C. 最后那一天　D. 期末前一天

7. 下列财务报表中，反映企业在某一特定日期财务状况的财务报表的是（　　）。

A. 资产负债表　　B. 现金流量表

C. 利润表　　D. 所有者（股东）权益变动表

8. "应付账款"明细账户期末如有借方余额，应填入资产负债表的（　　）项目。

A. "应收票据及应收账款"　　B. "预收款项"

C. "应付票据及应付账款"　　D. "预付款项"

9. 利润表定义中强调的"一定会计期间"应当是该期间的（　　）。

A. 开始那天　B. 任意一天　C. 最后那天　D. 全过程

10. 下列各项中，不属于企业利润表反映的内容的是（　　）。

A. 主营业务利润　B. 营业利润　C. 利润总额　D. 净利润

三、多项选择题

答题要求：在下面各题的备选答案中至少有两个是正确答案，选择你认为正确的答案，在题尾的括号中顺序写出这些备选答案的英文字母编号。

1. 下列各项中，属于企业财务报告提供的总体信息的有（　　）。

A. 股东权益变动　B. 财务状况　C. 经营成果　D. 成本状况

E. 现金流量

2. 下列各项中，属于企业财务报告基本构成内容的有（　　）。

A. 财务报表　B. 财务报表附注　C. 期末余额　D. 上期金额

E. 应予披露的相关信息和资料

3. 企业的财务报表按编报时间不同，可分为（　　）。

A. 中期财务报表　　B. 个别财务报表

C. 合并财务报表　　D. 年度财务报表

E. 终期财务报表

4. 下列各项中，属于企业编制的中期财务报表的有（　　）。
A. 每日报表　　B. 月度报表　　C. 季度报表　　D. 半年度报表
E. 年度报表
5. 下列各项中，属于企业编制的年度财务报表的有（　　）。
A. 资产负债表　　B. 利润表　　C. 现金流量表　　D. 股东权益变动表
E. 报表附注
6. 下列各项中，属于财务报表列报应遵循的基本要求的有（　　）。
A. 应遵循各项会计准则进行确认和计量
B. 应遵循重要性要求进行财务报表项目的列报
C. 应以企业的持续经营作为列报基础
D. 应遵循列报的一致性要求并列报比较信息
E. 应遵循财务报表项目金额间不得相互抵销的列报要求
7. 下列各项中，属于资产负债表列示总体要求的有（　　）。
A. 应当按照资产、负债和所有者权益三大类分类列示
B. 应当按照收入、费用和利润三大类分类列示
C. 资产和负债按流动性列示
D. 资产和负债按组成项目列示
E. 所有者权益按组成项目列示
8. 下列各种方法中，属于资产负债表中各项目“期末余额”填列方法的有（　　）。
A. 根据有关总账账户期末借方或贷方余额直接填列
B. 根据若干有关总账账户期末余额加计汇总填列
C. 根据有关明细账户的期末余额计算填列
D. 根据有关总账账户及其所属明细账户期末余额分析计算填列
E. 根据有关账户余额减去其备抵账户余额后的净额填列
9. 下列各项中，属于企业利润表应提供的利润指标的有（　　）。
A. 主营业务利润　B. 其他业务利润　C. 营业利润　　D. 利润总额
E. 净利润
10. 在利润表中，“营业收入”项目的计算依据一般有（　　）账户发生额。
A. “主营业务收入”　　B. “其他业务收入”
C. “营业外收入”　　D. “投资收益”
E. “营业外支出”

四、模拟实训题

模拟实训题（一）

1. 实训资料：
(1) 假定在鸿韵公司某年11月编制的资产负债表中，有些项目的“期末余额”栏数字未计算出来，如下表所示。

资产负债表

编制单位：鸿韵公司　　　　20××年11月30日　　　　单位：元

资产	期末余额	年初余额	负债及所有者权益	期末余额	年初余额
流动资产：			流动负债：		
货币资金			短期借款	100 000	
交易性金融资产	30 000		交易性金融负债		
应收票据及应收账款	31 500		应付票据及应付账款	1 500	
预付款项			预付款项	13 500	
其他应收款	12 000		应付职工薪酬	4 500	
存货			应交税费	9 000	
一年内到期的非流动资产			其他应付款	43 500	
其他流动资产			一年内到期的非流动负债		
流动资产合计			流动负债合计		
非流动资产：			非流动负债：		
长期应收款			长期借款	28 000	
长期股权投资			应付债券	20 000	
固定资产	1 012 500		非流动负债合计		
在建工程			负债合计		
无形资产			所有者权益：		
长期待摊费用			实收资本（或股本）	300 000	
其他非流动资产	15 000		资本公积	66 000	
非流动资产合计	6 000		盈余公积	67 500	
			未分配利润	780 000	
			所有者权益合计		
资产总计			负债及所有者权益总计		

（2）本月与这些尚未填列项目有关的总账账户和明细账户的余额情况如下：

库存现金	1 500 元	银行存款	25 500 元
原材料	40 000 元	生产成本	5 000 元
库存商品	30 000 元	预付账款	20 000 元（借方余额）
		其中：A 单位	10 000 元（贷方余额）
		B 单位	30 000 元（借方余额）
固定资产	282 000 元	累计折旧	15 000 元
固定资产减值准备	6 000 元	应付账款	53 000 元（贷方余额）
		其中：G 单位	66 500 元（贷方余额）
		H 单位	13 500 元（借方余额）

2. 实训目的：检验学习者对资产负债表有关项目计算与填列方法的应用能力。

3. 实训要求：

(1) 计算资产负债表中尚未填列齐全的“货币资金”等项目。

(2) 计算资产负债表中的“合计”数和“总计”数，并将计算结果填入表中。

模拟实训题（二）

1. 实训资料：

(1) 假定鸿韵公司某年11月有关收入类账户和费用类账户的发生额资料如下：

主营业务收入	915 000元（贷方）	主营业务成本	600 000元（借方）
税金及附加	12 500元（借方）	其他业务收入	15 500元（贷方）
其他业务成本	13 500元（借方）	销售费用	16 500元（借方）
管理费用	41 000元（借方）	财务费用	25 500元（借方）
投资收益	20 000元（贷方）	营业外收入	2 500元（贷方）
营业外支出	12 500元（借方）		

(2) 假定该企业适用的所得税税率为25%。

2. 实训目的：检验学习者对利润表有关项目计算与填列方法的应用能力。

3. 实训要求：

(1) 计算营业收入、营业成本和所得税费用等项目的金额。

(2) 编制该企业11月的利润表（只填列表中的“本期金额”栏）。

(3) 说明利润表中“上期金额”栏的基本填列方法。

附　录

1.《中华人民共和国会计法》(2017)

《中华人民共和国会计法》由中华人民共和国第九届全国人民代表大会常务委员会第十二次会议于 1999 年 10 月 31 日修订通过，自 2000 年 7 月 1 日起施行。

修订后的《中华人民共和国会计法》详细内容请扫下面的二维码。

2. 财政部：《企业会计准则——基本准则》(2014)

《企业会计准则——基本准则》于 2006 年 2 月 15 日财政部令第 33 号公布，自 2007 年 1 月 1 日起施行。2014 年 7 月 23 日财政部公布，为了适应我国企业和资本市场发展的实际需要，实现我国企业会计准则与国际财务报告准则的持续趋同，经财政部部务会议决定，将《企业会计准则——基本准则》第四十二条第五项修改为：“(五) 公允价值。在公允价值计量下，资产和负债按照市场参与者在计量日发生的有序交易中，出售资产所能收到或者转移负债所需支付的价格计量。”本决定自公布之日起实施。

修订后的《企业会计准则——基本准则》详细内容请扫下面的二维码。

3. 财政部：《会计基础工作规范》(1996)

《会计基础工作规范》于1996年6月17日由财政部发布，自发布之日起实施。其目的在于加强会计基础工作，建立规范的会计工作秩序，不断提高会计工作水平。

《会计基础工作规范》详细内容请扫下面的二维码。

4. 财政部：《增值税会计处理规定》(2016)

为进一步规范增值税会计处理，促进《关于全面推开营业税改征增值税试点的通知》（财税〔2016〕36号）的贯彻落实，财政部制定了《增值税会计处理规定》。

《增值税会计处理规定》的详细内容请扫下面的二维码。

图书在版编目（CIP）数据

基础会计/张捷，刘英明编著．—2版．—北京：中国人民大学出版社，2019.1
“十三五”普通高等教育应用型规划教材．会计与财务系列
ISBN 978-7-300-26586-5

Ⅰ.①基… Ⅱ.①张…②刘… Ⅲ.①会计学-高等学校-教材 Ⅳ.①F230

中国版本图书馆CIP数据核字（2019）第003717号

“十三五”普通高等教育应用型规划教材·会计与财务系列
基础会计（第2版）
张 捷 刘英明 编著
Jichu Kuaiji

出版发行	中国人民大学出版社		
社 址	北京中关村大街31号	邮政编码	100080
电 话	010－62511242（总编室）		010－62511770（质管部）
	010－82501766（邮购部）		010－62514148（门市部）
	010－62515195（发行公司）		010－62515275（盗版举报）
网 址	http://www.crup.com.cn		
	http://www.ttrnet.com（人大教研网）		
经 销	新华书店		
印 刷	北京七色印务有限公司	版 次	2017年2月第1版
规 格	185 mm×260 mm 16开本		2019年1月第2版
印 张	19.75 插页1	印 次	2019年1月第1次印刷
字 数	425 000	定 价	42.00元

教师教学服务说明

中国人民大学出版社工商管理分社以出版经典、高品质的工商管理、财务会计、统计、市场营销、人力资源管理、运营管理、物流管理、旅游管理等领域的各层次教材为宗旨。

为了更好地为一线教师服务，近年来工商管理分社着力建设了一批数字化、立体化的网络教学资源。教师可以通过以下方式获得免费下载教学资源的权限：

在中国人民大学出版社网站 www. crup. com. cn 进行注册，注册后进入“会员中心”，在左侧点击“我的教师认证”，填写相关信息，提交后等待审核。我们将在一个工作日内为您开通相关资源的下载权限。

如您急需教学资源或需要其他帮助，请在工作时间与我们联络：

中国人民大学出版社　工商管理分社

联系电话：010-62515735，82501048，62515782，62515987

电子邮箱：rdcbsjg@crup. com. cn

通讯地址：北京市海淀区中关村大街甲 59 号文化大厦 1501 室（100872）